Der Bus kam
mit einem
Ruck zum
Stehen. Zwei
bewaffnete
Soldaten
stiegen ein.

Hélène bat mit flehendem Blick, sie zu verschonen. Sie sahen sie nicht an und schossen.

Christian Jacq

Der Ägypter

Roman

Aus dem Französischen von
Ingeborg Schmutte

Veröffentlicht im Rowohlt Taschenbuch Verlag GmbH,
Reinbek bei Hamburg, Februar 1998
Lizenzausgabe mit Genehmigung des
Scherz Verlags, Bern und München
Copyright © Editions Robert Laffont, S. A., Paris 1995
Einzig berechtigte Übersetzung aus dem Französischen
von Ingeborg Schmutte
Titel des Originals: Barrage sur le Nil
Alle deutschsprachigen Rechte beim
Scherz Verlag, Bern und München
Umschlaggestaltung Walter Hellmann
Foto: Tony Stone Images/Stuart Westmorland
Copyright © der Fotos Seite 1–4 by dpa
Satz Sabon PostScript (PageOne)
Gesamtherstellung Clausen & Bosse, Leck
Printed in Germany
ISBN 3 499 26027 1

Weil die Plage das Maß des Menschlichen übersteigt, sagt man sich, sie sei unwirklich, ein böser Traum, der vergehen werde. Aber er vergeht nicht immer, und von bösem Traum zu bösem Traum sind es die Menschen, die vergehen.

Albert Camus, *Die Pest*

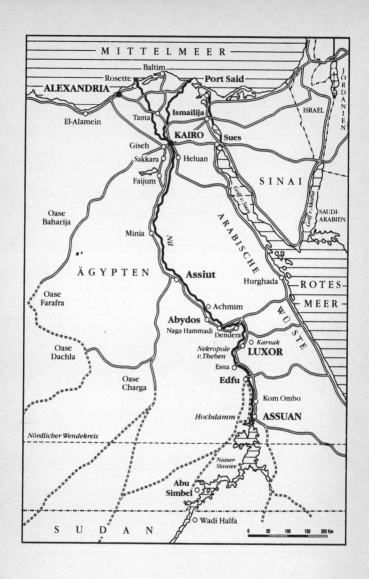

# 1

Nur um Haaresbreite konnte der Luxusomnibus einem mit Blechkanistern beladenen Eselskarren ausweichen, der ihm in die Quere kam, als er gerade mit Vollgas ein Sammeltaxi überholen wollte, in dem etwa fünfzehn Arbeiter saßen.

Auf der Straße zwischen Kairo und Assuan, dem einzigen Überlandweg zwischen der Hauptstadt Ägyptens und der großen, Stadt im Süden, hält sich niemand an Verkehrsregeln. Ständig verstopft durch Lastwagen mit unzureichenden Bremsen, durch Autos, von denen die meisten kaum noch fahrtüchtig sind, durch Radfahrer, Fußgänger, Ziegenherden sowie Kamele und Esel, die ausgebeutet werden wie Maschinen, gibt sich die dem Nilverlauf folgende zweite Lebensader des Landes bald als Autobahn, bald ist sie eine mit Schlaglöchern übersäte Chaussee und dann wieder nur eine Sandpiste. Da Verkehrsschilder selten sind und ohnehin schnell wieder verschwinden, gibt es nur eine Regel: überholen!

Hélène Doltin achtete nicht auf die Fahrweise des Chauffeurs. Sie preßte ihre Stirn an die zitternde Fensterscheibe und schaute in die Landschaft. Ägypten im Juni war zauberhaft. Die Kraft der Sommersonne, das frische Grün der Felder an den Nilufern, die abweisende Würde der manchmal so nahen Wüste berauschten sie. Um die ägyptische Natur so richtig zu genießen, hatte die junge

Französin, wie etwa zwanzig weitere Touristen, lieber den Bus genommen, statt nach Assuan zu fliegen.

In einem Ort südlich von Luxor fuhr das Fahrzeug langsamer. Kleine Mädchen in rosa und hellgelben Kleidern winkten lächelnd. Männer rauchten mit ausdruckslosem Gesicht auf der Schwelle ihres Hauses. Frauen in langen schwarzen Kleidern trugen Plastikkörbe mit Früchten und Gemüse auf dem Kopf.

Der Bus fuhr an einem Zuckerrohrfeld entlang. Die Regierung hatte angeordnet, solche Felder entlang der Hauptverkehrsstraßen zu lichten, denn die «Terroristen», wie die Presse die militanten Islam-Fundamentalisten nannte, pflegten sich dort nach Anschlägen auf ihr bevorzugtes Ziel, Touristenbusse, zu verstecken. Erst tags zuvor hatte nach der Absetzung des Innenministers, der als zu milde gegenüber fanatischen Mohammedanern galt, eine umfassende Anti-Islamisten-Razzia in Kairos volkstümlichem Imbaba-Viertel stattgefunden, das seit mehreren Monaten offenen Widerstand gegen die Obrigkeit leistete. Sie verweigere, hieß es in einer offiziellen Verlautbarung, jeden Dialog mit den Verbrechern, die Unschuldige töteten und die Nation zu entzweien versuchten. Mehr als zwölftausend Soldaten, unterstützt von Panzerfahrzeugen, hatten Anführer im Alter von noch nicht einmal dreißig Jahren festgenommen und ihre Schlupflöcher in die Luft gejagt.

Zur gleichen Zeit, als die Zuchthäuser aus der Nasser-Ära sich mit Fundamentalisten füllten, die den Koran für eine Wunderwaffe hielten, versprach der Präsident, die Wohnverhältnisse zu verbessern, die Arbeitslosigkeit zu verringern und die Korruption zu beseitigen. Aber die

Abgänger der Al-Aschar-Universität, der berühmten Koran-Hochschule im Herzen von Kairo, hörten nicht mehr auf ihn. Fünfzehntausend von ihnen waren zu Predigern geworden und hatten das Land überschwemmt, um in jeder Moschee Parolen zu verbreiten wie: «Ägypten muß nach dem Vorbild des Iran und Sudan eine islamische Republik werden!» und «Allein die Scharia, Allahs Gesetz, soll als Recht gelten!»

Der Fahrer betrachtete Hélène im Rückspiegel. Die Schönheit der jungen Frau fesselte ihn. Europäerinnen zu bewundern war eines der Privilegien seines Berufs, doch sein Bruder und sein Vetter, Anhänger der Moslembruderschaft, rieten ihm dringend, dieses Faible und sogar seinen Beruf aufzugeben. Da der Koran verbot, die Gottheit darzustellen und Idole zu schaffen, war es Sünde, wenn man Touristen zu den archäologischen Stätten brachte, wo heidnische Dämonen hausten. Andererseits brachte er als einziges Familienmitglied, das Arbeit hatte, selbst in diesem Sommer, in dem kaum mehr Fremde kamen, guten Lohn nach Hause und unterhielt damit zehn Personen, darunter seinen Bruder und seinen Vetter. Daher war der eine wie der andere bereit, noch einige Zeit ein Auge zuzudrücken – so lange, bis Allahs Gläubige die Herrschaft übernehmen würden.

Die meisten Reisenden machten ein Nickerchen; nur Hélène schaute mit großen Augen unverwandt auf das schimmerndgrüne Land. Der Fahrer hatte das Tempo verlangsamt, um ihren Anblick besser genießen zu können: ein volles, beinahe noch kindliches Gesicht, kastanienbraunes, halblanges Haar, blitzende schwarze Augen, eine feingeschnittene Nase, schmale, rotgefärbte Lippen.

Daß sich alle moslemischen Frauen verschleiern sollten, gefiel ihm nicht.

In einer unübersichtlichen Kurve, die schon viele Unfälle verursacht hatte, mußte der Chauffeur das Bremspedal mit aller Kraft durchtreten. Das Fahrzeug der Transportgesellschaft Misr Travel hielt mit einem Ruck.

Hélène wurde nach vorn geschleudert, ein älterer Mann fiel in den Mittelgang, ein anderer Reisender stieß mit dem Kopf gegen die Fensterscheibe. Die Leute schimpften laut.

«Tut mir leid», entschuldigte sich der Fahrer. «Eine Straßensperre der Armee.»

Der Bus war in weniger als fünf Metern Entfernung vor einem quer über die Straße angelegten Stacheldrahtverhau zum Stehen gekommen.

Ein Offizier und zwei Soldaten mit Maschinenpistolen im Anschlag näherten sich. Sie trugen bemerkenswert saubere, offenbar nagelneue Uniformen und sahen deshalb überhaupt nicht wie jene armseligen Kerle aus, die in viel zu heißen Kasernen im Schmutz verkamen und sich mit dürftigem Sold, mit zerrissenen Jacken und Löchern in den Schuhsohlen zufriedengeben mußten. Unter ihnen gab es viele Fundamentalisten, die auf eine Revolution nur warteten; die Machthaber waren daher ihnen gegenüber mißtrauisch. Seit der Ermordung von Präsident Sadat durch Fanatiker herrschte immer noch der Ausnahmezustand.

Ein Wachhabender verlangte vom Fahrer den Bestimmungsort und die Passagierliste. Weil durch die Attentate die Zahl der Touristen drastisch gesunken war und dadurch Millionen Ägypter ihre Arbeit verloren hatten, sorgte die Regierung durch verstärkte Straßenkontrollen für die Sicherheit der Fremden.

Der Offizier überflog die Passagierliste und steckte sie in seine Tasche.

«Aber die brauche ich doch noch!» protestierte der Fahrer.

Der erste Soldat hob den Lauf seiner Maschinenpistole, drückte ab und streckte den Chauffeur nieder. Der zweite Soldat ging langsam durch den Mittelgang und schoß auf jede Passagierreihe eine Salve ab.

Hélène bat mit flehendem Blick, sie zu verschonen.

Er sah sie nicht an.

2

Mark Walker traute seinen Augen nicht. Was er entdeckte, bekümmerte ihn zutiefst. Die Flachreliefs in dem kleinen Grab unweit des ersten Nilkatarakts, das er vor kurzem erst freigelegt hatte, waren in jämmerlichem Zustand. Dabei hätten sie, dank des oberägyptischen Klimas, noch mehrere Jahrtausende überdauern können ... Aber der Hochdamm von Assuan setzte sein Zerstörungswerk fort.

Der Amerikaner hätte heulen können.

Mark Walker war neununddreißig Jahre alt, hatte einen athletischen Körper, trainiert durch Mittelstreckenläufe, ein längliches Gesicht mit tiefen Lachfalten, dunkelgrüne Augen, eine hohe Stirn und eine tiefe Stimme. Er war in Kairo geboren, als einziger Sohn eines texanischen

Industriellen und begeisterten Jägers und einer New Yorker Milliarden-Erbin und passionierten Ägyptologin – eine Leidenschaft, die der Sohn ebenso geerbt hatte wie ihr immenses Vermögen. Seit seiner Jugend beteiligte er sich an Ausgrabungskampagnen, und er hatte schon früh gelernt, Hieroglyphen zu entziffern.

Kurz vor seinem siebzehnten Geburtstag hatte er einen schweren Schicksalsschlag erlitten. Der Privatjet seiner Eltern, die sich zur Jagd in Kanada aufhielten, war in einem plötzlich aufkommenden Schneesturm abgestürzt.

Nachdem er mit der Verwaltung der väterlichen Firma und seines Kapitals Spezialisten beauftragt hatte, gründete Mark seine eigene archäologische Gesellschaft, deren erklärtes Ziel es war, die noch in der ägyptischen Erde befindliche restliche – und doch noch unschätzbar umfangreiche – Hinterlassenschaft des Pharaonenreichs vor Grabräubern zu schützen. Er wußte genau, auf was er sich da eingelassen hatte, und wäre trotzdem an der selbstgestellten Aufgabe bald verzweifelt, wenn ihn sein ägyptischer Freund, der Arzt Nagib Ghali, nicht stets von neuem ermutigt hätte. Ihm vor allem hatte Mark es zu verdanken, daß sein kämpferischer Geist, gestärkt durch Verantwortungsbewußtsein und Empörung, bisher immer wieder die Oberhand über den Schmerz gewonnen hatte. Nein, er durfte einfach nicht zulassen, daß Tempel, Gräber, Malereien und Reliefs zugrunde gingen, Grabbeigaben zu Tausenden verschwanden. Außerdem mußte er sich dem Hochdamm von Assuan, diesem verhängnisvoll falsch eingeschätzten mörderischen Monster, entgegenstellen, der die Wiege der altägyptischen Kultur zu zerstören drohte.

Als Mark, in Gedanken versunken, mit dem Fuß gegen so etwas wie einen Kasten stieß, dessen obere Kante ein Stück aus dem Sand herausragte, kniete er nieder und legte den Fund behutsam frei. Mit beiden Zeigefingern hob er den hölzernen Deckel an.

Ein entrollter Papyrus kam zum Vorschein. Die noch gut lesbaren Hieroglyphen verrieten eine sehr sichere Hand. Mark setzte sich in den Staub und versuchte, den Anfang des Textes zu übersetzen. Was er herausbekam, verblüffte ihn.

> So spricht der Prophet Ipu-Ur.
> Das Verbrechen wird überall sein,
> Gewalt hält Einzug in das Land.
> Der Nil wird wie Blut sein,
> Hunger die Brüderlichkeit zerstören.
> Mit Füßen wird man die Gesetze treten.
> Viele Tote werden im Fluß begraben,
> Wasser wird zu ihrem Grab,
> denn ein böses Feuer wird
> in den Herzen der Menschen sein.

Plötzlich knirschte es in den Grabmauern, an der niedrigen Decke entstanden Risse.

«Schnell raus!» rief einer der Arbeiter.

Der Amerikaner drückte das Kästchen an sich und erreichte den Ausgang der Grabkammer, als gerade die ersten Blöcke übereinanderzustürzen begannen. Eingedrungenes Wasser hatte sie unterhöhlt.

«Jetzt reicht's!» schrie Mark Walker. «Diesmal wird er von mir etwas zu hören bekommen.»

Im Büro des Oberaufsehers schlug Mark mit der Faust auf den Schreibtisch. Gamal Schafir war ein massiger, vierschrötiger Mann von ungefähr sechzig Jahren. Er trug ein weißes, kurzärmliges Hemd und eine graue, perfekt geschnittene Hose.

«So geht das nicht weiter, Gamal! Sie sind Ingenieur, und Sie wissen wie ich, daß dieser verfluchte Damm schlimmer wütet als die Pest.»

Der Beamte stieß einen Seufzer aus und betrachtete Mark mit Wohlwollen, obwohl er es zweifellos mit dem heftigsten Gegner des gigantischen Wunderwerks zu tun hatte, das für alle Zeiten die Hochwasser des Nils in Schach hielt.

«Regen Sie sich nicht schon wieder auf», riet Gamal Schafir gutmütig. «Immerhin haben wir dank des Hochdamms die Ackerfläche enorm vergrößert und den Lebensstandard der Bevölkerung gehoben – oder etwa nicht?»

«Unsinn! Zeigen Sie mir die Million Hektar gewonnenes Land, die die Wissenschaftler versprochen haben! Die Nutzfläche ist gleichgeblieben, ich fürchte aber, daß sie kleiner wird.»

«Nun übertreiben Sie aber.»

«Ich übertreibe? Mit der ständigen Bewässerung und falschen Anwendung von Düngemitteln und Pestiziden, deren Schädlichkeit man in Europa längst zur Kenntnis genommen hat, tragen die Fellachen zur Verarmung der Anbauflächen bei und begreifen nicht, warum ihre Felder austrocknen. Seit dem Bau des Damms haben manche Provinzen, zum Beispiel Faijum, fünfzehn Prozent ihres Ackerlands verloren, der Grundwasserspiegel steigt wieder, die Versalzung macht die Böden steril, weil keine Überschwemmung sie auswäscht ... Und Sie wagen zu behaupten, daß ich übertreibe!»

Gamal Schafir wischte sich mit einem bunten Baumwolltaschentuch die Stirn und stellte den Ventilator schneller, der die vierzig Grad heiße Luft in seinem Büro umwälzte.

«Setzen Sie sich, Mister Walker. Mit Ihrer Wut schaden Sie doch nur sich selbst.»

«Ich habe der Weltgesundheitsorganisation einen detaillierten Bericht geschickt, der klipp und klar beweist, daß sich, seit das Hochwasser ausbleibt, wieder gefährliche Parasitenkrankheiten ausbreiten. Früher ertranken Ratten, Skorpione und Schlangen in den Fluten. Jetzt vermehren sie sich zusehends. In den Entwässerungskanälen, die in Trockenzeiten von der Sonne gereinigt wurden, gibt es immer mehr Würmer und anderes Ungeziefer. Früher sicherte der Wechsel von Dürrezeit und Überschwemmung das natürliche Gleichgewicht. Mit dieser Selbstkontrolle der Natur ist es vorbei.»

Zum Zeichen, daß ihm die Hände gebunden seien, hob der Oberaufseher wie ein Gefesselter die Arme über den Kopf.

«Und hier ist noch ein Gutachten», fuhr Mark fort und legte einen dicken Ordner auf den Schreibtisch. «Durch das Anstauen des Wassers bekommen Niltal und Delta nicht mehr die einhundert Millionen Kubikmeter Schwemmerde; das Flußbett sinkt um mindestens zwei Zentimeter pro Jahr, und seine Ufer werden rissig. Die Erosion der Flußseiten führt zum Verlust von Ackerland und greift die Brücken an.»

«Das Hochwasser war immer unregelmäßig. In schlechten Jahren waren Hungersnöte unvermeidlich.»

«Überbevölkerung und schneller Bevölkerungszuwachs verursachen das Elend, nicht das Hochwasser. Es hätte genügt, mehrere kleine Staustufen entlang dem Nil nach dem Vorbild der alten Ägypter anzulegen, statt das Land einem Monstrum zum Fraß vorzuwerfen. Mein Bericht zeigt deutlich, daß das Delta sich ins Mittelmeer vorschiebt. Nach sehr optimistischen Berechnungen wird das Siedlungs- und Anbaugebiet spätestens um das Jahr Zweitausenddreißig teilweise überschwemmt sein. Können Sie sich das Ausmaß einer derartigen Katastrophe vorstellen?»

«Wir sind uns der Gefahr bewußt und schlagen Ihre Warnungen nicht in den Wind. Seien Sie versichert, daß die Regierung die notwendigen Maßnahmen ergreifen wird.»

«Mein Bericht enthält auch Klagen der Deltafischer, die bald nichts mehr fischen werden und dann das Heer der Arbeitslosen vergrößern. Wegen des Hochdamms führt der Nil nur noch nährstoffarmes Wasser, so daß der Fisch allmählich verschwindet.»

«Im Nasser-Stausee wimmelt es nur so von Fischen», behauptete Gamal Schafir.

«Dann sprechen wir doch mal von Ihrem See. An seinen Ufern sollten Pfirsichbäume blühen und Touristenzentren entstehen. Was ist daraus geworden? Eine Wasserwüste, von der pro Jahr zehn Milliarden Kubikmeter Wasser verdunsten statt der sechs von den Spezialisten vorausgesagten. Ein Fünftel des Nilwassers verschwindet einfach. Die Wassermassen versickern und bilden einen unterirdischen Wasserspiegel, der mit beängstigendem Tempo ansteigt. Er ist nur noch zwei Meter unter Karnak und vier Meter unter der Sphinx.»

Der Oberaufseher drückte irritiert auf seine Klingel. Es erschien ein sehr großer, außergewöhnlich edel wirkender Nubier in einer blauen Galabija, der traditionellen Kleidung der Männer, ein langes Baumwollgewand, ohne Kragen und Gürtel, mit langen Ärmeln, das bis auf die Fersen fällt.

«Bring uns Tee, Soleb.»

«Hier ist er schon.»

«Ich wette, er ist nur lauwarm. Du weißt doch genau, daß ich ihn richtig heiß will.»

Gamal Schafir kostete. «Natürlich wieder nicht heiß genug! Hau ab, ich will dich nicht mehr sehen! Zehnmal habe ich dich schon gewarnt.»

Der Nubier verschwand wortlos.

«Was für ein Faulpelz ... Nicht mal mehr ordentlich bedienen kann er», brummte der Ägypter.

Mark ging wieder zum Angriff über.

«Ich finanziere ein UNESCO-Programm zur Erhaltung gefährdeter ägyptischer Denkmäler. Die Versalzung und der Salpeter zerfressen den Sandstein der Tempel. Wenn nichts unternommen wird, fällt Karnak bald in sich zusammen. Und was die Gräber im Tal der Könige betrifft – sie werden allesamt ihre Farben verlieren. Ich brauche unbedingt Ihre Unterstützung.»

«Das ist ziemlich schwierig ... In meiner Position kann ich es mir nicht erlauben, den Staudamm zu kritisieren. Und Ihre, mein Lieber, könnte auch heikel werden. Ihr Einfluß, Ihre Berichte, Ihre Interventionen bei den internationalen Behörden und in den Medien haben gewisse Leute verärgert.»

«Und was sagen Sie zu dieser Prophezeiung hier?»

«Welche Prophezeiung?»

«Eine, die ich in einem Grab in der Nähe gefunden habe. Hier, lesen Sie meine Übersetzung.»

Gamal Schafir las das Dokument mit großem Interesse. Der Amerikaner galt als kompetenter Ägyptologe. Der Text verwirrte den Oberaufseher sichtlich.

«Das kann man doch heute nicht mehr ernst nehmen. Das ist dummes Zeug.»

«Ich würde da nicht so sicher sein. Gewöhnlich pflegt man in Ägypten die Worte der Alten nicht einfach so abzutun.»

«Aber die Pharaonen sind tot, ein für allemal ...»

«Wie dem auch sei. Der Hochdamm ist die schlimmste Bedrohung des Landes. Es muß unverzüglich eine Lösung gefunden werden.»

«Immer langsam.»

«Und der Schlick?» beharrte Mark. «Nach Schätzung der Experten sollte der Nasser-Stausee erst in fünfhundert Jahren gefüllt sein, und nun droht die Verschlammung bereits jetzt.»

«Ja, das ist sozusagen Wasser auf Ihre Mühle.»

«Statt den Schlick zu benutzen, holen die Ziegeleien ihren Rohstoff aus wertvollen Ackerböden. Wegen diesem verfluchten Hochdamm verarmt Ägypten, und seine Bevölkerung muß leiden. Zur Verzweiflung bringt mich das.»

Schafir öffnete eine Mappe, in der sich mehrere Blätter mit vielen Unterschriften befanden.

«Nicht nur Sie befürchten eine viel zu rasche Verschlammung. Mit Zustimmung meiner Vorgesetzten habe ich Experten beauftragt, den Grund des Nasser-Stausees zu untersuchen und die effektivsten und kostengünstigsten Baggertechniken vorzuschlagen.»

Bis die Untersuchung Ergebnisse zeitigte, würden zwar mehrere Jahre vergehen, aber es wäre wenigstens ein erster Schritt.

«Werden Sie den Schlick den Ziegeleien überlassen?»

«Schon möglich.»

«Und wann planen Sie einen Kanal, damit das Hochwasser wenigstens teilweise wieder eintreten kann?»

«Nun verlangen Sie aber reichlich viel.»

«Darüber reden wir noch.»

Es war vierzehn Uhr; der Arbeitstag des Beamten ging zu Ende, und Mark dachte an seine Verlobte, die gegen siebzehn Uhr in Assuan eintreffen sollte. Er freute sich auf sie und darauf, daß dieser Tag wenigstens harmonisch ausklingen würde.

3

Mark fuhr in den Wüstenabschnitt, der den neuen Staudamm von dem alten aus dem Jahr 1892 trennte. In der Sonne herrschte eine Temperatur von siebzig Grad. Ausgewaschene Blöcke, in labilem Gleichgewicht übereinandergetürmt, ockerfarbener Sand, Telegrafenmasten, Stacheldraht und verrostete Kanister bildeten eine Landschaft, die deprimierte.

Er stoppte seinen Range Rover, stieg aus und schaute sich einmal mehr das Monster an. Sein Blick glitt über die Kreuzung vor dem Hochdamm, die eine Fontäne zierte, aus der niemals Wasser kam, und blieb an der scheußlichen Lotosblüte aus Beton hängen, eine Erinnerung an die ägyptisch-sowjetische Zusammenarbeit, die den Bau von Sadd al-Ali, dem «neuen Deich», ermöglicht hatte. Mark ballte die Fäuste und konnte seine Wut kaum bezwingen, als er daran dachte, daß das zwanzigste Jahrhundert mit seiner rücksichtslosen Wirtschaftspolitik und die Machtbesessenheit Nassers und Chruschtschows, dieses senilen Ignoranten, das Startzeichen für den programmierten Tod des alten wie des neuen Ägypten gegeben hatten.

Am 9. Januar 1960 hatte Nasser die Explosion der ersten Dynamitladung für die Baggerarbeiten am Umleitungskanal ausgelöst. Am 14. Mai 1964 feierte er in Begleitung von Chruschtschow das Ende des ersten Bauabschnitts und ließ den letzten Felsen sprengen, der den Kanal versperrte, in den der Nil sich, abgelenkt aus seinem natürlichen Lauf, hineinzwängen mußte.

«Eine gute Idee, ein gutes Beispiel, ein guter Staudamm», brachten einige Zeitungen als Überschrift, französische an der Spitze, und wiesen jede Art von Kritik zurück, mit der man ihrer Meinung nach nur die grandiose sowjetische Technik und das großartige Unternehmen eines genialen Staatsmannes der dritten Welt verunglimpfen wollte. In Wahrheit aber hatten jene recht, die behaupteten, dem Obersten Sowjet sei die Zukunft Ägyptens völlig gleichgültig und Nasser trachte nur danach, die Erbauer der Großen Pyramide zu übertreffen. Sein Stausee mit zweiundvierzig Millionen siebenhunderttausend Kubikmetern – faßte er nicht siebzehnmal den Inhalt der Cheops-Pyramide? – «Wir Revolutionäre werden die Pharaonen noch übertreffen», versicherte Nasser. Was bedeuteten dagegen die Zerstörung Nubiens, die Vertreibung von zweihunderttausend Menschen und die schrecklichen ökologischen Folgen? Das neue Ägypten stärkte sein Ansehen, das heißt, seine Machtposition; das sowjetische Imperium exportierte seine Doktrin und seine Ingenieure; Nasser, der erklärte Feind des Kommunismus, hatte zwar Chruschtschow mit Hitler verglichen, ihn aber dennoch in die Arme geschlossen, um endlich vom Imperialismus unabhängig zu werden: durch den Hochdamm von Assuan.

Zornesröte stieg Mark ins Gesicht. Wie hatte die Welt nur so dumm, hatten die Regierungen so feige, die Intellektuellen so blind sein können, sich Nasser und seinem Monsterwerk zu Füßen zu werfen?

Ein letztes Mal hatte der Nil sich 1961 aufgebäumt. Die größte Überschwemmung des Jahrhunderts hatte die Baustelle verwüstet und Schlammseen hinterlassen, die die Fertigstellung um mehrere Monate zurückwarfen. Der Riese aus dem Innersten Afrikas ließ der Menschheit seine letzte Warnung zukommen: Haltet meinen Lauf nicht auf, verstopft die Lebensader Ägyptens nicht, bringt eine Quelle tausendjähriger Fruchtbarkeit nicht zum Versiegen. Doch die Techniker setzten sich über die Summe des Flusses hinweg und die Politiker erst recht. Am 15. Januar 1971, als es Nasser und Chruschtschow schon nicht mehr gab, weihten der Ägypter Sadat und der Sowjetrusse Podgorny den Hochdamm von Assuan «im Namen der Zukunft» ein.

Aus der Ferne erschien er wie ein schlafender Drache, ein einfacher Berg aus Granit, Sand, Kies, Tonerde, Schlick und Dreck. Aus der Mitte der aufgetürmten Felsblöcke senkte sich ein wasserdichter Vorhang durch zweihundert Meter dicke angeschwemmte Ablagerungen tief in das Flußbett hinunter. Mit einhundertelf Metern Höhe über der Nilsohle, einer Sockelbreite von neunhundertundachtzig Metern, einer Kronenbreite von vierzig Metern und einer Länge von dreitausendsechshundert Metern hielt der Damm allein durch sein Gewicht dem Druck der einhundertsiebenundfünfzig Milliarden Kubikmeter Wasser des Nasser-Stausees stand, wenn dieser bis zum Rand gefüllt war.

Das kauernde Tier, grau, seiner Stärke sicher, ruhte auf einem Fundament aus kristallinem Urgestein; darüber bildeten die betonierte Sandplattform und eine Anhäufung von Granitblöcken einen unzerstörbaren Gesamtkomplex. Manchmal hat der Tod merkwürdige Gesichter.

Der Nasser-Stausee mit einer Länge von fünfhundert Kilometern – einhundert davon im Sudan, mit bis zu neunzig Metern Tiefe – war eine bedrohliche Wassermasse, die Landschaften verschlingen und das Klima verändern konnte. Immer mehr Wolken zeigten sich am Himmel über Assuan und Luxor, dessen ewiges Blau so viele Reisende entzückt hatte. Immer häufiger gingen sogar tropische Regengüsse nieder. Sie würden die alten Tempel zerstören, die bereits durch den gestiegenen Grundwasserspiegel angegriffen waren. Von beiden Seiten, von oben und von unten, würden die Meisterwerke der Pharaonen vernichtet. Um die Böden zu entsalzen, hätte man sie erneut unter Wasser setzen und ihnen

Schlick als Dünger beigeben müssen. Gerade deshalb kämpfte Mark dafür, daß man Ableitungskanäle um den Hochdamm herum aushob, damit der Schaden geringer gehalten werden konnte. Weil die Behörden sich taub stellten, hatte er sie mit immer neuen alarmierenden Memoranden bombardiert, ihnen immer mehr Beweise für die Richtigkeit seiner Bedenken und Voraussagen geliefert und nicht aufgehört, die internationale Offentlichkeit aufzurütteln. Die einen bezeichneten ihn als «Utopisten», die anderen als einen «gefährlichen Agitator». Nur eine kleine Gruppe von Wissenschaftlern, politisch ohne Gewicht, nannte ihn einen «Propheten».

Mark betrachtete oft alte Fotos, auf denen man noch sehen konnte, wie das Hochwasser das Niltal bedeckte. Nur die Dörfer auf den Hügeln ragten heraus; in Booten fuhren die Bauern von Dorf zu Dorf. Es war die Jahreszeit für Besuche. Während die Erde sich mit dem kostbaren Schlamm vermählte, fanden die Menschen Zeit, miteinander zu reden, ruhte der Fellache aus. Friedliches Meer, das Land ein Spiegel des Himmels. Wenn das Wasser ablief, begannen die Bauern zu säen, im Vertrauen auf die fruchtbare schwarze Erde, die sie seit Jahrtausenden ernährte.

Wie verrückt, ja besessen mußte man doch sein, diese Harmonie zu zerstören, auf immer die Flut zu vereiteln und einen auf der ganzen Welt einzigartigen Vorgang der Düngung zunichte zu machen!

Marks Leben wäre zu kurz, den Hochdamm zu besiegen, aber wenigstens hatte er zum Nachdenken über das vermeintliche Wunderwerk der Technik angeregt und unter den Intellektuellen einen Widerstand geschürt, der weiter wirken würde. Einige Stimmen gegen den Damm wurden sogar schon in Ägypten laut, und sie verwiesen eloquent auf seine verheerende Wirkung.

Mit sechs Haupttunneln, vierundzwanzig Nebentunneln, zwölf Riesenturbinen, einer durch nichts zu bewegenden Masse, war das Monster gewissermaßen bis an die Zähne bewaffnet, um allen seinen Feinden zu trotzen. Dagegen war nicht anzukommen ... Oder doch? Hatte Mark nicht beim Tod seiner Eltern einen scheinbar irreparablen Zusammenbruch überlebt? Jene Prüfung hatte ihn hart gemacht wie Stein. Nein, die kurzsichtigen Dammanbeter würden ihn nicht kleinkriegen.

Die Sonne stach und holte ihn aus seinen Gedanken; er warf einen Blick auf die Uhr. Bald würde Hélène ankommen, und dann würden sie zusammen die letzten Vorbereitungen für die Hochzeit treffen.

Er mußte lachen: er und verheiratet! Ausgerechnet er, der Ägypten mit einer so verzehrenden Leidenschaft liebte, daß für Frauen nicht viel übrigblieb. In letzter Zeit hatte nur eine einzige bei ihm großen Eindruck hinterlassen, Safinas, eine verführerisch schöne Ägypterin, die ihm nicht aus dem Sinn ging.

Warum war er eigentlich bei der hübschen, aber eher nachdenklichen als umwerfend temperamentvollen Französin gelandet, einer Umweltspezialistin? Wahrscheinlich, weil er letzten Endes die inneren Werte höher einschätzte als das äußere Erscheinungsbild. Ganz überraschend hatte er sich in die Zweiunddreißigjährige verliebt. Hélène wollte in Ägypten leben und ihrem zukünftigen Mann in seinem Kampf beistehen. Mit ihrem ökologischen Wissen würde sie ihm eine wertvolle Hilfe sein.

Zum ersten Mal seit dem Verlust seiner Eltern begann Mark wieder an das Glück zu glauben. Er dachte nicht mehr an die düstere Prophezeiung, die ihm ein paar Stunden zuvor seine ganze Zukunft zu verdunkeln drohte. Er hatte jetzt nur noch Hélène im Sinn. An ihrer Seite würde die Zukunft sogleich viel hoffnungsvoller erscheinen. So optimistisch gestimmt wie schon lange nicht mehr, setzte er sich ans Steuer und fuhr nach Assuan hinein.

4

Mark liebte Assuan. Seine Industrieanlagen und modernen Bauten waren nur klägliche Kopien westlicher Normarchitektur, doch das Tor zum «Großen Süden» zeugte noch von einer gewissen archaischen Ursprünglichkeit, rief noch Erinnerungen wach an die Expeditionen, die einst von hier aus nach Nubien aufgebrochen waren und dort nach Gold zur weiteren Verschönerung der Tempel gesucht hatten. Nil und Wüste vermählten sich hier unter dem Blau eines Himmels, der früher ganz rein war, jetzt aber immer häufiger von Gewittern verdunkelt wurde. Der tosende Katarakt, der die Reisenden früher oft erschreckt hatte, bestand nur noch aus Felsblöcken, die zwischen dem alten und dem neuen Staudamm eingezwängt lagen. Wenn man sich mit Spaziergängen auf der Insel Elephantine, mit den Tempelruinen des widderköpfigen Gottes Chnum zufriedengab, wenn man durch die Gärten der Blumeninsel ging oder bei den Gräbern am Westufer innehielt, von wo die Herrscher des Altertums auf ihre Stadt herabschauten, dann hatte man noch die Illusion von einem zeitlosen, strahlenden Ägypten, das zu angenehmem Leben einlud.

Leider war Assuan in zwanzig Jahren von fünfzigtausend auf einhundertfünfzigtausend Einwohner angewachsen und zu einem Industriezentrum geworden, das der Hochdamm wie ein Tyrann beherrschte. Wie überall in Ägypten machte die Bevölkerungsexplosion jede Hoffnung auf ein besseres Leben zunichte. Das Kraftwerk des Damms, die Chemiefabrik und der scheußliche Betonbau für Touristen, «New Cataract» genannt, verschandelten eine einst bezaubernde Landschaft, die allein vom Nil, von den ockerfarbenen Felswänden und den Inseln bestimmt war.

Mark nahm oft am Ende des Tages eine Feluke und beobachtete von der Flußmitte den Sonnenuntergang.

Er riß das Steuerrad herum, um einem Kind auszuweichen. Der Spitzbube lief hinter dem Ball her, den er gerade auf die andere Straßenseite befördert hatte; ihm folgte eine Meute halbstarker Fußballer. Man sollte nicht träumen, wenn man in Ägypten Auto fährt. Besonders langsam fuhr der Amerikaner in das Händlerviertel. Hier drohte die größte Gefahr von den jungen Motorradfahrern, deren waghalsige Vorführkünste oft im Krankenhaus endeten.

Mark wollte seine Verlobte auf zweierlei Art überraschen: erstens mit einer Aussteuer aus zwanzig Baumwoll-Galabijas in verschiedenen Farben, die so angenehm zu tragen waren; zweitens zum anderen mit einer ganz privaten Trauung allein mit einem Priester und seinen Ministranten in einer koptischen Kirche. Weder Hélène noch er waren gläubige Christen. Er hatte aber bei einem Antiquitätenhändler ein altes Kirchenritual mit magischem Einschlag aufgestöbert, und Pater Butros, ein langjähriger Freund, hatte sich für die Zeremonie bereitgefunden. Er hatte es aufgegeben, einen unverbesserlichen Heiden zu bekehren, der Ägypten so sehr liebte, daß Gott ihm wohl verzeihen würde. Trotz der ständig wachsenden Spannungen lebten die Gemeinden der Moslems, Kopten und europäischen Christen Ägyptens noch wie vor hundert Jahren miteinander. Die westliche Presse hatte geringfügige Zwischenfälle nur aufgebauscht.

Auch in der Schark-al-Bandar-Straße, wo japanische Touristen Gewürze und Imitationen von Ausgrabungsfunden kauften, konnte Mark nur im Schrittempo fahren. Ein Junge lief neben dem Wagen mit und bot ein Glas Tee an, für das Mark ihm ein ägyptisches Pfund gab. Angesichts des guten Handels brach der Kleine in ein Freudengeheul aus.

Mark hielt vor einem Geschäft, dessen eiserne Rollos geschlossen waren, stieg aus und klopfte dreimal so behutsam an, wie es sich zur Siestazeit gehörte. Knirschend hob sich der Rolladen um etwa fünfzig Zentimeter. Zwei Hände streckten Mark ein schweres Paket entgegen. Mark übergab dafür einen Umschlag mit dem ausgehandelten Preis. Nachdem man die üblichen Höflichkeitsfloskeln ausgetauscht hatte, wurde das Rollo wieder heruntergelassen.

Der künftige Ehemann brauchte nur noch zur Corniche zu fahren und auf den Misr-Travel-Bus zu warten. Er verheiratet! Langsam gewöhnte er sich an den Gedanken und fragte sich, wie schnell Hélène ihre Gewohnheiten als

Single ablegen würde. Er war gewiß kein eingefleischter Junggeselle, aber es lag ihm doch viel an der Morgenstille bei Sonnenaufgang, an langen Wüstenwanderungen, an den Diskussionen mit den einfachen Leuten in den Cafés von Assuan, Luxor oder Kairo, den drei Städten, in denen er ein Haus besaß. Sie wußte, worauf er Wert legte, und ihm war klar, daß Hélène gegen den Hochdamm klug und umsichtig vorgehen würde. War das nicht das höchste Glück, als ein Paar für dieselbe Überzeugung, dasselbe Ideal zu leben?

Mark bemerkte sie etwa hundert Meter vor der Al-Rahma-Moschee: die Männer der schwarzuniformierten Sicherheitsspezialbrigaden. Sie hatten Helme mit Visier, Plastikschilde und ihre Kalaschnikows. Es gab kein Zurück mehr; die Elitepolizisten hatten offenbar schon das ganze Viertel abgeriegelt. Er sah, daß hinter einem der Elitepolizisten fünf junge Kerle auftauchten und mit Fahrradketten auf den Nacken und Rücken des Mannes eindroschen. Sofort erfolgte der Gegenschlag: Zwei der Angreifer stürzten, von Pistolenkugeln getroffen, mit blutendem Schädel zu Boden. Ein Irrläufer durchschlug die Windschutzscheibe des Range Rover und zischte dicht an Marks rechter Wange vorbei. Die Polizisten feuerten weitere Salven nach rechts und links ab, während einer von ihnen auf Marks Wagen zukam.

Seine Unschuld zu beteuern wäre vergeblich gewesen. Den Ordnungskräften mußte in dieser Situation jeder Fremde als Terrorist erscheinen. Von der Moschee her hörte man Schüsse und Schreie. Mark sprang aus dem Fahrzeug und lief geradewegs in eine Seitenstraße. Kugeln zischten ihm um die Ohren.

Ein junger Mann schwenkte seinen Koran und versuchte, ihm den Weg abzuschneiden. Wie ein Stier stürzte Mark auf ihn zu, stieß ihn zur Seite und flüchtete in eine noch engere und dunklere Gasse. Graue Baumwollaken, die zwischen den Dächern als Sonnenschutz aufgehängt waren, ließen kaum Licht in die zweistöckigen Häuser. Der Polizist verfolgte ihn noch immer und gab aufs Geratewohl Schüsse ab. Am Ende der Gasse eine Lehmmauer, eine Sackgasse ...

Mark hatte keine Chance, den Schwarzuniformierten abzuschütteln. Sollte er also in einem der schäbigsten Winkel von Assuan als Opfer eines Polizeiirrtums sterben? Er blickte zurück, um seinem Tod ins Auge zu schauen.

Im selben Augenblick packte ihn eine starke Hand am rechten Arm und zog ihn in einen finsteren Hauseingang. Während hinter Mark die Tür sofort wieder ins Schloß fiel, schlug draußen eine Gewehrsalve in die Lehmmauer ein.

Die Hand ließ Mark los.

«Soleb, du?»

Der Nubier flüsterte: «Wir müssen schnell weg. Durch die Innenhöfe. Folgen Sie mir.»

Der in Ungnade entlassene Diener des Oberaufsehers am Hochdamm wohnte in einem Betonblock an der Südausfahrt der Stadt. Er hatte Mark nach kurzer Flucht durch menschenleere Höfe auf seinem uralten Motorrad, dessen Motor beim Gasgeben jedesmal den Geist aufzugeben drohte, hierhergebracht.

Jetzt schenkte Soleb seinem Gast würdevoll Tee ein.

«Ich bin Ihnen gefolgt, seit Sie das Büro von Gamal Schafir verlassen haben.»

«Warum denn?»

«Weil der Damm Ihr und auch mein größter Feind ist.»

Die winzige Zweizimmerwohnung mit nackten Wänden war voller Erinnerungsstücke von einem Nubien, das im Wasser untergegangen war: farbige Teppiche, Silberschmuck, Keramikvasen, Hufeisen, mit blauen Perlen geschmückte Elfenbeinhände, zu einer schützenden Gebärde geformt.

«Lesen Sie», bat Soleb und reichte Mark einen ziemlich zerfetzten Zeitungsartikel.

Ein Unternehmen wie der Bau eines Hochdamms birgt Vor- und Nachteile. Um zum Beispiel den Nasser-See aufzustauen, hat man die nubische Bevölkerung umsiedeln müssen, was immer Leid verursacht. Immerhin hat man die Betroffenen in modernen Siedlungen untergebracht, die besser ausgestattet sind als die traditionellen Dörfer, in denen sie lebten.

«Das sind die schamlosen Lügen der Westlichen. In Wirklichkeit sitzen die Nubier in elenden Käfigen. Was hat man uns gegeben: Elektrizität, Sportplätze, Krankenhaus, Wasserturm, Straßen, die sich allesamt blödsinnig rechtwinklig kreuzen. Doch diese Art Fortschritt haben wir nicht gewollt. Wir hatten zu essen, waren sauber gewaschen, haben unsere Kinder auf unsere Weise erzogen, lebten auf unserer Ahnen Land, das wir liebten und das allein uns gehörte. Meine Eltern sind vor Kummer gestorben, noch vor ihrer Vertreibung aus dem Dorf. Ich habe mich entschieden, hier, an der Pforte zu Nubien, zu bleiben, damit ich jeden Tag auf mein untergegangenes Land schauen kann. Man hat mich in dieses Betongefängnis gesteckt und mich zum Sklaven eines faulen, machtbesessenen Beamten gemacht. Nie mehr werde ich meine schöne Hausfassade mit Blumen- und Vogelzeichnungen wiedersehen, nie mehr kann ich dorthin zurück.»

«Soleb, Sie haben mir das Leben gerettet. Ich danke Ihnen.»

«Sie sind in größter Gefahr, weil Sie den Damm bekämpfen. Ich hatte im Gefühl, daß Gamal Schafir etwas gegen Sie unternehmen wollte. Deshalb beschloß ich, Sie zu warnen.»

«Was war denn in der Stadt los?» fragte Mark und schaute auf die Uhr. «Mein Gott, ich muß ja meine Verlobte abholen.»

«Heute morgen haben zwei Islamisten Pater Butros in seiner Kirche ermordet. Die Polizei hat ebenso brutal zurückgeschlagen. Sie hat die Al-Rahma-Moschee, den Treffpunkt der Fundamentalisten, gestürmt. Als sie auf Widerstand stießen, haben sie blind in die Menge geschossen.»

«Gab's Tote?»

«Ich schätze an die fünfzig und viele Verletzte.»

«Kannst du mich wieder nach Assuan reinfahren, zu meinem Wagen?»

«Wenn mein Motorrad mitmacht und Sie mir versprechen, daß Sie mithelfen werden, den Hochdamm zu zerstören.»

«Das kann ich unmöglich versprechen, Soleb. Aber ich schwöre, bis zum letzten Atemzug zu kämpfen, damit die Auswirkungen nicht ganz so schlimm werden. Meine

Verlobte will mir dabei helfen. Auch darum freue ich mich sehr auf sie.»

Der Nubier schien sich mit der Antwort zufriedenzugeben.

Das Motorrad sprang willig an.

5

Die Ordnungskräfte verließen das Ladenviertel. Rund um die Fundamentalisten-Moschee ließ eine Polizeisperre niemanden passieren. Mit heulenden Sirenen fuhren Krankenwagen Tote und Verwundete weg.

Der Range Rover stand noch da. Viele Leute aus dem Viertel kannten Marks Wagen, und keiner wäre auf den Gedanken gekommen, ihn zu stehlen. Als Mark anfuhr, dachte er an Pater Butros. Wie konnte man nur diesen gütigen und wehrlosen alten Mann erschlagen, einen Geistlichen, der sich ein Leben lang um die Armen gekümmert hatte! Der Priester hatte sich darauf gefreut, ein in Vergessenheit geratenes Ritual zu zelebrieren. Dieses besondere Glück konnte Mark seiner Zukünftigen nun nicht mehr bescheren.

Auf der Corniche entlang des Nils schien alles ruhig. Soleb folgte Mark in einigem Abstand. Ab und zu gab es Menschenansammlungen. Man jammerte über das Gemetzel.

Die Spätnachmittagssonne war wohltuend mild, der aufkommende Nordwind brachte etwas Erfrischung. Wie jeden Tag um diese Stunde löste sich Assuan langsam aus seiner Betäubung. Die Sirenen der Krankenwagen waren inzwischen verstummt.

Es war der erste blutige Zwischenfall in der Hauptstadt Südägyptens. Obwohl Mark den wachsenden Fanatismus bei den Moslems kannte, vertraute er auf das tolerante Wesen der Mehrzahl der Ägypter, die einen Religionskrieg vermeiden und den von Allah Besessenen den Weg zur Macht versperren würden. Aber die Krankheit griff um sich, und die Gewaltaktion der Polizei konnte weitere Gewalttaten hervorrufen.

Mark fuhr schneller, denn er hatte nur noch eine Viertelstunde bis zu Hélènes Ankunft.

Um achtzehn Uhr zwanzig hielt er an der Stelle, wo der Misr-Travel-Bus seine Fahrgäste absetzen mußte. Doch da war niemand außer einem Angestellten der Gesellschaft, der am Rand des Gehwegs saß.

«Der Bus aus Luxor?»

«Verspätung.»

«Viel?»

«Je nach dem Verkehr ...»

«Nichts Genaueres bekannt?»

«Bei einer Panne unterwegs ruft der Fahrer hier an.»

«Wenn nicht auch das Telefon kaputt ist.»

«Sie sagen es.»

Mark kaufte bei einem Straßenhändler zwei Coca-Cola und gab eine dem Angestellten der Misr Travel. Soleb war verschwunden. Vielleicht hatte er sich unsichtbar gemacht und behielt ihn als freiwilliger Bodyguard weiter im Auge. Die Nubier galten seit dem Altertum als Adepten der Magie. Selbst die Weisen des Pharao fürchteten sie. Womöglich war Mark an einen echten Zauberer geraten. In seinem Kampf gegen den Hochdamm konnte dessen Hilfe durchaus von Nutzen sein.

Eine Stunde verging. Mark ließ den Angestellten im Büro nachfragen. Der entfernte sich schleppenden Schritts und kam erst nach zwanzig Minuten wieder – mit betretenem Gesicht.

«Es hat wohl einen Unfall gegeben.»
«Schlimm?»
«Anscheinend nur etwas an der Mechanik.»
«Und wo ist das passiert?»
«Keine Ahnung.»
«Wird der Schaden bis zum Abend behoben sein?»
«Keine Ahnung.»

Mark ging selbst in das Büro der Misr Travel, doch der Verantwortliche war nicht da. Seine Untergebenen rieten, sich an das Hauptkommissariat der Polizei zu wenden. Weil sie alle Touristenbusse unterwegs überwachten, könnte man dort eventuell mehr erfahren.

Im Polizeipräsidium von Assuan schienen sämtliche Beamte damit beschäftigt zu sein, Männer zu verhören, die im Verdacht standen, Fundamentalisten zu sein. Mark wurde deshalb von einem Offizier der Spezialbrigade sehr unfreundlich empfangen. Lautstark mußte er Auskunft über den Unfall des Luxor-Assuan-Busses verlangen.

Der kleine nervöse Typ, den ein Wärter gegen entsprechendes Bakschisch als den für diese Angelegenheit Zuständigen bezeichnet hatte, ließ Mark in seinem dürftigen Büro Platz nehmen und fragte, nachdem er den Paß seines Besuchers eingehend geprüft hatte, verdrießlich:

«Warum interessiert Sie die Sache mit dem Bus?»
«Weil meine Verlobte in dem Bus ist.»

«Und wie heißt Ihre Verlobte?»

«Hélène Doltin. Warum fragen Sie danach?»

«Nun ja ... Durch einen bedauerlichen Zwischenfall wurde der Bus aufgehalten.»

«Was heißt Zwischenfall? Und wann werden die Fahrgäste in Assuan eintreffen?»

Statt zu antworten, verbog der Polizeibeamte erst mal eine Büroklammer, schnippte sie auf den Boden und begann eine zweite zu mißhandeln.

«Es gibt Komplikationen.»

«Was für welche?»

«Also es geht nicht um einen gewöhnlichen Unfall.»

«Was heißt das?»

«Terroristen haben den Bus überfallen.»

Mark hielt den Atem an. «Gibt es Verletzte ... Tote?»

«Diese Islamisten kennen keine Skrupel. Sie scheuen sich nicht, unschuldige, unbewaffnete Menschen abzuknallen. Der Fahrer ist getötet worden.»

«Was ist mit den Fahrgästen?»

«Der Überfall war genau geplant.»

Mark stand auf, die Beine wie gelähmt.

«Meine Verlobte ...»

«Die Ordnungskräfte haben sofort eingegriffen.»

«Und? Was wissen Sie über Hélène Doltin?»

«Zum Zweck der Aufklärung des Massa ..., des Zwischenfalls wurde eine Nachrichtensperre verhängt.»

«Wo ist sie? Hier in Assuan? Dann will ich sofort zu ihr.»

«Etwas Geduld, Mister Walker.»

«Nein sofort, Kommissar! Ich werde nicht länger warten.»

«Wie Sie wollen. Auf Ihre Verantwortung.»

Er klatschte in die Hände und ließ einen Polizisten kommen. «Dieser Mann wird Sie zum Städtischen Krankenhaus bringen.»

Schmutziger Fußboden, kahle Wände, abgeblätterter grüner Anstrich, fahles Licht, saurer Geruch. Wer noch nicht krank war, mußte es hier werden. Mark wandte sich an einen bärtigen Arzt, der Formulare ausfüllte.

«Ich möchte zu der Patientin Hélène Doltin.»

Der Arzt blätterte, ohne aufzuschauen, in einer Kartei.

«Die gibt es hier nicht.»

«Sie soll laut Auskunft der Polizei nach dem Zwischenfall mit dem Bus aus Luxor eingeliefert worden sein.»

Jetzt hob der Arzt den Kopf und sah sein Gegenüber mehr mitleidsvoll als herablassend an. Sein rechter Zeigefinger ging eine Namenliste durch, die vor ihm lag.

«Hélène Doltin ... Hier. Sie ist allerdings noch nicht freigegeben.»

«Was heißt das? Wo in diesem Saustall ist sie?»

«Erlauben Sie mal!»

«Ich will sofort zu ihr.»

Der Arzt rief nach einem Krankenpfleger. Ein stämmiger Bursche in fleckigem braunem Kittel führte Mark in einen penetrant nach Desinfektionsmitteln riechenden Raum, der nur ein kleines vergittertes Fenster hatte. An der Wand stand ein Bett auf Rollen, über das man eine schmierige Decke geworfen hatte.

«Wo ist sie?»

Nur mit den Augen wies der Krankenpfleger auf das Bett.

Wie betäubt ging Mark darauf zu und zog vorsichtig die Decke weg.

Da lag Hélène, voller Blut auf Gesicht und Brust, durch die Einschüsse fast nicht wiederzuerkennen. Von ihrer Schönheit, ihrer Jugend war nichts übriggeblieben als ein zerfetzter Leichnam. Mark stieß einen Schrei aus, der durch das ganze Gebäude hallte.

6

Anstelle des kleinen, nervösen Beamten thronte vor Mark jetzt die Karikatur eines orientalischen Fettsacks. Der Mann wog um die hundertundzwanzig Kilo. Sein Bauch schien den Schreibtischrand einzudrücken. Sein feistes Gesicht mit Hängebacken stützte sich auf sein Dreifachkinn, seine Wurstfinger spielten mit einem Gummiband.

Als Mark zum zweiten Mal in das Präsidium gestürzt war, hatten ihn zwei Wachhabende abgefangen und zum Inspektor der Fremdenpolizei gebracht.

«Friede sei mit Ihnen, Gottes Barmherzigkeit und seine Wohltaten, Mister Walker. Ich bin mit dem Busvorgang befaßt. Wirklich eine schreckliche Tragödie. Warum nur häuft sich alles Ungemach ausgerechnet, wenn die Sonne brennt? Die Insekten quälen einen, die Amtszimmer sind wie Brutkästen, die Beamten hoffen vergeblich auf Beförderung ... Und dazu noch diese Islamisten, die uns das Leben unerträglich machen. Schauen Sie sich diese dicken Ordner an!»

Der Inspektor drehte sich um die eigene Achse, holte

aus einem Regal einen großen Stoß Akten und legte ihn vor Mark hin.

«Dies sind allein die Protokolle von Straftaten im Raum Assuan innerhalb der letzten vierzehn Tage. So was gab es zuvor noch nie. Und jetzt auf einmal ... Ich frage Sie, wie soll man dagegen angehen? Unsere Mittel sind viel zu beschränkt. Trotzdem, wir handeln mit eiserner Härte, verschaffen dem Gesetz rigoros Geltung. Das Problem ist nur, wie soll ich ...»

Mark unterbrach das Klagelied des Inspektors. «Ihre Klagen helfen mir nicht weiter. Meine Verlobte ist tot. Sie ist ermordet worden. Ich verlange Aufklärung über den Tathergang, das ist mein gutes Recht.»

Der Fettwanst senkte den Blick.

«Kein einziger Fahrgast ist den Kugeln der Islamisten entkommen. Man wird die Täter zu fassen kriegen, man wird sie einsperren, verurteilen und hängen, da können Sie sicher sein.»

Mark war zu verzweifelt, um weinen zu können. Sein Kopf, sein ganzer Körper schien nur angefüllt mit Wut und Empörung.

«Haben Sie die Namen der Mörder?»

«Wir sind noch dabei ... Die Untersuchung macht Fortschritte, aber leider gibt es nichts Definitives. Das Schreckliche geschah ja erst vor wenigen Stunden. Sie müssen verstehen ...»

«Wo ist es geschehen?»

«Hinter einem kleinen Dorf, auf halbem Weg zwischen Luxor und Assuan.»

«Zeugen?»

«Nein.»

«Wie kann dann Ihre Untersuchung weiterkommen?»

Die Frage überraschte den Inspektor. «Verlassen Sie sich auf meine Erfahrung.»

«Ich weiß, was Beschwichtigungen und Ausreden betrifft, ist die ägyptische Polizei unschlagbar. Aber sucht sie wirklich nach den Schuldigen? Darauf verlasse ich mich jedenfalls nicht. Ich werde selbst ...»

«Ich verstehe ja Ihren Kummer, empfehle Ihnen jedoch, auf dem Weg der Legalität zu bleiben und jede Initiative zu unterlassen, die einem Übergriff auf mein Ressort gleichkäme. Sie sind eine recht umtriebige Person, Mister Walker. Das ist mir längst bekannt. Wenn man mit soviel Eifer den Hochdamm kritisiert, wird man nicht auch zu einer öffentlichen Gefahr? Die Behörden werden wegen Ihrer negativen Haltung allmählich ungehalten.»

«Geben Sie mir die Sachen meiner Verlobten, alles, was sie bei sich hatte.»

«Das ist leider nicht möglich. Ja, wenn Sie mit ihr verheiratet gewesen wären ... Sobald die Untersuchung abgeschlossen ist, werden wir die Habseligkeiten und persönlichen Dokumente von Mademoiselle Doltin ihrer Familie in Frankreich überstellen. Zum Zeichen meines Mitgefühls will ich Ihnen indessen entgegenkommen. Das Opfer hielt gewisse Papiere an die Brust gedrückt, als der Terrorist schoß. Ein eigenartiger Reflex, nicht wahr? Es sei denn, daß sie von Mademoiselle als sehr wertvoll erachtet wurden. Die Originale sind bei den Beweisstücken im Ordner. Ich habe sie fotokopieren lassen. Vielleicht interessieren Sie diese Seiten. Ich will sie Ihnen zeigen, obwohl es eigentlich nicht statthaft ist.»

Der Inspektor reichte Mark drei Seiten mit geometrischen Zeichnungen, Kurven und Linien in allen Richtungen. «Was hat das Ihrer Meinung nach zu bedeuten?»

«Ich habe nicht die geringste Ahnung.»

«Ich hoffe, Sie verheimlichen mir nichts. Das wäre unentschuldbar. Hat Ihre Verlobte denn nie ihre Zeichentalente erwähnt?»

«Kann mich nicht erinnern.»

«Überlegen Sie bitte genau.»

Mark dachte angestrengt nach, aber es fiel ihm zu diesem abstrakten Linienmuster absolut nichts ein.

«Sollten Sie sich doch noch an etwas erinnern, dann informieren Sie mich umgehend. Es könnte zur Wahrheitsfindung beitragen. Inzwischen überlassen Sie das Handeln gefälligst der Polizei und Justiz.»

Kopfschüttelnd faltete Mark die Fotokopien mehrfach. Seine Finger krampften sich um diese rätselhaften Seiten, das letzte Lebenszeichen von Hélène.

Der Oberinspektor erhob sich ächzend: «Erlauben Sie, daß ich Ihnen im Namen der Stadt Assuan mein aufrichtiges Beileid ausspreche.»

Mark hörte schon nicht mehr hin, er öffnete die Tür und wandte sich dann noch einmal um.

«Ich werde die Mörder meiner Verlobten finden, wer und wo sie auch sein mögen, und ich werde sie zur Rechenschaft ziehen.»

Er schlug die Tür so laut zu, daß der Oberinspektor zusammenfuhr. Mit einem Dossier unter dem Arm ging er ins Nebenzimmer, wo ein etwa fünfzig Jahre alter, auffallend eleganter Herr in blaugestreiftem Anzug eine Dunhill mit Menthol in einer goldenen Zigarettenspitze rauchte.

«Ich hoffe, Sie haben alles gut mitbekommen?» fragte der Beamte beflissen.

«Mir ist kein Wort dieser interessanten Unterhaltung entgangen. Danke, mein Lieber. Sie haben sich soeben eine weitere Stufe hinaufmanövriert.»

An diesem verfluchten Damm ging der Nil ohne jeden Zweifel zugrunde. Bald würde er nur noch eine riesige Kloake sein, in der die Erinnerung an glorreiche Jahrhunderte und eine wunderbare Vergangenheit vor sich hinmoderte – an eine Zeit, als der Mensch noch mit dem göttlichen Fluß in Harmonie lebte. Mark, der an der Uferböschung saß, konnte die laue Sommernacht, nur schwach erhellt vom Mondlicht, nicht genießen. Scheinwerfer beleuchteten die Gräber am Westufer und hüllten sie in goldenes Licht. Wäre ein Freitod durch Ertrinken im Nil nicht ein schönes Ende für einen Gegner des Hochdamms? Die alten Ägypter versicherten, daß reine Wesen, die im Nil ertranken, geradewegs ins Paradies kamen. Mark hatte nicht das Gefühl, Böses getan zu haben. Wäre es also nicht der beste Weg, zu Hélène zu gelangen, ohne die sein Leben keinen Sinn mehr hatte?

Eine Hand legte sich auf seine Schulter und hinderte ihn daran aufzustehen.

«Machen Sie bitte keine Dummheiten», sagte Soleb und setzte sich neben Mark.

«Ist es denn eine Dummheit, wenn man sterben will, weil man alles Lebenswerte verloren hat?»

«Ich habe auch alles verloren. Aber Sie und ich, wir haben einen Kampf zu führen.»

«Ich fürchte, ich habe keine Kraft mehr dazu.»

«Weil Sie nicht alles über den Tod Ihrer Verlobten wissen.»

Mark runzelte die Stirn. «Was willst du damit sagen?»

«Mit wem haben Sie im Polizeipräsidium gesprochen?»

«Zuerst mit irgendeinem kleinen Beamten, beim zweiten Mal mit dem Oberinspektor der Fremdenpolizei.»

«Und was hat der Ihnen gesagt?»

«Daß fanatische Moslems den Bus überfallen und alle Insassen getötet haben. Angeblich läuft eine Untersuchung, aber am Ende kommt dabei wohl doch nur ein Haufen überflüssiger Protokolle heraus.»

«Und wenn es gar nicht wahr ist, was man Ihnen erzählt hat?»

«Ich verstehe nicht. Was soll nicht wahr sein?»

«In der Stadt kursiert ein Gerücht», flüsterte Soleb, als könnte er an diesem Ort belauscht werden. «Zwar gibt es keine direkten Zeugen bei dem Attentat, aber Dorfbewohner haben gesehen, wie die Angreifer nach Norden davonfuhren. Gewöhnlich verstecken sich Terroristen nach ihren Schandtaten in einem Zuckerrohrfeld oder stieben nach allen Seiten auseinander. Die da sind aber in einen nagelneuen Lastwagen gestiegen, und der ist ohne jede Hast losgefahren. Es heißt, das sei kein Terroristenkommando gewesen. Man spricht von Soldaten einer Eliteeinheit, die in Kairo stationiert ist.»

Mark brach in bitteres Gelächter aus. «Was sich die Leute alles ausdenken! Das sind doch nichts als Hirngespinste. Einfach unsinnig, was du da berichtest, Soleb.»

«Und ich bin sicher, daß man Sie auf dem Amt belogen hat.»

Mark saß minutenlang schweigend da. Tausend verrückte Gedanken schossen ihm durch den Kopf. Schließlich sagte er:

«Vielen Dank für die Nachricht, Soleb, was immer auch dran sein mag. Ich werde nach Kairo fliegen. Nur dort kann ich erfahren, ob an diesem skandalösen Gerücht ein Funken Wahrheit ist. Ganz gleich ob Fundamentalisten, Imams, Soldaten oder Generäle Hélène ermordet haben, ich kriege sie. Ich schwöre es beim Nil.»

«Der Nil und ich erwarten Sie heil zurück.»

7

In Aachen fiel Regen. Durchgefroren flüchteten sich die Touristen in die Cafés der Stadt, um etwas Warmes oder ein Bier zu trinken. Der Frühling war enttäuschend gewesen, auch der Sommer begann schlecht, aber Deutschland schickte sich trotz der Wirtschaftskrise an, die Herrschaft über Europa anzutreten. Das Heilige Römische Reich Deutscher Nation nahm erneut Gestalt an, wenn auch diesmal eher einem Banker als einem Fürsten die Rolle des Kaisers zukam.

Mohammed Bokar gefielen die deutschen Banker. Unter den Finanzleuten herrschte die Auffassung vor, daß die meisten arabischen Länder früher oder später fundamentalistische islamische Republiken würden und man Anführer seines Kalibers brauchte, um die gegenwärtigen korrupten Regime zu Fall zu bringen.

Bokar, mit dem Spitznamen «der afghanische Emir»,

war der geheime Anführer der ägyptischen Fundamentalisten. Er war fünfundzwanzig Jahre alt, groß, leicht gebeugt, mit vorspringender Nase, niedriger Stirn, dünnen Lippen, schlanken Händen und einer rauhen Stimme. Er hatte in London, Paris und New York Soziologie studiert, als überzeugter Marxist in Afghanistan gegen die Sowjets gekämpft, dort auch die Vorzüge des moslemischen Fundamentalismus entdeckt und gelernt, mit Sprengstoff umzugehen.

Im Untergeschoß der Bilal-Moschee gab es ein Zentrum für islamische Studien, das die deutschen Behörden duldeten. Mohammed Bokar bereitete sich hier auf seinen großen Auftritt vor. Nachdem er so viele Jahre ohne jede finanzielle Unterstützung dafür gekämpft hatte, sollte er jetzt die Mittel zum Handeln bekommen, die ihm immer gefehlt hatten. Allerdings galt es noch, ein Hindernis zu nehmen: eine Geheimsitzung mit seinen Glaubensbrüdern, auf der er seinen Standpunkt durchsetzen mußte. Unruhig ging er in dem gut klimatisierten Saal auf und ab, dessen einziger Wandschmuck Koranverse waren, die zum Heiligen Krieg aufriefen, und ein Porträt des Ayatollah Khomeini.

An der Tür stand Kabul, ebenfalls ein «Afghane», der treue Begleiter Bokars. Er war klein, dick, mit Bart und einem Mondgesicht und geboren in einem Elendsviertel von Kairo. Er gehorchte auf Fingerzeichen und Augenzwinkern seines Herrn, den er für einen großen Imam, den wahren geistigen Führer des Islam hielt, dessen Befehle keine Widerrede duldeten. So ungebildet Kabul auch war, es fehlte ihm nicht an einer gewissen Begabung für Geldgeschäfte. Daher besorgte er für die revolutionäre Zelle, der Bokar vorstand, die Buchführung. Außerdem kannte Kabul keine Skrupel zu töten. Es hatte keine Mühe gekostet, ihn davon zu überzeugen, daß das Glück des Volkes erst erreicht sei, wenn man alle Gegner beseitigt hätte.

Bokar und Kabul waren die Urheber der meisten Attentate, die in Ägypten gegen Armee, Polizei, Kopten und Touristen verübt wurden. Mal waren sie selbst die Täter, mal nur die Auftraggeber. In der Regel gab Bokar den Befehl und hielt sich im Hintergrund, während Kabul zuschlug. So kalt und zurückhaltend der eine war, so heißblütig und großmäulig war der andere. Sie bildeten ein perfektes Paar und deckten sich gegenseitig.

Mohammed Bokar schaute auf die Uhr; die Glaubensbrüder verspäteten sich. Kamen sie überhaupt, oder sagten sie das Treffen im letzten Augenblick ab, weil aus Damaskus oder Teheran Anweisungen dieser Art gekommen waren? Bokar war erleichtert, als der Vertreter der Dschamaa Islamija, der «Islamischen Vereinigung», endlich zur Tür hereinkam. Die beiden Männer begrüßten sich in langer Umarmung. Die Dschamaa, der viele Studenten angehörten, war in den siebziger Jahren zur Bekämpfung von Marxismus und Nasser-Anhängern gegründet worden. Doch hatte der 1978 mit Israel geschlossene Friede die Bewegung umdirigiert auf den Weg radikaler Islamisierung der Gesellschaft Ägyptens.

Nach dem Vertreter der Dschamaa kam der Repräsentant von El Dschihad, der Organisation «Heiliger Krieg». Er war ein Vertrauter des berühmten blinden Scheichs Omar Abdel Rahman, der seit 1990 im Exil in New York lebte. Der «heilige Mann» hatte die Ermordung Sadats befohlen und wurde von den amerikanischen Untersuchungsbeamten als der Anstifter des furchtbaren Attentats auf das World Trade Center angesehen. Der Scheich, ein erklärter Gegner des Tourismus in Ägypten, den er als «unbestreitbare Sünde und ernste Herausforderung» ansah, hatte vor Jahren durch einen «Verwaltungsirrtum» ein Visum für die Vereinigten Staaten erhalten und war der treusorgende Ehemann einer moslemischen amerikanischen Schwarzen geworden. Von New York aus verschickte er Tonbandkassetten, auf denen er zur Beseitigung des gottlosen Regimes in Kairo aufrief. Er kam ins Gefängnis, legte jedoch erfolgreich Berufung ein und wurde wieder freigelassen. Trotzdem galt er seinen Anhängern von nun an als Märtyrer. Wie sein Vertrauter in der Presse erklärte, wollte Scheich Omar nicht in ein arabisches Land fliehen, «denn die sind dort zu allen Schandtaten fähig. Dagegen ist man bei den Christen vor dem Schlimmsten sicher».

Dschamaa Islamija und El Dschihad kämpften mit den gleichen Mitteln für das gleiche Ziel. Sie waren schon lange über die alte Moslembruderschaft hinausgewachsen, deren Delegierter geschworen hatte, daß seine Bewegung, auch wenn sie offiziell das Gegenteil beteuere, ebenfalls zum bewaffneten Kampf bereit sei. Im Interesse der großen revolutionären Sache müsse Eintracht zwischen ihnen herrschen.

Die Vertreter des Iran und des Sudan kamen gemeinsam und begrüßten Mohammed Bokar gebührend. Der Abgeordnete der Hisbollah-Miliz, der im Libanon extremistische Palästinenser trainierte, lobte den Mut und die Kompetenz des Geheimchefs der ägyptischen Revolution.

Bokar konnte sich keine bessere Stimmung, keine herzlicheren Ermutigungen wünschen. Es fehlte aber noch der wichtigste Teilnehmer, der wahre Entscheidungsträger.

Dennoch setzte man sich um den Tisch, und es wurden Getränke, darunter Whisky und Cognac, serviert. Auch darin war man sich einig: Das Gebot des Gesetzes Mohammeds, das den Genuß von Alkohol untersagte, galt in erster Linie für das unwissende Volk.

Als die Diskussion bereits voll im Gang war, erschien endlich der Unterhändler aus Saudi-Arabien, in weißer Dschellaba und nach alter Sitte gewundenem Turban. Bokar begrüßte den Mann besonders respektvoll, der den Schlüssel zur Finanzierung der Terroristenaktion besaß. Obwohl Saudi-Arabien ein Verbündeter der Vereinigten Staaten war, verurteilte es die Attentate im Namen des Islam nicht. Es hatte sich auch zusammen mit Marokko, Tunesien und Algerien geweigert, eine moralische Ächtung der Staaten, die den Terrorismus unterstützten, durchzusetzen. Andererseits gelang es den Saudis, deren Land zu den intolerantesten Staaten der Welt gehörte, immer wieder, den Westen, über dessen Naivität sie insgeheim nur lächelten, glauben zu machen, sie nähmen die Haltung friedvoll Gemäßigter ein.

Der Diplomat nahm umständlich Platz und verlangte einen «Orangensaft», ein Tarnname für einen doppelten Bourbon.

«Ich bin beglückt, so viele Brüder wiederzusehen, die dem Islam rückhaltlos verpflichtet sind. Gemeinsam werden wir mit der Gnade Allahs, des Allmächtigen und Barmherzigen, eine bessere, eine islamische Welt schaffen.»

Saudi-Arabien, dessen Ruf durch die Unterstützung der Ungläubigen im Golfkrieg arg gelitten hatte, legte großen Wert darauf, sein Ansehen bei den Fundamentalisten aufzupolieren.

In Afghanistan hatte Mohammed Bokar die Lust an diplomatischen Floskeln und spitzfindigen Reden verloren. Er kam deshalb sofort zur Sache.

«In der zweiten Koransure steht geschrieben: ‹*Auf dem Weg zu Allah kämpfet gegen die, die Euch bekämpfen; bringt sie um. Das ist der Lohn der Ungläubigen.*›»

Die Teilnehmer der Versammlung nickten zustimmend.

«Seid euch darüber im klaren, daß die Welt zweigeteilt ist: *Dar al-Islam*, das Haus des Islam, auf der einen Seite; *Daral-Harb*, das Haus des Krieges, auf der anderen. Das bedeutet, daß die Länder der Ungläubigen im Guten oder mit Gewalt bekehrt werden müssen. Der Heilige Krieg muß die gesamte Menschheit erfassen. So lautet der Wille des Propheten, und so lautet unser Auftrag.»

«Wir sind schon am Werk», bemerkte der Iraner. «Nehmt zum Beispiel Europa: Meter um Meter wird es zu islamischer Erde. Wo treffen wir uns denn, wenn nicht in Deutschland? Täglich konvertieren immer mehr Menschen in Frankreich, England und anderen Ländern zum Islam. Durch Überzeugung, Infiltration und das leichte Spiel mit der laschen Demokratie werden wir diesen Kontinent für Allah erobern. Dabei werden uns die westlichen Intellektuellen eine wertvolle Hilfe sein. Wenn wir die Menschenrechte und Medien gut zu nutzen verstehen, werden wir am Ende siegen. Die Kirchen werden wir in Moscheen umwandeln.»

«So gut läuft es aber nicht überall», warf Mohammed

Bokar ein. «Selbst in seinen besten Zeiten hat sich der Islam nicht geduldig auf die unaufhaltsame Entwicklung verlassen, sondern, wenn es sein mußte, als erster angegriffen. Unsere Väter haben in ihren Reichen die Christen, die Zarathustra-Anhänger und die Parsen ausgerottet, ja, sie haben deren eigenes Land in Besitz genommen, um dort den wahren Glauben zu verbreiten. In aller Welt muß dem Gesetz des Korans ohne Verzug Geltung verschafft werden. Es muß die *umma*, die Gemeinschaft der Gläubigen, einen.»

«Zunächst vor allem die Gemeinschaft der ägyptischen Gläubigen», monierte der Iraner.

Bokar nickte. «Selbstverständlich! Der Präsident und seine Minister sind Ungläubige; das Volk haßt sie. Aber Ägypten ist bereits auf dem Weg zur islamischen Republik. Meine Freunde und ich, wir sind die Vorhut dieser Eroberung.»

«Was fehlt euch denn noch zum Erfolg?» fragte der Dschihad-Vertreter, als kenne er die Antwort nicht längst.

«Geld fehlt! Ich muß unsere Aktionen finanzieren, Waffen kaufen und einige ängstliche Militärs beruhigen.»

Alle richteten ihre Blicke auf den Saudi.

Der trank einen Schluck «Orangensaft» und setzte das Glas betont behutsam ab.

«Die Weltpolitik ist ein Labyrinth, in dem man sich leicht verirren kann. Deshalb gilt es, weise vorzugehen. Für die Umwandlung Ägyptens in einen Staat Allahs müssen wir, zumindest der Form halber, die Zustimmung der Amerikaner einholen. Zwar ist diese Partie noch nicht ganz gewonnen, aber es sieht ganz gut aus. In bezug auf die zukünftige Rolle des Islam ist unsere Haltung dagegen vollkommen klar. Die Vorhaben unseres vielgeliebten Bruders Mohammed sind in unserem Sinne. Das bedeutet: Wir bieten ihm nicht nur moralische Unterstützung, sondern auch finanzielle.»

Während Mohammed Bokar, nur mit einem feinen Lächeln um die Mundwinkel, diese Zusage wie eine Selbstverständlichkeit aufnahm, klatschte Kabul in die Hände und rief: «Allah ist der Größte!»

«Wir starten unser Unternehmen vom Sudan aus», verkündete der Terroristenchef.

«Ist denn die Grenze zu Ägypten nicht ständig überwacht?» warf der Iraner ein.

«Kein Problem.»

Der Sudanese war überglücklich. Von seinem ruinierten Land, das von Hunger und Armut geplagt war, sollte der Kreuzzug des Islam ausgehen und Ägypten, den verhaßten Nachbarn, in den Schlund des rächenden Gottes schleudern.

8

Die Maschine aus Assuan setzte in Kairo mit einer Stunde Verspätung auf. Während des Fluges hatte Mark erschöpft vor sich hingedöst. Das Spektakel, das er am Ausgang des Flughafens gewahrte, ließ ihn mit einem Schlag wieder hellwach werden: Tausende von Gläubigen hatten die Straße besetzt, die mit mehr oder minder verschlissenen Teppichen belegt war, und beteten, nach Mekka gewandt. Die Oberkörper knickten rhythmisch nach vorn ab, die Stirn berührte den Boden, und ein Meer von Hintern, mit Hosen oder Galabijas bekleidet, streckte sich den heißen Mittagssonnenstrahlen entgegen.

Es war Freitag, der Tag, an dem jeder Mohammedaner Allah öffentlich verehren muß ... Obwohl seit zehn Jahren saudisches Geld zum Bau von vierzigtausend Moscheen nach Ägypten floß, fehlte es der Bevölkerung immer noch an heiligen Stätten, so daß die Straße mit Beschlag belegt werden mußte. Zur Gebetsstunde gab es kein Durchkommen; diejenigen, denen es nicht gelungen war, in eine Moschee hineinzukommen, umringten sie in dicken Trauben.

Auf Kairos Straßen sah man immer mehr verschleierte Frauen. Wie lange würden sie wohl noch unschuldige Mädchen dulden, die sich unverschleiert, in kurzen Röcken mit nackten Beinen zu zeigen wagten? Am fanatischsten waren die Studentinnen. Bald würde keine ihrer Kommilitoninnen mehr wagen, einen Hörsaal zu betreten, wenn sie nicht nach der Vorschrift des Korans gekleidet war. Wer erinnerte sich schon noch an die Feststellung des vor beinahe neunzig Jahren verstorbenen Rechtsanwalts Kasim Amin: «Der Schleier ist für die Frau das niederträchtigste Zeichen ihrer Unterdrückung»?

Mark machte einen Bogen um die Betenden und hielt nach dem Taxi Ausschau, das er telefonisch bestellt hatte. Nagib Ghali ließ ihn niemals im Stich, wenn er sich in Kairo aufhielt. Aber bei dieser Menschenmenge war kein Durchkommen möglich ... Als das Gebet zu Ende ging, sah Mark einen Mann mit hochgerecktem Arm winken. Nagib!

Erleichtert bahnte er sich einen Weg zu dem Peugeot

für sechs Personen, der liebevoll gepflegt aussah. Um das Steuerrad roter Samt, auf den Sitzen Kunstleder; am Rückspiegel baumelte ein kleiner goldener Briefbeschwerer. Ein Beutestück von der Plünderung des einst zum Besitz von König Faruk gehörenden Kubbeh-Palastes.

Der Amerikaner stieg vorn ein. Die Männer begrüßten sich.

«Du ahnst nicht, wie froh ich bin, dich zu sehen. Aber zunächst eimal: Wie geht es dir, Nagib?»

«Mein fünfter Sohn hat Röteln, und das Krankenhaus hat eine Gehaltserhöhung verweigert. Sonst ist alles in Ordnung.»

Obwohl Nagib Ghali, robust und untersetzt, erst fünfundvierzig Jahre alt war, hatte er bereits weißes Haar. Als Arzt verdiente er etwa sechzig Pfund im Monat, womit er seine Familie nicht ernähren konnte. Deshalb arbeitete er halbtags als Taxifahrer, meist nachts. Damit verdiente er dreimal mehr als im Krankenhaus. Kleine runde Brillengläser verliehen ihm ein seriöses Aussehen. Das hatte ihm viele wohlhabende Stammkunden eingebracht.

«Du siehst nicht gerade gut aus, Mark.»

«Kein Wunder. Hast du von dem Attentat auf einen Touristenbus zwischen Luxor und Assuan gehört?»

«Wieder so ein übler Anschlag der Fundamentalisten.»

«Unter den Opfern ist meine Verlobte.»

Nagib fuhr an den Straßenrand, um anzuhalten. Sprachlos sah er seinen Jugendfreund an.

«Du wolltest also wirklich heiraten?»

«Hélène war eine außergewöhnliche Frau.»

«Das glaub ich dir. Eine durchschnittliche Frau hätte dich nicht beeindrucken können.»

«Ich bin sicher, wir wären miteinander glücklich geworden.»

«Wie soll ich dir sagen, wie traurig mich diese Nachricht macht ...»

«Hör zu, ich habe mir geschworen, sie zu rächen, Nagib.»

«Das wird nicht einfach sein, aber ich kann dich verstehen. An deiner Stelle täte ich das auch.»

«Hilfst du mir dabei?»

«Wenn ich irgend etwas erfahre, bekommst du sofort Bescheid. Wohin möchtest du jetzt?»

«Auf die Corniche, einen einflußreichen Freund besuchen.»

«Können wir zuvor bei mir zu Hause vorbeifahren? Ich möchte eine Medizin für meinen kranken Jungen abgeben.»

«Klar.»

Das Taxi fuhr jetzt durch ein Verkehrsgewühl, dessen Regeln nur Kairoer kennen konnten: rote Ampeln nur als Dekoration, Einbahnstraßen nach Belieben, Polizisten mit wirkungslosen Trillerpfeifen und ständige Rededuelle zwischen Fahrern und Fußgängern. Autobrücken und Umgehungsstraßen vermochten die Hauptstadt, in der jedes Jahr fünfzehn Prozent mehr Autos hinzukamen, nicht genügend zu entlasten. Doch niemand beklagte sich, denn für einen Ägypter, der in diesem Leben weiterkommen wollte, gab es nur in Kairo eine Chance. Von den Behörden über die Unterhaltungsindustrie bis zu den internationalen Unternehmen ballte sich alles in der Metropole. Die Riesenstadt mit ihren mindestens zwölf Millionen

Einwohnern zog die Landbewohner wie ein Magnet an. Unersättlich nahm der gefräßige Moloch immer mehr Raum ein, verschlang täglich kostbares Ackerland und verwandelte es in trostlose Vorstädte.

Der Wagen bog in eine kleine Straße, auf der Fußgänger, Esel, eine Schar Gänse und ein Kamel Stoßstange an Stoßstange fahrenden Autos den Platz streitig machten; die Gehwege besetzten ein Zeitungskiosk, Zigaretten- und Transistorverkäufer, Gemüse- und Fladenbrothändler. Starke Gerüche drangen in die Nase, ein Gemisch aus Unrat, Benzin, Gewürzen und Bratendunst, Jasmin, Rosenwasser und Urin. Die Auspuffgase von Millionen Autos trugen dazu bei, daß Kairo zu den am stärksten luftverpesteten Städten der Welt zählte. Neun von zehn Fahrzeugen gaben eine unverantwortliche Menge Kohlenmonoxyd ab, hinzu kamen Schwefelsäure und Nitrite sowie die ungefilterten Rauchschwaden der chemischen Fabriken. Eine ständige Schadstoffwolke lag über der Stadt. Monatlich wurden etwa hundert Tonnen Blei, Silizium und Schwefel pro Quadratkilometer freigesetzt und ließen die Menschen unter Krankheiten der Atemwege und an Allergien leiden.

Was war vom Traum der Engländer geblieben, von ihren Luxushotels und Privatpalästen, ihren gepflegten Rasenflächen, ihren Kutschwagen, ihren numerierten Eseln, ihren livrierten Dienern, von den Ambitionen der hohen Herrschaften, hier im angeblich wilden Afrika noch eleganter in Erscheinung zu treten als in Europa, und nicht zuletzt: Was war geblieben von ihrem Versuch, den Orient zu zähmen und ihm feinste englische Lebensart beizubringen? Das moderne Kairo hatte sich von dieser Ära endgültig abgewandt. Man ließ die schönsten Wohnsitze zu Elendsquartieren verkommen.

Nagib Ghali hielt in einer ärmlichen Straße des Bassatin-Viertels, in der die meisten Häuser weder fließendes Wasser hatten noch an das Stromnetz angeschlossen waren. Die Zwei-Zimmer-Wohnung für die neunköpfige Familie war eine Bruchbude. Den von Nasser eingeführten Gesetzen zufolge war es den Hauseigentümern verboten, die Mieten zu erhöhen. Deshalb weigerten sie sich, ihren Besitz, der ihnen so gut wie nichts einbrachte, instand zu halten, und die Mieter, die kaum genug für den täglichen Lebensunterhalt verdienten, nahmen ebenfalls keine Reparaturen vor.

Jedesmal wenn Mark wieder nach Kairo kam, bemerkte er den fortschreitenden Verfall der Stadt. Wie sollte aber «die Siegreiche», wie die arabischen Eroberer sie genannt hatten, mit einer Bevölkerung fertig werden, die sich innerhalb von zwanzig Jahren verdoppelt hatte und weiter in wahnsinnigem Tempo zunahm? Jedes Jahr wurden etwa vierhunderttausend Kinder geboren, viermal mehr als die Sterberate, nicht gerechnet der ständige Zustrom der Leute vom Lande, die hofften, in der Hauptstadt ein besseres Auskommen zu finden. Am Ende des Jahrhunderts würden sich zwanzig Millionen Bewohner Kairos und fünfundsiebzig Millionen Ägypter auf einem Gebiet von der Größe der Niederlande zusammendrängen, wo fünfzehn Millionen Menschen leben. Im Bab-al-Scharija-Viertel kamen bereits einhundertsiebenundzwanzigtausend Bewohner auf den Quadratkilometer.

Das Abwassersystem funktionierte kaum noch, die elektrischen Leitungen waren in desolatem Zustand, und selbst moderne Gebäude stürzten ein, weil ihre Fundamente, vorgesehen für höchstens vier Etagen, den Aufbauten von fünf Etagen – ohne Baugenehmigung – nicht standhielten. Man nannte sie treffend «Häuser des sicheren Todes».

Mark bekam einen Schwindelanfall. Nagib bemerkte es und fragte: «Ist dir schlecht?»

«Es geht schon.»

«Wie lange hast du nichts gegessen?»

«Weiß ich nicht.»

«Bleib hier. Ich gebe nur die Arznei ab und bin gleich wieder da.»

Der Arzt und Taxifahrer brachte seinem Fahrgast Fladenbrot, gefüllt mit heißen Bohnen und gebratenen Zwiebeln.

«Wenn du deine Kunden beköstigst, mußt du den doppelten Fahrpreis nehmen.»

«Iß und sei still.»

Nach dem letzten Erdbeben waren bestimmte Straßen gesperrt worden, aber die meisten Barrieren waren für Nagib kein Hindernis. Er gab dem Wächter die Hand mit einem kleinen Bakschisch darin, bat ihn, die Schranke anzuheben, und nahm eine seiner bevorzugten Abkürzungen.

«Siehst du diesen Schutthaufen, Mark? Etwa dreißig Jahre liegt er schon da und hat vielen meiner Kollegen schon ganz schön Geld gebracht. Sie fahren unbedarfte Touristen her und behaupten, daß das Erdbeben vor ein paar Tagen sein Zentrum hier hatte und man noch immer die Hilferufe von Verschütteten hören könne – natürlich nur, wenn man Glück hat.»

Plötzlich erscholl aus unzähligen Lautsprechern eine donnernde, aggressive Stimme. Einerseits hatten sich die Kairoer daran gewöhnt, andererseits fuhr man beim abrupten Beginn des Gebrülls immer von neuem zusammen. Nagib konnte gerade noch einer verschleierten Frau ausweichen, der vor Schreck ein Korb mit Datteln vom Kopf gefallen war. Nun lief sie, ohne sich umzuschauen, auf die Fahrbahn, um die Früchte wieder aufzulesen.

Fünfmal am Tag überschwemmte diese Kakophonie Kairo, übertönte mühelos den Motorenlärm und das ständige Hupkonzert. Die melodische Stimme des Muezzin war in die letzten Winkel des Landes verbannt worden. Man hatte sie durch Aufnahmen ersetzt, die in maximaler Lautstärke ausgestrahlt wurden. Welcher Diktator könnte sich eine effektvollere Indoktrinierung der Massen erträumen!

«Wir brauchen keine Krankenhäuser», brüllte der Sprecher. «Wir brauchen auch keine Ärzte, wir brauchen auch keine Medikamente, denn wir sind schon allesamt im Leichenschauhaus, unter Toten, weil ein gottloses Regime uns daran hindert, das Gesetz des Korans anzuwenden. Seid bereit zum Kampf!»

Nagib Ghali prüfte, ob das Exemplar des Korans gut sichtbar auf der hinteren Ablage des Taxis lag.

«Wem gehört diese entsetzliche Stimme?» fragte Mark.

«Einem ehemaligen Kämpfer aus Afghanistan, einem gewissen Kabul. Seit einer Woche posaunt er seine Botschaft zu jeder beliebigen Tageszeit hinaus. Da die Moscheen ihn dulden, greift die Polizei nicht ein.»

Die Stimme Kabuls wurde noch hitziger.

«Der Islam muß die Götzen bekämpfen! Wenn nach

Allahs allmächtigem und barmherzigem Willen der wahre Islam an die Macht kommt, werden wir die scheußlichste unter allen, die große Sphinx von Giseh, zerstören, diese Ausgeburt der Hölle, die die Ungläubigen aus aller Welt anlockt.»

Dann herrschte Stille, eine bedrückende Stille.

«Das Volk ist mit diesen Leuten nicht einverstanden», erklärte Nagib, «aber es hat Angst vor ihnen. Die sind zu allem fähig. Schau, deine Verlobte ... Leg dich nicht mit denen an, Mark. Sie sind zu mächtig.»

«Ich hab geschworen, Hélène zu rächen. Ich versteh dich gut, wenn du mir dabei lieber nicht helfen möchtest. Du hast keine Gründe wie ich, dich in Gefahr zu begeben.»

«Ich fahre dich, wohin du willst, und da ich überall meine Ohren habe, werden sie dir von Nutzen sein.»

«Vergiß nicht, daß du Vater von sieben Kindern bist.»

Etwa zwanzig Meter vor ihnen ging ein Schaufenster zu Bruch. So bestraften Fundamentalisten Ladenbesitzer, die ihr Geschäft während Kabuls Ansprache nicht geschlossen hatten.

Nagib legte den Rückwärtsgang ein und gab Vollgas, um unbemerkt aus der offiziell gesperrten Straße herauszukommen. Er streifte den Karren eines Jungen, der nicht schnell genug ausweichen konnte, bremste aber nicht. Das Kommando befaßte sich jetzt mit einem Trödler, dessen Verbrechen darin bestand, von den Fundamentalisten für unanständig befundene Damenröcke auszustellen, die man vermutlich Touristen gestohlen hatte.

Wie ein Rallyefahrer wechselte Nagib ständig die Fahrbahn, um ein bißchen schneller voranzukommen. Fünf

Minuten lang schwieg er. Als er endlich Passanten sah, die ganz gelassen promenierten und Schaufenster betrachteten, entspannte sich seine Haltung.

«Wir haben Glück gehabt. Die Typen standen unter Drogen. Sie hätten uns sonst angehalten und verprügelt. Ich laß dich hier raus. Ruf mich zu Hause oder im Krankenhaus an, wenn du mich sehen willst.»

Mark stieg an der Corniche aus. Das elegante Viertel von Kairo stellte unerschütterliche Gelassenheit zur Schau.

9

Wer von Kairo nur die Corniche am rechten Nilufer und ihren modernen, westlichen Einschlag gesehen hat, der könnte glauben, die Stadt mit ihren Hochhäusern, Luxushotels, ihren mehrspurigen, baumbestandenen, doppelspurigen Fahrstraßen sei auf dem besten Weg ins einundzwanzigste Jahrhundert. Nach der Enteignung von Privathäusern, die einst dem süßen Leben reicher Ausländer gedient hatten, waren dort Ministerien, hohe Regierungsbeamte und Wirtschaftsbosse eingezogen.

Vor der weißen Villa Farag Mustakbels standen eine blühende Tamarinde und zwei Wachposten. Als Industrieller, Journalist und überzeugter Moslem bekämpfte er Fundamentalisten und Fanatiker aufs äußerste und warf ihnen vor, den Islam zu verfälschen, der im Grunde eine tolerante Religion sei. Die Idee des «Heiligen Krieges» konnte lediglich die normale patriotische Verteidigungsdevise eines Landes oder einer Gruppe sein, aber keine Drohung, die gesamte übrige Welt zu terrorisieren und zu unterwerfen. Mit jedem seiner Leitartikel lief er Sturm gegen die Fundamentalisten und verwahrte sich gegen die Einrichtung einer islamischen Republik, die eine Schreckensherrschaft wie im Iran oder im Sudan zur Folge haben würde.

Sein letzter Artikel hatte in den Moscheen viel Aufsehen erregt. Er bezog sich auf eine Episode im Rahmen der arabischen Eroberung Ägyptens, in deren Verlauf sich der Kalif Omar I. im siebenten Jahrhundert der Bibliothek von Alexandria bemächtigt hatte. Was sollte man mit den vielen tausend Bänden anfangen? «Sie verbrennen!» hatte Omar geantwortet. «Wenn in den Büchern das gleiche steht wie im Koran, sind sie überflüssig; wenn darin das Gegenteil steht, sind sie verdammenswert.»

Eine solche Art Islam verurteilte Mustakbel. Er war für ein buntes Ägypten, ein Gemisch aus Moslems und Kopten, wo Touristen aus aller Herren Ländern sich frei bewegen, eine verschleierte Frau und ein westlich gekleidetes Mädchen friedlich nebeneinander gehen konnten.

Der Amerikaner zeigte den beiden Wachpolizisten seinen Ausweis. Einer von ihnen benachrichtigte Farag Mustakbels Hausdiener. Der führte den Besucher in einen Salon mit in Kairo hergestellten, üppig vergoldeten Louis-quinze-Stilmöbeln.

«Mark ... Wie schön, dich wiederzusehen!»

Mustakbel war ein heiterer Mensch, nur mittelgroß und nicht gerade schlank, mit schütterem Haar. Dicke Gläser in einer mächtigen Brillenfassung verdeckten einen

Teil seines Gesichts. Mit seinen siebenundvierzig Jahren im besten Alter, bewältigte er Tag für Tag ein ungeheures Arbeitspensum, aß aber auch genausoviel und schlief dafür wenig. Da er als Junggeselle keinerlei familiäre Verpflichtungen hatte, konnte er sich ganz seinem Bauunternehmen und seinen Artikeln für die Presse widmen.

Mark kannte Farag seit seiner Kindheit. Durch ihn hatte er Ägypten richtig kennengelernt.

«Farag ... Es ist etwas Schreckliches passiert.»

«Man sieht es dir an. Was ist geschehen?»

«Hélène ist tot. Terroristen haben sie ermordet, mit Maschinenpistolen vollkommen zerfetzt.»

Mark ließ sich in Farags Arme fallen und beide brachen in Tränen aus. Als sie sich etwas beruhigt hatten, füllte der Ägypter zwei Gläser mit Himbeergeist, den ihm ein Kunde aus Frankreich mitgebracht hatte. Sie tranken schweigend mit gesenktem Blick.

«Stehst du unter Polizeischutz, Farag?»

«Nur an manchen Tagen, mit anderen Worten, der Schutz, den man mir gewährt, ist völlig wirkungslos. Unsere Regierung begeht einen schweren Fehler, indem sie alles halbherzig tut und sich mit den Fundamentalisten sogar an einen Tisch setzt. Das ist geradezu selbstmörderisch. Noch scheint den Herren da oben mein Leben etwas wert zu sein ... Aber warum belästige ich dich mit diesen Einzelheiten in einem solchen Augenblick?»

«Farag, nur du kannst mir helfen.»

«Und wie?»

«Ich will die Mörder finden.»

«Das wird nicht leicht sein, aber ich will versuchen, soviel wie möglich in Erfahrung zu bringen.»

«Vielleicht waren es gar keine Islamisten, die den Bus überfallen haben, in dem Hélène war.»

Farag runzelte die Stirn.

«Wer denn sonst?»

«Elitesoldaten.»

«Wie kommst du darauf?»

«Gerüchte.»

«Eine ungeheuerliche Vermutung, aber durchaus nicht vollkommen abwegig.»

«Inwiefern?»

«Die Angehörigen der Terrorkommandos haben in Afghanistan im Kampf gegen die Russen allerlei Tricks gelernt. Sie könnten also Uniformen der Eliteeinheiten gestohlen haben. Die Presse hat lediglich von einem Überfall der Fundamentalisten auf einen Bus und von einigen schwerverletzten Touristen berichtet. Es würde aber auch kein Journalist zu schreiben wagen, daß Terroristen als Sicherheitskräfte getarnt aufgetreten sind. Kannst du dir vorstellen, was für eine Panik das auslösen würde?»

«Ich muß Gewißheit bekommen.»

Farag überlegte.

«Du solltest mit einem meiner Freunde sprechen, der mehr über diesen Fall wissen muß. Ich gebe dir ein Empfehlungsschreiben mit.»

«Ich danke dir.»

«Und wenn ich auch dich um einen Gefallen bitten dürfte?»

«Natürlich.»

Farag Mustakbel stand auf und schaute aus dem Fenster.

«Die Islamisten versuchen, die Presse, das ganze Verlagswesen in ihre Hand zu bekommen. Sie üben bereits eine schleichende Zensur aus, indem sie Veröffentlichungen, die ihnen nicht genehm sind, unterbinden, aber sie wollen noch weit mehr, und sie haben selbst bei Persönlichkeiten, auf deren Vernunft man sich bisher verlassen konnte, Erfolg. Hat nicht unser Nobelpreisträger für Literatur, Nagib Machfus, der mit zweiundachtzig Jahren bei einem Attentat der Fundamentalisten nur knapp davongekommen ist, geschrieben: ‹Die Islamistenbewegung ist die einzige, deren Prinzipien und Ideen in die Praxis umzusetzen sind›? Es sieht beinahe so aus, als wären es die Intellektuellen, die Ägypten in den Abgrund führen. Der Staat, blind, inkompetent und korrupt wie er ist, hat zugelassen, daß die Fundamentalisten sich in alle Alltagsprobleme einmischen und der Bevölkerung einreden, daß einzig das Gesetz des Korans ihr Elend beseitigen wird. Ingenieure, Physiker, Zahnärzte, Apotheker und Anwälte werden jetzt von der Moslembruderschaft und denen, die mit ihr gemeinsame Sache machen, kontrolliert. ‹Der Islam ist die einzige Lösung.› Was für ein Irrsinn! In die politischen Parteien, in das Erziehungs- und Gesundheitswesen, selbst in internationale karitative Einrichtungen haben die Extremisten sich eingeschlichen. Sie verteilen an Jugendliche Kleidung und dazu ihr demagogisches Propagandamaterial. Während sie sich einerseits fortschrittlich geben und die Gleichberechtigung von Mann und Frau fordern, sind sie andererseits entschieden gegen Verhütungsmittel, die nach ihren Worten Gift aus dem Westen zur Schwächung des Islam sind. Alle fünfundzwanzig Sekunden wird ein Kind geboren. Das ist die eigentliche Epidemie, die Ägypten zugrunde richtet. Kein wirtschaftspolitisches Programm kann bei dieser Geburtenexplosion die Armut und die Arbeitslosigkeit verringern. Hinzu kommt, daß die Gehälter der Beamten allein ein Fünftel des Gesamtbudgets der Nation verschlingen, wobei die ganze Verwaltung nicht einmal was taugt. Ich habe große Angst, Mark, Angst um mein Vaterland.»

«Und die gleiche Angst muß man auch wegen des Hochdamms haben.»

Farag Mustakbel lächelte.

«Die Bedrohung ist denn wohl doch noch nicht so direkt, denke ich.»

«Aber mindestens sehr beunruhigend.»

«Ich habe deine Dossiers in den zuständigen Ministerien persönlich abgegeben, freilich ohne dadurch verhindern zu können, daß sie in Papierkörben verschwinden. Aber selbst wenn dies nicht der Fall sein sollte: Bevor der Bau eines Umleitungskanals in Angriff genommen wird, kann es noch lange dauern.»

«Hattest du mich nicht um einen Gefallen bitten wollen?»

«Darauf komme ich jetzt. Die Situation ist viel ernster, als die meisten Ägypter und ausländischen Beobachter ahnen. Der Schlüssel zur Macht ist wie üblich das Geld. Obwohl sich die Islamisten als erbitterte Gegner der Korruption aufspielen, haben sie viele Banken und nicht genehmigte, geheime Sparkassen unter ihrer Kontrolle, in denen sich beträchtliche Geldmengen anhäufen. Wenn es mir gelingt zu zeigen, daß die Extremisten korrupt sind und mit Bestechung arbeiten, wird ihr Einfluß schwinden, und das Volk wird aufwachen. Ein Techniker und Finanzexperte will mir behilflich sein. Ich möchte dich bitten, ihn am Flughafen abzuholen. Mein Gesicht kennt man etwas zu gut.»

«Klar.»

Mark fiel es schwer, sich zu konzentrieren. Hélènes glücklich lächelndes Gesicht tanzte vor seinen Augen. Es war der gleiche Schmerz wie nach dem Tod seiner Eltern, nein, er war noch heftiger, noch quälender, weil empörender, weil die Feiglinge sich nicht gescheut hatten, eine unbewaffnete, an der politischen Kontroverse der Ägypter völlig unbeteiligte Frau zu ermorden.

«Du solltest eine Beruhigungstablette nehmen, Mark, und hier etwas schlafen.»

«Ich gehe lieber ein bißchen spazieren und versuche, mich abzulenken. Kairos Straßen sind die beste Droge.»

10

Mark war bis zum Abend ziellos herumgewandert. In einer Seitenstraße hatte er seinen Hunger mit Bohnenklößchen und in Öl gebratenem Gemüse gestillt und dazu einen glühendheißen Tee getrunken. Die Hitze, die für viele Kairoer lähmend wirkte, spürte er kaum, so sehr war er auf dem Weg am Nil entlang damit beschäftigt, dem verblassenden Bild Hélènes nachzulaufen, um es für sich lebendig zu erhalten. Kurz glaubte er, das Ganze sei nur ein Alptraum gewesen, sie verstecke sich hinter der Sonne und werde gleich neben ihm gehen, verliebt ihm ganz nahe sein. Doch am Ende blieben nur der Lärm, der Staub und der süßliche Pestgeruch der riesigen Stadt.

Wie Feuer brannte in ihm die Verzweiflung und stärkte zugleich seinen unbezähmbaren Willen, die Wahrheit herauszufinden und diejenigen zu bestrafen, die Hélène umgebracht hatten. Mit Farags Hilfe würde er den Hergang schrittweise aufrollen.

Bevor es Nacht wurde, heulten noch einmal die Lautsprecher auf und mahnten zum Gebet. Dann verhüllte der Sonnenuntergang mit seinen Farben die ganze Häßlichkeit der Stadt und ließ den Fluß in unrealistischer Schönheit erscheinen. Mark dachte an einen Text von Al-Kadi al-Fadel, den arabischen Schriftsteller, den er als ersten gelesen hatte:

> Der Nil wirft Wellen des Lichts auf das Land. Sein Strom trägt in die Ebenen Reichtum, sät saftiges Grün und bedeckt Ägyptens Ufer mit seinen Wohltaten. Breit fließt er durch das Land, ist Schöpfer eines Firmaments, dessen Sterne die Dörfer sind.

Durch den Hochdamm würde dieses Firmament auf eine Erde herunterstürzen, die vom Dünger verbrannt und durch den Fluß nie mehr von neuem fruchtbar würde. Verständnislos warteten die Alten vergeblich auf das Hochwasser, und die Städter bedauerten, keine Hochwasserfeste mehr feiern zu können.

Würde er – ohne Hélène – die nötige Kraft besitzen, gegen das Monster anzukämpfen, den hohnlachenden Dämon, der mit Freuden den Nil abwürgte? Man sagte, es sei unmöglich, den göttlichen Fluß anzuschauen, ohne einen Hauch von Ewigkeit zu verspüren. Konnte man jetzt in seinen träge werdenden Wassern nicht schon den Tod des Landes der Pharaonen erkennen?

Der Verkehr nahm zu. Auf den Brücken und an den Flußböschungen kam eine schaulustige Menschenmenge zusammen; man knabberte Süßes, diskutierte und schnappte Luft. Mark war ins Dokki-Viertel zurückgekehrt, wo auf einem der teuersten Gelände der Hauptstadt Hochhäuser und Türme standen. Der hellerleuchtete Kairo-Turm von einhundertfünfundachtzig Metern Höhe sollte an eine Lotosblüte erinnern, aber die Kairoer sahen in ihm eher einen seltsamen Phallus, dessen Fahrstuhl oft außer Betrieb war.

Ein kleines Mädchen in orangefarbenem Kleid bot Ketten aus Jasminblüten an. Hélène liebte diesen Duft über alles. Er kaufte eine Kette und bemerkte auf einmal, daß er am Fuße eines ihm wohlbekannten Hochhauses stand.

Nach stundenlangem Herumlaufen hatte er das Bedürfnis, mit jemand zu sprechen. Wahrscheinlich käme er vor verschlossene Türen, aber er machte trotzdem den Versuch.

Das etwa zehn Jahre alte Gebäude begann bereits zu verfallen, was in Kairo nichts Besonderes war. Mark stieg die Treppe zur dritten Etage hoch und läutete.

Die Frau, die ihm öffnete, schien höchst überrascht.

«Mark? Was führt dich denn noch einmal hierher?»

«Du bist so schön wie eh und je, Safinas. Darf ich dir diese Blumenkette überreichen?»

«Danke. Aber ich dachte, wir hätten endgültig Schluß gemacht.»

«Schon, aber ...»

«Los, komm schnell rein. Es darf dich niemand sehen.»

Eine allein lebende Frau, die bei sich einen Mann empfing, der nicht zur Familie gehörte und zudem ein Ungläubiger war, mußte mit schlimmen Scherereien rechnen. Safinas schloß geräuschlos die Tür.

Mark betrachtete sie noch immer bewundernd.

Mit ihren schwarzen Haaren, die bis auf die Schultern fielen, tiefschwarzen Rehaugen, der feinen, geraden Nase, den sinnlichen Lippen war sie so betörend schön, wie eine junge Ägypterin nur sein konnte. Der rosafarbene Lippenstift und die versilberten Ohrringe in Papyrusform gaben dem stolzen Gesichtsausdruck eine sanfte Note.

Safinas hatte in England und den Vereinigten Staaten Wirtschaftswissenschaft studiert und dann eine Dozentur an der Universität Kairo bekommen. Sie war die jüngste Hochschullehrerin Ägyptens und legte größten Wert auf ihre Unabhängigkeit. Daß sie mit fünfundzwanzig Jahren noch nicht verheiratet war, hätte sie durchaus ihren Posten kosten können.

Mark war ihr bei einem Konzert in der Oper von Kairo begegnet, und beide hatten sich sofort verliebt. Bereits am selben Abend hatten sie miteinander geschlafen, wohl wissend, daß aus dem Abenteuer keine dauerhafte Verbindung werden konnte. Nachdem Mark den Entschluß gefaßt hatte zu heiraten, hatte er es ihr ohne Umschweife gesagt. Seine Offenheit hatte Safinas gefallen.

«Warum dieser unerwartete Besuch?» wollte sie wissen. «Ich dachte dich nie mehr wiederzusehen.»

«Meine Verlobte ist tot.»

Safinas zeigte sich wenig beeindruckt.

«Ein Unfall?»

«Nein, Mord.»

«Hier in Kairo?»

«Terroristen zwischen Luxor und Assuan.»

«Und du hast sie wirklich sehr geliebt?»

«Ja, sehr.»

Sie wandte sich, plötzlich unnahbar, von ihm ab.

«Wenn ich dich störe, gehe ich wieder.»

«Deinen Kummer kann ich dir nicht abnehmen.»

«Ich möchte nur reden, von ihr, von dir, vom Hochdamm.»

«Führst du noch immer diesen sinnlosen Kampf?»

«Zumindest scheint man in den Ministerien jetzt meine Berichte zu lesen.»

Sie zuckte die Achseln.

«Hegst du immer noch die Hoffnung, die Ägypter würden den Damm einfach wieder abreißen?»

«Ich will ja nur den Bau eines Umleitungskanals erreichen, damit das Hochwasser wenigstens teilweise wieder eintritt.»

«Ich nehme an, du möchtest etwas trinken.»

Sie schenkte ihm einen Wein ein, den selbst ein anspruchsvoller Brite nicht verschmäht hätte.

«Was erhoffst du dir von deinem Besuch bei mir?»

«Zunächst einmal wollte ich dich nur sehen.»

Sie verschwand.

Mark wurde plötzlich sehr müde. Mit weichen Knien und Muskelschmerzen ließ er sich auf ein Sofa fallen und schloß die Augen. Zum ersten Mal seit der Tragödie entspannte er sich. Der mit viel Geschmack eingerichtete Salon strahlte Ruhe und Behaglichkeit aus. In dem Traumparadies in seinem Kopf stand Hélène mit wehenden Haaren am Bug einer Feluke. Er faßte sie um die Taille und küßte sie auf den Hals.

Ein Rascheln riß ihn aus seinem Traum, er schlug die

Augen auf. Zwei Meter vor ihm hatte Safinas gerade ihr Kleid ausgezogen. Sie war ganz nackt und strich auf ihr kohlrabenschwarzes Schamhaar eine Paste, die sie aus Zucker und Zitronensaft bei schwacher Hitze hergestellt hatte. Mit sicherer Hand und unnachahmlicher Grazie zupfte sie sich die Haare aus.

Noch nie hatte Mark ein so aufreizendes Schauspiel erlebt. Ohne sich dagegen wehren zu können, steigerte jede ihrer Gesten seine Lust. Safinas entblößte gewissermaßen noch ihre Blöße, indem sie den letzten Rest eines Schleiers lüftete, die geheimste aller intimen Zonen für ihn freilegte.

Mark stand auf.

«Warte!» befahl sie.

Die junge Frau malte sich die Füße mit Henna, dem Liguster Ägyptens, dessen Blätter man zu einem orangeroten Pulver zerstampft. Sie färbte Wimpern und Augenbrauen mit einem Stäbchen, das sie in schwarze Schminke aus Antimon, vermischt mit Pflanzenkohle, getaucht hatte, was ein tiefes Schwarz ergab.

«Jetzt bin ich, wie die arabischen Dichter sagen, geschmeidig und schön.»

Hélènes Bild tanzte vor seinen Augen, doch Safinas verzauberte ihn. Mark machte einen Schritt auf sie zu. Sie faßte seine Hand und zog ihn dicht an sich heran. Das war nicht Hélènes Duft, er war viel berauschender.

In dem Augenblick, als er sich von ihr ganz sacht wieder zu lösen begann, um auch seine Kleider abzulegen, spuckte sie ihm ins Gesicht und stieß ihn mit aller Kraft von sich weg.

«Mistkerl! Du bist in Trauer und wolltest mit mir

schlafen … Weil ich nur eine Araberin bin und keine Frau, die deiner Hélène ebenbürtig ist. Das hast du doch gedacht, nicht wahr? Sieh mich genau an, denn du wirst keine von uns mehr nackt wie eine gefügige Sklavin vor dir sehen.»

Mark glaubte, daß seine überreizten Sinne ihn täuschten.

«Was soll denn das, Safinas?»

«Hast du noch immer nicht begriffen?»

Sie zog ein Kleid an, das bis auf die Knöchel herabfiel, bedeckte Kopf und Gesicht mit dem traditionellen dichten Schleier, der nur zwei Augenschlitze freiließ, und zog schwarze Fingerhandschuhe an, damit kein Mann direkten Kontakt mit ihr haben konnte.

«Ich jedenfalls», versicherte sie, «ich habe endlich begriffen, daß der Islam die einzige Lösung ist. Seit meiner Pilgerreise nach Mekka bin ich mir meiner wahren Identität bewußt geworden, nämlich der einer Mohammedanerin. Das Gesetz des Korans ist vollkommen, denn es ist ein persönliches Geschenk Allahs an die Menschen. Höchstens Teufel wollen es verändern. Aber wir werden sie alle nacheinander bezwingen, ganz gleich, ob sie Politiker, Soldaten oder Polizisten sind. Wir sind im Besitz des Buches Gottes, warum also anderswo suchen und sich mit Demokratie, Kommunismus oder Liberalismus belasten? Es gibt nur eine Macht: die Macht Allahs. Wir, die getreuen Moslems, werden Ägypten und der ganzen Welt sein Gesetz aufzwingen.»

«Bist du verrückt geworden?»

«Spreche ich etwa wie eine Verrückte? Der Islam ist die Lösung. Das ist die absolute, definitive Wahrheit.»

«Du benutzt Worte, die ich nicht mag. Weißt du nicht, daß die ‹Endlösung› das Vernichtungsziel der Faschisten, der Nazis, war?»

«Deine Reden sind die von gestern, mein armer Mark, morgen wird die Scharia herrschen, das Gesetz des Korans. Wir jagen die Touristen und alle Ungläubigen aus Ägypten, wir rotten die Kopten aus, wir schließen die ausländischen Banken, verbieten strikt den Alkohol, führen die Körperstrafe wieder ein und sorgen dafür, daß die Worte des Propheten befolgt werden. Wenn du mit dem Leben davonkommen willst, geh zur Al-Aschar-Moschee, nimm zwei Zeugen mit und sage fünfmal: ‹Ich bekenne, es gibt nur einen Gott, und Mohammed ist sein Prophet.› Dann wird dein Name in eine Liste eingetragen, du bist Moslem und gehst den Weg der Erlösung.»

«Bist du denn als gute Mohammedanerin bereit, auf deinen Beruf zu verzichten, in ein Haus gesperrt zu werden und dich um eine Kinderschar zu kümmern? Vergiß nicht, daß nach dem Gesetz des Korans die unbotmäßige Frau gesteinigt wird.»

Sie lächelte triumphierend.

«Morgen, bei Einbruch der Nacht, werde ich heiraten. In der Stadt der Toten. Du kannst mich ja bewundern kommen, wenn du den Mut dazu hast.»

11

Mark hatte die Nacht in einem neonbeleuchteten Café neben einem alten Mann verbracht, der unentwegt eine wacklige Wasserpfeife rauchte. Wie gewöhnlich erwachte die Stadt schon gegen fünf Uhr. Händler und Handwerker begaben sich, müde wie sie waren, an die Arbeit. Die Läden wurden geöffnet, die alltäglichen Klagen über die Alltagssorgen begannen. Ein zahnloser Schuhputzer verlieh Marks Schuhen Glanz, ein Barbier gab seinem Gesicht wieder ein ziviles Aussehen. Auf der Straße zogen Esel mit durchgeschabtem Fell Karren, die übervoll mit Zwiebeln beladen waren, gingen Frauen mit Fladenbroten auf dem Kopf, Beamte in kurzärmligen Leinenwesten mit ihren Aktenkoffern, junge Leute in Jeans, bärtige Fundamentalisten in weißen Galabijas. Mark trank einen starken, scheußlich schmeckenden Kaffee und las dabei die Tageszeitung, auf deren Titelseite man die Entschlossenheit der Regierung gegenüber dem Terrorismus lobte. War Ägypten nicht immer noch das sicherste Land des Nahen Ostens?

Als hätte die Monsterstadt Spaß daran, ihre Beute in alle Himmelsrichtungen davonlaufen zu sehen, vermehrte sich das Menschengetümmel von Minute zu Minute. Auf dem Al-Tachrir-Platz, dem «Platz der Freiheit», war der Güterbahnhof wie jeden Morgen Schauplatz einer heillosen Verkeilung von komfortablen Touristenbussen und klapprigen, überfüllten Stadtomnibussen. Nur ein gutinformierter Kairoer konnte erkennen, wohin sie fuhren. Schwarzweiße Taxis, verbeulte Oldtimer und Mercedes bahnten sich in einem ununterbrochenen Konzert aus Hupen und Reifenquietschen einen Weg, indem sie geradewegs auf die Fußgänger zuschossen, die beim Überqueren der Straße jedesmal ihr Leben riskierten. Die U-Bahn, ein Werk der Franzosen, hatte trotz ihrer Sauberkeit und ihrer Sicherheit dank eindrucksvoller Polizeipräsenz das tägliche Verkehrschaos nicht verringert.

Der Platz der Freiheit, auf dem ein Blumengarten und eine Grünanlage buchstäblich vor sich hin vegetierten, verdankte seinen Namen der Zerstörung englischer Kasernen, die sich vor Nassers Revolution dort befunden hatten. Seine Hauptattraktion, das Ägyptische Museum, das weit mehr Meisterwerke aus der Pharaonenzeit als alle Museen auf der Welt besaß, sollte in absehbarer Zeit an einem anderen Platz einen viel größeren Bau erhalten. Der Gebäudekomplex im sowjetrussischen Stil, zu dem tagein, tagaus Tausende von Ägyptern strebten, war der *mogamah*, die Stadtverwaltung, in der eine Armee von Beamten arbeitete, die über jene Stempel verfügten, ohne die kein Stück Papier etwas wert war. Endlose Warteschlangen bildeten sich dort, weil die zuständigen Beamten mit irgend etwas anderem beschäftigt waren oder «Dienst nach Vorschrift» machten, also für ihr geringes Gehalt bewußt langsam arbeiteten. Allein um das richtige Büro zu finden, mußte man geduldig suchen, und dann konnte man von Glück sagen, wenn die Aktenordner mit den Unterlagen nicht verlorengegangen waren.

Mark betrat das Gebäude um sechs Uhr. Trotz der Putzkolonnen wirkten die Flure ungereinigt, grau und staubig. Vor jeder Tür stand ein Beamter und gab den Ankommenden nur vage, oft sogar verkehrte Auskünfte.

Da die Fahrstühle außer Betrieb waren, stieg Mark die von Millionen Menschen ausgetretenen Treppen hoch. Dank Farags Beschreibung machte er nach knapp zwanzig Minuten das Verlies ausfindig, in dem der Sekretär eines hohen Beamten hinter und zwischen Türmen aus Akten kaum zu sehen war. Mit zerknittertem Gesicht und verschlafenen Augen schrieb er an einem Bericht über die Langsamkeit seiner Dienststelle, an der allein die anderen Abteilungen schuld waren.

Der Amerikaner grüßte ihn ehrerbietig und übergab ihm eine Nachricht für seinen Vorgesetzten – zusammen mit zwanzig ägyptischen Pfund. In Anbetracht der niedrigen Gehälter wurde keine einzige Akte ohne finanzielle Aufwandsentschädigung weitergereicht. Da der Beamte den Betrag seines Bittstellers als angemessen ansah, versprach er, alles Erdenkliche zu tun.

Der Mogamah war in Kairo die Stelle, an der die meisten Selbstmorde begangen wurden. Hoffnungslos in den Fängen der Verwaltung, immer längere Bearbeitungsfristen abwartend, nicht begreifend, warum ein Dokument, gestern noch gültig, heute hingegen nichts mehr wert war, ging so mancher vor die Hunde, darunter viele ungelernte, früh invalide gewordene Arbeiter, die ein Anrecht auf eine kleine Rente zu haben glaubten und doch niemals den einen entscheidenden Stempel bekamen.

Ein Gesetz unter Nasser hatte jedem Universitätsabgänger das Recht auf einen Beamtenposten zuerkannt. Dadurch vergrößerte sich der ohnehin schon extrem aufgeblähte Verwaltungsapparat jedes Jahr noch mehr. Die Beamten waren schlecht ausgebildet, noch schlechter bezahlt, unzufrieden, käuflich und so zahlreich, daß viele von ihnen weder Tisch noch Stuhl hatten. Es war bereits ein Privileg, einen Büroraum, so winzig er auch sein mochte, mit einigen Kollegen teilen zu dürfen. Alle zwei Stunden wechselte die Schicht; und dieser Wechsel gab jedem die Möglichkeit, seine Arbeit dem Nachfolger zu überlassen.

Eine Stunde verging, Mark wurde unruhig. Bald würde ein neuer Federfuchser sich in dem Loch des Sekretärs einquartieren, Farags Brief würde in irgendeiner Ablage verschwinden und die ganze Prozedur morgen von vorn beginnen.

Mit herablassendem Lächeln kam der Mann schließlich doch noch zurück.

«Sie haben Glück: Der stellvertretende Minister geruht, Sie zu empfangen. Folgen Sie dem Etagenwächter.»

Mark schob einige Scheine in die Hand seines Führers, damit der ihn nicht irgendwoandershin führte – eine weise Vorsichtsmaßnahme, denn in dem Gewirr der Gänge mußte selbst der Minister sich verirren.

Das Büro des hohen Beamten war imponierend groß, fast luxuriös zu nennen, mit bunten Teppichen ausgelegt, fein gearbeitetem englischem Mobiliar bestückt, mehreren Telefonen, Fernsehapparat, Videorecorder, Faxgerät und einer modernen Computeranlage ausgestattet. Der etwa Sechzigjährige, eine unauffällige Erscheinung in zerknautschtem grauem Anzug, begrüßte seinen Gast höflich, aber deutlich distanziert, und bat ihn, in einem Sessel Platz zu nehmen.

«Ich habe von Ihnen gehört, Mister Walker. Sie sind nicht gerade ein glühender Bewunderer unseres Hochdamms, wie es scheint.»

«Ich vertrete diesbezüglich eine streng wissenschaftliche Auffassung, Exzellenz. Ich betrachte Ägypten als mein Vaterland und wünsche ihm nur das Beste, genauso seinem Volk. Dieser Damm führt jedoch ins Unglück und auf lange Sicht zum Untergang.»

«Das ist eine sehr radikale Einstellung, und doch schätzt Sie mein Freund Farag. Das wenigstens spricht für Sie.»

Die Exzellenz drückte auf einen Klingelknopf, worauf ein Bediensteter zwei Tassen schwarzen Kaffee brachte.

«Ein schlimmes Unglück hat Sie getroffen.»

«Man hat meine Verlobte ermordet.»

«Ich möchte Ihnen mein Beileid aussprechen.»

«Ich danke Ihnen.»

«Und was kann ich für Sie tun?»

«Der Oberinspektor der Fremdenpolizei von Assuan hat mir versichert, die Mörder seien fundamentalistische Terroristen gewesen, doch Gerüchten zufolge soll der Überfall auf das Konto von Soldaten einer Eliteeinheit gehen.»

Der stellvertretende Minister setzte sich seine Schildpattbrille auf und schaute auf seine ineinandergelegten Hände.

«In Sachen Sicherheitsprobleme kursieren oft die absurdesten Geschichten.»

«Deshalb suche ich die Wahrheit bei Ihnen, Exzellenz.»

«Das ehrt mich, aber wer weiß schon alles, außer Gott?»

«Manchmal bekommt auch der Mensch ein bißchen was mit.»

«Und wenn ich auch die Wahrheit kennen würde,

machte das Ihre Verlobte bedauerlicherweise nicht wieder lebendig.»

«Ich meine, das Verbrechen ungesühnt zu lassen hieße, sie ein zweites Mal zu töten.»

«Wer sagt denn, daß es ungesühnt bleibt? Die Untersuchung ist in vollem Gang.»

Der Stellvertreter des Ministers – welches Ministers, das hatte Mark noch nicht herausbekommen – blickte starr auf seinen Brieföffner. Das Telefon läutete, er nahm den Hörer ab und bat, in den nächsten zehn Minuten nicht gestört zu werden.

«Ägypten macht eine schwierige Zeit durch. Deshalb ist es besser, das drohende Feuer nicht noch zu schüren. Stellen Sie sich vor, die örtlichen Medien, die unmittelbar mit den internationalen Medien in Verbindung stehen, enthüllten, daß Islamisten als Elitesoldaten verkleidet einen Touristenbus überfallen und die Insassen ermordet haben ... Können Sie sich die Folgen vorstellen?»

Also hatte Farag sich nicht geirrt.

«Weiß man schon, welche Organisation dahintersteckt?»

«Die Namen werden Sie nicht überraschen: die Dschihad, die Dschamaa Islamija und die Moslembruderschaft – sie alle waren an dem Verbrechen beteiligt. Immer brutaler werden die. Deshalb müssen wir, so wie die Dinge liegen, mit großer Umsicht vorgehen.»

«Und die Namen der an dem Überfall direkt Beteiligten?»

«Verlangen Sie nicht zuviel von mir. Ich denke, Sie haben erfahren, was Sie wissen wollten. Wenn Sie Ägypten lieben, gießen Sie kein Öl ins Feuer. Der Brand ist schon schlimm genug. Aber seine Bekämpfung ist Sache der Polizei.»

Die nachdrückliche Warnung war zugleich das Ende der Unterredung. Mark dankte dem Stellvertreter des Ministers und verabschiedete sich.

Sobald er das Büro verlassen hatte, öffnete sich eine Tapetentür hinter dem Beamten.

Ein eleganter Herr, der eine Dunhill mit Menthol in einer goldenen Zigarettenspitze rauchte, trat ein.

«Ausgezeichnet», lautete sein Urteil.

«Wie Sie bemerkt haben, wird dieser Amerikaner nicht aufgeben. Soll ich weiterhin … ? »

«Nicht nötig. Ich werde selbst … Ich meine, lassen Sie's gut sein.»

Durch Kairo fegte ein Sandsturm. Immer wieder tobten Böen mit mehr als hundert Stundenkilometern durch die Straßen. Der Himmel verfinsterte sich und wurde dunkelrot. Wieder eine Folge des Hochdamms, dachte Mark. Sonst gab es solche Stürme nur im Frühling. Das Heulen des Windes übertönte die Schreie der fliegenden Händler: «Meine Weintrauben sind groß wie Taubeneier», «Auf meinen Bohnen liegt noch der Morgentau». Sogar der Verkehrslärm wirkte gedämpft, und die Taxis fuhren vorsichtiger.

Mark brauchte nicht weit zu gehen, um zu einem anderen stattlichen Gebäude zu gelangen. Dort wohnten nur höhere Offiziere. Vor dem Eingang stand eine kleine quadratische Bank, bezogen mit sauberem grünem Papier. Der *bauab*, der Wächter, hatte seinen Posten verlassen. Mark ging hinein.

«Wer sind Sie?»

Die Stimme kam von links. Mark drehte sich zur Seite und entdeckte den Bauab, der ausgestreckt unter der Treppe lag.

«Achmed! Fürchtest du dich etwa vor dem Sturm?»

Der Angesprochene richtete sich ächzend auf. Man konnte schwer schätzen, wie alt er war. Er strich seine braune Galabija glatt, rückte den nicht mehr ganz blütenweißen Turban über dem faltenreichen Gesicht zurecht, bevor er Mark umarmte.

«Allahs Barmherzigkeit sei mit dir, mein Bruder.»

«Hélène ist ...» – «Ja, ich weiß.»

Achmed, wahrscheinlich der Dienstälteste der Bauabs von Kairo, verließ niemals seine Bank oder das Treppenhaus des Gebäudes, das er zu bewachen hatte. Weder der Straßenlärm noch die schrillen Lautsprecher-Aufrufe zum Gebet vermochten seine Seelenruhe zu stören. Die meiste Zeit schien er nur vor sich hin zu starren, in gewissen Situationen gab er vor, taub zu sein. Er war vermögend, leistete sich drei Frauen und hatte zwölf Kinder. Bei ihnen hätte er einen glücklichen Lebensabend verbringen können, aber er blieb seinem Gebäude treu, obwohl er täglich davon sprach, mit der Arbeit demnächst aufzuhören.

«Woher weißt du Bescheid? Die Zeitungen haben die Namen der Opfer nicht bekanntgegeben.»

«Wenn man auf sie angewiesen wäre, was wüßte man dann schon über Leben und Tod? Setzen wir uns doch. In meinem Alter fällt mir langes Stehen schwer.»

Sie nahmen auf der Bank im Entree Platz, von wo aus man die Treppe, den Fahrstuhl und den Eingang des Gebäudes einsehen konnte, ohne gesehen zu werden.

«Du wolltest heiraten, nicht wahr?»

Die kräftige Hand des Wächters legte sich Mark auf die Schulter.

«Gott möge dir helfen, deinen Schmerz zu lindern.»

«Was wird denn so über die Mörder geredet?»

«Darüber möchte ich lieber nicht sprechen.»

«Meine eigene Untersuchung hat ergeben, daß es Islamisten in Uniformen von Elitesoldaten waren.»

«Hör lieber auf mit deinen Untersuchungen.»

«Nein, ich will Hélènes Tod rächen.»

«Da hast du nicht die geringste Chance. Vergiß die Tragödie. Du wirst schon wieder Freude am Leben finden.»

«Weißt du, ich habe beim Nil geschworen, daß ...»

«Fürchtest du nicht, daß du dabei umkommen könntest? Ich für mein Teil möchte nicht eines gewaltsamen Todes sterben, sondern sanft verscheiden. Deshalb werde ich taub und stumm, wenn es um schlimme Gerüchte geht. Verlaß dich auf meine Erfahrung: Laß die Finger davon!»

«Unmöglich.»

«Dann komm wenigstens nicht mehr zu mir deswegen.»

«Ich respektiere deinen Wunsch. Aber bevor wir uns trennen, verrate mir ein letztes Mal, was du weißt.»

Der Bauab zögerte. Doch er wußte, Mark würde, beharrlich und temperamentvoll wie er war, nicht eher gehen, bis er erfahren hatte, was er wollte.

«Die Mörder deiner Verlobten waren keine verkleideten Islamisten, sondern echte Elitesoldaten.»

«Also doch! Und wer war ihr Anführer oder Auftraggeber?»

Der Wächter antwortete nicht. Er wußte, daß der Amerikaner dann immer weiterfragen würde. Ohne ihm noch einen guten Tag zu wünschen, ging er wieder zu seinem Ruheplatz hinter der Treppe und streckte sich dort aus.

Der vornehm wirkende Fahrgast im Fond eines schwarzweißen Taxis zündete sich eine Dunhill mit Menthol an. Er sah Mark aus dem Gebäude kommen, das Achmed bewachte. Am sorgenvollen, beinahe verstörten Gesicht des Amerikaners stellte er mit Zufriedenheit fest, daß sich sein Plan erwartungsgemäß entwickelte.

12

Die schneeweiße Mercedes-Limousine raste durch die Vororte von Khartum, der Hauptstadt des Sudan, des größten Landes Afrikas und der einzigen islamischen Republik dieses Kontinents. Vom Rücksitz des mit Klimaanlage ausgestatteten Wagens beobachtete Mohammed Bokar die Zeichen von Tod, Elend und Krankheit ohne jede Regung. Seit der damalige Präsident Numeiri das Gesetz des Korans eingeführt hatte, in der Hoffnung, durch die Auslieferung des Landes an die Fundamentalisten seinen Posten zu behalten, war ein grausamer Bürgerkrieg entbrannt, in dem die regierungstreue Moslemarmee gegen die vorwiegend im Süden lebenden Christen und dämonengläubigen Animisten kämpfte.

Abgemagerte Flüchtlinge starben unter der unbarmherzigen Sonne an Tuberkulose, Ruhr und Cholera. Sie bekamen Wasserrationen zweifelhafter Herkunft, verdorbenes Essen und hausten zusammengepfercht in Schlupflöchern aus getrocknetem Lehm. Die Regierung zweifelte an der Aufrichtigkeit der zum Islam Bekehrten, verweigerte humanitären Organisationen den Zugang zu ihnen und sah lieber, wie ein paar Tausend krepierten, weil sie nicht mehr gefüttert werden mußten, als daß sie Munition verschwendete, um die Lästigen zu liquidieren. Man forderte den Roten Sudanesischen Halbmond auf, sich weniger um die «Heimatlosen» zu kümmern, denn auf den Märkten fehlten Fleisch, Gemüse und Früchte sogar für die Ernährung der regierungstreuen Rechtgläubigen.

Das Sterben der Armen und Kranken im Sudan schien weder die ausländischen Journalisten noch die Vereinten Nationen besonders zu interessieren. Sicher vor indiskreten Blicken beherrschten die Regierung und Armee die Sudanesen, die von Natur aus tolerant und friedfertig waren.

Über fünfzehnhundert ägyptische Söldner, zumeist Afghanistan-Veteranen, trainierten in gut ausgestatteten Camps, zusammen mit Libyern, Algeriern und Iranern, für die Große Islamische Revolution, um beim ersten Ruf Allahs unverzüglich einsatzbereit zu sein.

Mohammed Bokar war stolz und glücklich. Stolz, weil seine Strategie von den Kampfgenossen angenommen worden war; glücklich, endlich unbestritten als Führer anerkannt zu sein, dessen Befehle ohne Widerrede ausgeführt wurden. In Khartum bewegte er sich wie auf erobertem Terrain. Zwar waren die Beziehungen zwischen den ägyptischen und den sudanesischen Behörden schlecht, und an den Grenzen gab es zeitweise Zwischenfälle, bei denen sich ägyptische und sudanesische Polizisten gegenseitig gefangennahmen und erst nach hitzigen Verhandlungen wieder freiließen. Doch erfolgte nach jedem abgelaufenen Ultimatum rein gar nichts – selbst dann nicht, wenn Ägypten den Sudan beschuldigte, den moslemischen Terrorismus zu unterstützen.

Die verbalen Drohungen amüsierten Mohammed Bokar nur. Solche Geplänkel waren ganz nach seinem Sinn. Sie lenkten vom eigentlichen, entscheidenden Geschehen ab, das sich hinter den Kulissen abspielte, die er selbst errichtete. Nach so vielen Jahren des Kampfes im Untergrund neigte sich die Waagschale der Geschichte auf seine Seite. Morgen würden Allahs Söhne die Welt regieren, die von dem, was auf sie zukam, nicht das geringste ahnte.

Khartum war keine Metropole, nicht einmal eine normale afrikanische Großstadt, sondern vielmehr ein ausgedehntes Barackenlager am Zusammenfluß des Weißen und des Blauen Nils. Seiner Lage nach hätte es eine Traumstadt mit Palästen und Gärten sein können. Aber immer neue, unfertige Betonklötze entstanden neben schmutzigen und baufälligen Häusern, verfallenen Amtsgebäuden an kaum befahrbaren Straßen, die sich in der Wüste verloren. Überall Basare, aber ohne Ware, Müll- und Schutthalden, auf denen Ziegen herumirrten, sowie große und kleine Moscheen, darunter die berühmte Mahdi-Moschee, benannt nach dem heldenmütigen Anführer des Aufruhrs gegen die Ägypter und Briten, der 1885 ein Blutbad unter den Kolonialtruppen des Generals Gordon angerichtet und sich Khartums bemächtigt hatte. Die letzten Villen aus der Zeit des siegreichen Lord Kitchener, die versteckt im Norden der Stadt lagen, waren größtenteils von Würdenträgern des Regimes beschlagnahmt worden.

Ihre Offiziere unterstanden dem wahren Herrn des Landes, Hassan al-Turabi, dem Chef der Nationalen Islamischen Front und Wortführer der Moslembruderschaft. Seine nächtlichen Zusammenkünfte mit Regierungsmitgliedern galten als Ministerratssitzungen.

Mohammed Bokar war nach Khartum gekommen, um sich zu vergewissern, daß dieser überaus wichtige Mann im Hintergrund, ein brillanter Kopf, der Jura in Paris und Oxford studiert hatte und jetzt etwa sechzig Jahre alt war, ihn unterstützen würde. Ohne das Wohlwollen einflußreicher Persönlichkeiten drohte jedes Unternehmen, das zum Sieg des Islamismus beitragen sollte, zu scheitern. Mancher Anschlag hatte wegen einer falsch verstandenen Geste oder einer als Beleidigung verstandenen Aktion im Interessengebiet einer anderen islamistischen Organisation mehr internen Ärger erregt als Nutzen gebracht. Bokar wollte Turabi, den Ratgeber vieler militanter Islamisten, die zum Sturz der weltlichen Regierungen entschlossen waren, unbedingt auf seiner Seite wissen.

Die ägyptische Polizei hatte zwar eingegriffen, um die Verbreitung der aufpeitschenden Volksreden von Bokars Sprachrohr Kabul einzudämmen, aber das würde vergeblich sein. Zu Tausenden würden Flugblätter zum Aufstand rufen, noch angefeuert durch das große Freitagsgebet. Die gesamte Armee Ägyptens konnte den Heiligen Krieg nicht aufhalten, den Mohammed Bokar Hand in Hand mit seinem künftig noch enger Verbündeten, Hassan al-Turabi, beschleunigen würde.

Der Wagen überholte eine Kolonne junger Männer, die in der heißen Sonne einen Dauerlauf machten. Sie trugen Säcke voller Steine auf den Schultern und waren unterwegs zum Schießstand, um sich im Scharfschießen unter extremer körperlicher Belastung zu üben. Alle wollten sie studieren, doch zuvor mußten sie ein mehrmonatiges Training bei der islamischen Miliz absolvieren. Mit strategischem Weitblick hatte Turabi alle Offiziere, die im Verdacht standen, liberal gesinnt zu sein, entlassen und eine Armee aus Gläubigen gebildet, die ihm direkt unterstand.

Der Chauffeur fuhr langsamer und bog vorsichtig in eine Asphaltstraße ein, die zu einem repräsentativen Anwesen aus der Kolonialzeit in erstaunlich gutem Zustand führte. Bewaffnete Wächter verlangten einen Passierschein und durchsuchten Wagen und Insassen. Als Kenner wußte Mohammed Bokar ihr professionelles Vorgehen zu schätzen.

Eine zweite Sperre verwehrte den Zutritt. Diesmal war es eine Frau in Khakiuniform, mit dichtem schwarzem Schleier um den Kopf, die sie auf gleiche Weise untersuchte. Ihr Blick war eiskalt. Sie hatte Befehl, beim geringsten Widerstand eines Besuchers von der Waffe Gebrauch zu machen. Wortlos führte sie Bokar ins Innere des Hauses, in dem er mehrere Sicherheitsschleusen passieren mußte, um zu dem halbverdunkelten Empfangssalon zu gelangen. Zwei Rohrstühle, ein knallroter Teppich, eine Stehlampe und ein Ventilator waren die einzige Einrichtung des grell weißgekalkten Raumes.

Hassan al-Turabi ließ seinen Gast nicht warten. Der wahre Beherrscher des Sudan war auffallend schlank, hatte einen kurzen, sorgfältig geschnittenen Bart, einen lebhaften, aber auch durchdringenden Blick und machte in seiner blütenweißen Galabija, ebenso weißen Babuschen und dem makellos gewundenen weißen Turban einen beinahe eleganten Eindruck. Er galt als gesprächig und liebenswürdig, besonders gegenüber ausländischen Journalisten, denen er auf englisch oder französisch und in druckreifer Rede seine Auffassung von islamischer Politik erläuterte. Seit seiner Audienz beim Papst, dessen Rückkehr zu strengeren Prinzipien er ausdrücklich begrüßt hatte, hoffte er, daß es zwischen dem Sudan und dem Vatikan bald zur Aufnahme diplomatischer Beziehungen kommen werde.

Turabi vermied heftige Worte ebenso wie schroffe Gesten und duldete sie bei anderen nicht. Er gab sich als friedliebender Theologe, einzig der Wiederherstellung moslemischer Kultur und der vollkommenen und endgültigen Einhaltung der Botschaft Mohammeds verpflichtet, die weder Wissenschaft noch technischen Fortschritt ausschloß. Und wenn gewisse Gruppen sich auf den Islam beriefen und zugleich als Terroristen handelten – nahmen sie sich dann nicht ein Beispiel an den Roten Brigaden Italiens, an der deutschen Baader-Meinhof-Gruppe oder an den irischen Separatisten? Seit dem Ausruf der Islamischen Republik gab es im Sudan keine Korruption mehr, war der Beitrag für wohltätige Einrichtungen höher als die Steuern, bekehrten die Reichen sich zu Genügsamkeit, Barmherzigkeit und Gesetzestreue; es gab nur noch islamischen und keinen kapitalistischen Privatbesitz mehr, der Handel achtete das Gesetz des Propheten, und der Staat hatte keinerlei weltliche Anwandlungen mehr.

Der Ägypter und der Sudanese begrüßten einander.

«Ich bringe gute Nachricht», erklärte Mohammed Bokar noch im Stehen. «Unsere Brüder aus Saudi-Arabien haben die Schaffung einer Menschenrechtskommission in ihrem Land abgelehnt und gleichzeitig erklärt, terroristische Aktivitäten nicht zu unterstützen. Die Amerikaner sind damit sehr zufrieden.»

Turabi nickte zufrieden. Die Männer setzten sich einander gegenüber.

«Und wie steht's mit Ihren Plänen, Bruder?»

«Die Finanzierung ist gesichert.»

«Großartig. Natürlich überwachen Sie persönlich die Durchführung des Unternehmens.»

«Gewiß. Es ist eine ehrenvolle Aufgabe.»

«In der Tat. Die Rückkehr Ägyptens in den Schoß der wahren Religion wird ein weltbewegendes Ereignis sein. Unsere beiden Länder werden dann an einem Strang ziehen und für ganz Afrika vorbildlich sein.»

«Wir müssen natürlich weise vorgehen», bekannte Mohammed, «denn die ägyptische Armee ist noch nicht ganz für unsere Sache gewonnen. Deshalb habe ich eine wirksamere Methode als den traditionellen Staatsstreich gewählt.»

«Ein solcher käme ja nur in Frage», gab Turabi zu, «wenn die lebenswichtigen Organe der Nation unter Kontrolle sind, sonst wird es ein Strohfeuer.»

«Sie befürworten also meinen Plan?»

«Ohne jede Einschränkung.»

Bokar hatte seinem Gesprächspartner vorsichtshalber nicht alles gesagt. War nicht schließlich auch die Lüge unter Verbündeten ein wesentlicher Aspekt der Diplomatie, selbst wenn sie im Verschweigen bestand?

«Wenn Sie einverstanden sind, wird die Wiedereroberung Ägyptens vom Sudan ausgehen. Die erfahrenen Krieger aus Afghanistan sind hervorragend trainiert.»

«Ich weiß, sie gehen für Sie durchs Feuer, Mohammed.»

«Ich bin glücklich, daß sich unsere Freundschaft durch die Vorbereitung des Heiligen Krieges weiter gefestigt hat. Die ägyptischen Freiheitskämpfer sind nicht mehr davon abzubringen, daß der Tod für Allah sie direkt ins Paradies führt.»

«Handeln Sie!» sagte Turabi. «Sie haben meine volle Zustimmung.»

13

Nachts um elf Uhr war der Flughafen von Kairo noch genauso voller Menschen wie am Tage. Mehrere Flüge aus Europa und den Vereinigten Staaten kamen fast gleichzeitig an, so daß es ein ungeheures Gedränge an der Paßkontrolle gab. Polizisten in weißen Uniformen und schwarzen, mit goldenen Sternen besetzten Achselstücken kontrollierten und stempelten eifrig die Pässe und Visa der Reisenden, während verschleierte Frauen am Computer prüften, ob Ankommende auf der Liste gesuchter oder unerwünschter Personen standen.

Marmor, saubere Teppiche, Läden, die Alkohol verkauften und Videokassetten von Erotikfilmen – der neue Flughafen sollte den Fremden beweisen, daß sie ein in jeder Hinsicht modernes Land betraten.

Die Menge verhielt sich wie immer und überall: Es wurde gedrängelt, viel geredet, hier und dort auch geweint und geschrien. Aber es schlichen keine Taschendiebe herum. Mark konnte sich nur mit Mühe seinen Weg durch Hunderte von Pilgern bahnen, die aus Mekka heimkehrten und von den Erlebnissen sogleich den vollzählig versammelten Familien erzählten.

Keine Tafel verzeichnete den Flug aus New York. Nachdem Mark fünf Aufsichts- und Auskunftspersonen gefragt und versucht hatte, die unterschiedlichen Informationen auf einen Nenner zu bringen, kam er zu dem Schluß, daß das Flugzeug nach der üblichen Verspätung von einer halben Stunde landen würde. Er war sicher, daß er den Mann, den Farag Mustakbel ihm beschrieben hatte, trotz des Menschengewühls nicht verfehlen würde: etwa ein Meter achtzig groß, quadratischer Kopf, Rauchglasbrille, weißer Anzug mit rotem Ziertuch. Für alle Fälle hielt Mark ein Pappschild bereit, auf dem in großen Buchstaben FARAG stand.

Als eine typische Amerikanerin, mollig und aufgedonnert, eine der vielen Doppelgängerinnen von Liz Taylor, auftauchte, sah er das als Zeichen, daß die Maschine aus New York eingetroffen war. Es folgten Geschäftsleute mit schwarzen Aktenkoffern und verdrossenen Gesichtern, offenbar unzufrieden darüber, daß sie ausgerechnet im heißesten Monat nach Ägypten fliegen mußten. Mitten unter ihnen entdeckte Mark dreißig Schritte entfernt den Mann in weißem Anzug mit dem roten Ziertuch und schwenkte sein Pappschild, um auf sich aufmerksam zu machen. Doch der Erwartete bewegte sich, von der Menge geschoben, immer weiter geradeaus und schaute dabei weder rechts noch links. Mit Hilfe seiner Ellenbogen gelangte Mark ein paar Meter näher an ihn heran und winkte noch heftiger. Der Amerikaner ging jedoch stur weiter geradeaus. Warum schaute er sich nicht nach einem Abholer um? War er etwa betrunken? Seine Haltung war seltsam: Die Arme hingen wie bei einem Hampelmann herab.

Plötzlich sank ihm mit einem Ruck der Kopf auf die Brust, gleich darauf die Brust nach vorn. Und jetzt sah Mark das Messer, das beinahe bis zum Schaft im Rücken des Amerikaners steckte.

Die Leute, vor denen er zu Boden fiel, schrien erschrocken auf.

«Fahr los!» rief Mark seinem Freund Nagib Ghali zu und setzte sich neben ihn.

Der Wagen sprang sofort an.

«Wolltest du nicht jemanden abholen?»

«Der Mann ist tot, erdolcht worden. Bring mich auf schnellstem Weg zur Corniche, zur Villa von Farag Mustakbel.»

«In was für einen Schlamassel bist du da wieder geraten, Mark!»

«Ich wollte meinem Freund Farag nur einen Gefallen tun, weiter nichts.»

«Er steht nicht gerade im Ruf eines Heiligen. Den Islamisten ist er jedenfalls ein Dorn im Auge.»

«Glaubst du, er ist in Gefahr?»

«Im Grunde geht es um Wortgefechte, wie man sie früher in Ägypten schätzte. Doch die Zeiten haben sich geändert. Manchmal frage ich mich, ob wir nicht allesamt langsam verrückt werden. Paß bloß auf dich auf, Mark, und misch dich nicht in fremde Angelegenheiten ein.»

«Mach ich ja nicht. Mein eigener Kampf reicht mir.

Hast du etwas über den Mord an Hélène herausgebracht?»

«Nicht die Spur. Es sieht so aus, als kämen keine Nachrichten durch. Das ist insofern merkwürdig, als man hier ja sonst so gern redet. Ich halte die Ohren offen, denn schließlich muß doch etwas durchsickern.»

Die beiden Männer sprachen nicht mehr, bis sie in das elegante Viertel kamen, in dem Farag Mustakbel wohnte. Als Mark aussteigen wollte, hielt Nagib ihn am Ärmel zurück.

«Warte noch.»

«Was ist denn?»

«Ein Toter am Abend ist doch genug.»

«Was macht dir angst, Nagib?»

«Ich weiß nicht recht, aber ...»

«Nun sag schon.»

«Mustakbel schickt dich zum Flughafen, sein Gast wird ermordet, und du bist Zeuge des Mordes ... Das gefällt mir nicht. Wenn er dir nun eine Falle gestellt hat?»

«Farag? Ausgeschlossen! Und mich hat doch niemand bedroht.»

«Laß mich mal ein bißchen um das Haus herumstreichen. Wenn ich etwas Ungewöhnliches bemerke, machen wir uns aus dem Staub.»

«Wie du meinst.»

Mark wußte nicht, was er denken sollte. Er hatte das Gefühl, wie ein Strohhalm auf aufgewühlten Nilwassern zu schaukeln und die Stromrichtung nicht herauszufinden. Und Nagib war der Meinung, daß es ratsam sei, jeden zu verdächtigen, selbst den Freund Farag. Aber das war Unsinn. Wenn einer in Gefahr war, dann war es Farag selbst, dessen amerikanischen Gewährsmann die Islamisten gerade kaltblütig beseitigt hatten.

Zehn Minuten vergingen; Nagib war noch nicht wieder da. Sollte er recht gehabt haben? Mark setzte sich eine Frist, nach deren Ablauf er die Polizei verständigen würde. Obwohl es schon spät war, herrschte noch dichter Verkehr. Nur das Hupen nahm allmählich ab.

Endlich kam Nagib Ghali zurück. Mit Schweißtropfen auf der Stirn und durchschwitztem Hemd japste er nach Luft.

«Nichts Auffälliges. Alles ruhig.»

Mark klopfte ihm zum Dank auf die Schulter, stieg dann aus und und ging mit ruhigen Schritten auf die beiden Polizisten zu, die den Eingang der Villa bewachten.

«Ihre Papiere.»

«Hier. Ich bin mit Herrn Mustakbel verabredet.»

Die Polizisten prüften den Paß.

«Herr Mustakbel ist nicht da.»

«Ich habe eine dringende Nachricht für ihn.»

«Sie müssen sich gedulden.»

«Wie lange denn?»

«Was wissen wir? Er ist verreist.»

«Das kann nicht sein ... Wann kommt er zurück?»

«Morgen oder übermorgen.»

Aus westlicher Sicht war das keine vernünftige Auskunft. Aber in Ägypten gibt es keine Regeln für Zeitangaben, ebensowenig für das Einhalten von Verabredungen. Auf dem Rückweg zum Taxi versuchte Mark sich einzureden, daß Farag wirklich unvorhergesehen verreisen mußte und es ihm nichts ausmachte, den amerikanischen Finanzexperten erst später zu treffen.

«Alles in Ordnung, Mark?» fragte Nagib überrascht, als Mark so schnell wieder neben ihm saß.

«Weiß nicht recht.»

«Wo soll ich dich absetzen?»

Mark dachte kurz nach und entschloß sich, hier auszusteigen. «Ich will noch jemanden besuchen.»

«Um ein Uhr morgens?»

«Ja. Gute Nacht, Nagib.»

14

Mark war ratlos und fühlte sich nicht in der Lage, in sein Haus zu gehen, in die Villa, in der er mit Hélène zum letzten Mal geschlafen hatte. Dort hatten sie auch den Entschluß zu heiraten gefaßt, sobald seine Freundin von einem Kongreß aus den Vereinigten Staaten zurück wäre.

Er wollte das Haus verkaufen. Wenn das Glück zerstört war, sollte man da nicht auch die letzten Erinnerungen an glückliche Augenblicke verwischen?

Ein Uhr morgens – aber vielleicht war Mona Saki, seine langjährige Vertraute, die ihm so viel über tausendundein Geheimnis Kairos verraten hatte, noch bei einer der erbitterten Schachpartien mit ihrem Mann, Oberst Sakaria. In ihrer Begeisterung für dieses Spiel bekämpften sie sich manchmal bis zum Morgengrauen.

Als Diplomatentochter stritt Mona seit ihrer Jugend für die Anerkennung der Rechte und Würde der ägyptischen Frau. Fünfunddreißig Jahre war sie, und das gleißende orientalische Gewand stand ihr ebensogut wie

Blue jeans; sie hörte ebensogern Mozart und französische Chansons wie arabische Musik, half verschmähten Ehefrauen, ihr Recht vor Gericht einzuklagen, und äußerte sich, wo immer sie Gelegenheit fand, gegen den Schleierzwang. Diese Haltung hatte sie ihrer Mutter entfremdet, einer glühenden Anhängerin der Moslembruderschaft. Mona nahm nicht hin, daß ihre Religion in der Frau die dem Mann in allen Bereichen Unterlegene sah, Mädchen zwang, bis zur Ehe jungfräulich zu bleiben, allein lebende Frauen als Huren betrachtete und der Aussage einer Frau nur halb soviel Gewicht wie der eines Mannes zubilligte. Diese Erniedrigungen machten ihr das Leben in der islamischen Gesellschaft nur schwer erträglich. Dieser Auffassung hatte Monas Mutter Worte aus der vierten Koransure entgegengehalten:

> Nehmt nach Belieben zur Frau, die euch zu Gefallen sind, zwei, drei, vier; wenn ihr fürchtet, ihnen nicht genügen zu können, nehmt nur eine und Konkubinen ... Die euch nicht zu Willen sind, weist sie zurecht! Verbannt sie in die Schlafstätten und schlagt sie! Und so sie euch gehorchen, so suchet keinen Weg wider sie.

So lautete die absolute, endgültige Wahrheit, und dazu kam noch die islamische Tradition, die in einem Sprichwort zusammengefaßt ist: «Die Frau hat in ihrem Leben nur zwei Wege: der erste führt von ihren Eltern zu ihrem Mann, der zweite von ihrem Mann ins Grab.»

Mona hatte sich gegen die scheinheilige Frömmigkeit ihrer Mutter, einer reichen Frau, aufgelehnt, die im Ausland nach westlichem Stil gelebt und von westlicher Lebensart profitiert hatte. Die Mutter beharrte indessen auf ihrem Standpunkt: Eine gute Mohammedanerin habe im Hause zu bleiben und dürfe Gott nicht durch Berufstätigkeit beleidigen. Die Rolle der Frau anders zu sehen heiße, die Offenbarung des Propheten zu mißachten.

Da mit ihrer Mutter nicht zu reden war, hatte Mona jede Verbindung abgebrochen, wobei ihr Vater, der Diplomat, keine Stellung bezog. Wenn die Zukunft seiner Frau oder seiner Tochter recht geben sollte, wäre immer noch Zeit, eine Entscheidung zu treffen.

Die Sprechanlage des modernen Gebäudes, in dem Mona wohnte, funktionierte ausnahmsweise. Beim zweiten Läuten war sie am Apparat.

«Wer ist da?»

«Mark. Habe ich dich womöglich geweckt?»

«Ich wollte gerade schlafen gehen.»

«Kann ich trotzdem noch mit dir sprechen, Mona? Ich brauche deinen Rat.»

«Ich mach dir auf.»

Die Glastür, ein Werk deutscher Technik, öffnete sich. Ein weiteres Wunder: Der Fahrstuhl funktionierte. Er brachte Mark in die siebente Etage des Turms über dem Nil.

Die Wohnungstür war schon offen. Mona zog den Amerikaner am Arm hinein und schloß sie schnell wieder.

«Bist du im Haus irgend jemandem begegnet?»

«Nein.»

«Mein Mann ist nicht da, und der Wohnungsbesitzer im fünften Stock, ein Rechtsanwalt, ist Fundamentalist. Wenn er bemerkt, daß eine Frau allein einen Mann empfängt, zumal einen Ungläubigen, würde er Anzeige erstatten. Wenn du wüßtest, was mir passiert ist...»

Sie, die sonst die Ruhe selbst war, schien außer Fassung und sprach viel zu schnell. Ihr glänzendschwarzes Haar wirkte strähnig, die zarte Haut blaß, die hellgrünen Augen schauten Mark ungewohnt traurig an.

«Sieh dir das an, Mark.»

Sie drehte sich um, damit er ihre Waden mit den blutunterlaufenen Striemen sehen konnte.

«Eine Bande junger Fundamentalisten hat meinen Rock zu kurz gefunden. Sie haben mit Stöcken auf mich eingeschlagen und sind dann weggelaufen.»

Mark bemerkte jetzt erst, daß Mona ein fast durchsichtiges Negligé trug. So wenig bekleidet hatte er sie noch nie gesehen.

Sie entschuldigte sich für einen Augenblick und kam in einem achatgrünen Morgenrock wieder.

«Verzeih, Mark, ich rede nur von mir und meinen Problemen. Du hast gesagt, daß du meinen Rat brauchst ...»

«Hélène ist ermordet worden.»

Obwohl Mark wußte, wie sensibel Mona war, teilte er ihr die grausame Wahrheit ohne Umschweife mit. Erschüttert brach sie in Tränen aus. Mona hatte zweimal Gelegenheit gehabt, sich mit Hélène bei ihren Aufenthalten in Kairo zu unterhalten, und war überzeugt, daß Mark und seine Geliebte miteinander glücklich werden würden.

«Sprich bitte.»

Mark informierte Mona so genau wie möglich. Dann tauschten sie, beinahe wie nach einer Beerdigung, Erinnerungen an ein friedlicheres Ägypten, an ihre Ausflüge zu den grünen Feldern des Faijum aus. Wie gern hatten sie am Karun-See gesessen und dem Glucksen der kleinen

Wellen gelauscht, wenn sie an der niedrigen Uferböschung ausliefen. Sie hatten frisch gefangenen, gegrillten Fisch gegessen und Pläne für ein von dem verhängnisvollen Hochdamm befreites Ägypten geschmiedet.

Dann kamen sie unwillkürlich wieder auf die entsetzliche Wirklichkeit zurück.

«Ich bin in größter Sorge», gestand Mona. «Dieses Land verliert in rapidem Tempo den Verstand. Der Mord an deiner Verlobten ist der schrecklichste Beweis dafür. Die Peitschung heute morgen war vielleicht noch nicht einmal das schlimmste. Am frühen Abend erhielt ich einen anonymen Anruf. Eine zynisch klingende Stimme beschimpfte mich mit obszönen Worten. Und letzte Woche wurde meiner Tochter untersagt, die Universität zu betreten, weil sie nicht verschleiert war. Nicht irgendein Aufseher, sondern einer ihrer Medizinprofessoren, der Gynäkologe, hat das Verbot veranlaßt. Seine Begründung lautete: Wenn sie sich nicht an das Gesetz des Korans hielte, könne sie auf den Gedanken kommen, Babys zu töten, damit es weniger Moslems gebe. Daraufhin hat sie das Studium hier sofort abgebrochen und ist nach London gegangen. Ich konnte sie nicht überreden zu bleiben. Ihrer Meinung nach ist schon die Hälfte der Bevölkerung zu den Fundamentalisten übergelaufen. Sie hat mich inständig gebeten, mit ihr zu gehen, aber ich habe kein Recht dazu. Wenn die vernünftigen Leute weggehen, überlassen sie doch den Extremisten ihren Platz.»

«Wie denkt dein Mann darüber?»

«Als Angehöriger des Militärs muß er die Befehle befolgen. Aber er denkt sich sein Teil. Obwohl er ein gläubiger Moslem ist, oder vielmehr gerade weil er es ist, sieht er im Fanatismus die schlimmste aller Bedrohungen, denen Ägypten ausgesetzt ist.»

«Und seine Kollegen? Denken die auch so?»

«Ein Teil der Armee hat das Gift gezwungenermaßen geschluckt, ein anderer Teil ist ratlos, ein dritter sieht keine unmittelbare Gefahr.»

«Und wohin haben sie deinen Mann jetzt abkommandiert?»

«Er inspiziert seit drei Tagen eine Kaserne im Delta, um dort zweifelhaften Elementen auf die Spur zu kommen. Er übernachtet dort, sieht Personalakten durch und verhört Soldaten, die im Ruf stehen, Fundamentalisten zu sein. Er ist in diesem Jahr schon zum dritten Mal mit einem solchen Auftrag betraut. Er macht seine Sache offenbar sehr gut, die Behörden haben Vertrauen zu ihm, und man hat ihm eine Beförderung in Aussicht gestellt. Ich denke, daß er dir helfen könnte. In seiner Position sollte er an verläßliche Informationen über den Überfall und seine Hintermänner herankommen.»

«Ich möchte ihm aber keine Unannehmlichkeiten bereiten.»

«Er ist die Vorsicht in Person.»

Sie stand entschlossen auf.

«Du wirst die Wahrheit erfahren, Mark. Der Mord an Hélène darf nicht ungesühnt bleiben. Heute nacht schläfst du hier im Zimmer meiner Tochter. Morgen früh fahren wir zu seiner Kaserne hinaus.»

15

Mona fuhr ihren BMW als erfahrene Kairoerin, also ohne einen Daumenbreit Platz für andere Wagen zu lassen. Die einzige Methode, in diesem irrwitzigen Verkehr voranzukommen.

Bereits um sieben Uhr dreißig mußte man sich seinen Weg zwischen Bussen, Taxis, überladenen Lastwagen und keineswegs rücksichtsvoller fahrenden Privatautos erkämpfen. Die diskret geschminkte Frau im eleganten, zartrosa Kostüm hatte kein Auge zugetan vor lauter Überlegungen, wie sie Mark helfen könnte. Den schrecklichen Tod Hélènes empfand sie wie ein Unrecht, zu dessen Ahndung auch sie beitragen mußte.

Während sie in das Imbaba-Viertel hineinfuhr, konnte Mark jene Vermutungen, die ihn lange am Einschlafen gehindert hatten, nicht mehr für sich behalten.

«Und wenn Hélènes Tod im Zusammenhang mit meinem Kampf gegen den Damm steht?»

«Das ist doch abwegig.»

«Ich weiß nicht. Der Oberaufseher am Hochdamm und der Chef der Fremdenpolizei in Assuan haben mir ziemlich deutlich zu verstehen gegeben, daß bestimmte Verantwortliche höheren Orts nicht gut auf mich zu sprechen seien, und der stellvertretende Minister, den ich aufsuchte, hat mir das bestätigt.›

«Aber deshalb erteilt doch niemand den Befehl, einen Touristenbus zu überfallen und alle Insassen zu töten. Um dir eins auszuwischen, hätte es genügt, Hélène unter irgendeinem Vorwand vorübergehend zu verhaften.»

«Du hast recht, Mona, meine Vermutung ist absurd.»

«Die Islamisten haben zeigen wollen, wie mächtig sie sind, und Hélène befand sich unglücklicherweise in dem Bus, den sie sich ausgesucht haben.»

«Eine solche Schicksalsfügung kann ich einfach nicht hinnehmen.»

Der BMW fuhr an einer weißen Moschee vorbei, die von gewissen Kairoern respektlos Kit-Kat genannt wurde. Damit gaben sie ihr den Namen eines ehemaligen stadtbekannten Nachtlokals. Im Viertel der Nightclubs, die König Faruk so gefielen, waren nur noch wenige Häuser übriggeblieben, die trotz des Verfalls an eine erfreulichere Vergangenheit erinnerten. Durch zu viele Menschen und die Armut war Imbaba, wo es jetzt vielerorts weder Wasser noch Licht gab, zu einer Hochburg des moslemischen Fundamentalismus geworden, wo die Polizei gelegentlich bei Blitzaktionen ein paar hitzige Rädelsführer festnahm, die sofort wieder durch noch fanatischere ersetzt wurden. Wo früher Vergnügungs-Etablissements waren, hatte man Moscheen errichtet. Die Prediger hatten den enteigneten Geschäftsleuten sogar nach dem Gesetz des Korans gerechte Abfindungen zugesagt. Die Summen dafür erpreßten sie, wie sich herausstellte, von christlichen Händlern, die einen großen Teil ihrer Einkünfte an Allahs getreue Söhne abzugeben hatten oder ihre Läden schließen mußten.

Mona manövrierte ihren Wagen geschickt zwischen Eselskarren, streunenden Hunden und verwahrlost wirkenden Kindern. Als sie an einer Kirche der Kopten vorbeikamen, an deren Portal das Bild der Jungfrau Maria zu sehen war, bekam Mark ein beklemmendes Gefühl. Arbeitslose saßen untätig auf Caféterrassen und betrachteten das teure Auto mit scheelen Blicken. Man spürte förmlich ihre Aggressivität. War es nicht verkehrt, durch Imbaba zu fahren, nur um etwas Zeit zu gewinnen? Mark wußte, daß Mona der Überzeugung war, es dürfe kein Ort in Kairo zur verbotenen Zone werden, wenn man den Fundamentalisten nicht zum Sieg verhelfen wollte. Mutig focht die emanzipierte Ägypterin ihren Kampf am Steuer weiter.

Mark entspannte sich und schloß die Augen. Immerzu hatte er Hélènes Gesicht vor Augen. Er hatte die fixe Idee, daß nur die Vergeltung dessen, was man ihr angetan hatte, seinen Qualen ein Ende bereiten könnte.

Eine Vollbremsung warf ihn nach vorn. Ohne Sicherheitsgurt wäre er mit dem Kopf gegen die Windschutzscheibe gedonnert.

Etwa zwanzig junge, bärtige Leute verwehrten ihnen die Weiterfahrt. Mona hatte sich nicht entschließen können, einfach in den Haufen hineinzufahren. Sie machten ohne Waffen einen eher ruhigen Eindruck. Einer von ihnen trat vor und kam bis an die Fahrertür, deren Scheibe noch heruntergelassen war.

«Bist du Ägypterin?»

«Das bin ich.»

«Wir wachen über die Einhaltung des Gesetzes des Propheten. Bist du eine gute Moslime?»

«Das bin ich.»

«Dann dürftest du nicht am Steuer eines Autos sitzen.»

«Das kann der Prophet nicht verboten haben.»

«Nach dem Gesetz müssen die Frauen im Hause bleiben und ihrem Mann dienen.»

«Ein solches Gesetz gibt es in Ägypten nicht.»

«Wer ist der Mann neben dir?›

«Ein Freund. Er ist in Kairo geboren.›

«Aber er kommt aus dem Westen, und er ist ein Ungläubiger.»

«Ist nach den Worten des Propheten die Freundschaft uns nicht heilig?»

«Aber du darfst nach dem Gesetz des Propheten nur mit deinem Mann unterwegs sein. Zeig mir deine Heiratsurkunde mit diesem Fremden.»

«Ich achte deinen Glauben, achte du meine Freiheit. Alle meine Freunde, ob Moslems oder nicht, können in meinem Wagen mitfahren.»

«Du redest nicht wie eine gute Moslime. Du redest schamlos.»

«Laß mich durch!»

«Wenn du mit diesem Mann da nicht verheiratet bist, dann bist du eine Hure.»

«Hör auf, mich zu beleidigen, sonst kannst du was erleben. Mein Mann ist Oberst der Armee.»

«Dann bist du eine Ehebrecherin! Komm aus dem Wagen und empfang deine Strafe.»

Mona drückte den elektrischen Knopf, und das Fenster ging hoch, doch der Scheich hatte schon den in der rechten Hand versteckten Stein geworfen. Er traf Mona am Hals, Blut schoß hervor. Sie schrie auf vor Schmerz und trat das Gaspedal durch. Die Islamisten sprangen zur Seite, aber Mona sah nicht mehr klar und kam nicht weit. Sie fuhr durch einen Abfallhaufen und würgte den Motor ab. Mark riß die junge Frau von ihrem Sitz, warf sich an ihrer Stelle ans Steuer, ließ den Motor an und legte den

Rückwärtsgang ein. Die «Allah ist groß!» brüllende Bande lief dem Fahrzeug nach.

«Steinigt sie!» befahl der Wortführer.

Mindestens zehn Steine prasselten auf den Kofferraum und die Heckscheibe, die zu Bruch ging. Mark legte den ersten Gang ein und jagte los, raus aus Imbaba. Als sie eine der breiten Ausfallstraßen nach Norden erreicht hatten, stoppte er vor einem Motorradfahrer mit Helm, weißer Jacke und schwarzer Hose.

«Ich habe eine Schwerverletzte im Auto. Geleiten Sie mich bitte zum nächstgelegenen Krankenhaus.»

Der Motorradfahrer warf einen Blick in das Wageninnere.

«Ist das Ihre Frau?»

Mark nickte.

Der Polizist schaltete seine Sirene ein und fuhr vor dem BMW her. Eine Hand um das Lenkrad gekrampft, blieb Mark dicht hinter dem Motorrad. Mit der rechten Hand hielt er Mona fest, die einen Schwindelanfall hatte.

Eine Viertelstunde später hielten sie vor einem Gebäude mit ramponierter Fassade. Nur der verrostete Sanitätswagen vor dem Eingang ließ darauf schließen, daß sie ein Krankenhaus vor sich hatten.

Mark nahm Mona behutsam auf die Arme. Ihr Hals und ihr Kostümkragen trugen Blutspuren, aber die Blutung schien gestillt zu sein.

Beim Eintritt in das Krankenhaus war ihm, als erlebte er noch einmal das gleiche wie in Assuan: grünliche, mit Schimmel überzogene Wände, ekelerregender Geruch, Schwestern in schmutzigen Kitteln ...

Ein junger Arzt sprach ihn an.

«Wen bringen Sie da?»

«Ein Notfall, das sehen Sie doch.»

Der Arzt öffnete die Tür zu einem Krankensaal, in dem etwa zehn Patienten wimmerten. Eine zerschlissene und fleckige Matratze war noch frei.

«Legen Sie die Frau da hin und warten Sie dann draußen.»

«Kommt nicht in Frage. Ich verlange ein sauberes Bett und sofortige Behandlung.»

«Sind Sie der Ehemann dieser Frau?›

«Nein, ich will ihr nur helfen.›

«Gehen Sie ihren Mann holen.›

«Kümmern Sie sich unverzüglich um sie, Doktor.»

«Sie haben sie geschwängert und wollen nun die Abtreibung. Das kennen wir. Aber da sind Sie an der falschen Stelle. Hier finden Sie keine Ärzte, die sich von Leuten aus dem Westen kaufen lassen. Dieses ist ein gottgefälliges Haus. Bringen Sie die Ehebrecherin woandershin. Sie schädigt den Ruf unseres Hauses.»

Mark legte Mona auf eine Bank mit grünem Tuch, das nicht so schmutzig wie die Bettwäsche der Kranken war. Er nahm den klebrigen Hörer eines Handapparats ab und wählte eine Nummer.

«Was machen Sie da? Ich verbiete Ihnen ...»

«Schweigen Sie!»

Dem Arzt verschlug es für einen Moment die Sprache. Dann legte er mit einer Tirade von Koran-Zitaten los.

Beim ersten Anschluß meldete sich niemand, aber bei der zweiten Nummer hatte Mark Erfolg.

«Ich werde Sie hinauswerfen lassen, Sie und Ihre Mätresse.»

«Rühren Sie die Frau nicht an. Sonst werden Sie in zehn Minuten ernste Schwierigkeiten bekommen. Es handelt sich um die Ehefrau von Oberst Sakaria.»

Der junge Arzt horchte auf. Obwohl ein militanter Islamist, legte er doch großen Wert auf seinen Arbeitsplatz, wenn er auch schlecht bezahlt war.

«Ich könnte ihr Erste Hilfe geben.»

«Das hätten Sie vorhin tun sollen. Jetzt habe ich einen besseren Arzt angerufen. Er hat sich sofort auf den Weg gemacht.»

Der Fundamentalistenarzt spielte den Gekränkten und entfernte sich schimpfend.

Nagib Ghali kam atemlos ins Krankenhaus gestürzt. Mark umarmte und küßte ihn wie einen Retter in höchster Not.

«Mona Saki, eine gute Freundin von mir, wurde durch einen Steinwurf verletzt, und der diensthabende Notarzt dieses Krankenhauses hat sich geweigert, sie zu behandeln.»

«Warum denn?»

«Er hält sie für meine Geliebte und glaubt, sie will hier abtreiben lassen.»

Nagib schüttelte den Kopf und erklärte dann leise:

«Islamistische Milizen überprüfen die Kairoer Krankenhäuser aus Furcht, daß Frauen Allah um seine künftigen ägyptischen Legionen bringen könnten.»

«Aber der Tölpel muß doch gesehen haben, daß sie am Kopf verletzt ist. Bitte, Nagib, behandle du Mona.»

«Ich werde mein Bestes tun.»

Ganze zehn Minuten mußte Nagib Ghali verhandeln,

bis er gewonnen hatte. Mit Zustimmung seines Kollegen führte er selbst die Untersuchungen durch – mit den bescheidenen Hilfsmitteln des Krankenhauses.

Kurz vor Mittag sah Mark Mona wieder. Ihr Nacken war verbunden, der linke Arm in einer Schlinge. Doktor Ghali stützte sie fürsorglich.

«Nichts Ernstes», verkündete er mit einem Lächeln. «Nur oberflächliche Verletzungen und dazu ein leichter Schock ... Eine Beruhigungstablette, ein Schmerzmittel, ein paar Tage Ruhe, und alles ist wieder in Ordnung.»

Mark drückte Mona behutsam an sich.

«Wie fühlst du dich?»

«Ich kann es noch immer nicht begreifen.»

«Ich bringe dich nach Hause.»

«Was ist mit dem Auto?»

«Es ist beschädigt, fährt aber noch.»

Nachdem er Mona in den Wagen gesetzt hatte, bedankte er sich bei seinem Freund.

Nagib winkte ab. «Ich habe nur meine Pflicht getan.»

«Und deine Arztrechnung?»

«Aber ich bitte dich. Doch nicht unter Freunden.»

Mark schob ihm mehrere Scheine in die Hemdentasche. «Sollten wir diesen Arzt nicht wegen unterlassener Hilfeleistung und Patientenbeleidigung anzeigen?»

«Mach das nicht, Mark. Er hat wie ich eine große Familie zu versorgen. Dieses Krankenhaus wird von einem islamistischen Ärztesyndikat verwaltet. Dieser junge Assistenzarzt muß sich als zweihundertprozentiger Fundamentalist aufführen, sonst setzt man ihn auf die Straße.»

Der BMW fuhr unter dem aufmerksamen Blick eines

Mannes ab, der eine Dunhill mit Menthol in einer goldenen Zigarettenspitze rauchte. Er sah, wie Mona sich an Mark lehnte, wie der sich temperamentvoll in den Verkehr einfädelte, und lächelte zufrieden. Dieser unvorhergesehene Zwischenfall auf der Straße in Imbaba störte seine Pläne keineswegs – im Gegenteil.

16

Die beiden Wächter der Chephren-Pyramide verbrachten die meiste Zeit dösend oder schlafend. Wegen der fundamentalistischen Attacken kamen nur noch selten Touristen. Manchmal wagten sich ein paar Japaner mit Polizeischutz in die Cheops-Pyramide nebenan, die sie nach kurzem Besuch schnell wieder verließen. Die Reisebüros hofften auf die Wiederbelebung des Tourismus, sobald sich die Lage beruhigen würde. Daß dies schon sehr bald geschehen werde, versprach die Regierung von Tag zu Tag. Die Wächter trauerten den guten Zeiten nach, in denen sie eine Menge Bakschisch erhielten, wenn sie den Besuchern erlaubten, auf die Schnelle Fotos zu machen, was eigentlich streng verboten war. In der Hochsaison verzehnfachte sich dadurch ihr Einkommen.

Mitten am Vormittag hatte zur Überraschung der Wächter eine Gruppe von Landsleuten die Chephren-Pyramide mit ihrem Besuch beehrt. Sie zeigten irgendeinen amtlichen Wisch vor und behaupteten, daß sie für den Eintritt nichts zu bezahlen brauchten. Es waren alles Erwachsene. Sonst rannten, vor allem an Festtagen, nur noch brüllende Horden von Schulkindern durch die Gänge. Einige von ihnen urinierten sogar in der Grabkammer des Pharao. Für sie waren das nur die Behausungen von heidnischen Herrschern aus grauer Vorzeit. Warum interessierten sich die Fremden so sehr dafür? Ohne sie hätte man diese unnützen Steindinger längst eingerissen und die noch brauchbaren Blöcke zum Bau von neuen Häusern verwendet.

Von der Druckwelle der Explosion wurde einer der Wächter von seiner Bank zu Boden geschleudert, wobei er sich die Schulter verrenkte und das rechte Knie aufschlug; der andere flog mit dem Kopf gegen die Wand. In Panik schrien sie um Hilfe und rannten von der Pyramide weg. Sie fürchteten, das ganze Monument würde im nächsten Augenblick in sich zusammenfallen.

Kabul schaute durch sein Fernglas und brach in schallendes Gelächter aus. In Begleitung mehrerer Sprengstoffexperten seiner Kampftruppe hatte er es sich nicht nehmen lassen, selbst eine der Bomben im Innern des gottlosen Bauwerks zu installieren, und dabei gehofft, in einem Aufwasch auch noch ein paar Touristen zu töten. Der Medienrummel wäre ganz nach seinem Herzen gewesen. Nach diesem neuerlichen Anschlag würde in der westlichen Welt kein einziges Reisebüro mehr seinen Kunden eine Reise nach Ägypten empfehlen. Der Mannasegen in Form von Devisen für Ägypten würde endgültig versiegen, die Wirtschaftskrise würde sich dramatisch verschlimmern, und die Regierung hätte verspielt. Das ganze Volk würde sich zur islamischen Revolution bekennen, weil nur sie allein ihm Rettung bringen konnte.

Wenn die Polizei zur Kenntnis nehmen würde, daß die Anhänger des Propheten zuschlugen, wo und wann immer sie wollten, würde sie ihren bereits geschwächten Kampfgeist aufgeben. Bei diesem Gedanken lachte Kabul noch lauter.

Oberst Sakarias Auftrag war gegen Mittag beendet. Einerseits war er ziemlich erschöpft, andererseits freute er sich darauf, mit seiner Geliebten, der schönsten Bauchtänzerin Kairos, gut zu Mittag zu essen, dann mit ihr zu schlafen und erst bei Einbruch der Dämmerung nach Hause zu gehen, wo seine Frau das Abendessen für ihn bereit hätte und ihn mit Jasminbalsam massieren würde.

Die Aufgabe des Obersten wurde immer schwieriger. Zwar konnte er zur Beruhigung seines unmittelbaren Vorgesetzten von Zeit zu Zeit ein paar Fundamentalisten festnehmen, er durfte dabei aber nicht zu weit gehen, weil er sonst einen General verärgerte, von dem seine Beförderung abhing und der eher zur strikten Anwendung des Korangesetzes neigte. Hundertmal war er zwischen Hammer und Amboß geraten; jedesmal mußte er genau überlegen, für welche Seite er sich entscheiden sollte.

Das Telefon läutete.

Man rief ihn eiligst nach Giseh, zur Chephren-Pyramide, in der es eine Explosion – oder sogar mehrere – gegeben hatte. Wütend donnerte er den Hörer auf die Gabel. Da verpatzte ihm jemand sein Rendezvous, und er konnte seine Geliebte nicht einmal benachrichtigen. Entweder würde er sie gar nicht erreichen, oder sie würde seine Absage als dumme Ausrede betrachten und ihm wieder einmal androhen, Schluß mit ihm zu machen.

In der Grabkammer der Chephren-Pyramide roch es nach Pulver. Glassplitter einer vom Luftdruck zerborstenen Lampe bedeckten den Steinboden. An einer der Wände stand mit roter Farbe ein Satz aus der siebenten Sure des Korans:

«Wir haben zerstört, was der Pharao und sein Volk aufgebaut haben.»

Oberst Sakaria ließ diejenigen befragen, die sich in der Nähe des Tatorts befunden hatten. Der Zustand des Monuments gab auf den ersten Blick keinen Anlaß zur Beunruhigung. Man sollte die Wirkung des Attentats also nicht unnötig aufblähen.

Die Befragungen erbrachten keine wesentlichen Anhaltspunkte über die möglichen Verursacher. Der Oberst verfaßte eigenhändig den für die Presse bestimmten Bericht, in dem er mitteilte, daß es im Innern der Chephren-Pyramide zu einer Explosion gekommen sei, bei der außer zwei leicht verletzten Wächtern niemand ernsthaft zu Schaden gekommen sei. Wahrscheinlich habe sich eine brennbare Substanz entzündet, die zur Reinigung der Innenwände der Pyramide von ausgeschwitzten Salzen verwendet wird.

Wenn die Terroristen mit diesem lächerlichen Unternehmen ihre angebliche Machtposition festigen und neuen Schrecken verbreiten wollten, hatten sie sich getäuscht. Solange die Regierung alle Pressemeldungen kontrollierte, konnten die Islamisten ihre Werbetrommel nicht so laut rühren, wie sie es gern getan hätten. Und wenn es auch Journalisten gab, die deren Sache vertraten, so vertraten die meisten Nachrichtenmedien doch die Ansicht, daß man nicht zuviel Öl ins Feuer gießen sollte.

Sakaria dachte an seine Geliebte, die jetzt mit ihrem Jaguar-Coupé, das ihr ein Saudi-Scheich vor zehn Jahren bei seiner Abreise hinterlassen hatte, auf dem Weg zum Marriott Hotel war, wo er einen Tisch und ein Zimmer unter falschem Namen bestellt hatte. Da der Direktor ein Jugendfreund war, hatte er keinerlei Indiskretion zu befürchten. Sollte er also nicht doch im Hotel anrufen? Nein, zu riskant. Womit sich entschuldigen? Die nicht nur von ihm, sondern von vielen gut zahlenden Männern begehrte Tänzerin würde vermutlich keine Entschuldigung gelten lassen. Schon am Anfang ihrer Liaison hatte sie ihn gewarnt, ein unzuverlässiger Liebhaber interessiere sie nicht.

Der Oberst hätte sie geheiratet, um aus den Heimlichkeiten herauszukommen, aber weder sie noch Mona wären einverstanden gewesen. Beide, jede auf ihre Art, legten Wert auf die freie Entscheidung und Unabhängigkeit der modernen arabischen Frau. So war Sakaria praktisch gezwungen, seine Frau, die er durchaus liebte, zu betrügen, was er ohne das geringste Schuldgefühl tat und ohne sein Ansehen in Gefahr zu bringen.

Plötzlich spürte er das Verlangen, in sein Dienstauto zu steigen, zum Marriott zu fahren und die Bagatelle dieses neuen Terroristenanschlags einfach zu vergessen. Doch würde er damit womöglich einen unverzeihlichen Fehler begehen und riskieren, seinen guten Platz auf der Beförderungsliste des Generals zu verlieren.

Mürrisch ging er ins Polizeibüro, wo die beiden Pyramidenwächter bereits eine mehrere Seiten umfassende Aussage gemacht hatten. Die Uniformierten erhoben sich und grüßten.

Sakaria schaute sich die Wächter genau an. Er wählte den weichlicheren von ihnen aus, schickte die Polizisten hinaus und blieb allein mit ihm in dem kleinen, staubigen Raum voller handgeschriebener Berichte.

«Setz dich.»

Der Wächter setzte sich auf den äußersten Rand eines wackligen Stuhls. Unbehagen, ja Angst empfand er unter dem kalten Blick des hohen Offiziers und stand deshalb gleich wieder auf.

«Ich hab schon alles gesagt, Exzellenz. Es wurde alles aufgeschrieben.»

«Wie heißt du?»

«Mahmud.»

«Setz dich, hab ich befohlen.»

Mahmud ließ sich mit seinem ganzen Gewicht auf den Stuhl fallen.

«Ich hab wirklich alles gesagt», murmelte er.

«Mir nicht.»

«Es krachte fürchterlich. Gesehen hab ich nichts, Exzellenz. Es hat mich sofort umgeschmissen.»

«Deine Verletzung ist nicht schlimm.»

«Nein. Kann ich jetzt gehen?»

Mahmud erhob sich langsam, aber der Blick des Obersten bannte ihn auf dem Stuhl fest.

«Waren vor der Explosion Besucher da?»

«Niemand.»

«Das kann nicht sein.»

«Doch, ganz bestimmt. Es war niemand da.»

«Irgend jemand muß die Bomben in die Pyramide gebracht, dort verteilt und scharf gemacht haben. Wenn es kein Besucher war, dann mußt du selbst es gewesen sein oder dein Kollege. Eine andere Möglichkeit gibt es nicht. Ist das klar?»

Mahmud fuhr auf. «Ich? Niemals!›

«Dann war's ein Besucher.»

«Nein, nein, niemand ist reingegangen ...»

«Was ist mit deinem Kollegen? Du sagst jetzt sofort die Wahrheit, sonst muß ich sehr unangenehm werden.»

«Ich würde doch nicht wagen, Sie zu belügen.»

«Du weißt offenbar nicht, wen du vor dir hast. Aber ich will es dir sagen: Ich habe den Auftrag, Terroristen und ihre Komplizen festzunehmen und sie zum Sprechen zu bringen, egal wie, mit welcher Methode. Begreifst du, was das bedeutet?»

Der Wächter wurde immer kleiner auf seinem Stuhl.

«Also heraus mit der Wahrheit! Ich frag dich zum letzten Mal in aller Freundschaft – sozusagen.»

«Ich hab niemand gesehen, und ich hab nichts damit zu tun.»

Oberst Sakaria legte ein Seziermesser an die Tischkante.

«Normalerweise benutzt man so ein Instrument bei Operationen von Kranken, etwa zum Bauchaufschneiden. Ich könnte es aber auch zu ganz anderem Zweck verwenden. Legst du Wert auf deine Augen, Mahmud? Als Blinder würdest du zweifellos deine Stelle verlieren.»

Der Oberst griff vollkommen ruhig nach dem Messer, genau wie ein Arzt.

«Das werden Sie doch nicht tun ...», stammelte Mahmud.

«Doch! Ich gebe zu, das ist hart, aber die Wahrheit verlangt manchmal solchen Preis.»

Sakaria trat näher an den Wächter heran.

«Drei Männer, glaube ich, kamen rein. Kurz nach der Öffnung heute morgen.»

«Ägypter?»

«Ja.»

«Beschreibe sie! Ihr Wächter seid doch ausgezeichnete Beobachter. Also los!»

Das Messer dicht vor den Augen begann Mahmud wie ein Wasserfall zu reden. Ausführlich beschrieb er einen kleinen, dicken Bärtigen, der viel und schnell sprach, ein Päckchen bei sich hatte und den anderen Befehle gab, die wie Handwerker aussahen und Arbeitskästen trugen.

Der Oberst nahm aus seinem Aktenkoffer Fotografien und wählte zielsicher eine aus. «War es der?»

«Ja, der.»

«Warum hast du sie reingelassen?»

«Sie hatten ein gestempeltes Papier. Ich hielt sie für Elektriker. Alle Leitungen sind verrottet. Das haben wir schon vor langer Zeit gemeldet. Kann ich jetzt gehen?»

«Ich habe Anweisung gegeben, daß du ärztlich behandelt wirst. Jemand von meinen Leuten wird dich ins Krankenhaus bringen.»

Dem Polizisten, der sich Mahmuds annehmen sollte, gab Sakaria ein ganz anderes Ziel an. Als wichtiger Zeuge würde der Wächter erst einmal weiteren Verhören unterzogen und dann zu seiner eigenen Sicherheit in einem ehemaligen Gefängnis versteckt werden.

Wie Sakaria schon vermutet hatte, war es also Kabul persönlich, der den Anschlag auf die Chephren-Pyramide durchgeführt hatte. Aber wie sollte man ihn in der riesigen Stadt ausfindig machen?

Der Oberst schaute auf die Uhr und stellte fest, daß die Wahrheitsfindung dank der bewährten Drohung mit dem Seziermesser schneller als erwartet vonstatten gegangen war. Nur eine Stunde Verspätung ... Seine Geliebte würde noch im Marriott beim Diner sein, er würde sich ihr, symbolisch gesprochen, zu Füßen werfen und sie um Verzeihung bitten.

17

Lisbeth war zwanzig Jahre alt, eine hinreißende Brünette mit üppigen Brüsten und nicht minder gut entwickelten Hüften, Auch bei intimen Soireen lüftete sie beim Bauchtanz ihre letzten Schleier nur vor sorgfältig ausgewählten, das heißt, ausgesprochen zahlungskräftigen Kunden. Ihr europäischer Künstlername «Lisbeth» unterschied sie von ihren Kolleginnen, die dumm genug waren, sich vor Pauschaltouristenmassen abzumühen.

Sie schaltete die beinahe lautlose Klimaanlage ihres Jaguar und das Stereo-Radio ein. Der Nachrichtensprecher meldete eine Explosion im Gebiet von Giseh, die keinen nennenswerten Schaden angerichtet hatte.

Bestimmt wieder so eine Lüge, dachte Lisbeth. Die Fundamentalisten fordern den Staat immer unverschämter heraus. Sie wußte, daß ihr Liebhaber, Oberst Sakaria, ein Spezialist für die Formulierung von abwiegelnden Falschmeldungen war und das Verschleiern oder Verheimlichen von Tatsachen für ihn so normal, daß er schon selbst diesen frisierten Verlautbarungen glaubte, ebenso wie an die scheinbar unbezwingbare Stärke der ägyptischen Streitkräfte. Hatte die Armee nicht vierhundertundfünfzigtausend, die Zentrale Sicherheitstruppe dreihunderttausend und die Nationalgarde sechzigtausend Mann unter Waffen? Mit vierhundertfünfundsiebzig Flugzeugen und dreitausendzweihundert Panzern würde man kurzen Prozeß mit den Fundamentalisten machen, sollten sie etwa den Wahnsinn begehen und einen Bürgerkrieg entfachen. Nur höheren Offizieren schien es vorbehalten zu ignorieren, in welchem Maße die Armee, ebenso wie die übrige ägyptische Gesellschaft, bereits vom Fundamentalismus unterwandert und zersetzt war. Bei einem noch entschieden heftigeren Ansturm als bisher würde das Staatsgebäude, so beschädigt, wie es im Innern längst war, in sich zusammenfallen.

Lisbeth hielt die Augen offen. Sie hatte vor, sobald die Situation brenzlig würde, Ägypten zu verlassen und nach Saudi-Arabien zu fliehen, zu einem Milliardär, der sie anhimmelte. Sakaria war ein ziemlich mittelmäßiger Liebhaber, aber er sorgte wenigstens für ihre Sicherheit, so daß sie sich ihm gegenüber im Bett leidenschaftlich gab, auch wenn sie die Diners mit dem Oberst in höchstem Maße langweilten.

Das Marriott, ein Schmuckstück des schicken Samalek-Viertels, war einer der Orte, an denen man sich als Angehöriger der Oberschicht von Kairo noch wohl fühlen konnte. Man trank dort seinen Aperitif, seinen Tee oder nahm teil an mondänen Partys. Der ehemalige orientalische Palast hatte nach der Verwandlung in einen riesigen, seelenlosen Hotelkasten viel von seinem Charme verloren, doch Lisbeth gefielen die prunkvolle Halle mit der auf vollen Touren laufenden Klimaanlage, die Flure mit Modeboutiquen und der Privatsalon, wo man raffinierte Menüs und alle erdenklichen Delikatessen servierte. Die Tänzerin schwärmte für Kaviar und gefüllte Auberginen. Sakaria redete bei Tisch immer zuviel, erfand immer neue Komplimente für ihr Aussehen, ihren Mund, ihre Augen, ihre Hüften und vergaß darüber zu essen. Anschließend gingen sie hinauf in ein luxuriöses Zimmer, und sie mußte Liebesekstase heucheln.

Lisbeth hatte beschlossen, ihre Preise zu erhöhen. Sie würde ihren Liebhaber damit überraschen, während sie mit ihm Körper an Körper duschte. Wenn er sie naß an sich preßte, verlor er jegliche Kontrolle und war für alles zugänglich.

Der Jaguar hielt vor dem Eingang zum Marriott. Ein Angestellter in einem Folklorekostüm, das nur Touristen imponierte, öffnete der Dame mit tiefer Verbeugung die Wagentür. Die Bauchtänzerin würdigte ihn keines Blikkes.

Ein Schuhputzer warf sich ihr zu Füßen, ohne zu der vornehmen Madame aufzublicken. Sie entdeckte ein Staubkorn auf ihren Pumps und befahl:

«Na, los, aber beeil dich!»

Aus einem schweren Holzkasten holte der Mann Schuhcreme, Bürsten und Lappen. Die feine Dame geruhte, den Fuß ein wenig anzuheben, und der Schuhputzer stellte ihn mit ungewöhnlich festem Griff auf seinen Metallsockel.

«Ich krieg dich schon sauber, du Schlampe.»

Lisbeth glaubte, sich verhört zu haben. Wer wagte da so mit ihr zu sprechen? Sie blickte nach unten und sah in die haßerfüllten Augen eines bärtigen Dicken mit einem Eierkopf. Unter einem Lappen hielt er halb versteckt eine Pistole auf sie gerichtet.

«Bist du verrückt?»

«Krepiere!»

Kabul drückte zweimal ab. Der erste Schuß traf das Geschlecht, die zweite Kugel in den Kopf.

Wie vom Blitz getroffen stürzte die Tänzerin auf das Schuhputzzeug.

Anschließend streckte der Terrorist den Hotelportier nieder, der gerade in den Jaguar steigen wollte, um ihn in die Garage zu fahren. Kabul nahm dem Toten die Wagenschlüssel ab und brauste Sekunden später davon. Durch das heruntergelassene Fenster hörten die Passanten schallendes Gelächter.

Sakaria bremste scharf, als er die polizeiliche Absperrung vor dem Marriott bemerkte. Er stieg aus und rief den Einsatzleiter zu sich.

«Oberst Sakaria. Was ist hier los?»

«Ein Terroristenattentat, Herr Oberst.»

«Tote? Verletzte?»

«Zwei Tote. Eine Frau auf dem Weg ins Marriott und ein Hotelportier.»

Zusammen mit dem Einsatzleiter betrat Sakaria die Hotelhalle, in der man die Leichen aufgebahrt hatte. Das leere Foyer erinnerte an ein gestrandetes Schiff. Nur das eiskalte Surren der Klimaanlage störte die Stille.

Der Oberst hob zuerst das Laken, das den Frauenkörper bedeckte, und erstarrte.

Seine Geliebte war noch immer schön. Das kleine, von

Blut umrandete Loch zwischen ihren Augen entstellte sie nicht. Der Mörder hatte sich einer kleinkalibrigen Waffe bedient.

«Wie viele Terroristen?»

«Vermutlich nur einer», sagte der Polizeioffizier. «Nach Aussage eines Kellners, der die Szene aus einiger Entfernung mit angesehen hat, ohne zu begreifen, was sich da abspielt, war der Täter als Schuhputzer getarnt.»

«Eine Personenbeschreibung?»

«Der Zeuge hat ihn nur von hinten gesehen, alles ist sehr schnell gegangen. Der Mörder ist mit dem Wagen der erschossenen Frau, einem Jaguar, geflüchtet.»

Sakaria fragte nicht einmal, ob man das Fluchtauto verfolgt hatte. Der Terrorist würde es ohnehin in der nächsten belebten Straße stehenlassen und in der Menge untertauchen.

«Mark Walker! Was machen Sie denn hier?»

«Kann ich Ihnen erklären, Oberst.»

Hätte Sakaria nicht noch unter einem Schock gestanden, er hätte nicht erst die Antwort des Amerikaners abgewartet, sondern ihn aufgefordert, sofort zu gehen. Wie konnte er es wagen, in seiner Abwesenheit die Wohnung zu betreten?

«Wo ist meine Frau?»

«Mona ist verletzt worden.»

«Auch das noch! Was ist passiert?»

«Nichts Ernstes, keine Sorge. Sie braucht nur etwas Ruhe und schläft jetzt wohl. Ihre Frau hat mich gebeten, bis zu Ihrer Rückkehr hierzubleiben.»

Der Oberst ließ sich in einen Sessel fallen.

«Ich komme von einem schrecklichen Attentat im Zentrum. Näheres darf nicht bekannt werden. Ich habe der Presse ein beruhigendes Kommuniqué geschickt, aber das wird niemand täuschen können.»

«Wollen Sie etwas trinken?›

«Sagen Sie mir lieber, was mit Mona ist.»

«Wir waren auf dem Weg zu Ihnen, um eine Auskunft einzuholen. Der Wagen wurde in Imbaba von Islamisten gestoppt, Ihre Frau von einem jungen Kerl mit einem Stein verletzt. Im Krankenhaus hat der Arzt, ebenfalls ein Fundamentalist, sich geweigert, sie zu behandeln, aber ich konnte einen Freund benachrichtigen, der Arzt ist. Er hat Ihre Frau untersucht und die Wunden versorgt.»

«Warum mußten Sie auch mit meiner Frau durch die Gegend fahren? Was gibt es denn, was Sie so dringend von mir wissen wollen?»

«Meine Verlobte, Hélène, ist ermordet worden, und ich ...»

Beide Männer wandten den Kopf. Mit zerzaustem Haar und ängstlichem Blick kam Mona in einem malvenfarbenen seidenen Morgenrock unsicheren Schrittes auf sie zu.

Der Oberst stand auf und nahm seine Frau in die Arme.

«Meine Liebe ... Wie fühlst du dich?›

«Schon wieder viel besser.»

«Ich weiß nicht, wie ich Ihnen danken soll, Mark», sagte der Oberst verlegen.

«Hilf ihm in seiner Angelegenheit», sagte Mona.

«Auf welche Weise?»

«Einem Gerücht zufolge haben nicht Terroristen, sondern Männer einer Eliteeinheit Hélène getötet.»

«Unsinn!» schnaubte der Oberst. «Wieso sollten Sicherheitskräfte einen Bus überfallen und alle Insassen erschießen? Solch ein Gerücht können nur die Islamisten verbreiten. Dadurch daß sie die Armee in Mißkredit bringen, sorgen sie auch unter den Gemäßigten für Unruhe.»

«Warum haben dann die islamistenfreundlichen Blätter nichts dergleichen geschrieben? Die verstehen sich doch auf Werbung für ihre Ziele ganz gut. Und die wäre in diesem Fall sehr wirksam gewesen, wie Sie selbst sagen.»

Das Argument verunsicherte Sakaria. «Wirklich seltsam», mußte er zugeben.

«Demnach muß etwas Besonderes dahinterstecken... Ich habe mir schon gedacht, daß vielleicht meine Angriffe gegen den Hochdamm damit zu tun haben könnten.»

Sakaria schüttelte den Kopf. «Dann hätte man sich Sie selbst vorgeknöpft, aber nicht Ihre Verlobte. Außerdem ist sie ja nicht das einzige Opfer.»

‹Kannst du die Sache unauffällig erkunden?› fragte Mona.

Der Oberst zog die Stirn in Falten. Eine Migräne hämmerte in seinen Schläfen. Wenn seine Geliebte nicht ebenfalls gerade ermordet worden wäre, hätte er nichts riskiert.

«An gewisse Informationen kann ich wohl herankommen.»

Mona küßte ihren Mann auf die Wange.

Zu Mark gewandt sagte er: «Ich schlage vor, Sie kommen morgen früh zu mir ins Büro.»

«Sollten wir uns nicht an einem geheimeren Ort treffen?»

«Mein Büro ist der sicherste Ort, glauben Sie mir. Ich weiß nicht, wie viele Spitzel mein Aus- und Eingehen beobachten. Aber in meinem Arbeitszimmer ist garantiert nicht die kleinste Wanze.»

Der Oberst stand auf.

«Wo gehst du hin?» fragte Mona beunruhigt.

«Ins Büro, eine Menge Telefonate führen und Akten durchsehen.»

18

Achmed, der alte Bauab-Veteran, hatte Mark informiert, daß die Hochzeit der schönen Safinas noch am gleichen Abend in der Stadt der Toten stattfinden werde. Seine Exgeliebte hatte bezweifelt, daß er den Mut haben würde, ihrer Einladung Folge zu leisten. Er wollte ihr beweisen, daß sie sich irrte.

In der heißen Sommernacht verhüllte die riesige Nekropole im Licht des Mondes ihren schlechten Zustand unter Staub. Emire, Prinzen, Kalifen, Sultane und Mamelucken hatten dort sicherlich nicht die erwartete ewige Ruhe gefunden. Rings um ihre prächtigen Grabmale hatte sich eine riesige Siedlung entwickelt. Breite Straßen, die in regelmäßigen Abständen in Plätze einmündeten, und Buslinien führten zu den Grabstätten, die jetzt auch Lebenden als Wohnung dienten, wofür sie an die rechtmäßigen Eigentümer eine hohe Miete zahlen mußten. Die Wohlhabendsten bewohnten Grabstätten mit mehreren Räumen, hatten Fernsehen, Kühlschrank, Telefon und anderen Komfort, so daß viele Bewohner Kairos sie wegen dieses Luxus und der verhältnismäßig ruhigen Umgebung beneideten. Es gab sogar Cafés, Lebensmittelläden, Handwerkerbuden und einen Markt zwischen den Grabsteinen. Auf die Grabbauten hatten die Grundbesitzer drei- bis vierstöckige Häuser gesetzt, deren Statik dem Zufall überlassen war. Manche hatten am Fuß ein Gärtchen, in dem ein bißchen Gemüse spärlich wuchs.

Kaum hatte Mark diesen merkwürdigen Stadtteil betreten, traf er auch schon auf einen diensteifrigen Wächter, der ihn zunächst nicht durchlassen wollte. Als Hochzeitsgast von Safinas und gegen ein großzügiges Bakschisch ließ er ihn nicht nur gnädig passieren, er zeigte ihm auch noch den Weg zu dem auffallend großen Grabmal, in dessen Schatten die Zeremonie stattfinden sollte.

Viele Augenpaare folgten jedem seiner Schritte. Männer rauchten, hingefläzt auf Stühlen und Steinen. Eine Familie räumte ihre Möbel aus der Grabstätte, weil deren Besitzer sie für die Beerdigung eines Familienangehörigen einen Tag lang brauchte.

Ein Bärtiger versperrte Mark den Weg.

«Wo willst du hin?»

«Zur Hochzeit von Safinas.»

«So etwas wie dich hat sie eingeladen? Das glaub ich dir nicht.»

«Warum nicht?»

«Warte hier.»

Mehrere andere Bärtige bewachten den Amerikaner mit feindseligen Blicken. Jeder hielt ein Koran-Exemplar an die Brust gepreßt, wie versunken in die Welt der absoluten Wahrheit. Es war ihnen nicht bange, für Allah zu töten und zu sterben; denn der Heldenmut und das Martyrium öffneten ihnen weit die Tore des Paradieses.

«Du kannst kommen.»

Gleich hinter dem nächsten Grabmal waren festlich gekleidete Frauen versammelt, die kurze, gellende Schreie ausstießen, indem sie die Zunge wellenförmig gegen den Gaumen schnellen ließen. Damit bezeugten sie ihre Begeisterung, als die Braut endlich ihre Mitgift zur Schau stellte, vor allem Kissen, Bettwäsche, Küchengeräte und Hausratsutensilien. Der künftige Ehemann zeigte ein Bündel Geldscheine in die Runde, seine Morgengabe an die Braut. Die Geschenke der ärmeren Leute bestanden dagegen nur aus einer Münze von rein symbolischem Wert.

Safinas wirkte in ihrem langen roten, mit Goldborten verzierten Kleid wie eine Prinzessin. Sie trug einen weißen Schleier und hatte magische Zeichen mit Henna auf Hände und Füße gemalt. Stolz ging sie auf einen großen, leicht gebeugten Mann zu, der sehr viel älter war als sie.

Ein Scheich legte die Hände von Safinas und ihrem Verlobten Daumen zu Daumen ineinander und bedeckte sie mit einem weißen Schleier. Dann gab er die Frau nach dem Gesetz der Scharia ihrem Herrn zur Ehefrau. Der Ehemann antwortete mit heiserer Stimme, er nehme diejenige an, die der fromme Mann ihm im Namen Allahs anvertraue, und nehme sie in seine Obhut. Der Scheich las nun Passagen aus dem Koran und betonte besonders die bedingungslose Unterwerfung der Frau ihrem Mann gegenüber.

Danach begrüßte Freudengebrüll die Neuvermählten; man begann zu tanzen und zu singen. Auf bunten Teppichen stand das Festmal: gefüllte Tauben auf grünem Weizen, Bohnenklößchen mit in Öl gegartem Gemüse, Hühnchen auf gerösteten Zwiebeln mit Reis, verschiedene Gemüsesorten, Vanille- und Orangencreme.

Bewundernd schaute Safinas zu ihrem Mann auf, der Mark bedeutete, näherzukommen. Zwei Bärtige flankierten ihn mit düsterer Miene.

Safinas wandte sich dem Amerikaner zu und machte eine Geste, als wolle sie ihn mit Beifallklatschen begrüßen.

«Du hast es also tatsächlich gewagt zu kommen.»

«Du hattest mich eingeladen. Da wäre es unhöflich gewesen, nicht zu erscheinen. Darf ich dir ein Geschenk überreichen?»

Als Mark seine rechte Hand in die Hosentasche steckte, hielt ihn einer der Leibwächter des Ehemanns sofort am Handgelenk fest. Sein Kamerad durchsuchte den Gast und entdeckte eine goldene Brosche in Form einer Lotosblüte, die er Safinas so triumphierend entgegenstreckte, als habe er bei dem Fremden Diebesgut entdeckt.

«Danke, ein schönes Geschenk.»

«Ich wünsche dir viel Glück.»

«Dies ist mein Mann, Mohammed Bokar.»

Mit eiskaltem Blick betrachtete der Chef der ägyptischen Fundamentalisten-Organisation den früheren Freund seiner Frau und begrüßte ihn mit einer nur angedeuteten Verbeugung.

Mark tat es ihm nach.

Darauf blieb beiden nichts anderes übrig, als ein Mindestmaß an Konversation zu machen, und Mohammed Bokar begann mit der üblichen Formel: «Friede sei mit

Ihnen, Allahs Barmherzigkeit und seine Wohltaten.»
Dann folgte die eher herablassende als freundliche Einladung: «Essen Sie doch mit uns.»

«Gern», antwortete Mark.

Man setzte sich im Schneidersitz auf den Teppich. Mark bekam wider Erwarten den Ehrenplatz links vom Ehemann.

«Ist es wirklich nur Freundschaft, die Sie hergeführt hat?» wollte Bokar wissen.

«Ich gestehe, nicht nur.»

«Und welches ist der andere Grund?›

«Ich möchte die Wahrheit über den Mord an meiner Verlobten herausfinden.»

«Sie gehen anscheinend davon aus, daß ich Sie kenne. Wie kommen Sie darauf?»

«Safinas hat den radikalen Weg des Islam gewählt. In ihrer Nähe muß also die Wahrheit zu finden sein ... Vielleicht auch über das Massaker, bei dem ...»

Mohammed Bokar lächelte.

«Für einen ungläubigen Gast argumentieren Sie in diesem Kreis ganz schön frech. Sie sollen wissen, daß meine Frau mir alles über ihre Beziehung zu Ihnen gesagt hat. Das gehört zu ihrer Vergangenheit und interessiert mich nicht. Heute geht sie neben mir, und Sie haben recht, sie geht auf dem Weg der Wahrheit, dem einzigen wahren Weg.»

«Ich verstehe das, und ich bitte für meine ebenfalls neue Situation um das gleiche Verständnis. Ich habe Hélène, meine Verlobte, sehr geliebt und halte die Zweifel über die Umstände, die zu ihrem Tod führten, nicht länger aus. Ich muß unbedingt erfahren, wer sie getötet hat.»

«Die Wahrheit, die alleinige Wahrheit steht in den einhundertvierzehn Koransuren. Allah, er sei gelobt, hat ihren Text dem Propheten Mohammed mit Hilfe des Erzengels Gabriel diktiert. Deshalb hat der Koran vollkommene, endgültige Bedeutung. Unsere Rolle besteht allein darin, ihn in aller Strenge auf das Leben anzuwenden.»

«Genauso wie Ihre Vorväter vor siebenhundert Jahren? Hat sich die Welt seitdem nicht stark verändert?»

«Die Welt – aber nicht das heilige Wort des Korans. Daher muß die Welt zur Zeit des Propheten zurückkehren und die Gesetze achten, die er erlassen hat.»

«Ich habe Ihr heiliges Buch gelesen. Warum steht soviel von Krieg und Gewalt darin?»

«Weil es kein anderes Mittel gibt, die Ungläubigen zu bekämpfen, zu bekehren oder auszulöschen.»

«Auch unschuldige Touristen auszulöschen?›

«Sie sind keineswegs unschuldig. Der Tourismus bringt Verrohung der Sitten, Alkohol, schmutziges Geld ins Land. Er zwingt den Gläubigen zum Anblick halbnackter Frauen. Der Staat bereichert sich am Tourismus, bewaffnet mit diesen Einnahmen seine Polizei, die wiederum tötet Allahs Kämpfer, sperrt unzählige Menschen ins Gefängnis. Je mehr Touristen es gibt, desto ärmer und lasterhafter wird das Volk. Die Fremden haben nichts anderes im Sinn, als die Anwendung des islamischen Rechts zu verhindern und ihre Laster zu verbreiten. Der Tourismus ist der erklärte Feind des Islam.»

Der Amerikaner bemerkte einen braunen Fleck auf Mohammed Bokars Stirn, ein Zeichen seiner tiefen Frömmigkeit, das sich durch ständige Berührung des Bodens in seine Stirn eingeprägt hatte.

«Wenn ein Mensch tötet, ganz gleich im Namen welchen Gottes – kommt da seine Religion nicht der Barbarei gleich? Welchen Wert hat ein solcher Glaube?»

Bokar machte eine wegwerfende Handbewegung. «Muß denn in dieser Welt alles einen meßbaren Wert haben? Ja, für Sie vielleicht. Sie kommen aus dem Westen, sind folglich Materialist.»

«Könnte es nicht trotzdem sein, daß meine Anschauung mehr auf ethischer Grundlage beruht als Ihre?»

«Warum kehren Sie nicht in das Land zurück, wo man so denkt wie Sie? Mit anderen Worten: Wenn Sie für immer in Ägypten bleiben wollen, werden Sie sehr bald konvertieren müssen, sonst ...»

«Sie haben meine Frage nicht beantwortet. Können Sie mir etwas über den Mord an meiner Verlobten sagen?»

«Warum gerade ich? Was geht mich diese Sache überhaupt an?»

«Waren die Islamisten als Soldaten getarnt, oder gehörten die Attentäter zu einer Eliteeinheit der Regierung?»

Safinas faßte ihren Mann am Arm, als wollte sie ihn bitten, das unerfreuliche Gespräch zu beenden.

Bokar tat so, als langweile ihn die Fragerei des Amerikaners mehr, als daß sie ihn beunruhige oder gar in Wut bringen könnte. Sein Lächeln war noch unergründlicher als das der Sphinx von Giseh.

«Sie sind naiv, Mister Walker. Glauben Sie im Ernst, ich würde Ihnen am Tag meiner Hochzeit wie bei einem Verhör Rede und Antwort stehen?»

«Schade.»

Mark wunderte sich über seine Gelassenheit selbst und fürchtete, sie jeden Moment zu verlieren.

«Wenn Allahs Gläubige mit dem Mord an Ihrer Verlobten zu tun hätten, kämen Sie hier wohl kaum lebend heraus. Aber Sie sind für uns im Grunde kein gefährlicher Gegner, und ich könnte mir denken, daß Sie eines Tages den Sinn unseres Kampfes sogar verstehen werden. Ganz Ägypten wird in den Schoß des wahren Islam zurückkehren. Jeder Moslem ist zutiefst davon überzeugt. Millionen werden sich erheben, um Allahs Allmacht zu verkünden.»

Keine Spur von Erregung lag in der heiseren Stimme. Mark stand mit wackligen Beinen auf, und mit der Muskelkraft verließ ihn auch seine Selbstbeherrschung.

«Wer immer für Hélènes Tod verantwortlich ist – ich werde denjenigen zur Rechenschaft ziehen, ich werde ihn umbringen.»

Während Mark von seinen Bewachern weggeführt wurde, hieb Safinas mit ihrem Messer auf sein Hochzeitsgeschenk, die Brosche, ein.

19

Auch mit dem Verband über der Verletzung am Hals sah Mona wunderbar aus. In ihren grünen Augen spiegelten sich Erstaunen und Angst. «Nanu, du, Mark?»

«Ich war, wie du weißt, mit deinem Mann in seinem Büro verabredet, aber er war nicht da, und der Ordonnanzoffizier wiederholte nur immerfort: ‹Der Oberst mußte weg.›»

«Verstehe ich nicht.» Der Ausdruck der Angst in Monas Augen wurde noch stärker.

«Vielleicht ein Geheimauftrag?»

«Normalerweise macht er mir zumindest eine Andeutung. Er hatte ein paar ruhige Tage im Büro geplant, um Schreibkram zu erledigen. Am Wochenende wollten wir nach Alexandria, ein bißchen dort ausspannen.»

«Vielleicht weiß einer seiner Kollegen etwas?»

«Möglich. Ich rufe mal an.»

Mark ging im Salon auf und ab, während Mona versuchte, Sakarias direkten Vorgesetzten zu erreichen.

«Nicht zu sprechen», lautete die kurze Antwort aus seinem Vorzimmer. Mona rief zwei gleichrangige Kameraden von Sakaria und dann einen Gendarmeriegeneral an. Keiner konnte ihr Auskunft geben.

«Niemand weiß, wo er sich aufhält? Ist das schon einmal vorgekommen?» fragte Mark.

Mona dachte nach.

«Einmal, nach dem Attentat auf Präsident Sadat.»

«Mach dir keine Sorgen. Auch diesmal werden die Fundamentalisten schuld sein. Bleib im Haus. Dein Mann wird dich früher oder später bestimmt benachrichtigen.»

«Und wo kann ich dich erreichen, falls ... falls ich dich brauche?»

«Ich fahre zu meinem Freund Farag Mustakbel.»

Daß er ihm eine schlimme Nachricht überbringen mußte, verschwieg Mark. Er wollte Mona nicht noch mehr Schrecken einjagen.

Farag Mustakbel war völlig niedergeschlagen.

«Unter deinen Augen haben sie meinen amerikanischen Geschäftsfreund erstochen – vor Hunderten von Menschen.»

«Und in der Zeitung kein Wort darüber», ergänzte Mark.

«Die Regierung steckt den Kopf in den Sand. Die Mordanschläge der Islamisten werden einfach vertuscht. Mit dem Mord an meinem Geschäftsfreund wollten sie natürlich mich treffen. Sie denken, ich werde künftig den Mund halten, um nicht als nächster dran zu sein. Man folgt mir auf Schritt und Tritt, das weiß ich.»

Der sonst so heitere Farag schaute finster drein.

«Was hast du über den Tod deiner Verlobten erfahren?»

«Ich hatte auf Informationen von Oberst Sakaria gehofft, aber er ist merkwürdigerweise unauffindbar.»

Farag zog die Brauen hoch.

«Auch er verschwunden?»

«Ich hoffe nicht.»

«Wer den Islamisten im Weg ist, den bringen sie um.»

«Willst du etwa aufgeben, Farag?»

«Keineswegs, aber ich muß anders vorgehen als bisher. Ich komme gerade aus Mittelägypten. Dort gewinnen die Fundamentalisten immer mehr an Boden. Die Polizei wagt kaum noch einzugreifen. Das letzte Bollwerk ist die Armee. Aber wie lange noch?»

«Setz deine Existenz und dein Leben nicht aufs Spiel, Farag.»

«Ich gehe nicht aus Ägypten weg, auch wenn ich hier nicht mehr sicher bin. Wenn ich mich davonstehle, werden mir viele andere Unternehmer folgen und den Islamisten das Feld ganz überlassen.»

«Ich habe einen gewissen Mohammed Bokar kennengelernt.»

Farag Mustakbel sprang auf.

«Ist er in Kairo?»

«Er hat in der Stadt der Toten eine frühere Freundin von mir geheiratet, die Fundamentalistin geworden ist. Ich hoffe, sie hat ihn in Erinnerung an vergangene Zeiten gebeten, mich am Leben zu lassen – obwohl ich ihm dummerweise gedroht habe, ihn ans Messer zu liefern, wenn nicht selber umzubringen, sofern ich herausbekomme, daß er für den Überfall auf den Touristenbus und die Ermordung von Hélène verantwortlich ist.»

«Bokars Anwesenheit in Kairo ist ein Vorzeichen für noch mehr Terror. Wie konntest du nur so leichtsinnig sein, dich mit ihm anzulegen?»

«Ich hatte gedacht, meine Freundin würde etwas über den Mord an Hélène in Erfahrung bringen können. Wie konnte ich ahnen, daß sie einen Terroristenboß heiratet!»

«Und? Hat sie dir einen Hinweis gegeben?»

«Sie hat sich hinter ihrem Mann verschanzt, und dieser Bokar hat sich merkwürdig verhalten – so, als wisse er Bescheid, wolle aber nichts sagen, schon gar nicht einem Ungläubigen.»

«Bokar hat mit dir Katz und Maus gespielt. Nur ein Typ von seinem Kaliber kann das Attentat befohlen haben.»

«Wenn ich eindeutige Beweise habe, wird er dafür büßen müssen.»

«Laß das lieber. Versuch nichts allein zu unternehmen.»

«Du hast selbst gesagt, daß auf die Polizei kein Verlaß mehr ist.»

«Ich hab noch einige Trümpfe in der Hinterhand.»

Farag Mustakbel leerte ein Glas Whisky, zündete sich eine Zigarre an und blickte ein paar Züge lang auf den Nil hinab.

«Du weißt von den Nöten und dem Widerstand der Kopten.»

Mark war erstaunt. «Hast du selbst unter den Christen Vertraute?»

«Die Kopten sind Ägypter. Ich fühle mich ihnen näher als einem iranischen Moslem. Wenn man sie verfolgt und vertreibt, heißt das nichts anderes, als unser Volk zu amputieren. Früher spielten die Kopten in Staatsgeschäften eine entscheidende Rolle. Heute haben sie kaum genug zum Überleben.»

«Boutros Boutros Ghali ist Kopte und Generalsekretär der UNO.»

«Aber die meisten seiner Brüder gelten als Bürger zweiter Klasse. Die Kopten haben ihren Platz in den Ministerien und den wichtigsten Verwaltungsämtern verloren. Sie haben keine Aufstiegsmöglichkeiten, keinen Zugang zu Posten mit größerer Verantwortung. Und seitdem die Religionszugehörigkeit im Ausweis stehen muß, brodelt es. Einige Kopten plädieren bereits für den bewaffneten Kampf gegen die Fundamentalisten. Ich habe einen verläßlichen Kontaktmann bei den Kopten. Wenn ich dir ein Briefchen für ihn mitgebe, wird er dir sagen, was er über den Mord an Hélène weiß. Leute seines Schlages bespitzeln die Terroristen und wissen oft mehr als die Polizei. Aber ganz ungefährlich ist es nicht, was ich dir da rate, Mark. Auch die Kopten sind außerordentlich mißtrauisch. Sie müssen damit rechnen, daß sich Spitzel bei ihnen einschleichen.»

«Verstehe. Trotzdem: Gib mir Namen und Adresse deiner Kontaktperson.»

20

«An den Galgen mit den Islamisten!» forderten die Kairoer Zeitungen auf der Titelseite. Nach den Attentaten der vergangenen Tage hatte die Regierung angeblich beschlossen, schärfer durchzugreifen. Man hatte drei alte Kämpfer aus Afghanistan, die schuldig gesprochen waren, Touristen angegriffen und bewaffneten Widerstand gegen den Staat geleistet zu haben, im Zentralgefängnis der Hauptstadt gehängt.

Der Gegenschlag erfolgte in Form von Flugblättern mit der Unterschrift «Organisation der Unterdrückten in den ägyptischen Gefängnissen», auf denen zur Bestrafung des Präsidenten und seines Innenministers aufgerufen wurde. Die eingesperrten Führer würden aus ihren Zellen heraus den Kampf weiterführen, während ihre Brüder in Freiheit den Heiligen Krieg gegen das gottlose Regime fortsetzten.

In den Häusern und den Straßen von Kairo fing man an, sich gegenseitig mit Mißtrauen zu betrachten. Ist dein Nachbar, dein Gegenüber ein fanatischer Islamist oder ein Polizeispitzel? Die wenigen Touristen zogen sich in ihre Luxushotels zurück. Bärtige junge Männer versammelten sich an Kreuzungen und stoben wie die Spatzen auseinander, sobald ein Ordnungshüter in ihre Nähe kam.

Mark fuhr durch das Esbekija-Viertel, einst ein Ort der

Erholung. Bevor es die beiden Staudämme von Assuan gab, bildete das Hochwasser des Nils hier einen See, auf dem man Boot fahren konnte. Hassan al-Attar schrieb im achtzehnten Jahrhundert:

> Die Boote fahren über das Wasser wie Sterne am Himmelszelt. Auf Palästen, beschattet von Bäumen, gurrt die sanfte Taube. Seerosen schwimmen auf der Wasserfläche. Man vergißt dort alle Widrigkeiten des Schicksals. Es ist ein Ort der Freude und des Vergnügens, an dem Freunde sich treffen oder Abschied nehmen.

Der Dichter hätte sein kleines Paradies nicht wiedererkannt, das zu einem der am dichtesten besiedelten Stadtteile geworden war. Die Gärten, in denen es noch Bäume gab, die 1865 aus dem Sudan eingeführt worden waren, überlebten bei der Luftverpestung nur mit Mühe. Autos fuhren Stoßstange an Stoßstange durch Einkaufsstraßen, die Fremde nun nicht mehr aufsuchten.

Im Norden von Esbekija lag das Viertel Bab al-Bahr. Dort lebten in der Mehrzahl Kopten, kleine Handwerker und Händler, die ihrem christlichen Glauben anhingen und Seine Heiligkeit Schenuda III., den siebzehnten Nachfolger des Evangelisten Markus, als ihr Oberhaupt verehrten. Die insgesamt sieben Millionen Kopten, für den Vatikan Ketzer, in den Augen der Islamisten Heiden, bildeten eine Minderheit, die niemand zu fürchten brauchte: Sie waren entschlossen, auf Provokationen nicht einzugehen.

Allerdings war es in Bab al-Bahr, wie in den übrigen christlichen Enklaven, nach einem Erlaß, der noch aus der Epoche der Türkenherrschaft stammte, fast unmöglich, eine Kirche zu bauen oder auch nur zu restaurieren. Eine Baugenehmigung durfte nur das Präsidialamt der Republik nach Vorlage sehr umfangreicher Akten erteilen, die natürlich niemals vollständig waren, niemals zufriedenstellten. Um eine Moschee zu bauen, brauchte man dagegen keinerlei Erlaubnis. Außerdem verlangte die Behörde einen gebührenden Abstand zwischen einer Moschee und einer Kirche, und der war niemals ausreichend. Daher zelebrierten viele Kopten ihre Bräuche in baufälligen Gebäuden oder an geheimen Kultstätten.

Der einzige bekannte Stadtplan des Viertels datierte aus der Zeit von Napoleons Ägyptenfeldzug. Die meisten Häuser, in aller Eile auf alten Mauerresten errichtet, waren hundert Jahre alt.

Der Amerikaner machte einen pfiffig dreinblickenden Jungen ausfindig und gab ihm die Adresse, zu der er wollte. Nach kurzer Verhandlung war der Jugendliche gegen fünf Pfund bereit, den Fremden hinzuführen.

Wenn Mark in eine Falle lief, würde ihn in diesem engen Straßengewirr niemand wiederfinden, wo in jeder Gasse getrennt voneinander Goldschmiede, Tischler, Trödler, Lebensmittelverkäufer und Mechaniker ihr Handwerk ausübten. In den Auslagen sah man Fotografien des Patriarchen Cyrillus VII., des großen Wundertäters, den man um seinen Schutz anflehte. In einer Zeit, in der Fanatiker in Oberägypten und im Faijum ungestraft Kopten umbrachten, schien allein das Gebet zu helfen. Kein Kopte wünschte die Abschaffung der Gesetze, die ihm beispielsweise den Beruf des Polizisten und des Frauenarztes verwehrten. Denn: Wer anders als Gott könnte seine Kinder vor Not und Tod bewahren?

Mark spürte forschende Blicke auf sich gerichtet; in Bab al-Bahr sorgte jedes unbekannte Gesicht sofort für Aufsehen. Wäre er als Fremder hier allein gewesen, die vielen Hindernisse auf dem Weg hätten ihn kehrtmachen lassen. Ob er sich einen guten Führer gesucht hatte? Vergeblich versuchte er, die Angst zu unterdrücken. Bab al-Bahr hatte ihn in seinen Fängen.

Etwas auf seiner Schulter fühlte sich feucht an. Er vermutete Taubendreck, doch ein zweiter und ein dritter Wassertropfen fielen klatschend vor ihm zu Boden. Am Sommeranfang Regen in Kairo! In einer Minute entwickelte sich daraus ein heftiger Tropenregen. Mark und sein Führer stellten sich bei einem Schuhmacher unter, der noch nicht einmal von seiner Arbeit aufblickte.

Der Hochdamm war auch an dieser Anomalie schuld. Alle zusammen veränderten sie das Klima Ägyptens und zerstörten die Bauwerke der Pharaonen. Die «Fachleute» pflegten, sooft sie mit dieser These konfrontiert wurden, nur laut aufzulachen. Mark hatte den Ministerien statistisch dokumentierte Berichte über seine Beobachtungen geschickt und die Einrichtung einer Wetterstation vorgeschlagen. Aber für Ägypten hatte anderes Vorrang.

Der sintflutartige Guß dauerte eine Viertelstunde. Verdutzt sahen die Bewohner von Bab al-Bahr, wie mitten durch eine Gasse ein Bach lief, der große Ballen Unrat mitriß. Nach und nach kamen sie aus ihren Häusern, Läden und Werkstätten und schauten zum Himmel. Sollte der Herr künftige Züchtigungen damit ankündigen?

Der Jugendliche bog in eine breitere Straße und blieb vor einer Ruine stehen.

«Hier ist es.»

Die beiden Stockwerke des Hauses waren eingestürzt. Vor Mark türmte sich ein Chaos aus Ziegelsteinen, Gips und Holz.

«Bist du ganz sicher? Und wann ist das Haus zusammengefallen?»

«Heute nacht erst. Der Mann, den Sie suchen, soll noch unter den Trümmern liegen.»

«Gab es eine Explosion?»

«Es krachte laut, und dann stürzte das Haus ein. Verwundert hat das hier niemanden.»

Ein merkwürdiger Geruch, anders als die üblichen Gerüche des Viertels, stieg Mark in die Nase. Es roch nach Benzin. Ein Klumpen vor seinen Füßen, schwarze, klebrige Erde, erregte seine Aufmerksamkeit. Er kniete sich nieder, scharrte ein wenig darin und stieß auf einen Katzenkopf. Er war naß und stank nach Treibstoff. Das war ein Zeichen, daß ein moslemischer «Zauberer» das Haus verwünscht und angezündet hatte.

Mark wollte den Jungen auf seinen Fund aufmerksam machen, aber der war beim Anblick des toten Tiers sofort weggerannt.

Safinas trug einen dichten Schleier mit nur zwei Augenschlitzen, als sie ihre Wohnungstür öffnete.

«Du? Hau ab, Mark. Ich will dich nicht sehen, und ich habe nicht das Recht, in Abwesenheit meines Ehemannes einen anderen Mann zu empfangen.»

Er drängte sich trotzdem hinein.

«Mach im Namen unserer alten Freundschaft eine Ausnahme.»

«Bist du bereit, zum wahren Glauben überzutreten?»

«Dieser Schleier steht dir nicht. Ich halte es für eine Sünde, deine Schönheit so zu verbergen.»

«Du verstehst nichts von unserer Religion.»

«Nur eine gedemütigte Seele kann den Körper derart mißachten.»

«Raus mit dir!»

«Warte, Safinas, du mußt mir helfen.›

Vor Wut ergriff sie ein Messer und ging damit auf Mark los. Aus ihren großen Augen sprühte unbändiger Haß.

«Stich doch zu! Warum hast du mich denn in der Stadt der Toten verschont?»

«Mein Mann trifft die Entscheidungen, nicht ich.»

«Du kannst doch mit einem solchen Monster nicht freiwillig zusammenleben!»

Das Messer schnellte hoch. Mark hielt Safinas am Unterarm fest.

«Du weißt, wer Hélènes Mörder sind.»

«Laß mich los! Von mir erfährst du nichts.»

«Mein Gott, du kannst doch nicht urplötzlich den Verstand verloren haben.»

«Ich hasse dich.»

«Ich kann das einfach nicht glauben.»

«Du bist ein Ungläubiger.»

«Du kannst dich unmöglich so verändert haben.»

«Du irrst dich. Jetzt geh und versuch nicht noch einmal, hier einzudringen.»

Mark gab es auf, Safinas von ihrem Wahn abzubringen.

Die Bilanz war erschütternd. Er kam nicht weiter, und die Türen schlossen sich eine um die andere. Die helle

Sommersonne konnte seine düsteren Gedanken nicht vertreiben. Wieder tanzte Hélènes Gesicht vor seinen Augen, ganz nah und doch unerreichbar. «Verlorenes Glück ist der quälendste Schmerz», lautet ein arabisches Sprichwort. Allein die grenzenlose Wut in ihm zwang ihn weiterzumachen.

Die gelb gewordene Fassade des Eden Palace, eines alten Hotels im Kolonialstil, hielt dem Verfall noch stand. Bei seinem Anblick spürte Mark wieder, wie müde er war. Er verlangte ein Zimmer, bezahlte im voraus, streckte sich auf einem wenig Vertrauen erweckenden Bett aus und schlief sofort ein.

21

Hämmern. Stimmen vor der Tür.

Erneutes Hämmern, immer lauter.

Mark drehte sich auf die linke Seite, um den Alptraum loszuwerden. Aber das frühe Tageslicht blendete ihn. Das Hämmern hörte nicht auf, jemand schlug wie mit einem Gewehrkolben an seine Zimmertür.

«Wer ist da?»

«Polizei, machen Sie auf!»

Verschlafen gehorchte Mark.

Fünf bewaffnete Männer in Uniform stürzten in das Zimmer und richteten die Läufe ihrer Maschinenpistolen auf ihn.

«Sie sind verhaftet», erklärte der Einsatzleiter, ein untersetzter Fünfzigjähriger, mit schneidender Stimme.

«Soll das ein Scherz sein?»
«Absolut nicht, Mister Walker.»
«Wo ist der Haftbefehl?»
«Eindeutige Beweise genügen.»
«Beweise wofür?»
Der Polizist warf eine Tonbandkassette auf das Bett.
«Sie haben versucht, diese Aufnahme einer fundamentalistischen Rede zu verbreiten, in der die Bevölkerung gegen die Regierung aufgestachelt wird.»
«Daß ich nicht lache!»
«Mister Walker, Sie sind als ein gefährlicher Agitator bekannt. Ziehen Sie sich an und folgen Sie uns, ohne Widerstand zu leisten.»

Ein winziger Raum mit feuchten Wänden, eine Unterlage aus verrotteten Palmwedeln, eine schmierige Decke, als Toilette ein ekelerregender Eimer, so sah im Kairoer Zentralgefängnis eine ganz normale Zelle aus. Keine Lampe, kein Tisch, kein Stuhl; Lesen und Schreiben waren ausdrücklich verboten.

Mark zertrat einige Kakerlaken und ließ, obwohl er großen Durst hatte, das Glas mit trübem Wasser unberührt. Dabei konnte er sich noch glücklich schätzen. Man hatte ihn nicht geschlagen, hatte seine Augenbrauen nicht abrasiert, keinerlei Gewalt angewendet, ihn bisher aber auch noch nicht verhört.

Der Polizeioffizier wie auch der Gefängnisbeamte hatten nur ihre Befehle ausgeführt und sich geweigert, auf Marks Fragen zu antworten. Warum nur diese absurd falsche Anschuldigung, dieses ominöse Tonband, das man ihm vorgelegt hatte? Mark wußte sich keinen Reim darauf zu machen. Er wußte nur, daß er es in dieser stinkenden, menschenunwürdigen Zelle nicht sehr lange aushalten würde. In wenigen Tagen, vielleicht schon in ein paar Stunden, würde er, der den unendlichen Himmel Ägyptens und die Weite der Wüste so liebte, hier zugrunde gehen. Er trommelte mit den Fäusten gegen die Stahltür und rief, so laut er konnte, nach dem Wachhabenden.

Man hatte ihm seine Kleidung, seine Schuhe und sogar seine Uhr gelassen. Seltsam, diese relativ milde Behandlung. War das bewußte Schonung oder nur Vergeßlichkeit? Er hoffte, bald verhört zu werden, um sich verteidigen und den Vorwurf, daß er mit den Fundamentalisten zusammenarbeite, entkräften zu können. Doch wie sollte er Schurken überzeugen, die falsche Beweise fabrizierten? Er würde Farag Mustakbel und Oberst Sakaria als Bürgen für seine Integrität benennen, sich auf seine Freundschaft mit ihnen berufen, auf ihren Einfluß bei höchsten Regierungsstellen hinweisen ... Vorausgesetzt, man ließ ihn überhaupt zu Wort kommen.

Hatte Safinas ihn angezeigt? Aber wie konnte die Frau von Mohammed Bokar ihn, den ungläubigen Fremden, als Fundamentalisten anschwärzen? Ob es nicht doch eher um den Hochdamm ging? Die Warnungen waren eindeutig gewesen, doch er hatte sie nicht ernst genommen, war sich unangreifbar vorgekommen. Ein legales Mittel gab es nicht, ihm zu untersagen, auf die Gefahren des Damms hinzuweisen. Deshalb hatten die Behörden das juristische Hindernis einfach umgangen. Mit dem Beweis, daß er zur Terroristenbewegung gehörte, schüttelte man ihn bequemer ab. Gefängnis, Gericht, Verurteilung zu mehrjähriger Gefängnisstrafe, dann Verhandlungen auf diplomatischer

Ebene über Straferlaß, dafür die Ausweisung und endgültiges Aufenthaltsverbot in Ägypten. Die amtliche Höllenmaschine würde unfehlbar funktionieren.

Die Vorstellung, nicht mehr in Ägypten leben zu können, schien Mark schlimmer als der Tod. Er würde über Hélènes Tod nie die Wahrheit herausfinden, ihre Ermordung nie rächen können. Und der Hochdamm könnte, seines gefährlichsten Gegners ledig, sein langsames Zerstörungswerk fortsetzen.

Lautsprecher riefen die Gebetsstunde aus, und sofort verwandelte sich das Gefängnis in eine Moschee. In jeder Zelle vollführten die Gefangenen die rituellen Gesten, riefen Allahs Allmacht und Barmherzigkeit an.

Mark nutzte die Stille, um über einen Gegenangriff nachzudenken. Dank seines guten Finanzpolsters und der ihm vertrauten Bakschisch-Methode würde er auf Umwegen wahrscheinlich nach Ägypten zurückkehren können, notfalls unter einem falschen Namen. Niemand, nicht einmal der Hochdamm, würde ihn daran hindern, in diesem Land zu leben.

Gegen Mittag öffnete sich die Zellentür, und ein dicker Polizist mit Tressen und Ehrenzeichen trat, in einer Akte blätternd, in die Zelle.

«Sind Sie Mister Walker?»

«Ja – und ich bin irgendeinem Irrtum zum Opfer gefallen.»

«Ich weiß, ich weiß.»

Mark wäre dem Mann am liebsten um den Hals gefallen.

«Sie hätten ins Gefängnis für Ausländer kommen sollen, aber durch ein Versehen, für das man sich bei Ihnen entschuldigt, hat man Sie hierher ins Zentralgefängnis gebracht. Folgen Sie mir jetzt.»

«Wieso in ein anderes Gefängnis? Ich bin unschuldig.»

«Das geht mich nichts an. Ich soll Sie nur überstellen.»

«Was wirft man mir denn vor?»

«Keine Ahnung. Ich befasse mich nur mit Überstellungen von einem Gefängnis ins andere.»

Ein Bett mit grauer Bettwäsche, eine abgenutzte Wolldecke, ein Stuhl und ein winziger, wackliger Tisch; eine Packung Zigaretten, für die der Wächter selbstverständlich ein Bakschisch erwartete, eine alte Zeitung, ein nahezu sauberer Toiletteneimer, offenbar trinkbares Wasser, ein Bohnensandwich: Die Zelle für Ausländer wirkte im Vergleich zu den unterirdischen Verliesen für Ägypter wie ein Zimmer im Luxushotel.

Mark las mehrmals die Zeitung, in der ein Leitartikel sich mit dem Kampf gegen den Fundamentalismus beschäftigte. Mindestens zum zehnten Mal hatte der Präsident am Vortag betont, er werde auch weiterhin entschlossen die Autorität des Staates durchsetzen und die wahre Religion des Islam vertreten, der weltoffen, tolerant und friedliebend sei.

Es herrschten mehr als vierzig Grad in der Zelle. Mark legte sich auf das Bett, schloß die Augen und versuchte sich zu entspannen. Es gab für ihn keinen Zweifel mehr, daß er seine Verhaftung ebenso wie die Vorzugsbehandlung, die man ihm zuteil werden ließ, seinem Kampf gegen den Hochdamm zu verdanken hatte. Er würde dem Untersuchungsrichter klarmachen, daß er das Spiel durchschaute. Er würde ihm vor Augen halten, daß ein

Prozeß gegen ihn internationales Aufsehen erregen und das Hochdamm-Problem weltweit publik machen würde.

Um siebzehn Uhr fünf betrat ein kleinwüchsiger Offizier die Zelle.

«Ich bin mit Ihrer Akte befaßt, Mister Walker. Eines erscheint mir in Ihrem Verfahren seltsam. Wohnen Sie ständig im Hotel Eden?»

«Nein, ich war nur eine Nacht dort.»

«Aus welchem Grund?»

«Ich war müde und ging in das erstbeste Hotel, um mich auszuschlafen.»

«Aber Sie haben doch einen Wohnsitz in Kairo.»

«Stimmt, ich möchte mein Haus allerdings am liebsten nie mehr betreten und so schnell wie möglich verkaufen.»

«Und weshalb diese Abneigung?»

«Meine Verlobte, Hélène Doltin, ist vor einigen Tagen von Fundamentalisten – sofern diese Information korrekt ist – ermordet worden. In meinem Kairoer Domizil hatten wir zwei Monate zuvor beschlossen zu heiraten.»

«Mein Beileid.»

«Hören Sie, bei meiner Verhaftung muß es sich um einen Irrtum handeln. Wenn das Hotel, in dem ich übernachtet habe, eine Agentenabsteige sein sollte, dann ist das reiner Zufall. Ich bin weder ein Agent noch kenne ich irgendeinen. Ich habe keinerlei ...»

«Sollte ein Irrtum vorliegen, wird man Sie sehr bald freilassen. Ich werde mich bemühen, Ihre Angelegenheit zu beschleunigen.»

Bevor Mark dem Offizier für die versprochene Bemühung das obligatorische Bakschisch zuschieben konnte, war der Mann schon wieder weg.

Um neunzehn Uhr wurde Mark von einem anderen Offizier aus seinen Grübeleien gerissen. Es war ein wesentlich jüngerer, aber auch wesentlich unangenehmerer Bursche, der barsche Typ des unerbittlichen Fremdenhassers.

«Lesen und unterschreiben!» befahl er und reichte Mark ein handbeschriebenes Blatt.

Es war eine Erklärung, die ein Dritter im Namen von Mark Walker abgegeben hatte. Darin bekannte sich der Genannte als Propagandist und Informant im Dienst der Fundamentalisten. Seine Aufgabe habe in der Verteilung von Texten des Scheichs Omar Abdel Rahman bestanden, in denen dieser zum bewaffneten Kampf aller Söhne Allahs gegen die ungläubige und pervertierte Staatsmacht aufrief.

Mark wußte: Wer solche Geständnisse unterschrieb, konnte zum Tode verurteilt werden. Er schüttelte den Kopf, hielt dem Offizier das Schriftstück wieder hin und sagte:

«Was soll das? Ich unterschreibe doch nichts, was von der ersten bis zur letzten Zeile erlogen ist. Ich protestiere, mir derartig unsinnige Geständnisse unterschieben zu wollen. Wer hat sich denn diesen Schwindel ausgedacht?»

«Sie haben also nicht den Mut, sich zu Ihren Agitationen zu bekennen. Sie streiten alles ab. Ist das so?»

«Ich streite ab, daß ich irgendeine Verbindung zur Fundamentalistenbewegung unterhalte. Im Gegenteil: Ich bin gegen jede Art von Fundamentalismus und Terrorismus.»

«Wir haben Ihre Tonbandkassette.»

«Diese Kassette ist nicht meine, ich habe sie nie zuvor gesehen.»

«Der Polizeibericht besagt eindeutig: Auf frischer Tat ertappt. Also unterschreiben Sie jetzt!»

«Und wenn nicht?»

«Es gibt Mittel, Sie dazu zu zwingen. Wir nennen das ‹höhere Gewalt›.»

Mark griff nach dem Blatt, zerriß es und warf die Fetzen dem Offizier vor die Füße.

«Das werden Sie bereuen!» schrie der Mann und knallte die Zellentür hinter sich zu.

Das war eine ganz dumme Mutprobe, dachte Mark mit Entsetzen. Das nächste Mal holt mich einer zum Foltern oder bringt die Werkzeuge gleich mit. Die letzte Hoffnung ist die, daß diese Sache mit dem Geständnis ein Bluff war. Wenn die Behörden beschlossen hatten, sich des Störenfrieds Walker zu entledigen, dann würden sie seine Ausschaltung nicht von seiner Unterschrift unter ein fingiertes Schuldeingeständnis abhängig machen. Man würde die Unterschrift ebenso fälschen.

Mark sah klar, daß ihm keine Gelegenheit gegeben werden durfte, seine Kritik am Hochdamm in einem öffentlichen Prozeß zu erläutern und zu rechtfertigen. Genau das mußten sie unbedingt vermeiden. Das technische Wunder von Assuan gehörte zu den wichtigsten Einnahmequellen Ägyptens, vieler Politiker, Finanzleute und Unternehmer. Das hatte er bei seinem Feldzug gegen den Damm nicht genügend bedacht. Denen, die in Assuan auch weiterhin ungestört ihre Geschäfte abwickeln wollten, war es egal, daß Ägypten durch die Folgen des Nilstaus allmählich zugrunde ging, denn ihre Generation war davon ja nicht betroffen. Seine Stimme war ihnen in letzter Zeit offenbar zu laut geworden. In einem der «vergitterten Sterbeheime des Staats», wie man die Gefängnisse hier auch nannte, würde diese lästige Stimme sehr rasch verstummen. Auch Farag Mustakbel und Oberst Sakaria würde es nicht gelingen, ihn da herauszuholen.

Es war bereits Nacht, als sich die Zellentür erneut öffnete.

Vier Polizisten traten ein.

«Stehen Sie auf und folgen Sie uns!›

Einer ging vorn, zwei an den Seiten, einer hinten. Es wäre Wahnsinn gewesen, Widerstand zu leisten oder fliehen zu wollen.

Vielleicht warteten die Kerle sogar nur darauf.

Zügig bewegte sich die Gruppe durch die Gefängnisgänge, quer über einen Hof und hielt vor einem hellgrauen Mercedes, einem alten, aber gepflegten Modell.

Einer der Polizisten öffnete die linke hintere Tür.

«Steigen Sie ein!»

Mark dachte an den berüchtigten «Ausflug», eine bewährte Methode potentieller Totschläger auf der ganzen Welt: die schnelle und «saubere» Liquidierung ohne Hinterlassung von Spuren oder gar der Leiche.

Vorn im Wagen saß merkwürdigerweise ein Privatchauffeur, im Fond auf der rechten Seite ein mittelgroßer Mann mit ergrautem Haar in einem teuren blauen Maßanzug. Im Halbdunkel sah Mark die Krawattennadel, diamantenbesetzte Manschettenknöpfe und eine goldene Zigarettenspitze blinken. Was will dieser von Menthol umnebelte Geschäftsmann aus der City von London hier, fragte sich Mark.

«Guten Abend, Mister Walker», begrüßte ihn der Gentleman. «Ich kann Ihnen die erfreuliche Mitteilung machen, daß Sie frei sind, sagen wir ... fast frei.»

22

Der Mercedes setzte sich vornehm sanft in Bewegung. Der Fremde bot Mark eine Zigarette an. Der lehnte ab.

«Sie haben recht, das Rauchen ist ein unverantwortliches Laster. Leider bin ich nicht so willensstark wie Sie.»

«Wer sind Sie?»

«Nennen Sie mich einfach Kemal, eine Art Künstlername. In meinem Beruf bedeutet der Name, den einem der Vater mitgab, wenig.»

«Wohin bringen Sie mich?»

«Zu mir nach Hause. Ich möchte ein sehr persönliches Gespräch mit Ihnen führen. Unsere Amtsräume sind dafür zu trist.»

«Ich kann Ihnen schon jetzt sagen, daß ich da in irgendeine Sache hineingeraten bin, von der ich keine blasse Ahnung habe. Was immer man mir auch vorwirft: Ich bin absolut unschuldig.»

«Heutzutage ist niemand mehr unschuldig. Wissen Sie, was dies ist?»

Mark erkannte das Tonband, das den Hauptanklagepunkt darstellte.

«Es stammt nicht von mir, es war nie in meinem Besitz.»

Kemal steckte die Kassette in einen Recorder. Klassische Musik erklang: Mozarts zweites Klavierkonzert, eines von Marks Lieblingswerken.

«Clara Haskil spielt. Ich weiß, Sie mögen diese Aufnahme besonders gern. Ich übrigens auch.»

Die Nacht war warm, die Kairoer pflegten spät zu Abend zu essen und verbrachten die Sommernächte gern im Freien. Der Mercedes mußte wegen einer riesigen Kloakenlache im Schrittempo fahren. Die Kanalisation war eingebrochen, und ein Abflußkanal lief über. Es gab auf dem Papier große Projekte zur Verbesserung des Kanalnetzes der Stadt, und ab und zu sah man tatsächlich Arbeiter, die einen Graben aushoben, ihn ein paar Tage später wieder zuschütteten, um ihn dann von neuem aufzugraben. Daraus wurde am Ende meistens nichts anderes als eine Müllgrube.

Nach einer halben Stunde hielt das Auto vor einem der alten Tore, durch die man in die Altstadt gelangte.

«Wenn Sie einverstanden sind, steigen wir hier aus. Der Wagen ist zu breit für die engen Gassen.»

«Und wenn ich Ihnen nicht folge?»

«Das wäre ein verhängnisvoller Fehler.»

«Wohin gehen wir überhaupt?»

«Zu mir, wie ich Ihnen schon sagte.»

«Sind Sie von der Polizei?»

«Darüber sprechen wir in geeigneterem Rahmen.»

Mit ungutem Gefühl ging Mark neben dem entspannt lächelnden Kemal her. Sie betraten Alt-Kairo, wo Moslems und Kopten noch nebeneinander lebten. Die Kopten besaßen viele alte Kirchen. Das Gitter an der Seite der St.-Barbara-Kirche war einst der Eingang in das Judenviertel.

Innerhalb seiner Einfriedung bestand Alt-Kairo aus einem labyrinthischen Gewirr schmaler Gassen mit noch schmaleren Bürgersteigen, die von Abwässern und Exkrementen von Mensch und Tier verschmutzt waren. Von den Fenstern der dreistöckigen, vom Verfall bedrohten Häuser hing tropfende Wäsche herab. Auf den Dächern kletterten Ziegen herum, die Balkons dienten als Hühnerställe, auf den Treppen versperrten Kaninchenställe den Weg.

Dennoch wirkte die Gegend nicht wie ein Elendsviertel. Die Leute saßen vor ihren Türen und aßen, sahen fern, spielten Karten und hatten immer noch etwas Essen für die noch Ärmeren übrig.

«Hier kennt mich jeder», erklärte Kemal. «In meiner Begleitung sind Sie hier völlig sicher. Wenn jemand böse Absichten hegen sollte, hätte er in dieser Umgebung keine Chance. Beruhigend, nicht wahr? ‹Ich und die Meinen gegen den Rest der Welt›, lautete der Wahlspruch meiner Vorfahren. Und das ist auch das Gesetz der Bewohner ringsherum. Kann man das rückständig nennen? Nein! In diesem Großstadtinferno können kleine Volksgruppen nur überleben, wenn sie zusammenhalten.»

Kemal sprach ruhig, mit wohltönender, tiefer Stimme.

Als er in eine von Schmutz strotzende Sackgasse einbog, blieb Mark stehen.

«Wie lange wollen Sie mich hier noch spazierenführen?»

«Wir sind bald da.»

«Wohnen Sie etwa hier?»

«Seit meiner Geburt.»

«Das glaube ich Ihnen nicht.»

« Sie sind allzu mißtrauisch.»

Wie ein umstelltes Tier drehte Mark den Kopf nach allen Seiten.

« Entspannen Sie sich. Im Moment besteht nicht die geringste Gefahr für Sie. Kommen Sie, wir sind fast da.»

Ein Karren, den zwei Esel zogen, blockierte die Sackgasse. Fünf Männer in Galabijas saßen auf dem Boden und rauchten ihre Wasserpfeife. Zur Linken die zerfallenden Mauern uralter Häuser, rechts winzige Läden, deren eiserne Rolläden heruntergelassen waren. Nirgendwo ein Fluchtweg. Also blieb Mark nichts anderes übrig, als weiterzugehen bis zum Ende der Gasse, die auf einen mannshohen Müllhaufen aus verrosteten Kanistern, verbeulten Plastikflaschen und Altpapier zulief.

« Erschießen Sie mich schnell, aber von vorn», forderte Mark.

« Jetzt dramatisieren Sie aber die Situation.»

« Jetzt oder später, was macht das schon?»

« So kann man's auch sehen. Aber wollen wir nicht zuvor noch ein Gläschen miteinander trinken?»

Kemal ging weiter. Mitten aus dem Müll kamen drei Männer mit Maschinenpistolen hervor und grüßten ehrerbietig. Mark war gefaßt, von den Kugeln niedergestreckt zu werden, aber die Läufe waren nicht auf ihn gerichtet.

Rechts neben dem Abfallberg klaffte ein Loch, wie der Zugang zu einer Höhle. Man bemerkte es erst, wenn man unmittelbar davorstand. Kemal ging sicheren Schritts voran. Die Männer machten Mark mit ihren Waffen ein Zeichen, denselben Weg zu nehmen. Er bückte sich und gelangte in einen nicht mehr als schulterbreiten Gang aus

Felsgestein, der denen in den Pyramiden glich. Zehn Meter weiter vorn sah er Licht.

«Achten Sie auf die Stufe», warnte Kemal.

Mark stieg über eine steinerne Türschwelle voller Hieroglyphen und spürte neben sich eine gepanzerte Tür.

Was er in dem beinahe schmerzendhellen Licht vor sich sah, überraschte ihn: ein riesiger Kuppelsaal mit farbigen Kirchenfenstern, ein blauweißer Mosaikfußboden mit Blumenmustern, holzgetäfelte Wände mit Arabesken in kunstvollster Ausführung, Möbel, verziert mit Intarsien, Elfenbein und Perlmutt. Mittendrin ein Gärtchen mit Rosen und Jasmin, ein Springbrunnen aus rosafarbenem Granit, ein Bassin aus poliertem Kalkstein und Nischen, in denen ägyptische Statuen standen.

«Gefällt es Ihnen?» fragte Kemal. «Es war der geheime Harem eines Kriegers aus dem dreizehnten Jahrhundert. Der stürmische Bursche wollte jeglichen Neid vermeiden. Das Belüftungssystem in den Strebebögen der Kuppel ist ein unsichtbares Wunderwerk. Meine Familie hat diesen Ort vor mehr als dreihundert Jahren erworben und liebevoll erhalten. Die Behörden haben ihn vergessen, was mir sehr recht ist. Einen Palast zu bewohnen, den es eigentlich gar nicht mehr gibt, bereitet ungetrübte Freude.»

Marks Blicke wanderten von einem Meisterwerk zum nächsten, mehr irritiert als begeistert von so viel Schönheit.

«Ich gebe zu, meine Vorliebe gehört den Skulpturen des Mittleren Reiches: Mein schönstes Stück ist eine Statue von Pharao Amenophis III., dort rechts. Sein tiefgründiger Blick verrät, daß er niemandem vertraut und als Vollendeter sein Reich in völliger Entrücktheit betrachtet.»

Mark vergaß für Minuten alle Probleme und ging wie ein Museumsbesucher herum. Dieser Kemal besaß zweifellos Werke von äußerster Seltenheit und unschätzbarem Wert.

«Die Aufregungen dieses Tages haben Sie sicherlich durstig gemacht. Was halten Sie von einem alten Portwein, Jahrgang neunzehnhundertzwei?»

Der Ägypter goß das edle Getränk in eine Silberschale aus der Zeit der Fatimiden. Mark nahm sie voll Bewunderung entgegen. Noch vor wenigen Stunden steckte er in einer widerlichen Gefängniszelle, und jetzt trank er einen außergewöhnlichen Wein in einem der Zeit entrückten Palast in Gesellschaft eines gewissen Kemal, von dem er nichts wußte, außer daß sein Leben in der Hand dieses Mannes war.

Mark trank die Schale in einem Zuge aus.

«Wenn Sie nichts dagegen haben, werden wir mit Champagner dinieren. Ich habe ein traditionelles, aber von einem der besten Köche Kairos zubereitetes Gericht bestellt: *ful, fattah, kofta* und *om ali*. Ich weiß nicht, ob Sie es kennen: Ful sind braune Bohnen in einem irdenen Gefäß mit Zitrone, Kümmel, Sesamsoße und einem Zwiebelsalat gegart; Fattah ist gegrilltes Lamm mit Reis und Knoblauch; Kofta sind gut gewürzte Fleischbällchen; Om Ali ist ein heißer Milchflan, gespickt mit Pistazien und frischer Sahne drauf.»

Mark merkte erst jetzt, daß er großen Hunger hatte.

Kemal lud ihn ein, auf seidenen Kissen vor fein ziselierten Kupfertabletts, die von goldenen Kerzen angestrahlt wurden, Platz zu nehmen. In dekorativen Schüsseln und auf karminroten Tellern stand das Menü bereit, Mark brauchte nur noch zuzulangen. Sein Gastgeber schenkte Champagner ein.

«Sind Sie nicht Moslem?»

«Moslem und Sunnit, wie neunzig Prozent meiner Landsleute. Ich habe an der Al-Aschar-Universität studiert, kann den Koran auswendig und weiß, daß Alkohol dem nicht untersagt ist, der ihn zu schätzen weiß und die Kontrolle über sich behält.»

«Eine sehr freie Auslegung.»

«Beruht das ganze Leben nicht auf einer weisen – und das bedeutet auch freien – Auslegung der geltenden Gesetze? Artikel zwei unserer Verfassung besagt, daß die Regeln des islamischen Gesetzes ‹eine Hauptquelle der Gesetzgebung› sind. Eine Hauptquelle! Also gibt es noch andere Quellen.»

«Das ist eine interessante, sehr liberale Auffassung, aber noch mehr würde mich interessieren, warum Sie mich hierhergebracht haben. Was wollen Sie von mir?»

«Jeder Mensch ist anfechtbar, Mister Walker, jeder hat seine Schwächen. Mein Beruf besteht darin, sie aufzudecken und Nutzen daraus zu ziehen.»

Plötzlich war der Zauber dahin. Der Fürst aus Tausendundeiner Nacht entpuppte sich als plumper Geschäftsmann.

«Es wird Ihnen schwerfallen, mich in Ihrem Sinne zu manipulieren», sagte Mark.

«Das klingt imponierend selbstsicher, aber in Ihrer Lage nützen Ihnen hehre Prinzipien und Auflehnung gegen den Stärkeren nicht viel. Eines unserer Sprichwörter empfiehlt für den Fall, daß man keine andere Wahl hat: ‹Küß die Hand, in die du nicht beißen kannst.›»

23

Trotz der köstlichen Gerichte hatte Mark keinen Appetit mehr. Kemal dagegen ließ es sich in aller Ruhe schmecken.

«Schon mehrere Monate beobachte ich Sie, Mister Walker, und weiß fast alles über Sie, kenne Ihre Gewohnheiten und Vorlieben.»

«Also auch meinen Kampf gegen den Hochdamm von Assuan.»

«Selbstverständlich. Sie haben gleich mehrere Ministerien mit Gutachten überschwemmt und eine Menge provozierender Artikel in der internationalen Presse veröffentlicht. Ihre kategorischen Stellungnahmen und rigorosen Forderungen haben in gewissen Kreisen – milde ausgedrückt – Ärger erregt.»

«Man hat Sie wohl beauftragt, mich unter irgendeinem Vorwand mundtot zu machen, am besten ein für allemal.»

«Da würden ein paar einflußreiche Leute in der Tat aufatmen.»

«Und Sie?»

«Ich bin einigen Ihrer Argumente durchaus zugänglich. Schade nur, daß Sie mit den Fundamentalisten sympathisieren.»

«Machen Sie sich über mich lustig? Habe ich Ihnen nicht deutlich zu verstehen gegeben, daß ich ...»

«Es ist leider erwiesene Tatsache, daß Sie sich mit dem Chef der ägyptischen Terroristen getroffen haben, sogar Gast bei seiner Hochzeit waren.»

«Ich hatte keine Ahnung, wen meine frühere Freundin Safinas heiraten würde, und ich war ihr Gast und nicht der von dem mir vollkommen unbekannten Mohammed Bokar. Ich hatte ihn vor der Hochzeitsfeier nie gesehen.»

«Spielen wir doch mit offenen Karten, Mister Walker. Sie wollen die Frau, die Sie liebten, rächen. Richtig? Und ich will dem islamischen Terror ein Ende machen. Soweit gehen unsere Interessen doch konform – oder etwa nicht?»

«Ich halte es für ehrlicher, diesen Mord unabhängig von den Interessen anderer zu klären.»

«Unabhängigkeit? Ich bitte Sie, das ist doch eine Illusion. Ist nicht jeder Mensch in vieler Hinsicht an seine Mitmenschen, genaugenommen an die gesamte Menschheit und letztlich an den Kosmos gebunden? So viele unbekannte Kräfte durchströmen und beeinflussen uns, ohne daß wir es wissen, ohne daß wir daran etwas ändern können.»

«Was soll das Philosophieren? Ich bin Ihr Gefangener, so sieht das doch aus.»

«Mein Gefangener? Darüber bestimmen allein Sie. Ich finde es scheußlich, erpresserisch vorzugehen, aber Ihre Haltung bringt mich in Schwierigkeiten. Wenn Sie die Zusammenarbeit verweigern, wie soll ich dann das Sie belastende Beweismaterial entkräften, das die Polizei in Händen hat?»

«Es ist fingiertes Beweismaterial.»

«Sie und ich, wir wissen das, nicht aber die Richter. Die haben ein Tonband mit fundamentalistischer Propaganda in Händen, eine Kassette, die Sie angeblich von Bokar erhalten haben, nach Assuan mitnehmen und dort einer militanten Zelle übergeben sollten. Da die Richter gehalten sind, harte Urteile zu sprechen, werden Sie ernste Probleme bekommen: zwei bis drei Jahre Gefängnis, anschließend Ausweisung aus Ägypten. Damit wäre Ihr Kreuzzug gegen den Hochdamm beendet. Zwar waren Sie kühn genug, das Papier mit dem für Sie vorbereiteten Geständnis zu zerreißen, aber Sie sollten nicht den Fehler begehen, mit entlastenden Zeugenaussagen von Farag Mustakbel und Oberst Sakaria zu rechnen. Vertrauen Sie vielmehr auf Unterstützung von der Seite eines entschieden Einflußreicheren. Sie lieben unser Land, Sie sind clever und mutig. Also setzen Sie auf das richtige Pferd, arbeiten Sie mit denen zusammen, die das offizielle Mandat haben, für Recht und Ordnung in diesem Land zu sorgen.»

Kemal aß betont bedächtig, um seinem Gast Zeit zum Nachdenken zu lassen.

«Wenn ich einwillige, kann ich mich auf Ihre volle Unterstützung bei der Suche nach den Mördern meiner Verlobten verlassen?»

«Darauf gebe ich Ihnen mein Wort.»

«Und Sie erlauben mir auch, den oder die Mörder selbst zur Rechenschaft zu ziehen?»

«Die Sache ist natürlich heikel, aber wir werden eine Lösung finden ... Gut, Sie haben mich viel gefragt, und ich habe Ihnen nach bestem Wissen geantwortet. Nun habe ich wieder eine Frage: Können Sie mir sagen, was die Zeichnungen bedeuten, die man in der verkrampften Hand Ihrer Verlobten fand?»

Mark schüttelte den Kopf. «Wenn ich es wüßte, wäre ich möglicherweise einen wesentlichen Schritt weiter.»

«Wir auch, Mister Walker.»

«Wen meinen Sie mit ‹wir›? Sagen Sie mir doch endlich, welche Rolle Sie spielen!»

«Ist das so wichtig?»

«Sehr wichtig.»

«Ihr Leute aus dem Westen wißt den Reiz des Geheimnisvollen nicht genug zu schätzen. Doch da wir zusammenarbeiten werden, sollen Sie erfahren, daß die Regierung mich damit betraut hat, die wichtigsten Terroristennester auf ägyptischem Boden ‹von innen auszuheben›, wie das in der Geheimdienstsprache heißt. Die Polizei und die anderen Sicherheitskräfte sind mit der Aufklärung der einzelnen Anschläge beschäftigt, bekommen jedoch selten die Drahtzieher zu fassen. Ich konzentriere mich auf besagte Hintermänner und ihre Organisationszentrale. Um sie unschädlich machen zu können, muß man sich genaue Kenntnis darüber verschaffen, wie die Untergrundbewegung strukturiert ist und wie sie arbeitet. An diese Informationen heranzukommen, ist ein Geduldspiel.»

«Und wie kann ich Ihnen dabei nützlich sein? Ich bin kein gelernter Spion oder V-Mann.»

«Um so besser. Was viel mehr zählt, ist Ihre moralische und physische Antriebskraft. Sie sind von dem Wunsch beseelt, daß die Ermordung Ihrer Hélène gerächt wird. Was unsere Angelegenheit betrifft, so mögen Sie darin ein Neuling sein, aber Sie werden von uns alle notwendigen Informationen erhalten.»

«Demnach wollen Sie mich wie einen Bauern auf dem Schachbrett agieren lassen.»

«Das ist die Spielregel. Wenn wir die Partie gewinnen, bedeutet dies, daß wir beide unser Ziel erreicht haben.»

Trotz aller Vorbehalte war Mark von Kemal fasziniert. Die verlockende Falle, die dieser edle Ägypter ihm stellte, war zugleich ein Himmelfahrtskommando. Andererseits: Kemal bot ihm die Möglichkeit, seinen Rachedurst zu stillen, das Feuer, das in ihm brannte, zu löschen. Und fände er nicht endlich Frieden, wenn er bei diesem Abenteuer sein Leben verlor?

Kemal schenkte Champagner nach.

«Auf unser Bündnis!»

Die beiden ungleichen Männer hoben gleichzeitig die Gläser und tranken einander zu.

«Ich war sicher, daß wir zu einer Einigung kommen würden. Ich hatte mehrere Kandidaten im Visier, aber Sie schienen mir der geeignetste, nicht zuletzt, weil Sie unser Land so leidenschaftlich lieben. Ein Beweis Ihrer Abneigung gegen den islamischen Fundamentalismus war für mich der Dienst, den Sie Farag Mustakbel erweisen wollten. Ohne den tragischen Tod Ihrer Verlobten hätten Sie sich aber nicht weiter engagiert, weil Ihr schlimmster Feind ja der Hochdamm ist.»

«Er bleibt es auch, aber die Erinnerung an Hélène hat Vorrang. Sind Sie ein Freund von Farag?»

«Nein, er weiß gar nichts von mir. Ich halte ihn für einen der bemerkenswertesten Männer, die ich kenne. Persönlichkeiten wie er sind Garanten dafür, daß der Islam in Wahrheit eine tolerante, friedliebende Religion ist und Träger einer Kultur, auf die seine Söhne stolz sein können.»

«Auch Sie führen also einen Kreuzzug.»

«Ich möchte Ägypten vor Massenverdummung und Unglück bewahren. Bald beginnt der Ramadan, und am dreiundzwanzigsten Juli, am Nationalfeiertag, endet er. Ich fürchte, die Terroristen könnten diesen Tag zum Anlaß für ein Attentat auf den Präsidenten nehmen.»

«Haben Sie konkrete Anhaltspunkte dafür?»

«Meine Leute haben einen Veteranen aus Afghanistan mit falschem Paß abgefangen, der Sprengstoff bei sich hatte. Er wurde in den Armen einer Prostituierten gefaßt, die für mich arbeitet. Auch Fundamentalisten haben ihre Schwächen. Der Kerl war bei den Verhören zuerst ziemlich widerspenstig, hat dann aber doch geplaudert. Er gehörte einem Kommando an, das im Sudan ausgebildet worden ist. Aufgrund einer Abmachung zwischen verschiedenen Gruppen der Fundamentalisten und vermutlich mit dem Segen von Saudi-Arabien soll dieses Kommando besonders spektakuläre Attentate durchführen. Leider besaß der Mann keine Liste der Ziele. Sie werden aus naheliegenden Gründen erst im letzten Moment bekanntgegeben. Wie soll man nun seine Komplizen, die bestimmt vorzüglich gefälschte Papiere haben, ausfindig machen? Ich vermute, daß sie im Besitz von Semtex sind, einem sehr wirksamen, geruchlosen und per Durchleuchtung nicht nachweisbaren Sprengstoff der tschechischen Fabrik Semtin. Die Zerstörungswelle schreitet mit einer Geschwindigkeit von zehntausend Metern pro Sekunde voran. Nachdem das alte kommunistische Regime der ČSSR vor Jahren eintausend Tonnen Semtex an Libyen geliefert hat, ist es für ägyptische Terroristen nicht schwer, da ranzukommen. Und Nordkorea steuert die Bomben bei, die in einem Werk hundert Kilometer nördlich von Pjöngjang hergestellt wurden. Noch schlimmer wirkt sich das französisch-schwedische

Abkommen aus, das den Export von sogenannter ‹intelligenter› Munition, darunter Granaten mittlerer Reichweite, an Saudi-Arabien zuläßt. Die Saudis wiederum geben sie an die Fundamentalisten weiter. Ein so ausgestattetes Kommando kann natürlich schreckliches Unheil anrichten.»

«Sie werden doch wohl nicht erwarten, daß Sie die Bande ausgerechnet mit meiner Hilfe auffliegen lassen können?»

«Nicht so direkt, aber bei Ihren weiteren Nachforschungen in Zusammenhang mit dem Attentat, dem Ihre Verlobte zum Opfer fiel, erhalten Sie vielleicht auch für mich nützliche Informationen.»

Mark horchte auf. Möglicherweise ging ja schon der Überfall auf den Touristenbus auf das Konto dieses Kommandos aus dem Sudan. War das etwa so eine Art Geländeübung für die Burschen, um die Qualität ihrer Ausbildung zu testen?

«Wie verständigen wir uns gegenseitig?» wollte Mark wissen, und plötzlich hatte er Appetit auf das süße Dessert mit Mandeln, Pistazien und Sahne.

«Eine gute Frage. Zum Beweis meines Vertrauens in Sie werde ich Ihnen die besten Kontakte verschaffen, und die zuverlässigsten Kuriere werden für ständige und schnellste Verbindung zwischen uns sorgen. Mir ist sehr daran gelegen, unkalkulierbare Risiken für Sie zu vermeiden. Kommen Sie niemals auf eigene Faust hierher. Die Wächter haben Befehl, jeden Besucher kampfunfähig zu machen, auch wenn er sich als mein bester Freund ausgibt.»

Nachdem Kemal seine Instruktionen beendet hatte, bat er Mark, ihm das Wichtigste zu wiederholen, um festzustellen, ob sein neuer Verbündeter alle Anweisungen richtig verstanden und gut behalten hatte.

Um drei Uhr morgens läutete, völlig unpassend in diesem märchenhaften Rahmen, ein Telefon. Kemal erhob sich.

«Ich muß mich verabschieden. Eine dringende Verabredung.»

«*Daynan*», sagte Mark, was soviel bedeutet wie «Möge Ihre Gastfreundschaft erhalten bleiben».

«Sie beherrschen die arabischen Höflichkeitsregeln. Also wird Sie meine Antwort nicht überraschen: «*Damit Hayaatik*, lang mögest du leben!»

24

Mark und Farag Mustakbel setzten sich zum Essen in den hinteren Saal des «Felafel», eines volkstümlichen Restaurants im Zentrum von Kairo, wo es typische Gerichte gab, wie etwa goldgelb in Schmalz gebackenen Reis, Auberginenpüree, gefüllte Täubchen, Käse in Öl eingelegt oder Milchpudding mit Kokosnußraspeln und Pistazien. Den Industriellen gelüstete es nach *melokhia*, einem Spinatgericht. Um kein Aufsehen zu erregen, trank er Mineralwasser. Mark hatte ein ägyptisches Stella bestellt, ein leichtes Bier, das die Verdauung anregt.

«Nun mußte also auch mein koptischer Vertrauter dran glauben. Ich bin überzeugt, daß sein Haus nicht durch Zufall eingestürzt ist. Man fürchtet mich und will mir deshalb Angst einjagen.»

Farag war dennoch optimistisch und sein Kampfgeist eher noch mehr angestachelt als erlahmt. Er aß mit gutem Appetit und sprach dabei unvorsichtig laut.

«Ich starte in der Presse eine große Informationskampagne», verkündete er. «Meine Landsleute müssen endlich die Gefahr erkennen. Sie laufen in ihr eigenes Unglück, wenn sie dem Fundamentalismus nicht Einhalt gebieten. Die Zeitungen sind bereit, eine Artikelserie zu veröffentlichen, in der ich das Finanzsystem der Islamisten und ihre Strategie offenlege, mit der sie in die herrschenden Klassen eindringen. Ihre Lügen und ihr Wahnwitz werden ans Tageslicht kommen.»

Er sprach so überzeugend, seine Augen sprühten derart vor Intelligenz, daß man beim Zuhören tatsächlich zu hoffen wagte, Ägypten werde aus diesen düsteren Zeiten herausfinden.

«Die Regierung hat einen groben Fehler gemacht, drei streitbare Provinzgouverneure durch lauwarme Beschwichtigungspolitiker zu ersetzen, die meinen, mit den Fundamentalisten verhandeln zu können wie mit Geschäftspartnern. Auch diesen Mißgriff werde ich anprangern ... Aber warum schaust du so mißmutig drein, Mark?»

«Ich muß immer daran denken, was mir passiert ist.»

«Du sagtest doch, deine Verhaftung sei ein Versehen gewesen und man habe sich bei dir in aller Form entschuldigt.»

«Das ist nur die halbe Wahrheit. Ich habe diese günstige Wendung der Intervention eines gewissen Kemal zu verdanken, einer undurchsichtigen Person, der ich jetzt ausgeliefert bin.»

Mark berichtete von seiner Odyssee vom Zentralgefängnis bis zu dem geheimen Palast in Alt-Kairo.

«Vermutlich ein hohes Tier im Geheimdienst. Dorthin habe ich keinerlei Kontakte.»

«Könntest du trotzdem versuchen, aufgrund meiner Beschreibung den richtigen Namen von diesem Kemal herauszubekommen?»

«Wenn ich da nachforschen würde, könnte ich leicht größten Ärger kriegen, und davon hättest du nichts.»

«Ich muß aber unbedingt wissen, mit wem ich mich da notgedrungen eingelassen habe.»

«Würdest du nicht so sehr an Ägypten hängen, müßte ich dir raten, das erstbeste Flugzeug zu nehmen und abzuhauen.»

«Kemal ließe mich bestimmt nicht ohne weiteres außer Landes gehen. Und ich muß damit rechnen, daß er gerade noch so rechtzeitig davon erfährt, um mich auf dem Flughafen abzufangen oder mir ein Messer in den Rücken jagen zu lassen.»

«Du hast recht. Das geht so nicht. Ich könnte mich höchstens im Innenministerium erkundigen.»

«Nein, Farag. Auch das würde dieser Kemal bestimmt durch die Hintertür erfahren. Dann ist die direkte Verbindung mit ihm schon der bessere Weg.»

Mark ging durch das monumentale, düstere Tor Bab Zueila, das, im Jahre 1092 errichtet, einst Kairos Begrenzung nach Süden bildete. Zwischen den beiden Türmen öffnete sich eine überwölbte Passage, über der eine Terrasse mit gezackten Mauern lag. Dort waren besiegte Feinde, selbst Araber, gehängt worden, und dort hatte man die abgeschlagenen Köpfe der Kreuzfahrer zur Schau gestellt.

Nach hundert Metern bog er in eine kleine Gasse mit armseligen Werkstätten ab und betrat ein Café, in dem Männer Anis, einen heißen Kräuteraufguß gegen Husten und Halsschmerzen, pechschwarzen Tee und stark gesüßten Kaffee tranken. Sie spielten Domino, Karten und Würfelspiele oder lasen Zeitung. Ein öffentlicher Schreiber verfaßte für Analphabeten Behördenbriefe, ein verkrachter Schauspieler deklamierte romantische Verse, ein Flötist spielte eine populäre Melodie. An den Wänden ausgeblichene, aber immer noch sehr dekorative Kachelmuster, der Boden von Sägespänen bedeckt, in der Luft Nikotinschwaden.

Mark setzte sich an einen freien Tisch unter einem Ventilator und bestellte *karkadeh*, ein purpurrotes Getränk aus Hibiskusblüten. Die andern Gäste zeigten keine Feindseligkeit ihm gegenüber, sondern nur Neugier. Als er die Tageszeitung *Al-Achram* zu lesen begann, schwand dieses Interesse wieder. Der unbekannte Gast war offenbar ein Wahlägypter, ein mit dem Land Vertrauter.

Dank Kemals genauen Angaben hatte Mark das Café mühelos gefunden, in dem er Kontakt mit einem Mann aufnehmen sollte, der stets mit rotem Hemd und schwarzer Hose bekleidet war, dem amerikanischen Filmschauspieler Dustin Hoffman ähnlich sah und Jussuf hieß. Über den Zeitpunkt des Treffens hatte Kemal keine präzisere Angabe machen können als «ziemlich spät».

Früher schlug in den Cafés das Herz von Kairo. Hier diskutierten einst die Intellektuellen miteinander, hier schloß man Geschäfte ab und entwickelte Zukunftsprojekte. In endlosen Debatten erörterte man die politische Lage und verbesserte die Welt ... Inzwischen waren viele traditionsreiche Kaffeehäuser geschlossen. Die alten Leute redeten in der Öffentlichkeit nicht mehr soviel und so zwanglos, und die jungen gingen eher in die Moscheen. In den Augen der Fundamentalisten war jedes Café ein potentieller Sündenpfuhl.

Mark trank einen zweiten Karkadeh, las noch eine Zeitung, unterhielt sich mit einem schwärmerischen Poesieliebhaber und schaute einer Partie Domino zu. Der Tag ging zur Neige. Ein Kellner begann, die Tische abzuwischen und die leeren Stühle zusammenzustellen.

Jussuf kam herein, als Mark gerade gehen wollte. Das pockennarbige Gesicht dieses angeblichen Dustin-Hoffman-Doppelgängers verriet seine Neigung zu Roheit und Gewalt, kaschiert durch gut gespielte Scheinheiligkeit.

«Sie müssen Mark sein. Was wollen Sie von mir?»

«Ich fahnde nach den Mördern meiner Verlobten.»

«Ihr Name?»

«Hélène Doltin. Sie ist zusammen mit zwanzig anderen bei einem Busüberfall zwischen Luxor und Assuan getötet worden. Nach Augenzeugenberichten von Männern in Militäruniform.»

«Ich habe davon gehört, mehr nicht.»

«Kemal nimmt an, daß Sie mir helfen können, die Mörder zu finden.»

«Kemal kann annehmen, was er will.»

Auf eine so schroff ablehnende Reaktion war Mark nicht gefaßt.

«Sind Sie wirklich so unabhängig von Kemal? Dann gratuliere ich.»

«Und sind Sie nicht der, der den Hochdamm am liebsten in die Luft sprengen würde?»

«Blödsinn! Der Damm ist zwar die größte Gefahr für Ägyptens Zukunft, aber ich habe niemals davon gesprochen, daß man ihn ...»

«Der Damm wird die Pyramiden überdauern. Ich kann Idealisten nicht ausstehen. Lauter Phantasten und Schwächlinge.»

Nach Kemals Mitteilungen war der Kopte Jussuf ein reicher Mann. Geboren in einem Dorf in Oberägypten, hatte er lange Zeit im Industriegebiet von Kairo Sklavenarbeit verrichtet, bis ihm klargeworden war, daß die Müllabfuhr ein lohnendes und in der sich ständig erweiternden Stadt ein zukunftssicheres Unternehmen sein müsse. Als schlauer Fuchs, voller Tatkraft, verbissen, ehrgeizig und rücksichtslos in der Wahl seiner Mittel, hatte es Jussuf in drei Jahren zu einem der Chefs der Müllmafia gebracht. Er dirigierte seine Angestellten mit eiserner Faust. Da bei ihm aber jeder auf seine Rechnung kam, wurde er allgemein geschätzt.

«Sprechen wir nicht von dem Damm, sondern von den Terroristen», lenkte Mark ein. «Wie ich von Kemal gehört habe, verabscheuen Sie den Fundamentalismus.»

«Kemal – Kemal! Haben Sie keine eigene Meinung? So wie die Schafe, die nicht denken können?»

«Was soll das heißen? Suchen Sie Streit? Wenn Sie mir nicht helfen wollen, sagen Sie es. Dann ist unsere Unterhaltung beendet.»

«Ich gehe nun mal nicht gern ein Risiko ein.»

«Sie wollen also nicht.»

«Das hab ich nicht gesagt. Was zahlen Sie denn?»

«Wieviel verlangen Sie?»

«Was ich für Sie tun soll, ist keine Kleinigkeit und nicht ungefährlich. Deshalb sag ich Ihnen gleich: Das kann teuer werden.»

«Ich verfüge über genügend Geld. Deswegen brauchen Sie sich also keine Gedanken zu machen. Aber ich sehe schon, aus dem Geschäft wird nichts.»

Jussuf tat so, als ringe er mit sich selbst. «Nun gut», meinte er, «dann erfahren Sie eben auch nichts.»

«Schon möglich. Ich frag mich allerdings, ob Sie die Konsequenzen richtig einschätzen. Niemand hält Kemal ungestraft zum Narren. Das wird Ihnen zweifellos bekannt sein. Wenn unsere Unterredung ergebnislos war, wird er sich dem gegenüber, der dafür verantwortlich ist, auf seine Weise erkenntlich zeigen. Oder sehe ich das etwa falsch?» Mark stand auf.

«Warten Sie. Wir haben uns mißverstanden.»

«Wollen Sie mir nun helfen, ja oder nein?»

«So einfach ist das leider nicht.»

«Und was ist denn daran so kompliziert?»

«Über ein Gemetzel von Terroristen verläßliche Auskünfte zu bekommen, ist schwierig. Die Leute haben Angst, Staatsgeheimnisse zu verraten.»

«Wenn Sie auch kein Idealist sind, Jussuf, liegt Ihnen doch viel daran, daß die Kopten überleben. Eine Tragödie wie dieses Massaker kann Sie nicht gleichgültig lassen.»

«Ihre Motive sind nicht meine Motive, aber ich habe was übrig für entschlossene Männer. In vielen Fällen haben sie mit ihrem Dickschädel Erfolg, doch nicht immer. An Ihrer Stelle würde ich das Vergangene vergessen und eine andere Frau nehmen.»

«Ich glaube nicht, daß Menschen austauschbar sind. Also was ist nun?»

«Kommen Sie mit!» sagte Jussuf seufzend.

25

Mark begleitete Jussuf auf einer Art Rundfahrt durch sein Herrschaftsgebiet. Der Kopte hatte das Monopol auf die Müllabfuhr in mehreren Stadtteilen, darunter Samalek und Heliopolis, zwei der besseren Wohngegenden. Da es keine städtische Müllbeseitigung gab, hatten *sabbalin*, «Schweinezüchter», diese Aufgabe übernommen. In der Mehrzahl waren es koptische Bauern, die aus Oberägypten gekommen waren und Schweine züchteten, um wenigstens die Küchenabfälle noch zu verwerten. Sie schlachteten diese Schweine und aßen sie, worüber die Moslems sich empörten. Durch die Tatsache, daß die Abfallmenge ständig wuchs, wurden immer mehr Wohnungs- und Beschäftigungslose Müllarbeiter, von Jussuf streng kontrolliert. Die Kairoer Bürger entlohnten diese Sabbalin, die wiederum den größten Teil ihrer Einnahmen dem Boß abgeben mußten – nicht nur, weil Jussuf Inhaber des Geschäfts war, die Einsätze organisierte, sondern weil er durch regelmäßige Schmiergeldzahlungen ihren illegalen Aufenthalt in der Stadt ermöglichte. Bei Sonnenaufgang waren die Sabbalin mit ihren Karren auf einer der drei Müllhalden. Am Mokattam arbeiteten dreißigtausend Müllarbeiter, in Asbet al-Nakhi zehntausend, in Tora-Meadi fünftausend.

Jussuf fuhr einen hellrosa Buick, beklebt mit den Namen großer Städte der Vereinigten Staaten. Seine Hupe war so kräftig, daß er die der Lastwagen übertönte. Mit ausgeprägtem Pflichtbewußtsein inspizierte er Nacht für Nacht einen Teil «seiner» Hochhäuser, unterhielt sich mit den Bewohnern und überzeugte sich davon, daß sie mit der Arbeit seiner Leute zufrieden waren. Bei regelmäßiger Tariferhöhung garantierte er auch für tadellose Dienstleistung.

Mark stellte keine Fragen. Er wußte, daß der Geschäftsmann ihn auf dieser Inspektionstournee auf die Probe stellen wollte: seine Geduld, seine Ausdauer und seine Fähigkeit, den bestialischen Gestank von Riesenbergen Unrat zu ertragen.

Um sechs Uhr morgens fuhr der Buick in Richtung auf den Mokattam, den zerklüfteten Hügel über der Stadt der Toten, ein ehemaliger Steinbruch in gefährlicher Abgeschiedenheit. Er war eine natürliche Schranke der Stadt und hatte doch das Volk in Lumpen nicht aufhalten können. Jussuf überholte auf einer kurvenreichen Straße einen Zug von vollgepackten Karren mit knirschenden Rädern.

Ein deprimierender Ausläufer der Stadt fraß sich in den Hügel, ein unüberschaubares Elendsviertel aus Holz-, Blech- und Pappkartonbehausungen. Überall schwarze Schweine auf Nahrungssuche; Kinder, die umsummt von Tausenden von Fliegen durch das Müllgebirge kletterten; streunende Hunde, die man mit Steinen verjagte, verkrochen sich zwischen den Schweineställen. Von den Babys der koptischen Schweinezüchter starb nahezu die Hälfte an Wundstarrkrampf, an irgendeiner anderen Infektionskrankheit oder wurde von Ratten gefressen, die hier so groß waren, daß sich keine Katze an sie heranwagte. Kreuze, die mit Kreide oder Farbe auf die klapprigen Türen gemalt waren, bezeugten den christlichen Glauben der Sabbalin.

Ein unerträglich scharfer Geruch brachte Mark zum Husten; Jussuf wartete den Hustenanfall gnädig und amüsiert ab, ehe er seinen Begleiter aufforderte auszusteigen, weil sie die letzte Wegstrecke bis zu seinem Büro zu Fuß zurücklegen mußten.

«Entweder man dreht in dieser Umgebung durch, oder man gewöhnt sich daran. Passen Sie auf: Der Untergrund ist mal schlüpfrig, mal glühend heiß.»

Mark ging vorsichtig. Frauen und Mädchen mit chronischer Bronchitis wühlten mit den Händen in den Abfällen und füllten, was noch zu irgend etwas taugte, in Körbe. Der Rest wurde verbrannt. Schwarzer, fettiger Rauch aus Müllkratern, die unaufhörlich vor sich hinschwelten. Fortwährend kamen weitere Karren an und schütteten ihren Inhalt aus, wo immer sie gerade anhielten.

Ein kleines Mädchen, das am rechten Fuß blutete, stürzte heulend auf seine Mutter zu. Es hatte sich an einem scharfkantigen, verrosteten Kanister verletzt. Die Mutter nahm das Kind auf den Arm und brachte es zu einer Apotheke, die eher wie ein Kramladen aussah, in dem auf wackligen Stellagen Medikamente mit längst abgelaufenen Verfallsdaten herumlagen.

Täglich bearbeiteten die Bewohner des Mokattam siebentausend Tonnen Müll. Es gab keine längeren Pausen vor der Umkehr in die Stadt, um die nächste Fuhre zu holen.

Jussuf deutete auf einen Haufen Kupferteile.

«Das verkauft sich zu drei ägyptischen Pfund pro Kilo», erklärte er mit Stolz, «Aluminium wird nur mit einem Pfund gehandelt. Aber die Preise steigen.»

Mark nahm die Ordnung wahr, die in dieser Hölle herrschte. Da lagen säuberlich voneinander getrennt Haufen von Lumpen, Papier, Glas, Pappe, Plastik, Konservendosen und Kanistern. Das allermeiste wurde noch irgendeinem Nutzen zugeführt, sogar das Innere von Damenbinden, das für die Ausbesserung der Polsterung von Bussen benutzt wurde. Genüßlich suhlten sich die Schweine in dieser Wüste aus Dreck, die ihnen wie ein paradiesisches Gefilde vorkommen mußte.

Jussuf wies Mark auf eine große Badewanne voll Reinigungsmitteln hin, in die man abgetragene und beschmutzte Kleidung tauchte, um ihnen den Anschein von Reinheit zu geben, die ursprünglichen Farben aufzufrischen und dadurch Secondhand-Qualität vorzutäuschen, für die man von den Ärmsten noch ein paar Pfund verlangen konnte.

Einem neuerlichen Hustenanfall, bei dem Mark fast erbrechen mußte, hielt er dennoch stand. Sein Führer sollte ihn nicht kotzen sehen. Den Triumph gönnte er dem König des Unrats nicht.

Aus einem windschiefen, rostigen Wellblechschuppen holten einige Sabbalin gelbe, grüne und orangefarbene Kanister, die sie an eine Garage verkaufen sollten. Sie zeigten sie Jussuf, der in einem Heft ihre genaue Zahl festhielt, damit er seinen prozentualen Anteil an dem Gewinn auf den Piaster genau ausrechnen konnte.

Kinder liefen in die Baracke, die auch als Schule diente.

Mit seinem hellbraunen Anstrich sah der Raum fast einladend aus. Dort hielt Schwester Emmanuelle, eine Französin, abwechselnd mit Schwester Sarah, einer koptischen Ägypterin, Unterricht. Jussuf hatte den armen Schulschwestern hoch und heilig einen Massivbau versprochen, damit sie endlich mit ihrem Gejammer aufhörten und ihre Drohung nicht wahrmachten, an den Bürgermeister zu schreiben oder, viel schlimmer noch, an eine Zeitung.

«Wenn Sie meine Leute für arm halten sollten, täuschen Sie sich, Mark. Man beneidet sie geradezu. Sie verdienen einhundertundfünfzig ägyptische Pfund pro Karren, und sie geben kaum etwas aus. Sie essen Schweinefleisch, Brot, Bohnen und die anderen guten Sachen aus dem Müll, den die reichen Herrschaften wegwerfen. Auch deren ausrangierte Kleider tragen sie, und sie brauchen keine Miete zu zahlen. Sie wohnen gleich neben der Halde, kostenlos und unter meinem Schutz. Manche haben sich für die schnellere Wiederaufbereitung von dem altem Zeug Maschinen gekauft, und dank meiner Beratung werden sie beim Handel nicht übers Ohr gehauen ... Obendrein hat ein Sabbal eine gesicherte Zukunft.»

Jussuf fühlte sich wohl wie ein Fisch im Wasser; es machte ihm unbändigen Spaß, in seinem Reich herumzuspazieren. Er wich jetzt einem Haufen verdorbener Orangen aus, die selbst die Schweine nicht fressen mochten, und steuerte auf einen Betonblock zu, dessen Eingang vor lauter Gerümpel kaum passierbar war.

«Kommen Sie, kommen Sie!» forderte er Mark auf.

Dem Amerikaner stand der Sinn eher nach einem Duschbad, nach angenehm duftenden Deodorants, vor allem aber sehnte er sich danach, frische Luft zu atmen. Doch er unterdrückte den unerfüllbaren Wunsch und betrat das Innere des Hauses, das ebenfalls von schlechten Gerüchen verpestet war, und kam in einen dunkelgrün gestrichenen Raum, mit Bänken, überzogen mit geblümtem Stoff, einem Ventilator und einem Fernseher, an den Wänden Familienfotos und das Bild der Jungfrau Maria.

In einer Ecke saß ein junger Mann mit gesenktem Haupt. Er trug eine braune, schmutzige und zerrissene Galabija.

«Kennen Sie diesen Burschen?» Jussuf riß ihm mit einem Griff in die Locken den Kopf hoch.

Mark schaute ihm ins Gesicht.

«Nein, nie gesehen.»

«Aber er kennt Sie.»

«Woher?»

«Er hat Sie dort gesehen, wo Sie sich nicht hätten herumtreiben sollen.» Jussuf wurde wieder aggressiv. «Was hat Sie wirklich in die Stadt der Toten getrieben?»

«Ich habe Ihnen diese Frage schon einmal beantwortet...»

«Aber nicht aufrichtig. Dieser Bursche hat gesehen, wie Sie neben Mohammed Bokar, dem schlimmsten Feind der Kopten, in ein vertrautes Gespräch vertieft saßen. Schon seit Monaten versuchen wir, ihn zu erwischen, und Sie, Sie dinieren und plaudern mit ihm und wollen ihn doch gerade erst kennengelernt haben? Mit Fremden redet dieser Bokar aber gar nicht, sie sind ihm ein Greuel.»

«Ich war kein ganz Fremder für ihn. Seine Frau hatte ihm bereits ausführlich von mir erzählt – sogar allzu ausführlich, wie ich feststellen mußte, und wir haben keineswegs miteinander geplaudert, sondern wir haben miteinander gestritten. Hätte ich gewußt, daß meine alte Freundin Safinas die Ehe mit einem Terroristenboß eingeht...»

«Safinas ist eine Besessene, genauso gefährlich wie Bokar.»

«Dann muß sie sich sehr verändert haben.»

«Halten Sie mich für einen Dummkopf? Ihre Rachegeschichte ist pure Erfindung, in Wirklichkeit unterstützen Sie die Islamisten und verbreiten Kassetten mit den Reden von Scheich Omar Abdel Rahman. Zu dessen sehnlichsten Wünschen gehört die Ausrottung aller Kopten.»

«Lassen Sie mich mit diesem Polizeischwindel von einer Tonbandkassette in Ruhe. Ich versichere, ich habe nur ein Ziel, nämlich Hélène zu rächen.»

«Opfer der Fundamentalisten und Verfolgter der Polizei... Ich muß gleich weinen. Sie lügen miserabel und waren nicht vorsichtig genug. Kemal hat recht, Ihnen zu mißtrauen. Nun soll ich für ihn das kleine Problem lösen, das Sie darstellen.»

«Wenn dieser Mann hier mich in der Stadt der Toten gesehen hat, dann hat er vielleicht auch meine Unterhaltung mit Mohammed Bokar gehört und kann bezeugen, daß unser Dialog alles andere als freundschaftlich war: Ich habe Bokar gesagt, daß ich ihn umbringen werde, falls ich Beweise dafür erhalte, daß er für den Tod meiner Verlobten verantwortlich ist. Also los, befragen Sie Ihren Zuträger in meiner Gegenwart, jetzt sofort!»

Jussuf lachte los.

«Das geht nicht. Ich habe ihm die Zunge abgeschnitten.»

Mark glaubte, nicht richtig zu hören. Er ballte die Fäuste, sein ganzer Körper verkrampfte sich. Er war schon wieder in eine Falle geraten. Statt in dieser Hölle auf eine Fährte zu stoßen, die zu Hélènes Mördern führen könnte, sollte er hier selbst ermordet werden.

«Nun geraten Sie nur nicht gleich in Panik.»

«Nein, diese Genugtuung gebe ich Ihnen wahrhaftig nicht.»

«Auch noch stolz! Sie bleiben also bei Ihrer Version, daß Sie vollkommen ahnungslos in die Höhle des Löwen Bokar geraten sind, ja?»

«Ich bleibe dabei, weil es die Wahrheit ist.»

Jussuf ergriff ein Schlachtermesser, das am Griff des blinden Fensters hing, packte den stumm und apathisch Dasitzenden, dessen Hände auf dem Rücken zusammengebunden waren, an den Haaren und schnitt ihm die Kehle durch.

26

In Erwartung, daß Jussuf jetzt die Klinge gegen ihn richten würde, preßte Mark sich mit dem Rücken an die Wand.

«Damit Sie Bescheid wissen», sagte der Kopte und wischte das Messer seelenruhig an einem schmutzigen Fetzen ab. «So gehe ich mit Spionen um. Der Kerl war ein Terrorist Allahs und hatte sich bei den Sabbalin eingeschlichen, um meine Pläne auszukundschaften. Der Idiot hat sich damit verraten, daß er kein Schweinefleisch essen wollte. Und wie steht es mit Ihnen? Essen Sie Schweinefleisch?»

Jussuf deutete mit dem Messer zur Tür und ging hinter Mark aus dem Betonblock hinaus in Richtung der Freiluftküche, wo ein kahlköpfiger, zahnloser Sabbal ein schwarzes Schwein am Spieß briet. Jussuf schnitt ein Stück ab und hielt es Mark hin.

«Essen Sie!»

Das Fleisch war zäh und schmeckte fade.

Diesmal wischte Jussuf sein Messer an der Galabija des Kochs ab und klopfte dann seinem Gast auf die Schulter.

«Sie sind kaltblütig. Das gefällt mir. Ich habe zwar Vertrauen zu Kemal, aber sicher ist sicher. Lassen Sie uns zu meinem Hauptquartier zurückkehren.»

Der Leichnam des Spions war aus dem Büro verschwunden, statt dessen standen auf einem Kupfertablett zwei Glas Bier und eine Schale mit Datteln.

Jussuf zeigte auf die Bilder an der Wand. «Fotos meiner Eltern. Sie würden stolz auf mich sein. Jeden Tag bete ich zur Heiligen Jungfrau, daß sie mir auch weiterhin ihre Wohltaten erweist. Wir Kopten stehen vor dem Abgrund. Wenn wir nicht sehr schnell handeln, werden wir wie Schweine abgestochen.»

«Die offizielle Haltung Ihrer Kirche ist versöhnlicher.»

«Das wird sich ändern. Einige gute Seelen glauben immer noch, man könnte sich mit den Moslems verständigen. Sie irren sich gewaltig. Ich predige ihnen immer wieder: Gott schützt uns nur unter der Voraussetzung, daß wir zum Kampf bereit sind. Wenn die Islamisten die koptischen Milizen attackieren, werden sie sich wundern, mit welcher Kraft wir zurückschlagen.›

«Verstecken Sie Ihre Waffen auf den Müllkippen?»

«Seien Sie nicht zu neugierig.»

«Dann antworten Sie mir wenigstens auf die Frage, die ich Ihnen schon heute nacht gestellt habe: Was wissen Sie über den Mord an meiner Verlobten?»

«Zunächst einmal: Hélène Doltin war Ihrer nicht wert.»

Mark ging mit erhobener Faust auf Jussuf los.

Der Kopte schwang als geübter Straßenkämpfer sein Messer. Noch ein Schritt, und sein Angreifer hätte sich selbst aufgespießt.

«Ich würde Ihnen dringend raten, weiterhin ruhig Blut zu bewahren. Manchmal ist es schmerzlich, die Wahrheit zu erfahren, aber ändern kann man sie nicht.»

«Warum beleidigen Sie eine Tote?»

«Haben Sie die Wohnblöcke gesehen, die ich in Heliopolis kontrolliere? Im dritten, dem vornehmsten, besuchte Ihre Hélène regelmäßig einen Europäer.»

«Was heißt regelmäßig?»

«Fast täglich, wenn sie in Kairo war. Ich lerne meine Kunden gern persönlich kennen. Und wenn ein hübsches europäisches Mädchen bei ihm ist, denke ich mir mein Teil.»

«Was wissen Sie sonst noch?»

«Der Kerl heißt André Pavel, ein ungewöhnlich attraktiver Mann. Verstehen Sie jetzt?»

Nein, Mark verstand nicht. Hélène und er hatten einander ihre früheren Liebesverhältnisse nicht verheimlicht. Warum hatte sie ihm nichts von ihrem Freund André erzählt? Die Anwesenheit eines ehemaligen Liebhabers in Kairo konnte ihre Zukunftspläne doch nicht in Frage stellen. Er glaubte nicht, daß Hélène kurz vor der Hochzeit noch die Geliebte dieses Pavel gewesen sein könnte.

Mark holte aus der Jackentasche ihr Foto.

«Sie müssen sich täuschen. Schauen Sie sich dieses Bild an.»

«Genau die war es. Ich freute mich jedesmal, wenn ich sie bei dem Pavel wiedersah. Ich war überzeugt, sie gehöre zu ihm.»

«Was wissen Sie über diesen Mann?»

«Ein Ingenieur, der in dem Haus seit über einem Jahr wohnt. Sehr nett. Er schätzt Sauberkeit und zahlt eine Menge, damit sein Abfall jeden Abend abgeholt wird.»

«Ich will zu ihm.»

«Er scheint zur Zeit verreist zu sein.»

«Haben Sie eine Ahnung, wohin?»

«Warum hätte ich mich dafür interessieren sollen? Sie haben ohnehin Glück. Ohne meine angeborene Beobachtungsgabe hätten Sie nicht einmal diese Fakten erfahren, die Sie nun wissen.»

Noch nie hatte Mark ein solches Verlangen verspürt, den Kopf eines Menschen zu zerschmettern. Zehn Sekunden standen sich die beiden wie Herausforderer gegenüber. Jussuf lauerte genüßlich auf die Attacke des Amerikaners.

Mark wandte sich ab.

«Besser so, mein Lieber. Mir sind Sie nicht gewachsen. Wäre es nicht blödsinnig, für eine untreue Mätresse zu sterben?»

«Haben Sie denn den Beweis, daß meine..., daß Mademoiselle Doltin mit diesem Pavel schlief?»

«Was sollten sie sonst miteinander tun? So wie das

Mädchen ihn anhimmelte. Ich kenne mich da aus und kann Ihnen nur empfehlen: Vergessen Sie sie!»

«Sparen Sie sich Ihre Ratschläge, und bringen Sie mich jetzt aus dieser stinkenden Hölle raus. Ich muß zum Al-Tachrir-Platz.»

«Kein Problem. Ich setze Sie dort ab.»

Auf der Strecke, die der Buick in schneller Fahrt zurücklegte, wechselten die beiden Männer kein Wort. Wie üblich war das Zentrum von Kairo verstopft. Man hupte, schnauzte sich an und fuhr ohne Rücksicht drauflos. Jussuf parkte auf einem Gehweg.

«Wenn meine Ratschläge Ihnen auch lästig sind: Sie sollten's bei dem, was Sie von mir erfahren haben, bewenden lassen.»

Mark stieg aus dem Wagen, schaute ihm nach, bis er ihn im Verkehrsgewühl aus den Augen verlor, und stieg dann in ein schwarzweißes Taxi.

«Zu Pyramiden fahren?» fragte der Chauffeur in dürftigem Englisch. «Ich bin billigstes Taxi von Kairo.»

«Dann fahr mich für fünfzehn Pfund nach Heliopolis», antwortete Mark auf arabisch. «Ich zeige dir den Weg.»

Der Chauffeur tat beleidigt und vergaß dabei zu feilschen. Da war er offenbar an einen Europäer geraten, der die Stadt besser kannte als er selbst.

Heliopolis hatte luxuriöse Villen und moderne, gepflegte Gebäude. Reiche Kairoer und Fremde im Auslandsdienst wohnten in diesem Viertel, dem einige Bäume einen bescheidenen grünen Anstrich gaben.

Mark blickte zu dem achtstöckigen Hochhaus hinauf, in dem Hélène sich mit André Pavel in einem der «Besitztümer» getroffen haben sollte. Weiße Marmorstufen führten zu einem breiten Treppenabsatz, den eine Glastür abschloß. Rechts war eine Gegensprechanlage mit den Namen der Bewohner.

Ein André Pavel war nicht darunter.

Mark läutete auf gut Glück bei irgendwem.

Eine mürrische Stimme fragte, was er wünsche. Er sagte, er komme, um den Lift zu reparieren, worauf sofort der automatische Türöffner summte.

«Wohin?»

Ein Wächter in europäischer Kleidung mit einem Knüppel am Gürtel vertrat ihm den Weg zum Fahrstuhl.

«Ich möchte zu einem Freund, André Pavel.»

«Er ist verreist.»

«So ein Pech, ich muß ihn dringend sprechen. Haben Sie vielleicht eine Adresse oder eine Telefonnummer?»

Der Wächter schüttelte den Kopf.

«Ich bin Ingenieur, wie er, und habe in seiner Wohnung wichtige Unterlagen vergessen. Vielleicht kann ich kurz hineinschauen...»

«Kommt nicht in Frage.»

«Dann muß ich mit der Polizei und einem Schlosser wiederkommen, ich hab's wirklich eilig.»

«Machen Sie doch nicht solch einen Zirkus.»

Mark steckte zwanzig Dollar zwischen Daumen und Zeigefinger des Wächters.

«Nur eine Minute. Ich passe auf.»

«In Ordnung.»

Mit einem Passepartoutschlüssel öffnete der Mann Pavels Wohnungstür.

Auf dem dunkelgrünen Teppichbelag nichts als eine

Matratze, in der Mitte ein rechteckiger Tisch mit vier Stühlen, kahle Wände.

Mark ging ins Bad und in die Küche. Alles leer.

«Er muß die Papiere mitgenommen haben ... Sehr ärgerlich.»

Weitere zwanzig Dollar gingen von Hand zu Hand.

«Ist seit der Abwesenheit von Monsieur Pavel sonst jemand hier gewesen?»

«Niemand.»

In trübe Gedanken versunken, ging Mark eine der Alleen von Heliopolis entlang. Ein etwa zwölfjähriger Junge sprach ihn an.

«Gibst du mir das Papier?»

«Was für ein Papier?»

«Das, worauf Kemal wartet.»

Von solchen Botenjungen gab es in Kairo Tausende. Bereits mit acht Jahren arbeiteten sie als Laufburschen, als Akkordarbeiter, oder sie waren Prügelknaben eines Handwerkers. Sie flohen aus der Schule, die nicht lange nach ihnen fahndete. Sie hatten keine Zeit mehr, Kind zu sein.

«Wie heißt du?»

«Nun gib schon deine Nachricht her, ich hab's eilig.»

Mit dem Ernst eines Scheichs streckte der Junge die Hand aus.

Mark riß eine Seite aus seinem Notizbuch und schrieb darauf: «Wo finde ich André Pavel?» und übergab sie Kemals Boten.

27

Plötzlich wußte Mark nicht mehr, wohin – es sei denn, nach Hause. Er winkte ein Taxi heran und ließ sich nach Samalek fahren. Er spürte immer noch den Gestank der Müllkippe an sich, seine Kleidung war schmutzig, und es verlangte ihn dringend nach heißem Wasser und Seife.

Er hatte einen alten zweistöckigen Palast geerbt, dessen Hauptfront zu einem Garten hin lag. Als Mark am Gittertor erschien, sprang der Wächter von seiner Bank und öffnete ihm.

«Mister Walker! Ein großes Unglück ist geschehen, aber ich kann nichts dafür. Ich hab mich nicht getraut, die Polizei zu rufen, ich wollte lieber abwarten, bis Sie wieder einmal herkommen.»

Mark hastete die Stufen der imposanten Marmortreppe hoch, der Wächter hinter ihm. Der Hausherr entriß ihm den Schlüssel und schloß auf.

Die fünfhundert Quadratmeter auf beiden Etagen waren total durchwühlt. Auf Parkett und Teppichen lag der Inhalt von Schränken, Truhen und Schreibtischen. Umgestoßene Vasen, auseinandergenommene Lampen, aufgeschlitzte Kissen, zerschnittene Stuhlsitze ... Die Besucher hatten ganze Arbeit geleistet.

«Wann ist das passiert?»

«Ich weiß nicht genau, ich hab nichts gehört. Richtige Gespenster waren das, Mister Walker. Was für ein Unglück, ein großes Unglück!»

Na klar, das war Kemal, sagte sich Mark. Er wollte alles über mich wissen und hatte einen Trupp Spezialisten hergeschickt. Eingeschüchtert hatte der Wächter ihnen aufgemacht und für alle Fälle noch ein schönes Schweigegeld bekommen.

«Hier muß saubergemacht und aufgeräumt werden.»

«Ich hole meine Brüder und meine Vettern, wir machen's ganz billig. Aber sie wollen bestimmt einen Vorschuß.»

Mark hielt dem Wächter eine Handvoll Ein-Dollar-Noten hin und ging durch den Salon in sein Schlafzimmer. Hélènes beinahe lebensgroßes Foto, im hellen Sonnenschein auf der Hochfläche von Giseh aufgenommen, hatte man nicht angerührt. Und gerade dieses Porträt wollte er niemals wiedersehen.

Ihr Anblick war für Mark ein unerwartet heftiger Schock – ein Schock des Entsetzens, nicht der Trauer, und zugleich war es so, als wäre sie da, lebendig, lächelnd ... Oder lachte sie ihn etwa aus?

Nachdem er geduscht hatte, verbrachte Mark den Nachmittag in seinem Garten, im Schatten einer hundertjährigen Palme. Er versuchte, sich die Situation vorzustellen, als der Terrorist Hélène erschoß. Warum hatte sie in diesem Augenblick die drei Blätter mit den geometrischen Linien an die Brust gedrückt? Bedeuteten sie ihr denn soviel wie ihr Leben? Diese Zeichnungen ... dieser André Pavel ... alles Rätsel. Dabei war Mark so sicher gewesen, daß Hélène, die so gern erzählte und in Erinnerung schwelgte, ihm nichts Wesentliches verschwiegen hatte.

Ein Junge kam über die Mauer geklettert, die den Garten umgab, und machte Mark Zeichen, zu ihm zu kommen.

«Für dich», sagte er und übergab ihm ein vierfach gefaltetes Blatt. Mark entfaltete es und las die kurze Mitteilung: «Morgen, elf Uhr, Mahmud-Khalil-Museum.»
Als er aufblickte, war der Junge nicht mehr zu sehen.

Zwischen maurischen Bögen sah man ganz oben hinter einem monumentalen Treppenaufgang die Pforte zu dem vermutlich am wenigsten besuchten Museum Kairos, einer prunkvollen Villa in dem Mark so vertrauten Samalek-Viertel. Dort hatte Mahmud Khalil, einst Student an der Sorbonne und verheiratet mit einer Französin, vor und nach dem Zweiten Weltkrieg Bilder französischer Maler zusammengebracht. Werke von Corot, Delacroix und Renoir hingen kaum beachtet in diesem eleganten Gebäude, von dem gleich nach der Revolution Nasser Besitz ergriffen hatte. Nach seinem Tod war die Villa kurze Zeit die Zentrale der Kommunistischen Partei Ägyptens und seit 1971 Museum.

Die Hände auf dem Rücken verschränkt, in einem modischen, hellgrau karierten Anzug, stand Kemal bewundernd vor einer Skulptur von Rodin, einer massigen Gestalt in einen togaartigen Umhang gehüllt, die rechte Hand auf der Schulter.

«Schön, Sie wiederzusehen, Mister Walker. Paßt Ihnen die Art, in der wir uns Nachrichten zukommen lassen?»

«Mehr als die Durchsuchung meines Hauses jedenfalls.»

«Tut mir leid. Mein Beruf verlangt manchmal, in unangenehmer Weise vorzugehen.»

«Ich hoffe, Sie haben mich herbestellt, um mir Auskünfte über André Pavel zu geben.»

«Sie scheinen mit Jussuf glänzend klargekommen zu sein. Er ist nicht einfach, und um ihm eine so wichtige Information zu entlocken, muß man schon sehr clever sein.»

«Ich war auch schon in Pavels Wohnung. Sie ist leer.»

«Sehr unvorsichtig von Ihnen, dort hinzugehen.»

«Wieso?»

«Stellen Sie sich vor, er wäre unerwartet aufgetaucht.»

«Na und? Warum sollte dieser smarte Ingenieur mir gegenüber gewalttätig werden?»

«André Pavel ist Tscheche und Spezialist für Semtex, den Sprengstoff, von dem ich Ihnen erzählt habe.»

An diesem heißen Sommertag störte nicht ein einziger Besucher die Ruhe im Museum. Die beiden Männer setzten sich auf eine Bank, und Kemal zeigte Mark eine Karteikarte über Pavel, dessen Foto und Lebenslauf sowie Zeugnisse über seine technischen Fähigkeiten. Der Mann mit Bürstenschnitt hatte ein viereckiges, typisch slawisches Gesicht, das Mark ganz und gar nicht sympathisch fand.

«Kann mir nicht vorstellen, daß Hélène dieser Kerl gefallen hat. Möglicherweise hat mir Jussuf Märchen erzählt, um mich in Rage zu bringen.»

«Das ist nicht seine Art, wenn es um ernste Dinge geht. Sind Sie sicher, daß Ihre Verlobte den Tschechen auch nicht in Zusammenhang mit ihrem Beruf erwähnt hat?»

«Absolut sicher. Sie war ja nicht Sprengstoff-, sondern Umweltspezialistin.»

«Selten gelangt Semtex in die Hände eines Amateurs, und noch seltener kommt es vor, daß ein hochspezialisierter Ingenieur, der damit Handel treibt und mit dem Zeug im Ernstfall auch umgehen kann, so kühn ist, in unserem Land einen festen Wohnsitz zu unterhalten.»

«Hat er den Sprengstoff vielleicht der ägyptischen Regierung oder der Armee verkaufen wollen?»

«Davon wüßte ich. Es bleibt die Frage: Zu welchem Zweck trafen sich Ihre Verlobte und Pavel in regelmäßigen Abständen, falls nicht pour faire l'amour?»

«Seine Geliebte war sie nicht, das steht für mich fest, seit ich sein Foto gesehen habe.»

«Um so schlimmer.»

«Was soll denn das nun wieder heißen?»

«Ich hätte diesem Pavel schon früher das Handwerk legen sollen. Hier haben Sie ein zweites Porträt, noch weniger schmeichelhaft als das erste.»

Der tschechische Ingenieur hatte die Augen geschlossen, der Mund war verzerrt und mitten auf der Stirn ein rotgerändertes Loch.

«Der übrige Körper war von Kugeln durchsiebt», fügte Kemal hinzu. «Wenn Sie wissen wollen, wo er so übel zugerichtet worden ist: Pavel saß in demselben Bus wie Ihre Verlobte.»

Die Rodin-Skulptur floß in die Breite, der ganze Raum fing an, sich um Mark zu drehen. Lava kochte in seinem Bauch.

Kemal wartete ab, bis sein Gesprächspartner sich wieder gefaßt hatte.

«Und was beweist das?» fragte Mark mit tonloser Stimme.

«Daß die Beziehung zwischen Pavel und Ihrer Verlobten nicht zuletzt beruflicher Art war. Der Tscheche arbeitete auch mit einem Engländer zusammen, der seit zwei

Jahren in Kairo lebte und in derselben Sparte genauso kompetent war wie Pavel. Dieser Mann befand sich gleichfalls in dem Bus und ist auf dieselbe Weise umgekommen.»

Mark explodierte.

«Schließen Sie daraus etwa, daß Hélène einer Terroristenbande angehörte und Bombenattentate vorbereiten half?»

«Zweifellos führte sie ein Doppelleben, von dem Sie nichts wußten.»

«Sie täuschen sich. Zwischen uns herrschte absolute Aufrichtigkeit.»

«Die Tatsachen beweisen leider das Gegenteil. Stecken Sie doch nicht den Kopf in den Sand. Machen Sie die Augen auf, Mister Walker! Sie wissen genau, daß Sie an der Wahrheit nicht vorbeikommen.»

«Unsere Wege trennen sich, Kemal. Schicken Sie keine Boten mehr zu mir. Ich brauche Sie nicht, um Hélène zu rächen.»

«Eine sehr unkluge Entscheidung.»

«Ihr Erpressungsversuch ängstigt mich nicht. Sie bringen mich nicht so leicht zum Schweigen, wie Sie denken. Ich habe einflußreiche Freunde. Vor Ihren Methoden ist mir nicht bang.»

Mark verließ das Museum.

Kemal steckte eine Dunhill mit Menthol in seine goldene Zigarettenspitze. Weil sich sein Plan nicht ganz nach Wunsch entwickelte, verordnete er sich noch eine halbe Stunde Kunstgenuß, Entspannung und Zeit zum Nachdenken.

28

Scheich Charauis erregtes Gesicht erschien auf allen Bildschirmen. Tagtäglich produzierte er sich in einer Show, in der er den Westen für alle Mißstände in der ägyptischen Gesellschaft verantwortlich machte und die echten Moslems aufrief, unermüdlich gegen Atheismus und weltliche Verhaltensweisen zu kämpfen. Da der Sender die Botschaft alle paar Stunden wiederholte, mußte sie sich den Köpfen schließlich einprägen.

Diesmal hatte der Scheich Sensationsnachrichten zu bieten. Der Al-Aschar-Universität, deren politischer Einfluß zunahm, war es gelungen, den Verkauf eines Buches verbieten zu lassen, in dem die Authentizität des Korans angezweifelt worden war, und aus dem Fernsehprogramm eine schamlose amerikanische Unterhaltungssendung zu streichen, in der man die unverhüllten Brüste einer Frau beim Baden in ihrem Swimmingpool sah. Von nun an würde die ehrwürdige Koran-Universität den Medien untersagen, irgend etwas zu verbreiten, was den Gesetzen des Islam zuwiderliefe.

Das Wichtigste hatte der Scheich für das Ende seiner Ansprache aufgespart, und jeder wußte, was nun kommen würde: der Hinweis auf den Ramadan. Er begann mit dem nächsten Tagesanbruch. Von Sonnenaufgang bis Sonnenuntergang durfte kein Moslem trinken, essen oder sexuelle Kontakte haben. Obwohl der Sommer drückend glutheiß war, noch viel heißer als gewöhnlich, waren weder eine Brotkrume noch ein Schluck Wasser erlaubt. Der Koran ließ nur wenige Ausnahmen zu, die streng kontrolliert wurden, und zwar für Kranke, deren Zustand Nahrungsaufnahme erforderte, für gewisse Reisende sowie für schwangere, stillende und menstruierende Frauen – unter der Bedingung, daß sie die Fastenperiode so schnell wie möglich nachholten.

Die Frömmsten spuckten sogar ihren Speichel aus, vor lauter Furcht, damit ein Getränk zu sich zu nehmen. In diesen dreißig Tagen des Ramadan überwachte argwöhnisch einer den anderen, und die Fundamentalisten meldeten jeden, der sich gegen die heiligen Ramadan-Gebote verging, sofort der nächsten Moschee.

Gleich einem Ertrinkenden hielt Mark sich am Telefonhörer wie an einem rettenden Ast fest. Endlich antwortete Mona.

«Hundertmal habe ich schon bei dir angerufen.»

«Ich war ausgegangen.»

«Hast du Nachricht von deinem Mann?»

«Ja ... Kannst du herkommen?»

«Bin schon unterwegs.»

Mark ging das kurze Stück zu Fuß. Monas Stimme hatte so geklungen, als habe sie Neuigkeiten für ihn. Doch da täuschte er sich. Nichts, was sie ihm sagen wollte, betraf Hélène und ihre mutmaßlichen Mörder.

Sie empfing ihn mit der Mitteilung, daß Sakaria nach Assiut versetzt worden sei, in die Hochburg der Fundamentalisten. «Ein Eilauftrag. Die Kontrolle der Universität. Man hat ihm nicht mal mehr Zeit gelassen, zu Hause vorbeizukommen.»

Mark verstand ihre Ängste.

«Das ist doch verrückt», sagte er. «Seit zehn Jahren gelingt es weder der Polizei noch der Armee, in Assiut für Ordnung zu sorgen, und nun soll dein Mann ... Wie klang seine Stimme, als er dich benachrichtigte?»

«Ganz gelassen. Er hat mir übrigens noch versichert, er werde meinen Freunden helfen. Damit kannst nur du gemeint sein. Und es sei ihm in Assiut wahrscheinlich eher als in Kairo möglich, an die gewünschten Informationen heranzukommen.»

«Deutlicher geht's nicht. Weißt du was, ich fahre nach Assiut. Ich bringe ihm ganz einfach ein paar Sachen, die er gebrauchen kann, und Grüße von dir, und wenn ich wieder zurück bin, kann ich dir berichten, wie es ihm geht, und dich dadurch ein bißchen beruhigen.»

Mona drückte ihren Kopf an seine Brust. «Das ist zu gefährlich, Mark. Und außerdem ...»

«Heraus mit der Sprache!»

«Sakaria betrügt mich. Schon seit unserer Hochzeit», murmelte sie. «Die Bauchtänzerin, die vor dem Marriott Hotel ermordet wurde, war eine seiner Mätressen. Ich habe ihn trotzdem sehr gern und schätze an ihm, daß er so mutig ist und Ägypten vor der Herrschaft des Fundamentalismus bewahren will, aber ich liebe ihn nicht mehr.»

Mit dem Kopf an Marks Brust weinte Mona leise.

«Ich möchte dich nicht auch noch verlieren ...»

Sie bot ihm ihre Lippen zum Kuß.

«Versteh bitte, Mona ... Ich kann nicht anders ... Ich muß erst Klarheit haben, wer Hélène auf dem Gewissen hat – und wer sie war.»

Mit einigem Widerstreben hatte Nagib Ghali sich bereitgefunden, Mark in der nächsten Nacht nach Assiut zu fahren.

«Assiut ist eine gefährliche Stadt. Selbst für einen Taxifahrer, der Moslem ist. Wenn er nämlich aus Kairo kommt. Ich habe an die Heckscheibe vorsichtshalber ein besonders auffälliges Koran-Exemplar in einer grünen Lederhülle gelegt.»

«Du bist der einzige, zu dem ich rückhaltloses Vertrauen habe. Ich danke dir für deine Bereitschaft, Nagib.»

«Laß man gut sein. So eine einträgliche Fahrt ist schließlich ein Segen für mich und meine Familie.»

«Für den Tag im Krankenhaus, den du verlierst, zahle ich dir selbstverständlich ein Ausfallhonorar.»

«Ich habe den Preis für Hin- und Rückfahrt schon doppelt gerechnet, plus zwanzig Prozent Bakschisch. Da will ich dich nicht noch mehr bestehlen.»

Als der Peugeot kurz nach Sonnenuntergang aus Kairo hinaus in Richtung Süden fuhr, wurde gerade der Abbruch des ersten Fastentages ausgerufen. Die Läden schlossen, ein jeder eilte nach Hause, um endlich wieder trinken und essen zu können. Hunderte Minarette erstrahlten, farbige Laternen und Girlanden beleuchteten die Kreuzungen und Straßenecken, Scheichs saßen in Zelten und rezitierten den Koran.

Die Mütter hatten süße Speisen zubereitet, über die man mit Heißhunger herfiel: Kompotte, Gebäck mit Pistazienfüllung, Streuselkuchen und anderes. In den Ramadan-Nächten brachte man mehrere Stunden bei Tisch zu und aß zwei- bis dreimal soviel wie sonst. Man mußte sich ja für den nächsten Fastentag rüsten. Es gab wenig

Schlaf, denn man sollte vor Sonnenaufgang aufstehen und den Magen nochmals füllen, bevor die verordnete Askese begann. Bis zum Abend würde man nur an das nächtliche Festmahl denken. Am Ende des Ramadan war der Organismus durch zuviel Essen und zuwenig Schlaf oft arg strapaziert.

«Was hast du in Assiut vor?» wollte Nagib wissen.

«Ich möchte Oberst Sakaria treffen. Er könnte dort einiges über Hélènes Tod in Erfahrung gebracht haben. Du mußt einen Bärenhunger haben. Es empfiehlt sich, vor der Fahrt etwas zu essen.»

«Als Taxichauffeur bin ich den Reisenden gleichgestellt und brauche bis zu meiner Rückkehr nicht zu fasten. Ich durfte also bei mir zu Hause Mittag essen und habe für uns beide Fladenbrot, Käse, Tomaten und Wasser in den Wagen gepackt.»

Ein Unfall legte den Verkehr lahm. Der Fahrer, der es allzu eilig gehabt hatte, zum Essen heimzukommen, hatte seinen VW-Käfer ohne zu bremsen in das Heck eines Busses gerammt, in dem mehr als zweihundert Personen zusammengepfercht waren. Das große Aufgebot von Polizei und Krankenwagen machte das Durcheinander noch größer. Die Verletzten verlangten, an Ort und Stelle ambulant behandelt zu werden, um nicht ins Krankenhaus zu müssen und den Ramadan nicht zu unterbrechen. Vor allem die Frauen jammerten darum.

«Hoffentlich dauert es nicht Stunden, bis die Straße wieder freigegeben wird», meinte Nagib.

Jungen nutzten den Stau für ihre Geschäfte aus und drängten sich zwischen den Wagen durch, um Pistazien, Mandeln und Jasminketten anzubieten. Am Rand der

Chaussee hielten ein Jugendlicher und seine verstört zitternde kleine Freundin sich an der Hand und starrten fassungslos in das Chaos. Eine Bande junger Bärtiger griff sie hinterrücks an, bezichtigte sie, Pornographie zu treiben, und traktierte sie mit Stockschlägen.

Mark versuchte, aus dem Peugeot herauszukommen. Nagib hielt ihn am Arm fest.

«Bleib hier. Es sind zu viele. Gestern abend sind Fundamentalisten in ein Theater eingedrungen und auf die Bühne geklettert, wo die Schauspieler gerade probten. Sie haben den Frauen unterstellt, unkeusche Rollen zu spielen. Mit Eisenstangen hat das Kommando die Kulissen zertrümmert, zwei der Schauspielerinnen erschlagen und denen, die sie zu verteidigen versuchten, die Beine gebrochen.»

«Und die Polizei?»

«Als sie endlich am Ort war, hat sie über die Täter nichts in Erfahrung bringen können. Niemand war zu einer Zeugenaussage bereit.»

«Augen zu ... Ist das wirklich die einzige Lösung?»

«Was Gott tut, das ist wohlgetan. So heißt es doch in eurer Bibel, stimmt's?»

In diesem Augenblick hatte Gott wenigstens mit den Autofahrern Mitleid. Der Verkehr wurde um die Unfallstelle herumgeleitet.

29

Nachtfahrten durch Ägypten verlangen Höchstleistungen. Überladene Lastwagen fuhren, die erlaubte Höchstgeschwindigkeit weit überschreitend, in der Straßenmitte; Personenwagen überholten ohne Sicht; tiefe Querrinnen und Schlaglöcher waren erst im letzten Moment erkennbar. Anfänger am Steuer beendeten ihre Fahrt oft im Straßengraben oder an einem Baum; Autofahrer mit Erfahrung fuhren ohne Licht und blendeten, wenn sie überholen wollten, plötzlich mit dem Fernlicht.

Nagib schaffte die dreihundertsiebenundfünfzig Kilometer zwischen Kairo und Assiut, ohne bei den Ortsdurchfahrten langsamer zu werden, in sieben Stunden, was in Anbetracht des Straßenzustands eine hervorragende Leistung war. Kurz vor dem Ziel hielt er auf freier Strecke an und schlief zwei Stunden. Danach wachte er erfrischt auf und teilte vor Tagesanbruch seinen Proviant mit Mark. Zwar genoß er Sonderrechte, doch er wollte die extrem strenggläubigen Einwohner von Assiut nicht dadurch reizen, daß man ihn zu verbotener Zeit essen sah.

Kurz nach Sonnenaufgang fuhr das Taxi in die Stadt. Kinder in Schlafanzügen oder zerlumpten Trainingshosen sprangen auf den mit Abfall gefüllten Containern herum, die an den Gehwegen zum Abholen bereitstanden. An den Mauern vieler Häuser konnte man die alten Parolen und neuesten Forderungen der Fundamentalisten ablesen: «Tod den Juden», «Unter Gewehrsalven entsteht der islamische Gottesstaat», «Weder Sozialismus noch Kapitalismus, sondern Islam».

Held der islamischen Fanatiker von Assiut war kein anderer als Al-Islambuli, der Mörder Präsident Sadats, der wegen seines Verbrechens zum Tode verurteilt worden war. Seinem heldenhaften Beispiel zu folgen war das Ideal der meisten von den dreißigtausend Studenten der Universität, die alle Vergnügen der Jugend – Kino, Tanz und Musik – ablehnten und sich ausschließlich dem Studium des Korans widmeten.

Das Taxi fuhr an einem Kanal entlang, der, mit Unrat verstopft, so ekelerregend stank wie die Müllhalden von Kairo. Verschleierte Frauen bewegten sich müde mit schweren Körben auf dem Kopf; Blinde mit Augen voller Fliegen hielten schlaff ihre Hand auf. In Zeiten des Ramadan schwanden den Ärmsten die Kräfte noch schneller als sonst.

Ein Jeep voller Polizisten hängte sich an das Taxi und zwang es zum Halten. Ein Unteroffizier sprang heraus und fragte Nagib Ghali: «Wohin wollen Sie?»

«Zu Oberst Sakaria», antwortete Mark.

«Für Leute aus dem Westen ist es nicht ratsam, durch die Stadt zu fahren. Kehren Sie um. Fahren Sie dahin zurück, wo Sie hergekommen sind.»

«Der Oberst erwartet uns.»

«Dann müssen wir Ihnen Begleitschutz geben.»

Zur Zeit der Pharaonen war Assiut eine blühende Stadt gewesen, beschützt von dem Schakalgott, der als «Wegeöffner» die Seelen ins Jenseits zu geleiten hatte. Von seinem Tempel stand kein Stein mehr, und den Hügel mit den Gräbern altägyptischer Provinzfürsten hatte man zur «Militärzone» erklärt, wo die leeren Grabhöhlen teils als Vorratsräume, teils als Latrinen dienten.

Ganz Assiut verkam. Die alten Stadtviertel verfielen zusehends. Die eilig errichteten Mietskasernen bekamen Risse, noch bevor sie bezogen waren. Niemand dachte daran, eine Fassade zu streichen oder zu säubern. Von Zeit zu Zeit fuhr man durch tiefe Dreckpfützen und an Kanalabschnitten voller Exkremente und Tierkadaver entlang. Trotzdem wuschen Hausfrauen darin ihr Geschirr.

In den überfüllten Straßen herrschte eine bedrückende Atmosphäre. Alle Frauen waren verschleiert, die Männer gingen dem Polizeijeep und dem Taxi auch bei lautestem Hupen kaum aus dem Weg. Ein Junge warf einen Pflasterstein in Richtung des Peugeot und verfehlte den Wagen nur knapp.

Ein Toyota-Kleinlaster mit einem Dutzend bewaffneter bärtiger Männer auf der Ladefläche versperrte die Straße. Der Jeep stoppte, und man begann zu verhandeln. Das Ergebnis war beunruhigend: Der Wagen mit den Fundamentalisten setzte sich an die Spitze des Zuges, und der Jeep bildete den Schluß. Auf diese Weise hatten sie den verdächtigen Wagen in die Zange genommen.

In Kairo hätte Nagib vielleicht versucht, durch eine Seitenstraße zu entwischen. In Assiut und eingerahmt von Männern mit Schnellfeuerwaffen sah er keine Chance zu entkommen. Mark stand der Schweiß auf der Stirn. Bei all dem Staub und Gestank hatte Nagib die Scheiben heruntergelassen.

Der Konvoi hielt vor einem grauen Gebäude mit einem Minarett daneben. Zu beiden Seiten der halbgeöffneten Tür standen Straßenschuhe, Sandalen und Babuschen.

«Eine Moschee», sagte Nagib beklommen, und als er

in den Rückspiegel schaute, war der Polizeijeep plötzlich verschwunden. Statt dessen sammelte sich hinter dem Taxi eine Menschenmenge. Einer der bärtigen jungen Männer, mit seinem gestreiften Schal um die Stirn als Krieger Allahs zu erkennen, sprang von der Plattform des Toyota, richtete seine Kalaschnikow auf den Ungläubigen und befahl ihm auszusteigen. Den Taxifahrer forderte er auf, die Hände nicht vom Steuer zu nehmen.

«Riskiere bloß nichts», flüsterte Mark Nagib ins Ohr und ging langsam auf den Krieger Allahs zu, der jetzt kommandierte:

«Zieh die Schuhe aus und komm mit!»

Der Lauf der Maschinenpistole deutete auf die Moschee.

Mark entledigte sich seiner Schuhe und nahm beim Eintreten in das Gebäude einen Vorraum ohne Teppiche mit unverputzten Betonmauern wahr.

«Ungläubigen ist das Betreten des Kultraumes nicht gestattet. Also nach links.»

Auch dieser noch unfertige Bau verfiel bereits wieder, die Wände schwitzten Feuchtigkeit aus. Mark wurde in einen kleinen Raum gestoßen, der seiner Zelle für Ausländer im Zentralgefängnis ähnelte. Der einzige Schmuck bestand aus Fotos vom Mörder Sadats und von dessen Schutzpatron, dem Scheich Omar Abdel Rahman.

War der Anruf Oberst Sakarias eine Falle gewesen? schoß es Mark durch den Kopf. Vielleicht hatte auch gar nicht er selbst bei Mona angerufen, sondern jemand anders seine Stimme täuschend echt nachgeahmt. Sollte der lästige Amerikaner wie Hélène von Sicherheitskräften in der Tracht der Islamisten beseitigt werden? Die Behörden würden ihr Bedauern ausdrücken, das Leben ginge weiter, und die Angelegenheit wäre bald vergessen. Es war ein blödsinniger Fehler gewesen, nach Assiut zu fahren und nicht nur sein Leben aufs Spiel zu setzen, sondern auch noch das seines Freundes Nagib.

Mohammed Bokar stieß die Tür auf.

Der wie stets in strahlendes Weiß Gekleidete trug eine Brille mit auffallend kleinen Gläsern, die seine vorspringende Nase noch größer erscheinen ließen, und in der rechten Hand hielt er eine Perlenschnur mit schwarzen Kugeln, die er mit seinen feingliedrigen Fingern eine um die andere langsam weiterbewegte.

«Allahs Barmherzigkeit mit Ihnen, Mister Walker. So haben Sie sich also entschieden! Ich freue mich darüber, denn Sie retten nicht nur Ihre Seele, Sie nehmen auch an der Befreiung dieses Landes von den Ungläubigen teil. Ich werde eigenhändig Ihren Übertritt zum Islam eintragen. Von heute an werden Sie folgende fünf Grundsätze zu beherzigen haben: den Glauben an Allah als den alleinigen Gott, dessen Wort Mohammed, sein Prophet, überbracht hat; das fünfmalige Gebet am Tag; Fasten während des Ramadan; Freigebigkeit in Almosen und mindestens einmal im Leben eine Pilgerreise nach Mekka.»

«Sie täuschen sich.»

«In welcher Hinsicht? Sollten Sie eines der fünf unumstößlichen Gebote nicht befolgen wollen?»

«Wie kommen Sie überhaupt auf die Idee, daß ich bereit bin, mich Ihren Dogmen zu unterwerfen?»

«Mohammed hat sich ‹das Siegel› genannt, weil er der letzte der Propheten ist. Er hat, von Allah inspiriert, die Letzte Wahrheit niedergeschrieben und gesiegelt – die

Letzte Wahrheit, von der keine Zeile zu verändern oder zu bezweifeln ist. Ist es so schwer, das anzuerkennen?»

«Sobald eine Wahrheit in einer Religion erstarrt, wird sie zu einem gefährlichen Irrtum.»

«Sie erkennen die Größe des Islam noch nicht», seufzte Bokar, «aber ich gebe nicht so schnell auf.»

«Der Fanatismus, den Sie der Welt aufzwingen wollen, führt zu Krieg und Unglück. Das ist nicht der wahre Islam.»

Mohammed Bokar ließ die Perlen noch rascher durch seine Finger gleiten.

«Wenn Sie Assiut nicht zum Ort Ihrer Bekehrung gewählt haben, welchen Zweck hat dann Ihre Reise? Diese heilige Stadt, sie sei gesegnet, weist Ungläubige ab.»

«Denken Sie dabei auch an die Kopten?»

«Die wird es bald nicht mehr geben, so oder so.»

«Wie geht es Safinas?»

«Die Gesundheit meiner Gattin geht nur mich etwas an. Vergessen Sie sogar die elementaren Höflichkeitsregeln?»

«Ich sorge mich um Ihre Gattin und möchte nicht, daß sie Kummer hat – zum Beispiel, weil ihr Mann im Untergrund leben muß.»

«Die Regierung und die Kopten würden mich zwar gern hängen sehen, aber sie hoffen vergebens. Ich bin unantastbar. Ganz gleich, in welcher ägyptischen Stadt ich mich aufhalte. Auch Sie sind ein der Obrigkeit Unbequemer. Aber wer gewährleistet Ihren Schutz? Niemand!»

«Sie meinen, ich muß froh sein, daß Sie noch nicht Befehl gegeben haben, mich abzumurksen?»

«Wie ich bereits sagte: Ich habe die Hoffnung noch

nicht aufgegeben, daß Sie zur einzig richtigen Einsicht kommen. Ich weiß, Sie sind nicht so kurzsichtig wie die meisten Europäer, die unentwegt Toleranz und Anpassung preisen. Der wahre Islam sieht das Heil weder in dem einen noch in dem andern. Da Sie das begriffen haben, bleiben zwei Lösungen des Problems, das Sie für uns darstellen: Sie zum Schweigen bringen oder Sie bekehren. Ich würde die zweite Lösung bevorzugen, denn Sie wären ein hervorragender Missionar des einzig wahren Glaubens. Ihr Beispiel könnte in der westlichen Welt Schule machen. Intellektuelle Konvertiten sind in diesem degenerierten Europa, das uns wie eine reife Frucht in den Schoß fallen wird, die besten Stützen des Islam. Deshalb werde ich so lange Geduld mit Ihnen haben, wie Allah es mir erlaubt.»

«Haben Sie sich so großmütig auch Hélène gegenüber verhalten, bevor Sie sie ermorden ließen?»

«Antworten Sie auf meine Frage: Der Zweck Ihrer Reise nach Assiut?»

«Ich soll hier Oberst Sakaria treffen.»

Bokar lächelte.

«Der arme Oberst ... Man hat ihm eine undankbare Aufgabe übertragen. Er wird die hiesige Universität und die Stadt Assiut genausowenig wie seine Vorgänger unter Kontrolle bringen. Unsere Jugend erträgt nicht länger Elend und Lügen. Sie weiß, daß allein Allah ihr das geben wird, wonach sie verlangt. Was kann eine Armee angesichts einer solchen Überzeugung ausrichten? Sakaria ist verweltlicht und korrumpiert. Sein Mißerfolg führt uns unserem Sieg ein Stück näher. Also nochmals: Der Zweck Ihrer Begegnung? Heraus damit!»

«Nicht mehr und nicht weniger, als die Mörder meiner Verlobten ausfindig zu machen.»

«Sie sind ein hartnäckiger Mann ... Wenn Sie erst bekehrt sind, können wir gemeinsam Großes vollbringen.»

Bokar klatschte in die Hände. Eine Gruppe junger Islamisten brachte Mark zum Wagen zurück. Nagib hatte sich nicht vom Fleck gerührt.

«Bin heilfroh, dich wiederzusehen. Was ist passiert?»

«Eigentlich nichts. Beinahe verwunderlich. Der scheinbar allgegenwärtige Mohammed Bokar trat auf und hat mir, was meine Bekehrung zum wahren Glauben betrifft, eine Art Schonfrist gewährt.»

«Gratuliere!» sagte Nagib erleichtert und fragte einen Verkehrspolizisten nach dem Weg zum Hauptquartier der Streitkräfte.

Der Toyota mit den Bärtigen an Bord war nicht mehr zu sehen.

«Die wären wir los», sagte Mark.

«Freu dich nicht zu früh», antwortete Nagib.

Erst am Nachmittag hatte Oberst Sakaria Zeit, Mark zu empfangen.

«Tut mir leid, daß Sie so lange warten mußten, aber ich war unterwegs, um die Sicherheitsvorrichtungen bei den koptischen Kirchen zu inspizieren. Assiut ist ein Alptraum ... Man sollte es dem Erdboden gleichmachen. Wie soll man gegen Koranschulen, fundamentalistische Behörden, Organisationen, Krankenhäuser, Sozialeinrichtungen und all die jungen Fanatiker ankämpfen? Das Volk ist von der Regierung jahrzehntelang hinters Licht geführt worden. Bis es aufwacht, ist es zu spät.»

Sakaria wirkte schon nach vierundzwanzig Stunden Dienst in Assiut völlig deprimiert, um Jahre gealtert.

«Warum hat man Sie denn so plötzlich hierher versetzt?»

«Ihretwegen.»

«Wie bitte? Das kann ich einfach nicht glauben.»

«Ich mache Ihnen keinen Vorwurf, Mark. Ein Versprechen muß man halten. Ich habe die Akte über das Attentat auf den Touristenbus in Kairo noch einsehen können. Die bittere Wahrheit ist: Es besteht kein Zweifel, daß diesen Anschlag ein Elitekommando verübt hat – in höchstem Auftrag, versteht sich. Aber fragen Sie mich nicht, warum. So etwas kommt nicht in die Akten.»

30

Marks Herz begann zu rasen. Er mußte sich zwingen, ruhiger zu atmen, bevor er genügend Luft bekam, um zu sprechen.

«Das ist ungeheuerlich.»

«Es besteht keinerlei Zweifel», wiederholte Oberst Sakaria. «Nach Erfüllung des Auftrags ist das Kommando nach Kairo zurückgekehrt.»

«Namen?»

«Nur ein nichtssagender Einsatzcode.»

«Und wer hat den Befehl unterzeichnet?»

«Genau mit dieser Frage habe ich mir meine Versetzung hierher eingebrockt. Als ich den Namen des Verantwortlichen herauskriegen wollte, bekam ich Ärger. Ein befreundeter General, der mir versprach, sich umzuhören, übermittelte mir eine Stunde später nur den Befehl des Oberkommandierenden, mich sofort nach Assiut zu begeben. Ich fürchte, auf meine nächste Beförderung kann ich lange warten, wenn nicht meine ganze Laufbahn beendet ist. Man wird mich einige Monate in dieser Terroristenmetropole Dienst tun lassen, meine Unfähigkeit feststellen und mich dann in eine der Oasen schicken, wo ich mich zu Tode langweilen werde.»

«Das habe ich wirklich nicht gewollt. Ich werde versuchen, die Sache aufzuklären, Oberst.»

«Bloß das nicht! Sie haben mit Ihren Nachforschungen schon genug angerichtet.»

«Kennen Sie einen Kemal, möglicherweise ein Mann vom Geheimdienst?»

Mark beschrieb Kemals auffällige Erscheinung.

«Nie gesehen. Und merken Sie sich endlich eines: Sie haben keine Chance, den wahren Täter zu bestrafen. Eher wird man Sie zur Rechenschaft ziehen. Begreifen Sie das und verlassen Sie Ägypten, bevor es zu spät ist.»

«Sollten Sie trotzdem etwas erfahren ...»

«Rechnen Sie nicht damit. Brechen wir unsere Verbindung ab, Mark. In unser beider Interesse.»

«Verstehe Ihre Situation. Ihre Hilfe war unschätzbar, Oberst. Ich danke Ihnen.»

Drei Minuten später ließ sich Mark, wie ein Marathonläufer am Ende der Strecke, in das Taxi fallen.

«Was Neues?» fragte Nagib.

«Ja, eine schreckliche Bestätigung, aber immer noch nicht die ganze Wahrheit.»

Gerade als Nagib den Peugeot startete, sah Mark

Oberst Sakaria mit seinem Adjutanten aus dem Gebäude kommen und auf einen weißen Ford zugehen. Und in dem Moment, als der Adjutant für seinen Chef die Wagentür öffnete, kam der Toyota-Lastwagen um die Ecke und hielt mit quietschenden Bremsen neben dem Dienstauto des Kommandeurs von Assiut. Weder Sakaria noch der Adjutant und die Wachsoldaten vor dem Hauptquartier konnten ihre Waffen schnell genug in Anschlag bringen. Die Fundamentalisten hinten auf dem Lkw schossen drauflos und skandierten dabei laut brüllend: «Allah ist der Größte!», während der Chauffeur schon wieder Vollgas gab und mit aufheulendem Motor davonbrauste.

Mark schloß Mona in die Arme. Die Witwe trug bereits Trauerkleidung.

«Das Oberkommando hat mich benachrichtigt ... Und du hast am Telefon gesagt, du seist dabeigewesen. Wie ist es geschehen?»

«Dein Mann hatte keine Chance. Die Salven kamen aus acht bis zehn Maschinenpistolen. Er war sofort tot. Die Terroristen waren verschwunden, bevor das Feuer erwidert werden konnte.»

«Ich habe es geahnt: Assiut war eine Falle.»

«Die Stadt bekommt niemand unter Kontrolle. Sakarias Vorgänger endete auf die gleiche Weise.»

«Es mußte ja so kommen, und er wußte es, seit es seine Aufgabe war, die militantesten Fundamentalisten durch Strafversetzungen auszuschalten. Er hat sich zu viele Feinde gemacht, selbst unter seinen Vorgesetzten, und sie wußten, wie sie ihn am bequemsten loswerden konnten. Ich habe ihn nicht eindringlich genug gewarnt.»

«Ich mache mir auch Vorwürfe, Mona. Wenn er nicht herausgefunden hätte, daß Hélènes Mörder Soldaten einer Eliteeinheit der Armee waren ...»

Mona ließ sich kraftlos in einen Sessel fallen.

«Aber warum? Warum sollte irgend jemand etwas so Ungeheuerliches befohlen haben?»

«Ich glaube, ich kenne den Schuldigen. Er nennt sich einfach nur Kemal. Er hat mir direkt ins Gesicht gesagt, daß er Hélène für eine Terroristin hält und obendrein für die Geliebte eines anderen Terroristen – nur damit ich vor lauter Schreck keine weiteren Nachforschungen anstelle.»

«Was sind das nur für ekelhafte Machenschaften.»

«Typische Geheimdienstmethoden. Hélène ist in dieses Komplott höchstens ahnungslos oder unbedacht verwickelt worden. Mir ist klar, daß dieser Kemal eine perfide Strategie verfolgt, aber welche und wozu, das weiß ich noch nicht. Er ist ein gnadenloser Killer, kein bißchen besser als ein Terrorist, nur daß er im Auftrag der offiziellen Machthaber agiert. Aber jetzt bin ich der Jäger, und ich werde dieses Schwein zur Strecke bringen.»

«Tu nichts Unbesonnenes, Mark. Ich bitte dich! Ist es nicht genug, daß Hélène und Sakaria tot sind? Geh weg von hier, es gibt keine andere Lösung.»

«Gerade du rätst mir zum Rückzug?»

«Hältst du dich wirklich für stark genug, allein gegen den Geheimdienst anzutreten?»

«Ich habe geschworen, Hélène zu rächen. Wenn ich aufgebe, bin ich noch weniger wert als jener Kemal. Wie soll man weiterleben, wenn man aus Feigheit das eigene Gelöbnis bricht?»

«Du wirst Hélène immer lieben, nicht wahr?»
«Ich will dich nicht belügen, Mona.»

Marks Hauswächter und seine Familie hatten trotz Hitze und Müdigkeit durch den Ramadan fleißig geschuftet, und die Spuren, die Kemals Schergen im Palast hinterlassen hatten, waren nahezu beseitigt. Der Hausherr saß an seinem Schreibtisch, auf den hell die Sonne schien, und überlegte, wie er Kemal heimzahlen konnte, was dieser ihm angetan hatte. David gegen Goliath ... Der Kampf schien aussichtslos. Marks Blick, seit Stunden schon nach einer rettenden Lösung suchend, blieb an einem Ordner hängen, in dem die Schäden in der Landwirtschaft aufgelistet waren, die auf das Konto des Assuan-Hochdamms gingen. «Nebensächliche Erscheinungen» – jedenfalls nach Meinung der von der Regierung bezahlten Fachleute. Die objektiven wissenschaftlichen Gutachten, die Ergebnisse der Bodenuntersuchungen, das statistische Material und die Vorausberechnungen für die Zukunft waren jedoch niederschmetternd.

Mark las noch einmal jede Seite, strich Überflüssiges, fügte neue Fakten hinzu und strich Abschnitte an, die weiter ausgebaut werden mußten. So fing er langsam wieder Feuer. Aufgrund seiner Unterlagen entwarf er einen scharfen Artikel, den er großen amerikanischen und europäischen Zeitungen schicken wollte. Einige Experten nahmen seine Analysen sehr ernst, aber ihre Stimme wurde von den bedingungslosen Verteidigern des Damms bislang noch übertönt. Solange es keine Beweise vom Gegenteil gab, war Mark der Überzeugung, daß das Monster Ursache für nahezu alle ökologischen Unglücksfälle der letzten Jahre war. Unglückseligerweise überzeugten jedoch seine majestätische Größe, sein Ruhm als Wunderwerk der Technik und die ständig wiederholten öffentlichen Erklärungen, daß der Damm den Wohlstand Ägyptens garantiere, das Volk mehr als jede noch so klar formulierte Warnung und Kritik.

Der aggressive Lautsprecherbefehl zum Gebet störte Marks Konzentration. Er ging auf die Terrasse, um die Farben des Sonnenuntergangs zu bewundern, der den Nil silbern erscheinen ließ. Ob der göttliche Fluß, nachdem man ihn seiner nährenden Wasser beraubt hatte, wohl auch auf Rache sann?

Das Telefon läutete.

Mark hatte keine Lust, mit jemandem zu sprechen. Nachdem es aber nicht verstummen wollte, nahm er den Hörer ab. «Ach du bist's, Farag.»

«Ich muß dich so schnell wie möglich sehen. Laß uns heute abend, gleich nach Beendigung des Fastens zusammen essen gehen, ja? Treffen wir uns im ‹Niltal›?»

«Abgemacht.»

31

Das «Niltal» war kein feines Lokal, sondern ein kleines, volkstümliches Restaurant, wo man sehr schmackhafte Fleischklößchen und Spießchen essen konnte. Farag Mustakbel saß auf der Terrasse vor einem Glas Orangensaft.

Mark sprang aus dem Taxi und setzte sich neben ihn.

«Entschuldige meine Verspätung. Es gab unterwegs

eine Überschwemmung, die nichts mit dem Nilhochwasser zu tun hat, sondern mit Kairos verheerender Kanalisation.»

Farag Mustakbel lächelte zur Begrüßung nicht einmal. Noch nie hatte Mark ihn so angespannt gesehen.

«Warum so niedergeschlagen? Das sieht dir gar nicht ähnlich.»

«Ja, warum eigentlich? Seit einigen Tagen gibt es doch eher positive Nachrichten. Die Regierung scheint endlich zu merken, daß bloße Strafandrohungen nicht genügen und sie andererseits die Konsolidierung der Wirtschaft energischer betreiben muß. Wenn sie sich dazu durchringen könnte, den Fundamentalisten den Geldhahn zuzudrehen, wird auch die aggressive Religionspropaganda an Lautstärke abnehmen. Fortschrittliche Kreise sehen in mir den künftigen Arbeitsminister, der die allgemeine Armut und vor allem die Massenarbeitslosigkeit in den Griff kriegen könnte ... Und was dich betrifft: Ich habe versucht herauszubekommen, wer dieser Kemal ist.»

«Und was hast du erfahren?»

«Natürlich ein Deckname, aber dank deiner plastischen Personenbeschreibung ist es einem Freund gelungen, ihn zu identifizieren. Kemal hat tatsächlich den Auftrag, Terroristennester zu unterwandern und auffliegen zu lassen, und zwar mit allen Mitteln und ohne Rücksicht auf Verluste. Vermutlich ist er der einzige höhere Beamte hierzulande, der nicht über jede seiner Aktivitäten zehn Berichte schreiben muß. Mit anderen Worten: Bei ihm zählt offenbar allein der Erfolg.»

«Er hat auch den Freibrief zu töten, zum Massenmord.»

«Wer hat dir denn das zugeflüstert?»

«Unter anderem hat Kemal Elitesoldaten beauftragt, einen ganzen Touristenbus zu liquidieren. Indem er das Gemetzel den Fundamentalisten in die Schuhe schob, hat er gehofft, die öffentliche Meinung gegen sie aufzubringen. Aber das hat nicht in gewünschter Weise funktioniert. Die da oben haben wohl plötzlich Angst vor ihrer eigenen Courage, besser gesagt, Freveltat bekommen und eine totale Nachrichtensperre verfügt.»

«Armer Sakaria... Wenn du das von ihm weißt, ist mir klar, warum man ihn loswerden wollte.»

«Du hast recht, Farag. Die Lage war noch nie so klar», sagte Mark bitter.

«Im Gegenteil, sie war noch nie so kompliziert.»

Mark wollte widersprechen, aber Farag Mustakbel bat ihn: «Sag jetzt nichts. Hör dir erst an, was ich dir sagen muß.» Er nahm seine Brille ab und bedeckte mit der linken Hand wie in tiefem Schmerz seine Augen.

«Heute morgen habe ich mit einem meiner Kontaktleute im Innenministerium gesprochen. Er weiß über dich Bescheid, er weiß, was du alles schon wegen der fatalen Auswirkungen des Hochdamms unternommen hast, und er war auch über deine bevorstehende Heirat informiert. Deshalb wollte er mir unbedingt ein Schriftstück zeigen. Mark...» Die Stimme des Industriellen bebte, als habe er einen Schwächeanfall.

«Mark, ich hatte noch nie eine scheußlichere Aufgabe.»

«Sprich, ich bitte dich.»

«Was wußtest du von Hélènes Leben vor eurer Begegnung?»

«Es gab keine Geheimnisse zwischen uns. Sie wußte alles über mich, ich alles über sie.»

«Wußtest du auch von ihrem Übertritt zum Islam vor mehr als drei Jahren, hier in Ägypten?»

Für Mark waren die Restaurantgeräusche auf einmal verstummt, so tief war er in einen Abgrund gestürzt. Er biß sich auf die Lippen.

«Deine Verlobte gab sich mit ihrer neuen religiösen Überzeugung allein aber noch nicht zufrieden. Sie traf regelmäßig einen Tschechen, einen Pavel, ebenfalls Islam-Konvertit. Sie war nicht nur seine Geliebte, sie nahm mit ihm auch an Versammlungen der Fundamentalisten teil.»

Mark schaute auf die Straße hinaus. Wenn du nicht durchdrehen und losschreien willst, mußt du jetzt ganz ruhig bleiben, sagte er sich. Tu so, als beobachtest du das Treiben da draußen.

Ein Polizist unterbrach die Verkehrsregelung und zündete sich eine Zigarette an; ein unbeschäftigter Schuhputzer steckte ein Stück Fladenbrot in den Mund; Hunde balgten sich um irgendwas Freßbares; Kinder zündeten einen Knallfrosch.

Eine verschleierte Frau betrat die «Niltal»-Terrasse, suchte anscheinend nach jemandem und ging wieder.

«Hélène und Pavel haben in Assiut konvertiert», fuhr Farag Mustakbel fort. «Sie gehörten einer Zelle Intellektueller an, die für die Schaffung eines islamischen Staates in Ägypten sowie für die alleinige und strenge Anwendung des Korangesetzes eintritt.»

«Das ist doch alles verrückt...»

«Ich habe die Dokumente, die das beweisen, selbst gelesen.»

«Fälschungen, um mich mattzusetzen.»

«Nein, Mark. Die Beweise sind zu zahlreich.»

«Warum hat man die beiden ausländischen Agitatoren dann nicht einfach verhaftet und des Landes verwiesen?»

«Leute aus dem Westen wegen Sympathiebekundung für den moslemischen Fundamentalismus anzuklagen, ist nicht einfach. Und nur weil sie zum Islam übergetreten sind, kann man sie schon gar nicht belangen. Die Sicherheitspolizei wartete daher ab, bis deine Verlobte und ihr Gefährte drauf und dran waren, einen Terrorakt zu begehen, um sie in flagranti zu ertappen oder, viel bequemer, ohne umständlichen Prozeß, ohne Ärger von seiten der ausländischen Presse unschädlich zu machen.»

«Hélène hat mir vielleicht ihren Übertritt zum Islam verschwiegen, aber deshalb war sie doch noch lange keine Terroristin. Sie war nicht einmal als Umweltspezialistin radikal.»

«Ich muß dir leider auch diese Illusion rauben. Hélène war keineswegs Umweltspezialistin ...»

«Nicht? Woher weißt du das?»

«Eine Woche vor ihrem Tod hat der Geheimdienst Gewißheit erlangt: Hélène Doltin war keine Ökologin oder zumindest nicht nur Ökologin. Als studierte Chemikerin war sie auf einem ganz anderen Gebiet Spezialistin, nämlich auf dem Gebiet der Sprengstoffherstellung.»

Mark packte Farag an den Schultern.

«Sie kann mich doch nicht die ganze Zeit belogen und betrogen haben!»

«So schwer es auch ist, Mark, aber du mußt dich damit abfinden, daß du eine andere Frau geliebt hast als die reale Hélène Doltin.»

Mark wurde es übel, er stand auf und rannte zu den Toiletten. Über dem verdreckten Becken zusammengekrümmt, preßte er beide Fäuste gegen den Magen und übergab sich in der Absicht, die Erinnerung an Hélène und dazu seine ganze Seele aus dem Leib zu kotzen.

Eine Detonation, die beinahe sein Trommelfell zerriß, und ein Druck, der die WC-Tür aus den Angeln hob, schleuderte ihn gegen die Wand. Stücke der Decke fielen ihm auf den Kopf. Scheiben und Lampen zerbarsten, Menschen schrien ...

Das «Niltal» war in die Luft gesprengt worden.

32

Mit Mörtel und Staub bedeckt, mit schmerzendem Schädel, Stirn und Hände aufgeschürft, erhob sich Mark. Die Explosion dröhnte noch in seinen Ohren. Mit dem Fuß stieß er die Tür beiseite, die in zwei Teile zersprungen war, und stieg auf dem Weg ins Restaurant über einen Schutthaufen aus Betonblöcken, Balken, Mobiliar, Geschirr, vielleicht auch Menschen.

Auf der Terrasse lagen blutverschmierte Körper.

«Farag!»

Zwischen Toten und Verletzten suchte er nach seinem Freund.

Rings um ihn herrschte Panik. Leute, die helfen wollten, und solche, die davonliefen, versperrten einander den Weg zu den um Hilfe Rufenden und hinaus auf die Straße und den Platz der Freiheit. Mark hielt sich zitternd an einem Pfeiler fest, der kein Dach mehr trug, und suchte mit den Augen weiter.

Farag Mustakbel war auf die Fahrbahn geschleudert worden. Sein Rücken war eine einzige Wunde, sein Kopf fast ganz vom Hals abgetrennt.

Mark kniete nieder und drückte Farags Hand, als könnte er ihn dadurch wieder zum Leben erwecken. Aber diese Hand würde nie mehr Artikel gegen den Fanatismus schreiben.

Als Mark sich wieder aufrichtete, fiel sein Blick auf die Gruppe von Jungen, die zuvor einen harmlosen Knallfrosch gezündet hatten. Entsetzt starrten sie auf das Chaos, das der hunderttausendmal lautere Kracher verursacht hatte.

Der Amerikaner wandte sich an den Ältesten von ihnen.

«Du bist doch ein wacher Junge. Hast du kurz vor der Explosion was Besonderes bemerkt?»

«Nein – wieso? ... Doch, vielleicht. Eine verschleierte Frau ist in das ‹Niltal› gegangen.»

Das war tatsächlich ungewöhnlich. Normalerweise betraten Verschleierte ein Restaurant nie allein.

«Und was ist dir noch aufgefallen?»

«Die Frau hatte eine große schwarze Packtasche in der Hand, als sie reinging, aber nicht mehr, als sie ganz schnell wieder rauskam.»

Jetzt sah Mark sie wieder vor sich, die Frau. Er hatte, während Farag ihm die Augen über Hélène öffnete, um nicht den Verstand zu verlieren, wie abwesend auf die Straße geschaut. Nach der Schilderung des aufmerksamen Jungen erinnerte er sich an die schlanke, junge Verschleierte, deren schwarzes Gewand ihm auffallend elegant erschienen war.

«Sonst nichts? Überleg mal!»

Der Junge lächelte vielsagend und hielt die Hand auf.

Mark gab ihm fünf ägyptische Pfund.

«Sie trug schöne rote Schuhe.»

Safinas! Sie liebte knallrote Schuhe über alles, zog sie manchmal nicht einmal aus, wenn sie miteinander schliefen. Ein Londoner Schuhmacher hatte ihr ein Paar nach Maß gearbeitet. Sie waren ihr ganzer Stolz. Sie behauptete sogar, es seien ihre Glücksschuhe.

«Ist sie zu Fuß weggegangen?» wollte Mark wissen.

«Nein, sie ist in ein Taxi gestiegen.»

«Wie sah es aus? Hatte es was Auffälliges an sich?»

«Ein großer Koran in einer grünen Hülle lag hinter der Heckscheibe, wie in einem Schaufenster. Meistens haben die Chauffeure viel kleinere Bücher dort liegen.»

Die Tradition verlangt, daß ein unter normalen Umständen verstorbener Mohammedaner möglichst noch am Tage seines Todes beerdigt wird. Wegen der Hitze und des Zustands der Leiche, aber auch, weil die Todesursache völlig klar war, hatte sich der Gerichtsmediziner mit einer kurzen Untersuchung begnügt und die Genehmigung für die Bestattung Farag Mustakbels sehr schnell erteilt. Das Begräbnis war für den nächsten Morgen auf einem Friedhof in Giseh festgesetzt worden.

Zwischen zwei düsteren Gebäuden kündete die große Cheops-Pyramide trotz der Wunden, die ihr die Menschen immer aufs neue zufügten, von ihrer Unsterblichkeit. Verwandte, Freunde und Geschäftspartner von Farag Mustakbel waren da. Nur Männer durften dem Sarg folgen. Der Tote war gewaschen, parfümiert und in sieben weiße Leintücher gehüllt worden, nachdem man seine Nasenlöcher und seine Ohren mit in Rosenwasser getränkter Baumwolle verstopft, seine Fußknöchel zusammengebunden und seine Arme über der Brust verschränkt hatte. Obwohl es Mark als Ungläubigem eigentlich nicht gestattet war, faßte er mit an, um den Sarg auf dem Sand abzusetzen. Der wilde Ausdruck in seinem Blick hätte jeden davon abgehalten, ihn daran zu hindern.

Der Offiziant zog leicht am Deckel, um das Gesicht des Verstorbenen zu zeigen. Ein Geistlicher antwortete an seiner Statt auf den rituellen Fragenkanon.

«Wer ist dein Gott?»

«Allah.»

«Welches ist deine Religion?»

«Der Islam.»

«Wer ist sein Prophet?»

«Mohammed.»

So war sichergestellt, daß der Auferstandene auch den Engeln, wenn sie ihn an der Paradiespforte befragen, die richtigen Antworten geben würde.

Es folgte das Gebet der Toten: «Wir sind alle Kinder Gottes und müssen zu ihm zurückkehren. Es gibt nur einen Gott, Allah, und Mohammed ist sein Prophet.»

Man schloß den Sarg, schob ihn in die Grabstätte und ging wortlos auseinander. Im Orient hat der Tod etwas von einem lange vorhersehbaren Vorfall, und es ist nicht – wie etwa bei den Christen – üblich, am Grab eines Verstorbenen dessen irdische Verdienste zu rühmen. Es ist Sache des ins Jenseits Aufgebrochenen, seine Tugend zu beweisen, wenn er nach dem Jüngsten Gericht die Sirat-Brücke überschreitet, die feiner als ein Haar und schärfer als ein Säbel ist.

Mark blieb allein auf dem Friedhof, allein mit den letzten Worten des Freundes, seinem zerstörten Körper und seiner gefolterten Seele.

«Was heißt, Nagib Ghali ist fort?» fragte Mark überrascht den Nachbarn des Taxifahrer-Arztes.

«Umgezogen halt.»

Am Abend zuvor sei er mit seiner großen Familie in die neue Wohnung übergesiedelt, eine viel größere und schönere Wohnung.

Er sei glücklich zu schätzen. Einflußreiche Freunde müsse er haben, um so eine Wohnung preiswert zu bekommen.

«Und wohin ist er gezogen?»

Der Nachbar, ein einfältiger Bahnarbeiter, kratzte sich am Ohr.

«Ich weiß es nicht genau, und wir dürfen es auch niemand sagen, hat er gesagt.»

Mark holte einhundert Pfund aus der Jackentasche und hielt sie dem Mann dicht vor die Augen. Einer solchen Versuchung vermochte der Vater von neun Kindern nicht zu widerstehen.

«Mein ältester Sohn hat ihm beim Transport der Möbel geholfen. Aber Sie dürfen mich nicht verraten...»

Trotz der Sonne war die Trabantenstadt aus Mietshäusern mit zwanzig Stockwerken genau so trostlos wie solche in nördlichen Regionen. Schon jetzt bröckelnde Betonblöcke waren auf ein Fundament geschichtet worden, von dem die Verantwortlichen wußten, daß es für solch ein Gewicht zu schwach war. Doch die korrupten Bürokraten befaßten sich nicht mit so unbedeutenden technischen Einzelheiten. Je mehr Wohnungen genehmigt, je weniger Einwände gemacht wurden, desto größer fiel das Bakschisch des Bauherrn aus.

Das Viertel, in das Nagib Ghali gezogen war, machte einen etwas besseren Eindruck als die benachbarten. Aber auch hier war keiner der Wohntürme fertiggestellt, weil man auf diese Weise die höhere Steuer für fertige Bauten sparte.

Mark setzte sich, in einer abgetragenen braunen Galabija, mit unordentlichem Turban und nackten Füßen in Sandalen, an den Rand des Gehwegs, an dem Nagib sein Auto geparkt hatte. Wäre ihm der Peugeot nicht ohnehin vertraut gewesen, er hätte ihn an dem großen Koran-Exemplar in dem kostbaren Etui aus grünem Leder erkannt. Wenn Dr. Ghali zu Abend gegessen hatte, würde er vermutlich zu seinem Taxi gehen, um für ein paar Stunden seinen zweiten Beruf auszuüben. Wenn er in dieser Nacht jedoch lieber schlafen wollte, würde Mark bis zum nächsten Morgen warten müssen.

Ein alter Mann, der den am Straßenrand Sitzenden für einen der Ärmsten der Armen hielt, gab ihm einen Teller heiße Bohnen, ein Stück Pistazienkuchen und ein Glas Wasser. Mark dankte ihm und erbat für ihn den Segen Allahs.

Gegen dreiundzwanzig Uhr erschien Nagib. Offenbar in bester Laune. Vergnügt vor sich hin pfeifend schloß er seinen Wagen auf.

«Bleib stehen und mach keine Bewegung, Nagib! Ich bin bewaffnet und würde keine Sekunde zögern zu schießen.»

Nagib zuckte zusammen. Das Pfeifen verstummte.

«Bist du es, Mark? Was soll der Unsinn?»

«Überrascht, was? Beweinst du mich nicht als Toten?»

«Ich verstehe nicht ...»

«Gib den Schlüssel her, oder ich schieß dir in die Beine.»

Nagib gehorchte.

«Und jetzt steig ein!»

Mark ging um den Wagen herum, setzte sich neben den Fahrer und gab ihm den Zündschlüssel.

«Fahr los, nimm die erste links und dann geradeaus.»

«Aber da geht es in die Wüste.»

«Genau dahin will ich auch mit dir.»

«Warum? Was ist los? Hast du den Verstand verloren?»

«Fahr schon!»

Nagib Ghali fügte sich und fuhr so, wie Mark es ihm befohlen hatte.

«Also noch einmal: Was ist los?»

«Du hättest mir deinen Umzug mitteilen können.»

«Es war eine günstige Gelegenheit. Ich mußte mich ganz schnell entscheiden.»

«Du bist ein Glückspilz.»

«Das ist kein Verbrechen.»

«Es ist aber eines, eine Frau zu chauffieren, die soeben mehrere Menschen in den Tod geschickt hat, darunter Farag Mustakbel.»

Nagib bremste abrupt.

«Fahr weiter!» befahl Mark.

«Bist du wirklich bewaffnet?»

«Meine Hände genügen, um dich zu erwürgen.»

Nagib Ghali fuhr wieder an. Zu beiden Seiten der Chaussee nichts als Abfallhalden.

«Du bist am Al-Tachrir-Platz gesehen worden, wo die Terroristin bei dir eingestiegen ist, nachdem sie im ‹Niltal›-Restaurant eine Tasche mit einer Bombe abgelegt hat. Daran gibt es keinen Zweifel. Du kannst mir nicht weismachen, daß du die Frau nicht gekannt hast. Daß du diese Mörderin gefahren hast, war kein Zufall. Ich weiß genau, wie es war.»

«Weißt du das von der Polizei?»

«Nein, von einem Augenzeugen am Tatort.»

«Hast du dic Polizei verständigt?»

«Natürlich. Immerhin warst du Komplize bei einem Terroranschlag, einem Massaker.»

«Ich kann nicht mehr. Laß uns anhalten.»

«Gut, die Stelle hier paßt mir.»

Dichtes, stachliges Gebüsch, verrostete Kanister und Injektionsspritzen. Nicht nur in Kairos Altstadtgassen, auch hier in der Wüste trafen sich Drogensüchtige.

«Mach mich nicht verantwortlich, Mark. Die Fundamentalisten haben mich in der Hand. Ich mußte ihnen Farag Mustakbels jeweiligen Aufenthalt mitteilen. Sie drohten, sie würden sonst meine Kinder eins ums andere umbringen. Nachdem ich dich am ‹Niltal› abgesetzt hatte, habe ich sie von Mustakbels Anwesenheit dort informiert. Und diesmal haben sie zugeschlagen.»

«Du hast mit diesem Verrat aber nicht nur meinen Freund Farag zum Tode verurteilt, sondern auch mich.»

«Nein, Mark! Wenn ich gewußt hätte, daß sie ihn gerade diesmal... Ich meine, wie hätte ich auf die Idee kommen können, daß sie ihn mitten auf der Terrasse, unter all den Menschen... zusammen mit dem ganzen Restaurant. Das ist nicht meine Schuld. Daran hätte ich doch nichts ändern können. Wenn deine Familie in Lebensgefahr gewesen wäre, hättest du bestimmt wie ich gehandelt.»

«Du kennst die Täterin sehr wohl. Es war niemand anders als Safinas.»

Nagib preßte die Stirn gegen das Lenkrad.

«Wenn du meinst...»

«Sag mir, wer von den Terroristen dich in der Hand hat. Nenn mir Namen, oder du bleibst hier in der Wüste.»

«Verlang keinen Namen von mir. Bitte!»

«Hör zu! Ich frag dich jetzt noch einmal, aber dann kein drittes Mal mehr: Wer ist die Person, die dich zu einem solchen Schweinehund gemacht hat?»

«Es war Hélène.»

33

Mark fand sich nicht zurecht. Er glaubte, er hätte sich den Weg, den Kemal mit ihm gegangen war, gemerkt, fand die Sackgasse aber nicht wieder.

In den Wohnungen der Moslems ging es beim Abendessen hoch her. In der vierten Nacht des Ramadan war man genauso fröhlich wie in den drei vorausgegangenen. Der Anschlag auf das «Niltal»-Restaurant – zehn Tote, zwanzig Schwerverletzte – schien vergessen. Die Titelseiten aller Tageszeitungen brachten Farag Mustakbels Foto mit sehr unterschiedlichen Nachrufen, je nach der politischen Richtung des Blattes. Die einen beklagten den Verlust eines mutigen Mannes, die anderen stellten mit Genugtuung fest, daß es einen Feind des wahren Glaubens weniger gab.

Ein verfallenes Haus mit einem Balkon, der von der obersten Etage herabhing, ein Gemischtwarenladen ... Hier mußte es sein. Aber er hatte sich wohl doch geirrt und schaute sich suchend um. Dabei entdeckte er im Licht einer Ramadan-Laterne den Zugang zu der dunklen, engen Passage.

Kemal hatte bestimmt nicht gescherzt. Den Männern, die sein Refugium bewachten, war zuzutrauen, daß sie ohne Skrupel schießen würden. Mark hatte keine Lust zu sterben – jedenfalls nicht, bevor er vollständige Klarheit über das Komplott hatte, als dessen Opfer er sich sah.

Hélène hatte ihn mit ihrer Liebe in eine teuflische Falle gelockt, Nagib Ghali, sein Freund aus Jugendtagen, ihn verraten. Kemal blieb die einzige Zuflucht für ihn.

Mark hoffte, daß die Wächter ihn wiedererkennen und nicht kaltblütig abknallen, sondern ihm Zeit lassen würden, sich auszuweisen und zu erklären, daß er seinem Freund Kemal gewiß jederzeit willkommen sei.

Ein Junge zog ihn am Ärmel.

«Hast du vielleicht eine Nachricht für Kemal?»

Das lustige Bürschlein, in gestreiftem Pyjama und barfuß, hielt die Hand auf. Mark legte fünf ägyptische Pfund und ein Blatt aus seinem Notizbuch hinein, auf das er geschrieben hatte: «Ich muß Sie dringend sprechen.»

«Geh nicht weiter, zu gefährlich, warte hier», riet ihm der Junge.

«Vorwärts!»

Der Amerikaner hatte den Mann nicht kommen hören, der ihm eine Waffe in den Rücken preßte. Er gehorchte, ging an den zerfressenen Mauern und den eisernen Rolläden der geschlossenen Geschäfte vorbei, trat auf Abfallsäcke und Plastikflaschen.

Sein Begleiter gab sich den Wächtern zu erkennen, die Mark erst im letzten Augenblick bemerkte. Sie stießen ihn in das Loch, den versteckten Einstieg in Kemals verwunschenen Palast.

Der Hausherr empfing ihn gleich hinter der Eisentür, als habe er seinen Gast erwartet.

«Treten Sie ein!» sagte er gelassen.

Mark empfand die gleiche Verzauberung wie beim ersten Mal. Er schaute zunächst wieder zu der farbigen Glaskuppel hoch, senkte dann den Blick, bewunderte von neuem den blau-weißen Mosaikfußboden, die ägyptischen Statuen und kam beim Rauschen des rosafarbenen Granitbrunnens innerlich zur Ruhe. Ein Magier hatte diese Einrichtung nach einem Traumbild geschaffen.

«Ich will gerade zu Abend essen. Wollen Sie mir Gesellschaft leisten?» fragte Kemal.

Mark nahm auf den Sitzkissen gegenüber seinem Gastgeber Platz, der eine weite, kobaltblaue Galabija trug. Zwischen ihnen standen auf Kupferplatten Lammspießchen, gebratener Fisch, Salat und eine Linsensuppe.

«Heute nacht wollte ich nicht mehr arbeiten, deshalb sehen Sie mich so leger gekleidet. Die meisten westlichen Kleidungsstücke sind doch sehr unbequem.»

«Da haben Sie recht ... Kemal, ich muß dringend mit Ihnen sprechen.»

«Das hab ich mir gedacht.»

«Die Hand, in die ich nicht beißen kann, werde ich nicht küssen, aber ich muß mich bei Ihnen entschuldigen.»

«Ich freue mich, daß Sie die Regeln arabischer Umgangsformen angenommen haben. Aber übertreiben Sie nicht gleich.»

«Ich hatte den Eindruck, daß Sie mich nach Strich und Faden belügen.»

«Dabei hatte ich Ihnen noch nicht einmal alles gesagt. Um Sie zu schonen, aber auch aus Vorsicht ... Champagner?»

«Bitte. Am liebsten würde ich jetzt trinken bis zum Umfallen.»

«Weil Sie feststellen mußten, daß meine Informationen richtig waren?»

«Weil Farag Mustakbel mir kurz vor seinem Tod gesagt hat, was er von Hélène, von ihrer Konversion zum Islam und von ihrem Komplizen Pavel weiß.»

«Woher hatte er diese geheimen Ermittlungsergebnisse?»

«Von einem Freund im Innenministerium.»

«Wie so oft hat es parallel zu meinen Untersuchungen andere gegeben. Wir sind zwar zu denselben Erkenntnissen gekommen, verfolgen aber nicht die gleiche Strategie. Als die hohen Beamten, die für die Sicherheit im Lande zuständig sind, mich nach meiner Meinung fragten, habe ich ihnen geraten, eine gute Gelegenheit abzuwarten. Gewissen Militärs hingegen mangelt es leider an Geduld. Sie beschlossen einzugreifen, wenn Ihre Verlobte, ihr tschechischer Liebhaber, ihr englischer Freund und weitere Komplizen sich gemeinsam auf dem Weg nach Assuan befänden. Das Oberkommando gab den Befehl, rasch zu handeln, in der Annahme, daß sie nach dieser Gipfelkonferenz wieder auseinandergehen würden. Von einer Dienststelle zur anderen ist aus dem Befehl ‹Arretierung› offenbar ‹Eliminierung› geworden. Niemand anders als die Verwaltungsmühle hat Ihre Verlobte getötet. Ich muß allerdings gestehen, daß ich, sobald mir die Umstände günstig erschienen wären, ebenfalls die Eliminierung dieser Terroristengruppe befohlen hätte. Da ich Hélène Doltin bei ihren wirklichen Aktivitäten auf die Spur gekommen bin, können Sie auch mich als ihren Mörder betrachten.»

Kemal goß Champagner in eine Silberschale und reichte sie seinem Gast. Mark schaute ihm prüfend in die Augen und nahm dann erst an.

«Ich bin ein Idiot. Hélène hat sich ganz schön über mich lustig gemacht.»

«Sie haben sie geliebt. Das ist ein verzeihlicher Grund, jemanden falsch einzuschätzen.»

«Warum haben Sie mir nicht gleich bei unserer ersten Begegnung die volle Wahrheit gesagt?»

«Wie ich Ihnen schon sagte: Um Sie zu schonen und weil Sie mir nicht geglaubt hätten. Sie sollten die Wahrheit mit Hilfe von Personen herausfinden, denen Sie rückhaltlos vertrauten.»

Kemal hatte recht. Wenn nicht auch Farag Mustakbel und Nagib Ghali, obendrein noch der brutale Jussuf ihn mit der Wahrheit konfrontiert hätten, wäre Mark bei seinen Illusionen geblieben.

«Vor allem Farag hat mir die Augen geöffnet, und sein Kampf ist nun mein Kampf. Er soll nicht umsonst gestorben sein.»

«Haben so viele dramatische Ereignisse Sie nicht entmutigt?»

«Im Gegenteil. Ich war bereits sehr erfolgreich. Ich habe Farags Mörder identifiziert.»

Kemal schenkte Champagner nach.

«Donnerwetter! Sie sind ja schneller als die Polizei. Wenn Sie mir den Namen preisgeben, arbeiten wir ganz offiziell zusammen.»

«Die Frau von Mohammed Bokar war es, Safinas – meine ehemalige Geliebte. Ihren Fanatismus hat sie mir erst kurz vor ihrer Hochzeit gezeigt.»

«Unglaublich, schon wieder eine Frau! Aber es wird besser sein, sie nicht sofort festzunehmen. Vertrauen gegen Vertrauen: Ein Kommando aus dem Sudan ist in Assiut eingetroffen, von wo es nach Kairo aufbrechen wird.»

«In Assiut hatte ich meinen zweiten Auftritt mit Mohammed Bokar. Warum nehmen Sie sich diese Stadt nicht vor? Er spielt sich dort auf, als hätte er die ganze Provinz in der Hand.»

«Dabei gäbe es Hunderte von Toten. Die Fundamentalisten würden im ganzen Land aufstehen. Assiut ist eine Pestbeule, die wir nicht aufstechen können, zumindest noch nicht. Wichtig ist, daß dieses Kommando nicht zur Ausführung seines Auftrags kommt.»

«Dazu braucht man die Kopten, nicht wahr?»

«Leider. Männer wie Jussuf sind unentbehrlich. Da ist nur das Handicap der religiösen Einstellung der meisten

Kopten. Sie lehnen jegliche Gewalt ab und wollen mit den Islamisten friedlich verhandeln. Jussuf ist eine Ausnahme. Aber ich fürchte, er wird keinen bewaffneten Widerstand zustande bringen, der dem fundamentalistischen Sturzbach widerstehen könnte. Die Zeit arbeitet gegen ihn.»

«Dann haben Sie bestimmt eine bessere Idee.»

«Bei der Prüfung einer Kette muß man nach dem schwächsten Glied suchen. Auch Bokars Organisation weist eine Schwachstelle auf, nämlich einen Arzt, der nachts Taxi fährt, um sein Gehalt aufzubessern.»

«Etwa Nagib Ghali?»

«Einer Ihrer Kairoer Freunde, ich weiß.»

«Er war mein Freund, bevor er zum Islamisten wurde. Hélène war es, die ihn angeworben hat.»

Mark leerte seine Schale und bediente sich dann selbst, Kemal war zu Fruchtsaft übergegangen.

«Nagib Ghali ist ein seltsamer Mensch», sagte der Ägypter. «Er stammt aus einer armen Familie und hat sich schon in jungen Jahren für Medizin begeistert. Seine Eltern konnten ihm natürlich nicht das Studium bezahlen. Um sich das notwendige Geld selbst zu verdienen, ging Nagib nach Kairo und lebte vom Betteln, bis er mit vierzehn Jahren von einem Fremdenführer aufgelesen, ernährt und unterrichtet wurde. Ihm verdankt er, daß er Medizin studieren und sein Diplom machen konnte. Jetzt hat er einen Beruf, den er liebt, eine gute Ehefrau, mehrere Kinder und durchs Taxifahren schöne Nebeneinkünfte. Ein Glückspilz unter den Armen, könnte man meinen. Aber das Virus des Fundamentalismus hat auch ihn infiziert. Nach Ingenieuren, Rechtsanwälten und Zahnärzten haben sich inzwischen selbst viele Ärzte für die strikte Anwendung des Korangesetzes ausgesprochen. Um einen Posten im Krankenhaus zu bekommen, mußte Nagib Ghali sein religiöses Engagement beweisen. Deshalb ist er ein eifriges Mitglied seiner Berufsgenossenschaft geworden. Auf der letzten Vollversammlung hat er erklärt: ‹Das Volk durchschaut die verhängnisvollen Herrschaftsmodelle des Westens. Alle Hoffnung konzentriert sich daher auf den Koran, und wir unterstützen die Schaffung einer islamischen Republik in Ägypten, denn das ist der von Allah vorgezeichnete Weg.›»

Mark nahm einen kräftigen Schluck. Nagib hatte ihn also ständig belogen und ausspioniert.

«Dieser Doktor Ghali war regelrecht auf Sie angesetzt. Ich ließ ihn rund um die Uhr bewachen.»

«Dann wissen Sie auch, daß er Knall und Fall umgezogen ist, daß ich herausgefunden habe, wohin, und ihn zur Rede gestellt habe.»

«Wieder ein großartiger Erfolg Ihrerseits.»

«Aber er hat mich um den Finger gewickelt, und ich bin auf sein Gejammer hereingefallen.»

«Nagib Ghali ist zu einer der ganz wichtigen Nummern der Terroristenorganisation geworden, und er muß so schnell wie möglich aus dem Verkehr gezogen werden. Die Ankunft des sudanesischen Kommandos in Assiut zwingt uns, nicht mehr nur zu beobachten, sondern zuzuschlagen. In dieser Situation könnten Sie mir sehr nützlich sein.»

«Rechnen Sie nicht mit mir, wenn es darum geht, Nagib zu foltern, auch wenn er ein Miststück ist.»

«Er ist übrigens ohne seine Familie umgezogen. Seine

Frau und die Kinder haben Kairo verlassen. Mit dem Geld, das ihm die Fundamentalisten gegeben haben, hat er ihre Reise nach Spanien und ihre Aufnahme dort bezahlt.»

«Und Sie waren nicht rechtzeitig informiert?»

«O doch. Aber ich habe mir gesagt: Nagib Ghali liebt seine Familie über alles. Wenn er sie in Sicherheit gebracht hat, dann mit der Absicht, ihr so bald wie möglich zu folgen.»

«Mit anderen Worten: Er hat Ihrer Meinung nach vor zu desertieren.»

«Nach Ihrem Gespräch mit ihm ist er auf und davon.»

«Wurde er denn nicht überwacht?»

«Die Männer, die ihn unauffällig verfolgen sollten, kannten das Gebäude nicht so genau, in das er gezogen ist. Er ist durch eine Verbindungstür zum Nachbarhaus entwischt. Ihm auf die Spur zu kommen wird nicht einfach sein. Andererseits werden die Terroristen rasch merken, daß er untergetaucht ist, und ihn ebenfalls suchen. Unsere Aufgabe ist es, schneller zu sein und ihm eine Summe zu bieten: Informationen gegen ein Flugticket in die Freiheit, nach Spanien. Würden Sie uns bei dieser Aktion helfen?»

Mark nickte. «Wie soll ich vorgehen?»

«Ein Verfolgter wendet sich oft an seine ältesten Freunde. Ich habe Nagibs Gönner ausfindig gemacht. Vielleicht weiß er, wo sein Adoptivsohn steckt, und kennt sogar dessen weitere Pläne.»

«Wie heißt der Mann, und wo finde ich ihn?»

«Er heißt Kubi, ist über achtzig Jahre alt und arbeitet angeblich noch immer als Fremdenführer bei den Pyramiden. Gehen Sie morgen hin und sprechen Sie mit ihm. Er hat eine ganz besondere Eigenart. Sie werden schon sehen.»

34

Aus dem Hilton kam ein geräuschvoller Hochzeitszug mit einem Tamburin- und Flötenorchester. An der Spitze ging ein als Schotte verkleideter Musiker im Kilt und spielte virtuos den Dudelsack. Als kleine Prinzen verkleidet hielten ungefähr zehn Kinder, so gut sie konnten, die Schleppe des weißen Kleides der Braut.

Reiche Kairoer Familien feierten weiterhin ihre Hochzeiten mit großem Aufwand in den Luxushotels der Stadt. Die Frauen kümmerten sich nicht um den wachsenden Fundamentalismus und stellten unbedenklich Kleider der großen Pariser Couturiers, Diamantenkolliers und Goldschmuck zur Schau. An einem einzigen Abend wurde ausgegeben, was hundert kleine Beamte im ganzen Jahr verdienten.

Um wieder nüchtern zu werden, war Mark lange durch die Straßen gelaufen. Nachdem sein Auftrag, Nagib aufzuspüren, besprochen war, hatte Kemal sich nach den Fortschritten im Kampf gegen den Hochdamm erkundigt, und Mark hatte ihm vom neuesten Stand seiner Untersuchungen berichtet.

Das lange Gehen vermochte ihn nicht wirklich zu beruhigen. Inwieweit konnte er Kemal trauen, der alle Fäden in der Hand hielt, Informationen nach seinem Gutdünken filterte und kein Wort zuviel sagte? Hinter seiner Höflichkeit und Gastfreundschaft verbarg sich ein Wesen ohne jede Gefühlsregung. Wenn der Ägypter nun vom Anfang bis zum Ende der Unterredung nur gelogen hatte? Wenn Hélène doch ein unschuldiges Opfer war, nicht anders als Farag Mustakbel? Mark sah den blutüberströmten Leichnam seines Freundes wieder vor sich. Der hatte gewiß nicht gelogen ... Vorausgesetzt, daß man ihn im Ministerium nicht absichtlich falsch informiert hatte.

In Marks Kopf ging es drunter und drüber. Er setzte sich auf eine Bank. Ein junger Mann in europäischer Kleidung kam zu ihm heran.

«Warum gehst du zu Fuß? Es ist viel zu heiß dafür und sehr gefährlich für einen Fremden. Wenn du willst, leih ich dir ganz billig ein Vehikel.»

Wie üblich handelten sie noch ein paar Minuten um den Preis. Das Vehikel, ein grauer Mercedes aus den siebziger Jahren, würde ihm die notwendige Unabhängigkeit verleihen. Das Fahrzeug schien in passablem Zustand zu sein. Mark drehte einige Runden um den nächsten Häuserblock. Allem Anschein nach verfolgte man ihn nicht.

Hélène, Safinas, Nagib ... Hing etwa ein Fluch über ihm? Um von diesem Gedanken loszukommen, drückte Mark auf das Gaspedal, überfuhr einige rote Ampeln und bremste scharf vor dem Haus, in dem Mona wohnte.

Kaum hatte er die Wagentür geschlossen, als auch schon ein *munadi*, ein Parkwächter, ihm seine Dienste anbot. Der Amerikaner gab ihm die Autoschlüssel. Das Bakschisch, von dem der Munadi einen Teil dem Oberaufseher des Viertels abgeben mußte, würde er erst bei der Rückkehr des Fahrers erhalten.

Mona schlief noch nicht.

«Mark! Ich bin so froh, daß du kommst.»

«Bist du allein?»

«Ich wollte niemand sehen – außer dir.»

Sie trug ein hellgrünes, seidenes Negligé in der Farbe ihrer Augen. Trotz ihrer sichtbaren Trauer wirkte sie unheimlich verführerisch.

«Ich kann dir nicht viel anbieten, nur Suppe und Fruchtsaft. Seit Sakaria tot ist, habe ich nichts mehr eingekauft. Gestern rief meine Tochter an. Sie fühle sich in London so unendlich frei, sagte sie und bat mich inständig, Ägypten zu verlassen und zu ihr zu kommen.»

«Du solltest auf sie hören.»

«Und du? Gehst du denn fort?»

«Kein Gedanke.»

«Was hast du als nächstes vor?»

Genau die Frage hatte er befürchtet. Sorgte sie sich ehrlich um ihn, oder hatte sie den Auftrag, ihn auszuhorchen?

Er faßte sie bei den Schultern.

«Sag mir bitte: Welchem Herrn dienst du?»

«Au, du tust mir weh!»

«Antworte, Mona!»

«Ich kenne dich nicht wieder ... Was ist in dich gefahren?»

«Alle haben mich hinters Licht geführt.»

«Ich nicht, Mark.»

«Warum fragst du, was ich zu tun gedenke?»

«Weil ich dich liebe.»

Sie drückte sich an ihn.

«Du darfst dich nicht in Gefahr begeben.»

«Farag hat mir den Weg gewiesen.»

«Liebst du unser Land so sehr?»

«Ihm verdanke ich alles, was mir im Leben Freude macht. Wenn der Fanatismus in Ägypten die Oberhand gewinnt, ist die Welt in ihrem Gleichgewicht bedroht. Der moslemische Fundamentalismus will nicht nur das herrschende politische Regime, sondern auch viertausend Jahre Geschichte, Kultur, Magie und Geisteshaltung zerstören. Er haßt deren Errungenschaften, weil sie über seinen Horizont gehen. Ich bin blind gewesen. Erst Farags Tod hat mir die Augen geöffnet.»

«Dann haben wir dasselbe Ziel.»

In den grünen Augen zuckte Leidenschaft, das Negligé glitt über die rechte Schulter und den Brustansatz.

«Steht Hélène noch immer zwischen uns?»

Mark entblößte die linke Schulter. Das seidene Gewand glitt weiter hinab, haftete einen Augenblick an den Brustwarzen, fiel dann ganz und offenbarte den wunderbaren Körper der Frau.

Sie umschlang Mark mit solcher Glut, daß er taumelte ...

Bis zum Morgengrauen liebten sie sich, zuerst wie Jungverliebte, die einen neuen Kontinent entdecken, dann wie Liebende mit langer Vergangenheit, die jeden Anflug von Zärtlichkeit auskosteten und ihr geheimstes Verlangen auslebten, bevor sie Seite an Seite einschliefen.

Glücklich küßte Mona am Morgen ihren Geliebten wach.

«In der zweiten Koransure steht: ‹In der Nacht des Ramadan erlaube ich euch, mit euren Frauen zu schlafen. Dann beginnt der neue Fastentag.›»

«Ich bin kein Moslem. Ich darf auch jetzt noch ...»

«Nein, ich muß deine heidnische Seele retten.»

Sie entwand sich ihm und flüchtete in die Küche, aus der sie einige Minuten später mit Kaffee, Toasts und Marmelade zurückkehrte.

Während sie das Tablett auf den Tisch stellte, faßte Mark sie fest um die Taille.

«Das ist zu dieser Stunde verboten, Mark!»

«Meine Religion verbietet mir nicht, mich einer nackten, schönen und geliebten Frau zu nähern.»

«Ich bitte dich ... Zwing mich nicht, meinen Glauben zu verraten.»

«Dann zieh dich an, sonst garantiere ich für nichts.»

Mona zog wieder ihr hellgrünes Negligé an.

«Diese Wohnung gehört jetzt auch dir, mein Schatz. Komm, wann immer du willst, und sag mir, was du brauchst.»

Mark hatte Mona, die jedem seiner Worte aufmerksam zuhörte, alles erzählt. Hatte sie nicht ein Wunder vollbracht, ihn von den Schatten der Vergangenheit befreit und ihm die Freude an der Liebe wiedergegeben?

Doch in dem Moment, als der Fahrstuhl sich in Bewegung setzte, fragte er sich unwillkürlich, ob er sich etwa schon wieder hatte täuschen lassen, wieder einmal zu naiv gewesen war. Wenn ja, würde er die Dummheit teuer bezahlen müssen.

Der Mercedes stand noch da, offenbar sogar unbeschädigt. Aber es war kein Parkwächter in Sicht.

Eine verschleierte Frau in langem schwarzem Kleid kam auf ihn zu. Die Absätze ihrer roten Schuhe hämmerten auf das Trottoir. In der rechten Hand hatte sie die Autoschlüssel und streckte sie ihm entgegen.

«Die brauchst du doch.»

«Was ist aus dir geworden, Safinas? Eine Mörderin!»

«Ich bin stolz, einen Feind des Islam getötet zu haben.»

«Sicher bedauerst du, daß du mich nicht vernichtet hast.»

«Allah hat dich verschont. Erweise dich ihm dankbar, indem du zum wahren Glauben übertrittst. Ohne seine Barmherzigkeit wärst du jetzt tot. Nutze den Rest deines Lebens, Allah zu dienen.»

«Du hast meinen besten Freund umgebracht und unter Unschuldigen ein Blutbad angerichtet.»

«Allah nimmt Märtyrer in sein Paradies auf und schickt die Gottlosen in die Hölle. Deshalb triff deine Wahl. Allah wird dich kein zweites Mal verschonen.»

Mark packte Safinas am Handgelenk und ergriff die Schlüssel.

«Rühr mich nicht an!»

«Ich bringe dich zur Polizei.»

Mit erstaunlicher Kraft befreite sie sich und versuchte, ihm durch ihre schwarzen Handschuhe hindurch das Gesicht zu zerkratzen.

Passanten blieben stehen und begannen zu schimpfen. Einer aus dem Westen wagte es, eine Moslime grob zu behandeln ...

Allein gegen zwanzig Leute hatte er keine Chance, sie zu überzeugen, daß er eine Mörderin festhalten wollte.

Safinas rief um Hilfe und forderte die immer größer werdende Menge auf, den Ungläubigen, der sie belästigte, zu überwältigen.

Mark sprang in seinen Wagen und fuhr mit Vollgas los. Die bärtigen Burschen, die sich vor den Kühler gestellt hatten, konnten gerade noch zur Seite springen.

35

Zwei- bis dreimal täglich kam der unerträgliche Schmerz und dauerte jedesmal etwas länger. Kubi mußte sich im Schatten der Cheops-Pyramide hinlegen und warten, bis die Qual nachließ. Die unheilbare Krankheit, an der sein Vater gestorben war, würde auch ihn bald hinwegraffen. Mit siebenundachtzig Jahren brauchte er keinen Arzt, um zu wissen, daß ihm kaum mehr ein Jahr zu leben blieb. Die Krisen würden immer häufiger und immer schmerzhafter wiederkehren.

Kubi beschloß, noch zwei Tage seine Arbeit zu tun und sich dann in seinen Garten zurückzuziehen, in den geheimen Garten, den nur er kannte. Seine Beschäftigung bestand ohnehin nur noch im Grübeln am Fuße des Steinriesen, dessen Spitze bis zum Himmel reichte und sich im Sommerlicht verlor. Seit den Attentaten auf Touristen mieden die Fremden Ägypten. Früher hatten täglich Tausende die Große Pyramide im Sturm genommen. Kameltreiber, Verkäufer von Skarabäus-Imitationen und anderen kitschigen Souvenirs hatten sich auf sie gestürzt, wenn sie aus den klimatisierten Bussen stiegen, die auf dem viel zu kleinen Parkplatz hielten, auf dem ständiges Chaos herrschte.

Heute war er leer und still, sogar die Ton- und Lichtschau war eingestellt worden. Nur die Polizeistreifen störten die Ruhe auf der Hochebene von Giseh, auf die unbarmherzig die Sonne brannte.

Obwohl das Ausbleiben der Touristen ihn noch ärmer machte, schätzte Kubi den wiedergewonnenen Frieden. Kein Geschrei mehr, kein Motorenlärm ... Der Ort hatte seine Würde wiedergewonnen.

Ein Mann westlicher Herkunft, hohe Stirn, markante Gesichtszüge, kam in der Haltung eines Vornehmen auf ihn zu. Das war gewiß kein Tourist. Sein sicherer Schritt verriet, daß er an die Tücken des unebenen Bodens gewöhnt war. Ob er Freund war oder Feind?

«Allahs Barmherzigkeit sei mit Euch», sagte der Greis.

«Ich suche einen Führer namens Kubi.»

«Sie haben ihn gefunden.»

«Ich heiße Mark Walker.»

«Sie sprechen beinahe wie wir. Wie lange leben Sie hier schon?»

«Ich bin in Ägypten geboren. Die anderen Führer haben mir von Ihrer eindrucksvollen Leistung berichtet. In Ihrem Alter sind Sie noch immer in sieben Minuten auf der Spitze der Pyramide und auch schon wieder unten, heißt es.»

«Das ist ein bißchen übertrieben, aber ich bin stolz, daß ich es nach wie vor bis ganz oben schaffe. Man muß den bequemsten Weg kennen, die günstigste Zeit abpassen und sich gut mit der Touristenpolizei verstehen; denn offiziell ist das Besteigen der Pyramide natürlich streng verboten.»

«Ich hätte mit Ihnen gern über Nagib Ghali gesprochen.»

Der alte Mann strich über die weißen Stoppeln seines schlecht rasierten Bartes.

«Sind Sie ein Freund von ihm?»

«Wir sind die besten Freunde. Wenn ich in Kairo bin, ist er mein liebster Begleiter. Mit seinem Taxi fährt er mich überallhin. Aber nun hat seine Familie Ägypten verlassen, und er selbst ist unauffindbar. Ich dachte, Sie wüßten vielleicht, wo er sich aufhält. Ich habe wichtige vertrauliche Nachrichten für ihn.»

«Steigen wir doch hoch. Waren Sie jemals auf der Spitze? Von dort oben hat man einen herrlichen Ausblick.»

Für sein Alter und mit bloßen Füßen bewegte sich der Greis unglaublich schnell und geschickt. Als Ausgangspunkt wählte er einen abgeschrägten Eckstein, schlug eine diagonale Richtung ein und stieg ohne Zögern von Block zu Block. Mark folgte seinem Führer auf dem Fuße. Nach zwanzig Minuten setzten sie sich nebeneinander auf die Abschlußplatte der Großen Pyramide.

Zur einen Seite sah man hinab auf die aggressive moderne Stadt mit ihren Hochhäusern aus Beton, die sich in die Wüste hineinfraßen und zur Hochebene hinanstiegen, dazwischen die Industrieanlagen, die mit ihrem Rauch und Ruß die jahrtausendealten Steine der Pyramiden schwärzten und zersetzten; auf der anderen Seite eine ockerfarbene weite Fläche, die «rote Erde», wo sich die Götter verbargen, die aus den Städten vertrieben worden waren.

«Gibt es einen großartigeren Ort?» fragte Kubi. «Hier begegnen sich Mensch und Himmel, unsichtbare Bande vereinen sie miteinander – Bande, die unsere Ahnen kannten und immer aufs neue stärkten. Sie wußten: Ohne Beziehung zum Licht der Sonne und zu den Sternen hat unser Dasein keinen Bestand. Mein Vater hat mich gelehrt, daß jeder Gedanke und jede Tat Planeten zuzuordnen sind, die ihre Bahnen unermüdlich durch den Kosmos ziehen. Die Erbauer der Pyramiden haben die himmlischen Kräfte in ihr Werk einbezogen, weil sie das göttliche Gesetz achteten. Heute treten wir es mit Füßen und gehen dabei aus Gleichgültigkeit und Dummheit kaputt.»

Mark war fasziniert von dieser Erklärung der Denkweise einer Kultur, die verschwunden und doch ewig war.

«Nagib sieht das leider ganz anders», fuhr der Alte fort. «Ich habe ihn deshalb schon fast vergessen.»

«Das glaube ich nicht», protestierte Mark. «Man vergißt den nicht, den man wie einen eigenen Sohn aufgezogen hat.»

«Er ist seinen Weg gegangen, nicht meinen.»

«Aber wie ich ihn kenne, verehrt er Sie noch. Ich bin überzeugt, daß er Sie noch regelmäßig besucht.»

«Sie sind ziemlich neugierig.»

«Manchmal.»

«Und wenn Sie nun doch Nagibs Feind wären?»

«Er war an dem Mord eines bewundernswerten Mannes, Farag Mustakbel, beteiligt, eines Freundes der altägyptischen Kultur, der ihre Feinde, die Fundamentalisten, bekämpfte. Ich führe seinen Kampf fort, und Nagib besitzt Informationen, die ich dringend brauche. Ich würde ihm dafür die Reise ins sichere Ausland ermöglichen.»

Mark hätte vielleicht nicht die Katze aus dem Sack lassen sollen, doch dieser ehrbare Alte schien Heuchelei nicht zu verdienen und jedes Vertrauens wert.

«Nagib war ein guter Junge, aber ohne starken Willen. Sich einfach treiben zu lassen ist eine schwierige Kunst, auf die sich nur Menschen ohne familiäre Bindung einlassen sollten.»

Kubi erhob sich.

«Länger duldet uns die Polizei hier nicht. Wir müssen wieder hinunter.»

Der alte Mann genoß den Abstieg Schritt für Schritt, als könnte es sein letzter über diese Steine sein. Die Krankheit ließ derartige Anstrengungen bald nicht mehr zu. Er würde sie auch diesmal wieder mit einer schmerzerfüllten Nacht bezahlen müssen. In Gedanken streichelte und küßte er jeden Quaderstein, dankte für das Glück so vieler schöner Jahre. Er würde vergehen, die Pyramiden nie.

Als die Expedition beendet war, wollte Mark seinen Führer bezahlen.

«Behalten Sie Ihr Geld. Gehen Sie nach der Unterbrechung des Ramadan in die erste Etage von Pyramid Markets.»

In den Augen der Islamisten war die Pyramiden-Allee ein verwerflicher Ort. Befanden sich dort nicht Nachtclubs, in denen schamlose Bauchtänzerinnen lüsterne Westler und sogar Ägypter aufgeilten? Es hatte schon mehrere Anschläge auf diese Allah beleidigenden Einrichtungen gegeben. Am Ende würden alle in Flammen aufgehen.

Mark parkte den Mercedes vor einem Laden, in dem buntbemalte Papyrusseiten, kunstloser Abklatsch antiker Motive, verkauft wurden. Er überließ die Schlüssel einem Parkwächter und ging zu den Pyramid Markets, einem

Gebäudekomplex mit düsterer Umgebung: Laternen ohne Licht, ramponierte Gehwege, baufällige Läden, durchlöcherte Rolläden, stinkende Abfallhaufen, gestapelte Ziegel, die für halbfertige Hochhäuser bestimmt waren, und die Fassade eines abgebrannten Spielcasinos. Pyramid Markets selbst war ein Supermarkt gewesen, von dem nur noch schmutzige Betonmauern und zerbrochene Fensterscheiben übriggeblieben waren. Mark fragte sich, ob der so ehrlich wirkende Kubi ihn nicht doch zum Narren gehalten hatte. In dieser Ruine sollte irgend jemand wohnen? Nur weil er keine Lust hatte, unverrichteterdinge umzukehren, stieg er die Treppe hoch, die mit Glasscherben, hergewehten Plastikfolien und Steinbrocken übersät war. In der ersten Etage lagen massenweise verrostete Metallrohre herum. Bei der endgültigen Schließung des Supermarkts hatten die Angestellten alles, was noch brauchbar war, mitgenommen, mit Ausnahme eines Kanapees.

«Kubi?» rief Mark.

Niemand antwortete.

Mark wartete ab und lauschte, während das Mondlicht beunruhigende Schatten warf.

Irgendeine Tür fiel zu, ein Windzug ließ Papierfetzen auffliegen.

«Also gut», sagte plötzlich eine Stimme hinter ihm. «Sie sind tatsächlich gekommen.»

«Ja, weil ich mit Ihrer Hilfe Nagib Ghali wiederzufinden hoffe.»

«Kommen Sie mit.»

Kubi führte Mark. Sie stiegen eine weitere Treppe hoch und von dort über eine enge eiserne Wendeltreppe in einen Keller hinab. Von dort gab es einen Notausgang auf ein vollkommen mit Unkraut zugewachsenes Nachbargrundstück, an dessen Ende eine fast ganz von niedrigen Fächerpalmen verdeckte Hütte stand.

«Seit zwanzig Jahren etwa ist ohne meine Führung niemand hierhergekommen», sagte Kubi, «und seit Nagib fortging, lebe ich allein. Ein guter Junge, nur eben zu leicht einzuwickeln ... Unter den Einfluß der Islamisten zu geraten ist ein großes Unglück. Auf diese Gefahr hatte ich ihn leider nicht vorbereitet ... Sind Sie Moslem?»

«Nein.»

«Christ?»

«Auch nicht.»

«Gar keine Religion? Um so besser. Die Religionen bringen die Menschen, nachdem man ihnen das Paradies versprochen hat, in die Hölle. Ich bin der letzte Jude in Kairo.»

Kubi hatte diese erschreckende Tatsache seinem Besucher in so heiterem Ton mitgeteilt, als machte es ihm nichts mehr aus, sein Geheimnis preiszugeben und für diese Unvorsichtigkeit vielleicht büßen zu müssen.

«Außer Nagib weiß das niemand. Als wir vor einem Monat oben auf der Cheops-Pyramide saßen, hat er mir seinen Entschluß mitgeteilt, diesen Hexenkessel zu verlassen. Er wollte zunächst seine Familie nach Spanien schikken, dann so bald wie möglich hinterherfliegen und all den Ärger mit den Fundamentalisten vergessen. Aber er wußte auch, daß er kaum eine Chance hatte, ungeschoren davonzukommen. Wenn ein Mohammedaner abtrünnig wird, droht ihm die Todesstrafe. Man bleibt auf immer Moslem, ohne die Möglichkeit, zu widerrufen.»

«Wo hält er sich denn versteckt?»

«Ich nenne Ihnen den Ort unter der Bedingung, daß Sie mir auch einen Gefallen tun.»

«Was kann ich für Sie tun?»

«Meinen kostbarsten Schatz retten.»

«Ich gebe Ihnen mein Ehrenwort.»

Im Vorraum seiner Hütte legte er mit wenigen Griffen eine Platte frei, die dicht unter dem gestampften Lehmboden lag. Er hob sie an ihrem Eisenring hoch und holte aus der mit Bast ausgelegten Höhlung ein in brüchiges Leder gebundenes Buch hervor.

«Das ist unsere Familienthora, die seit Jahrhunderten vom Vater auf den Sohn vererbt wird. Ich bin der letzte und möchte nicht, daß sie verlorengeht. Übergeben Sie sie der Hauptsynagoge von Amsterdam, wo mein Großvater gelebt hat. Dort ist sie in Sicherheit. Schwören Sie mir, daß Sie das tun werden, und Gott wird Sie strafen, wenn Sie wortbrüchig werden.»

«Ich schwöre es Ihnen, Kubi. Sie können sich auf mich verlassen», sagte Mark in dem gleichen feierlichen Ton, in dem der Greis eben zu ihm gesprochen hatte.

«Sollten Sie in Not geraten», fuhr Kubi beruhigt fort, «so nehmen Sie die Thora und halten Sie sie an sich gepreßt. Sie gewährt dem Gerechten Schutz.»

Erschöpft setzte sich der alte Jude, die Plagen des Alters verwünschend, mit gekreuzten Beinen, wie ein Schreiber aus dem alten Ägypten, auf den Boden.

«Nagib versteht nicht mit Geld umzugehen. Sein Arztgehalt und seine Einnahmen als Taxifahrer genügten ihm in letzter Zeit nicht mehr. Deshalb hat er mit Drogen zu handeln begonnen. Die meisten Geschäfte werden in dem

Viertel unterhalb der Zitadelle getätigt. Dort muß einer seiner Kunden ihn verstecken. Ich muß jetzt ruhen. Leben Sie wohl – vorausgesetzt, Sie halten sich an Ihr Versprechen.»

«Sie haben mein Ehrenwort.»

Kubi fühlte sich erleichtert. Vom ersten Augenblick an hatte er Vertrauen zu Mark. In seinen Händen, denen eines Heiden, würde das heilige Buch sicher sein.

Der Alte schloß die Augen und versetzte sich in seine glücklichsten Stunden in diesem Land, das er nie verlassen hatte, weil er Einsamkeit und Stille dem Exil vorzog. Versunken in selige Erinnerungen stand er plötzlich auf und nahm aus einem bemalten Holzkasten einen Revolver, den er 1942 erstanden hatte, um sich gegen die Deutschen zur Wehr setzen zu können.

Nun, nachdem die Thora in Sicherheit war, gab es keinen Grund mehr für ihn, den Kampf gegen den Krebs und den Fanatismus der Islamisten noch länger durchzustehen. Mit ruhiger Hand schoß er sich eine Kugel in den Kopf.

36

Mona fiel Mark um den Hals.

Der Fastentag war zu Ende, und die Nacht tat sich für die Liebe auf. In der Hitze des ägyptischen Sommers standen ihre Körper wie unter einem mächtigen Zauber. Er war der Baum, sie die Liane. Die Mischung von Zartheit und Leidenschaft ergab einen magischen Rausch.

Nackt in der Dunkelheit flüsterten sie, als fürchteten sie, überrascht zu werden.

«Wirst du Kubi wiedersehen?» fragte Mona.

«Nein, ich denke, zwischen uns ist alles gesagt worden.»

«Hier ist seine Thora erst einmal gut aufgehoben.»

«Ich werde sie bei meiner nächsten Europareise mitnehmen.»

«Stürz dich wegen Nagib bitte nicht ins Verderben. Sag lieber Kemal, was du weißt.»

«Nein, Mona. Nagib war mein Freund, er hat dir ärztliche Hilfe geleistet. Er soll seine Chance bekommen. Wenn Kemal ihn als erster zu fassen kriegt, wird er ihn zwar gehörig ausquetschen, aber ich bezweifle, daß er ihm als Gegenleistung dafür wirklich ein Flugticket überreichen wird.»

Mona war besorgt, wußte aber, daß sie Mark nicht von seinem gefährlichen Vorhaben abbringen könnte.

«Das Zitadellenviertel ist gefährlich.»

«Wegen der Drogenabhängigen, die dort herumstreichen? Ich werde ja nicht als Tourist hingehen. Hast du von bevorzugten Treffpunkten gehört?»

«Man hat mir von zwei Hotels erzählt, ‹Horus› und ‹Kleopatra›.»

«Die werden natürlich von der Polizei überwacht.»

«Ja, aber anders, als du denkst. Die Polizisten bekommen von den Dealern feste Prozente von jedem Handel. Das ist stadtbekannt.»

«Ich versuch es zuerst mal im ‹Horus›. Auf daß der alte Falkengott mir sein scharfes Auge leihe.»

Am sechsten Tag des Ramadan fuhr Mark zu sich nach Hause. Unter den Palmen im Garten seines romantischen Anwesens rauchte Kemal eine Dunhill mit Menthol.

«Ich habe mir erlaubt, mich bei Ihnen einzuladen», begrüßte er Mark. «Ich hoffe, Sie nehmen mir mein Eindringen nicht übel.»

In seinem hocheleganten weißen Leinenanzug erschien der Ägypter entspannt, doch sein stechender Blick strafte den Schein Lügen.

«Hat der Wächter Ihnen ein kühles Getränk serviert?»

«Mir war ein Pfefferminztee lieber. Eben habe ich durch ein Fax aus Pakistan von einem Kommuniqué der Dschamaa Islamija Kenntnis erhalten, das an die Staatliche Kairoer Presseagentur gerichtet war. Die Untergrundorganisation kündigt an, daß Kugel mit Kugel, Gewalt mit Gewalt vergolten wird und die ausländischen Unternehmer gut daran täten, schnellstens ihren Besitz in Ägypten zu liquidieren, ihre Büros zu schließen und nach Hause zu fahren. Unterschrieben hat Mohammed Bokar.»

«Operiert der jetzt von Pakistan aus?»

«Keineswegs. Bokar ist ein Meister der Täuschung und der Irritation. Er hat Assiut nicht verlassen. Der Beweis: Heute morgen sind in zwei Ortschaften Oberägyptens mehrere Kopten mit automatischen Waffen getötet worden. Von offizieller Seite heißt es dazu wie üblich: ‹Die Regierung ist Herr der Situation.› Abgesehen davon: Gedenken Sie etwa, Ihre Suche nach Nagib als Privataktion durchzuziehen? Das könnte für Sie höchst gefährlich werden. Wir hatten doch Kooperation vereinbart. Also berichten Sie mir jetzt von Ihrer Begegnung mit Kubi und lassen Sie dabei kein Detail aus, auch wenn es Ihnen unwesentlich erscheinen mag.»

«Ich dachte, Sie wüßten sowieso schon alles. Sie überwachen doch jeden meiner Schritte.»

«Da irren Sie sich. Der Ihnen von mir zur Verfügung gestellte Leihwagen ist noch nicht einmal mit einer Wanze versehen worden. Ich lasse meinen Mitarbeitern gelegentlich freie Hand. Dadurch entwickeln sie mehr Verantwortungsgefühl und werden noch vorsichtiger.»

Sagte Kemal die Wahrheit, oder verbarg er sie wieder zum Teil?

«Das Wichtigste zuerst: Nagib Ghali hat noch einen dritten Beruf: Er handelt mit Drogen.»

«Ein einträgliches Geschäft», sagte Kemal anerkennend. «Je unersprießlicher unsere Welt wird, desto mehr versuchen reiche wie arme Ägypter, sie zu vergessen. Als Taxifahrer hatte Ihr Freund es relativ leicht, die notwendigen Kontakte zu knüpfen. Weiß Kubi, wo sein Adoptivsohn die heiße Ware umsetzt?»

«Im Zitadellenviertel.»

Kemal zeigte sich genauso besorgt wie Mona.

«Ein sehr diffiziles Terrain ... Ich fürchte, für dieses Milieu fehlt Ihnen die notwendige Erfahrung. Deshalb sollten Sie das weitere lieber Spezialisten überlassen.»

«Zu denen hätte Nagib aber bestimmt kein Vertrauen. Also lassen Sie mich mein Glück versuchen.»

«Fordern Sie das Schicksal nicht zu sehr heraus.»

«Zwingen Sie mich nicht schon vom ersten Augenblick unserer Bekanntschaft dazu?»

«Sie unterstellen mir machiavellistische Absichten.»

«Etwa zu Unrecht?»

«Drogenabhängige handeln unvorhersehbar.»

«Gibt es einen besseren Weg, mit Nagib Ghali Kontakt aufzunehmen?»

«Mir fällt keiner ein – zumindest gibt es keine Alternative, solange er sich in diesem Milieu versteckt.»

«Na also, dann wünschen Sie mir Glück.»

Kemal sagte wohlweislich nichts davon, daß man den alten Kubi tot aufgefunden hatte. Diese Nachricht hätte Mark kaum ermutigt.

Der Amerikaner trug eine graue Galabija der schlichtesten Art, die ihm bis zu den Fußknöcheln reichte. Er begrüßte den Geschäftsführer des ‹Horus›-Hotels in traditioneller Form. Der aber murmelte seinen Willkommensgruß sichtlich voller Mißtrauen. Eine niedrige Stirn, ein volles Gesicht, wulstige Lippen und eine Fistelstimme waren seine unangenehmen Kennzeichen. Er nahm ungern Fremde auf.

«Ich habe kein Zimmer frei.»

«Für mich aber doch, denke ich.»

«Wie kommen Sie darauf?»

«Ich bin hier, um einen größeren Kauf zu tätigen, und man hat mir Ihr Hotel empfohlen.»

«Welche Menge?»

«Sehr viel.»

«Muß es sofort sein?»

«Je eher, desto besser.»

Mark gab dem Manager eine beträchtliche Summe, das unvermeidbare Honorar für die Fortführung der Unterhaltung.

Sein Gesprächspartner betrachtete ihn unverwandt und

fragte sich, ob der so typisch provinziell gekleidete Unbekannte nicht ein Spitzel sein könnte. Das allerdings wäre der erste derartige Versuch in seinem Haus. Man müßte sich im Grunde nur bei einem der zuständigen Polizisten erkundigen. Schließlich bekam er für das Wegschauen und für seine Informationen aus dem Drogendezernat eine Menge bezahlt.

«Dritte Etage, Zimmer dreißig. Ich werde nachsehen, ob alles in Ordnung ist.»

Fünf Minuten später beobachtete Mark vom Fenster des kleinen Zimmers mit abgenutzten Möbeln und vergilbten Gardinen das Treiben im Zentrum des Zitadellenviertels, in dem siebzigtausend Einwohner pro Quadratkilometer in halbverfallenen Häusern lebten.

Am Kopfende des Bettes lag ein Koran-Exemplar. Mark beging den Fehler, sich hinzulegen und das Licht zu löschen, um ein wenig zu schlafen. Sofort kamen Schaben und Wanzen aus allen Ritzen. Es war sinnlos, gegen sie vorzugehen. Er machte das Licht wieder an und versuchte, sich die Hände zu waschen, aber aus dem Wasserhahn über dem zersprungenen Waschbecken kam kein einziger Tropfen. In vielen Vierteln gab es Wasser nur bis zur ersten Etage.

Mark verbrachte die sechste Nacht des Ramadan auf einem Stuhl, bei elektrischem Licht.

In einem winzigen Speiseraum im obersten Stockwerk des Hotels trank Mark um sieben Uhr morgens einen Kaffee und aß ein mit heißen Bohnen gefülltes Fladenbrot.

Der Manager setzte sich Mark gegenüber.

«Wollen Sie immer noch kaufen?»

«Selbstverständlich.»

«Sind Ihre Kunden solvent?»

«Wäre ich sonst hier?»

«Aber Sie sind neu im Beruf.»

«Mehr oder weniger.»

Der Mann schien einigermaßen beruhigt. Sein Informant hatte ihm bestätigt, daß die Polizei niemanden losgeschickt hatte und auch nicht vorhatte, irgendwelchen Ärger zu machen. Ein neuer Kunde bedeutete eine neue Einnahmequelle. In diesen schweren Zeiten mußte man jede Gelegenheit, Geld zu verdienen, wahrnehmen.

«Ich verhandle nicht mit jedem Beliebigen», deutete Mark an.

Der Hotelier runzelte die Stirn.

«Wie meinen Sie das?»

«Mir ist bekannt, daß vor allem Nagib Ghali beste Qualität bietet. Ich darf nichts falsch machen. Meine Kunden würden es mir nicht verzeihen.»

«Verstehe. Nagib ist ein ehrlicher Händler. Leider habe ich keinen direkten Kontakt zu ihm. Den herzustellen würde Extrakosten verursachen.»

Ein Bündel ägyptischer Pfunde wechselte die Hand, und der Hotelier schien zufrieden.

«Nagib ist nicht leicht zu finden, aber ich werde es versuchen.»

Der Vormittag verging.

Gegen zwölf riefen die Lautsprecher die Gläubigen zum Gebet. Teppiche wurden in den Straßen ausgelegt, und die Kairoer warfen sich zu Boden.

Als das Ritual vorüber war, klopfte der Manager bei Mark an, der die Tür nur einen Spaltbreit öffnete.

« Seien Sie nach dem Nachmittagsgebet am Eingang der Mohammed-Ali-Moschee. Ein Freund von Nagib wird Sie nach dem Kalifen Omar fragen.»

37

Al-Achram, die bedeutendste Tageszeitung Ägyptens, berichtete auf der zweiten Seite, daß zwei Experten, ein Norweger und ein Österreicher, die Gedanken des amerikanischen Ingenieurs Mark Walker über die verhängnisvollen Folgen des Hochdammbaus uneingeschränkt teilten. Zumindest in zwei Bereichen seien bereits katastrophale Auswirkungen zu beobachten: In Oberägypten benutzten die Bauern immer mehr schädliche Düngemittel, um die noch bebaubaren Böden zu retten, die durch die Versalzung, die früher die Überschwemmung auswusch, zunehmend auslaugten. In Unterägypten fraß sich das salzige Wasser des Mittelmeers in das Küstenvorland, da kein Schlamm mehr die natürliche Barriere aufwarf, und floß in das Delta, wo es die fruchtbaren Böden binnen kurzem zu zerfressen drohte. Schon waren Straßen ständig überflutet und Häuser an der Küstenlinie eingestürzt. Dem Nil, der in seinem schöpferischen Elan gebremst war, fehlte die Kraft, sich mit dem Meer zu vermählen und das ausgefranste Delta mit seinen Tonnen Schlamm zu festigen. Das Delta würde versinken und Millionen Menschen südwärts treiben, in Gebiete, die sie nicht ernähren konnten.

Sobald Mark die Sache mit Nagib Ghali hinter sich hatte, wollte er mit den beiden Experten Kontakt aufnehmen, deren massive Warnungen die Zeitung im übrigen für reine Wichtigtuerei hielt. Der Verfasser des Artikels gab zwar zu, daß der Hochdamm an den beschriebenen Erscheinungen vielleicht nicht ganz unschuldig sei, aber nichts könnte ihn ersetzen. Man müsse nun mal mit dem Fortschritt leben und mit seinen Segnungen richtig umzugehen lernen.

Indessen machte am Ende des zwanzigsten Jahrhunderts hier wie anderswo die Dummheit noch schnellere Fortschritte als die Technik. Mit einer Verbissenheit wie nie zuvor in seiner Geschichte knüpfte der Mensch sich seinen eigenen Galgenstrick. Vor zwanzig Jahren war es noch wunderschön gewesen, vom Terrassengarten hinter der Mohammed-Ali-Moschee auf Kairo zu schauen. Damals streifte der Blick nicht nur über die ganze Stadt, er umfaßte auch in der Ferne die Kette der Pyramiden vor der grenzenlosen Wüste. Die lichte Weite wirkte auf den Betrachter befreiend, die Beklemmungen des in der Stadt eingeengten Menschen verloren sich in ewige Ferne, die Seele löste sich in solchen Momenten geradezu aus ihren sterblichen Banden.

Diesen Ausblick zerstörte jetzt die Verschmutzung. Rauch aus unzähligen Fabriken, den Winde oft in Bodennähe hielten, verpesteten die Atmosphäre vollends, die bereits von den Abgasen Tausender schlecht gewarteter Fahrzeuge vergiftet war. Eine braungraue Wolke umhüllte Minarette, Kuppeln und die oberen Etagen der Hochhäuser. In Kairo konnte man nicht mehr durchatmen, es versank im Smog, dem auch die Mauern der Zitadelle Saladins nur geringen Widerstand boten. Die meiste Zeit waren die Pyramiden unsichtbar, und es schien so, als gäbe es ihren schützenden Einfluß auf die unheilbar krebskranke Stadt nicht mehr.

Die Mohammed-Ali-Moschee, die als Symbol der Erneuerung Ägyptens betrachtet wurde, war 1857 fertiggestellt worden. Ganz mit Alabaster umkleidet, diente sie nicht mehr dem Gottesdienst, sondern war nur noch obligatorisches, vom staatlichen Fremdenverkehrsbüro verordnetes Ziel für Touristen, auf die das einstige Heiligtum mit seinem schwerfälligen Pomp Eindruck machen sollte. Man glaubte, die riesige Kuppel würde den Besucher allein schon durch ihre enormen Ausmaße blenden, doch besaß die viel zu wuchtige Architektur überhaupt keine das Gemüt bewegende Ausstrahlung.

Nur wenige Besucher gingen in der ehemaligen Moschee umher und verweilten vor der Kanzel aus Alabaster. Mark setzte sich wie ein müder Pilger in die Nähe des Eingangs.

Ein europäisch gekleideter, untersetzter Mann mit rundem Gesicht, etwa fünfzig Jahre alt, kam auf ihn zu.

«Sagt Ihnen Omar etwas?»

«Meinen Sie den zweiten Kalifen?»

«Omar war arm und gerecht, lebte in einem kleinen Haus und schlief unter einem Baum. Dem Unglücklichen fehlte Geld. Ich hoffe, das ist bei Ihnen nicht der Fall.»

«Keine Sorge. Ich verhandle aber nur mit Nagib Ghali.»

«Der gibt sich nicht mit kleinen Mengen ab.»

«Es handelt sich ja auch um eine große.»

«Anzahlung bei Bestellung.»

«Gut. Versuchen Sie aber nicht, mich übers Ohr zu hauen.»

«Das ist nicht in unserem Interesse.»

Sie feilschten eine halbe Stunde um den Preis. Dann bezahlte Mark.

«Treffpunkt heute abend, elf Uhr. Mit Nagib Ghali.»

Der Mann reichte seinem Kunden ein Stück Papier mit einem Stadtplanausschnitt, auf dem ein Weg markiert war. Er verlangte von Mark, das Blatt zu vernichten, sobald er sich alle Hinweise eingeprägt hatte. Dann ging er in die Moschee und schaute wie bewundernd zu der berühmten Kuppel hinauf.

Verrostete Krane überragten das Metallskelett eines Rohbaus, der mitten in einem stinkenden Sumpf errichtet worden war. Neben Stapeln von Moniereisen stand eine Betonmischmaschine. In ihrem Kessel schlief ein Kind. Zur Linken brannte ständig eine Müllkippe, rechts lag eine Hütte aus rostigem Wellblech.

Zehn Minuten vor elf Uhr ging Mark durch die Tür.

Zwei junge, unrasierte Männer saßen vor einem kleinen Kohlenbecken und rauchten in kurzen Pfeifen Haschisch.

Mark hielt sich nicht mit Begrüßungsfloskeln auf.

«Ich bin hier mit Nagib Ghali verabredet.»

Einer der beiden Kerle streckte sich auf dem Lehmboden aus, der andere bereitete eine neue Haschkugel vor.

«Schickt dich Omar?»

«Genau.»

«Hier kennt dich aber keiner.»

«Du kennst mich jetzt.»

«Was für Ware möchtest du?»

«Jedenfalls nicht das Kraut, das du rauchst.»

«Dann entgeht dir was. Bullen, Beamte und sogar ein Gefängnisdirektor nehmen es.»

«Ich habe für bessere Qualität bezahlt.»

«Was anderes hab ich nicht.»

«Du interessierst mich ja auch nicht. Ich warte auf Nagib Ghali.»

«Er kann nicht kommen.»

Die linke Hand des Kiffers griff tief in die Tasche seiner Galabija. Mark packte ihn am Handgelenk.

«Laß dein Messer stecken und versuch nicht, Nagib um sein Geschäft zu bringen, du miese kleine Ratte.»

Mark hielt die Hand des Kiffers über das Kohlenbekken, worauf der seinen Kameraden zu Hilfe rief. Aber der andere, in seinen Rausch versunken, rührte sich nicht.

«Spuck Nagibs Adresse aus, sonst grille ich dir die Finger, einen nach dem andern.»

«Schon gut, ich sehe, du bist okay ... Nagib wartet auf dich um ein Uhr morgens am Tor Bab al-Asab.»

«Wenn du mich belogen hast, komm ich zurück und zieh dir das Fell über die Ohren.»

Das Tor Bab al-Asab lag nicht weit vom «Horus»-Hotel. Mark konnte sich in seinem Zimmer noch etwas ausruhen, bevor er zu dem Treffpunkt ging. Diesmal rechnete er sich eine gute Chance aus, Nagib Ghali wiederzusehen, und er würde alles dransetzen, um den Mann, der einmal sein Freund war, wieder zur Vernunft zu bringen.

Mona hatte sich mit einem Reiskuchen begnügt. Trotz der Fastenzeit, die sie strengstens einhielt, hatte sie keinen Hunger.

Um ihre Angst zu betäuben, hörte sie das Klarinettenkonzert von Mozart und schrieb weiter an ihrem Buch über die notwendige Emanzipation der arabischen Frau. War sie selbst nicht auch in die Falle blinder Unterwürfigkeit dem Ehemann gegenüber getappt, der ihr Vertrauen mißbraucht hatte? Sein Tod hatte ihrer Liebe zu Mark, die sie schon so lange empfand, die Freiheit gegeben. Aber das kaum gewonnene Glück schien bereits wieder gefährdet zu sein. Daher wollte sie jede Minute genießen, als wäre es die letzte. Es läutete.

In wilder Freude bei dem Gedanken, gleich in Marks Armen zu liegen, eilte sie zur Tür und öffnete.

Ihr Lächeln erstarrte.

Auf der Türschwelle standen ein kleiner, dicker, bärtiger Mann und eine verschleierte Frau.

«Wer sind Sie?»

Kabul versetzte Mona einen Faustschlag in den Bauch. Sie fiel zu Boden. Mit dem Fuß stieß er sie ins Innere der Wohnung, während Safinas die Tür hinter ihnen schloß.

«Schau dir diese Hure an», sagte sie. «Spitzenbüstenhalter, Jeanshose, Schminke im Gesicht ... Wie ein Weib aus dem Westen!»

Kabul packte Mona bei den Haaren und zwang sie aufzustehen. Vor Schmerzen im Bauch schossen ihr Tränen in die Augen. Sie schützte ihr Gesicht mit den Händen. Diese Geste reizte Mohammed Bokars Henkersknecht erst richtig, und er schlug noch einmal zu.

«Ich bitte Sie, lassen Sie mich in Ruhe. Gehen Sie!»

«Wir gehen erst, wenn du geredet hast.»

Safinas las ein paar Zeilen des Manuskripts auf dem Schreibtisch. Wutentbrannt zerriß sie die gottlosen Seiten und spuckte Mona an.

«Durchsuch die Wohnung, Kabul. Alles, was diese Gotteslästerin geschrieben hat, muß vernichtet werden.»

Kabul ließ sich das nicht zweimal sagen und nahm sich als erstes das Schlafzimmer vor. Unter dem Bett entdeckte er ein verdächtiges altes Buch und kehrte mit seinem Fund triumphierend in den Salon zurück.

«Was Hebräisches!» schrie er. «Diese Schlampe ist Jüdin!»

Mit einem Fußtritt ins Gesicht verletzte er Mona an den Lippen. Das Blut spritzte auf ihre weiße Bluse.

«Eine Thora», stellte Safinas verblüfft fest.

Die Fundamentalistin blätterte in dem verfluchten Buch und entzifferte, um sicherzugehen, einige Worte.

«Bist du wirklich Jüdin?»

«Nein, nein ... Ich bin Moslime.»

«Warum ist dann diese satanische Schwarte in deinem Besitz?»

«Das Buch gehört mir nicht.»

«Und wer hat es dir gegeben?»

«Ich ... Lange her. Ich weiß es nicht mehr.»

Kabul ohrfeigte sie, Safinas zündete ein Streichholz an, hielt es an die knochentrockenen Ränder der Thora und warf das Buch wie eine brennende Fackel auf Mona.

Am Arm und an der linken Schulter verbrannt, schrie die Gepeinigte auf.

Kabul stampfte, von krampfhaftem Lachen geschüttelt, mit den Füßen auf den brennenden Seiten herum, die von Monas Bluse herabfielen.

«Woher hast du das verbotene Buch?» fragte Safinas noch einmal.

«Von Mark ... Mark Walker.»

«Er ist also ein Verbündeter der Juden, ein zionistischer Spion. Wer hätte das gedacht! Schläfst du mit ihm?»

Mona schloß die Augen. Der Geruch von verbranntem Papier und Leder erfüllte das Zimmer und nahm ihr den Atem.

«Warum hat er dir diese Thora gegeben?»

«Er ... Er wollte sie nach Europa bringen.»

«Wo ist er jetzt?»

«Ich weiß nicht.»

«Du weißt es sehr wohl.»

«Nein, ich habe keine Ahnung.»

Mit dem Absatz ihres roten Schuhs trat sie Mona gegen das Schienbein. Deren Schmerzensschreie amüsierten Kabul.

«Los, vergewaltige sie!» befahl Safinas.

Mona schrie empört auf.

«Wer das tut, versündigt sich gegen das Gesetz des Korans und hat sein Leben verwirkt.»

«Also rede!» schnaubte Kabul.

«Mark ... Mark ist im Zitadellenviertel.»

«Was macht er da?»

«Er will jemand treffen, der ihm etwas über die Ermordung seiner Verlobten sagen könnte.»

«Wo genau?»

«Jemand wird ihn in seinem Hotel aufsuchen.»

«In welchem?»

«‹Kleopatra›.»

«Wer ist der Informant?»

«Ich weiß es nicht. Wirklich nicht, glaubt mir doch!»

«Ach was, du bist eine schlechte Moslime. Bereue, bevor du Allahs Strafe empfängst. Er möge dich deine Fehler erkennen lassen und dich auf den wahren Weg des Glaubens führen.»

Safinas spuckte Mona ein zweites Mal ins Gesicht. Dann befahl sie Kabul:

«Vergewaltige sie, aber mach schnell!»

38

Der siebente Tag des Ramadan war wie die vorangegangenen. Man konnte wegen der Gesänge, Tänze und Koran-Lesungen nicht schlafen. Im Zitadellenviertel war die nächtliche Fastenunterbrechung den ganzen Monat über Anlaß zu einem wahren Freudentaumel. Mark hatte das Licht nicht ausgemacht, aus Furcht, die Kakerlakenarmee würde sofort wieder angreifen. Er trank Mineralwasser und versuchte, sich eine glücklichere Zukunft auszumalen: die Gefahren des Hochdamms zu bannen, das Tal der Könige und die Meisterwerke altägyptischer Kunst zu retten, das Glück mit einer Frau zu teilen.

Es war die Einbildung einer verirrten Ameise in einer Welt der Riesen, die jene mit dem Fuß zertreten würden, die Träumerei einer Schachbrettfigur, die Kemal bewegte … Mark gab sich keiner Illusion hin. Wenn er aber aufgeben und sich davonstehlen würde, wäre sein ganzes Dasein ein lächerlicher Mißerfolg gewesen. Hélènes Verrat hatte in ihm einen Wirbelsturm ausgelöst, aus dem nur ein guter Navigator lebend herauskäme. Aber war er einer? Es war an der Zeit, sich Rechenschaft über sich selbst abzulegen.

Eine heftige Explosion ließ die Wände seines Zimmers erzittern. Gellende Schreie tönten von der Straße herauf. Mark stürzte ans Fenster. Linker Hand, in fünfzig Metern Entfernung, war das Hotel «Kleopatra» nur noch ein Schutthaufen.

Mark rannte die Treppe hinunter auf die Straße, um Zeugen zu finden. Er fragte zwei Jungen, die mehr erheitert als entsetzt waren. Sie hatten einen Mann und eine verschleierte Frau auf einem Motorrad gesehen. Es hatte vor dem Hotel gehalten, und die Frau hatte ein Paket in die Halle geworfen. Sekunden danach war die Explosion erfolgt. Ein kleines Mädchen, das sich freute, zehn ägyptische Pfund zu verdienen, fügte hinzu, die Frau habe hübsche rote Schuhe angehabt. Bestürmt von anderen Kindern, die ihm nun ebenfalls etwas erzählen wollten, ging Mark auf die Trümmerstätte zu.

Das «Kleopatra» war eines der beiden Hotels, die er Mona genannt hatte. Nur sie wußte, daß er das «Horus» als Absteige gewählt hatte, aber Safinas hatte das «Kleopatra» hochgehen lassen. Das konnte nur bedeuten, daß Safinas Mona ausgefragt und diese den Mut gehabt hatte, ihr eine falsche Auskunft zu geben, um ihn zu retten.

In welchem Zustand mochten Safinas und ihr Komplize – nach den Beschreibungen der Kinder konnte es nur Kabul sein – Mona zurückgelassen haben?

Mark sah auf die Uhr. Bis zum Treffen mit Nagib Ghali waren es nur noch zwanzig Minuten. Er stellte sich Mona allein, verletzt, vollkommen hilflos, im Sterben liegend vor ... Und er zögerte keinen Augenblick.

Mark legte Mona vorsichtig auf ihr Bett.

Sie umklammerte sein Handgelenk.

«Mark, er hat mich ...»

Er drückte sie an sich.

«Wer war es?»

«Die verschleierte Frau nannte ihn Kabul.»

Mark betupfte die Brandwunden mit einer Salbe und strich ihr über das Haar.

«O Mark, ich ekle mich so vor mir ... Du kannst mich nicht mehr lieben.»

Er drückte sie noch fester an sich, als könnte er sie dadurch die Schändung, die Wunden und Schmerzen vergessen lassen.

«Geh, Mark, laß mich sterben.»

«Ich liebe dich, Mona.»

Sie wagte ihn anzuschauen. In ihren grünen Augen sah er den Ausdruck ihrer Liebe, ihrer Hingabebereitschaft, die er minutenlang für immer ausgelöscht geglaubt hatte. Als er sie auf die Wange küßte, brach sie in Tränen aus und schluchzte so tief, daß es den Anschein hatte, als versuche sie unwillkürlich, sich auf diese Weise von der Erinnerung an das, was sie erlitten hatte, zu befreien.

«Weißt du, Mark, ich könnte verstehen, wenn du weggehen und nie mehr zurückkommen wolltest, aber ich hoffe, daß du nicht so denkst.»

Er schüttelte energisch den Kopf und küßte sie mit jugendlicher Leidenschaft auf den Hals.

«Wir müssen nur sofort aus dieser Wohnung weg, Mona. Dank deines falschen Hinweises halten die beiden Teufel mich für tot. Aber für wie lange? Und wenn sie merken, daß ich ihnen entkommen bin, werden sie ihre Wut an dir auslassen ... Kannst du gehen?»

Sie nickte und erhob sich, auf ihn gestützt.

«Ich brauche nur etwas Zeit, um mich zu waschen.»

Er zog sie aus und trug sie unter die Dusche. Wenn die Wunden auch noch mehr brannten, so hatte das heiße Wasser doch die Wirkung eines Jungbrunnens. Mona entledigte sich der Haut einer erniedrigten Frau. Sie schaute Mark unverwandt in die Augen und gewann wieder Vertrauen in das Leben.

Betäubt von einer Schmerztablette, konnte Mona sich kaum auf den Beinen halten.

Gegen drei Uhr morgens war in den Straßen von Kairo endlich Ruhe eingekehrt. Gesättigt schliefen die Menschen und würden bei Tagesanbruch aufwachen, um sich vor dem nächsten Fastentag den Bauch erneut vollzuschlagen. Mark stützte Mona und ging mit ihr zum Mercedes. Der kurze Weg kam ihm endlos vor. Ob Safinas schon wußte, daß er bei dem Attentat nicht umgekommen war? Und wenn Kabul die Stelle des Munadi eingenommen hatte, der den Wagen bewachen sollte? Mona hatte ihm gesagt, daß die Fundamentalisten ihn für einen Zionisten hielten, den man so schnell wie möglich beseitigen müßte. Wenn sie ihm hier auflauerten, konnte er weder Mona noch sich selbst retten.

Bei jedem Schritt wurde Mark bewußt, wieviel sie ihm bedeutete. Bisher hatte er in seinen Liebesverhältnissen immer den kürzeren gezogen. Egal, ob es eine mehr sexuelle oder mehr intellektuelle Beziehung war, keine hatte lange gehalten. Safinas hatte ihm feurige Leidenschaft vorgespielt, Hélène die künftige ideale Ehefrau, Mona aber schien ihn aufrichtig zu lieben.

Der schlaftrunkene Wächter kam aus seinem Bau und händigte Mark mit müdem Blick und gemurmelten Dankesworten für das großzügige Bakschisch den Autoschlüssel aus. Dann verschwand er wieder. Nein, das war nicht Kabul gewesen.

Mona klagte nicht, obgleich ihr der ganze Körper weh tat. Sie biß die Zähne zusammen und legte sich angewinkelt auf die Rückbank des Mercedes.

«Wohin fahren wir?»

«Zu Kemal. Ich werde ihn bitten, dich in Sicherheit zu bringen.»

«Und du?»

«Ich habe ja noch eine Verabredung mit meinem sehr lieben Freund Nagib. Danach beschäftige ich mich mit Kabul und Safinas, deinen Folterknechten.»

«Du bist verrückt, Mark!»

«Es gibt Untaten, die nach Rache schreien.»

«Aber du kannst die Welt nicht ändern.»

«Man sollte es wenigstens versuchen. Du willst doch auch die Welt verändern. Also sind wir schon zwei.»

Mona lächelte matt und schloß wieder die Augen. Mark kam bis nach Alt-Kairo überraschend gut durch und hielt dann am Eingang zu dem Gassengewirr, in dem sich Kemals Palast befand.

Da er Mona nicht allein lassen konnte, stieg er aus, lehnte sich mit verschränkten Armen an den Wagen und überlegte, was zu tun sei. Nach einigen Minuten zupfte ihn ein Junge am Hosenbein.

«Ich kenn dich doch. Hast du wieder was für Kemal?»

«Ja, sogar ganz dringend. Lauf sofort zu ihm, gib ihm diesen Zettel und komm mit der Antwort wieder.»

Die Gegend war ziemlich ruhig. Männer schliefen mitten auf dem Trottoir, Hunde wühlten in Abfällen, ein zahnloser Greis in Lumpen sang vor sich hin. Mark beachtete jede kleinste ungewöhnliche Bewegung. Ein Auto ohne Licht kam heran, fuhr auf der Höhe des Mercedes langsamer, dann aber weiter. Ein Esel, auf den von links und rechts eingeprügelt wurde, zog einen Müllkarren, dessen Räder fürchterlich quietschten.

Der Junge kam zurück.

«Unmöglich.»

«Was heißt ‹unmöglich›?»

«Unmöglich eben.»

«Wiederhole genau, was man dir gesagt hat.»

Der Junge hielt die Hand auf und bekam sein Bakschisch.

«Unmöglich, mehr nicht», schrie er und rannte davon.

Mark setzte sich ratlos ans Steuer. Warum weigerte sich Kemal, ihn zu empfangen? War er nicht da, oder brauchte er ihn nicht mehr, weil er Nagib Ghali selbst gefunden hatte, oder wollte er einfach nicht in seiner Nachtruhe gestört werden? Ohne seinen mächtigen Verbündeten, gejagt von einem erbarmungslosen Feind, wußte Mark nur einen Ausweg.

Er fuhr in Richtung Mokattam. Im Morgengrauen des achten Fastentages war die Prozession der Sabbalin genau so dicht wie sonst auch. Als Christen fasteten die Müllmänner nicht und befreiten Kairo weiter jede Nacht von seinem Müll. Mark fuhr an den Karren vorbei und in die stinkende Barackenstadt. Wie beim ersten Mal reizte ihn der scharfe Geruch der brennenden Abfallberge zum Husten. Trotz der Gefahr, eines der herumlaufenden

Schweine oder einen der Müllsortierer zu streifen, fuhr er durch den schwarzen Rauchvorhang nicht langsamer, bis eine Horde von Männern, der Ordnungsdienst der Sabbalin, den Wagen umringte und Mark zwang stehenzubleiben. Die mit Stöcken und Eisenstangen Bewaffneten forderten ihn auf auszusteigen.

«Ich möchte zu Jussuf.»

Einige der Schweinezüchter erkannten Mark wieder, und Jussufs Name wirkte wie das berühmte Zauberwort «Sesam öffne dich!». Man palaverte noch eine Minute, dann geleitete einer den Besucher zu dem Betonhaus, in dem er schon einmal mit dem Chef der Müllmafia gesprochen hatte.

Mark trug die schlafende Mona hinein und legte sie auf die mit blumigem Stoff überzogene Bank. An der Wand wachte die Jungfrau Maria noch immer über das Haus, in dessen Luft man dank des Ventilators beinahe richtig durchatmen konnte.

Schon mehr als eine Stunde war es heller Tag, als Jussuf den Raum betrat. Sein rotes Hemd, die weiße Hose und die Lackschuhe zeigten, welchen Wert er auf Eleganz legte. Sein ausgemergeltes, narbiges Gesicht drückte Unmut aus.

«Was wollen Sie denn hier, Walker?»

«Ich brauche Ihre Hilfe.»

«Und wer ist diese Frau?»

«Eine Freundin. Die Fundamentalisten, Kabul an der Spitze, haben sie mißhandelt und sind noch immer hinter ihr her.»

«Eine Koptin?»

«Nein, eine Moslime.»

«Dann gehört sie nicht hierher.»

Mark schaute den Kopten herausfordernd an.

«Mein Kampf ist für die gleiche Sache, Jussuf. Vergessen Sie das nicht, und nehmen Sie diese Frau ein paar Tage unter Ihre Obhut. Ich bin überzeugt, daß sie bei Ihnen sicher ist. Bokar und seine Clique wollen meinen Kopf. Wenn ich allein, ohne Unterstützung bin, werden sie zum Ziel kommen. Andernfalls bin vielleicht ich derjenige, der ihr Netz zerreißt. Und Sie, Jussuf, können dabei nur gewinnen.»

Der Kopte schaute auf die schlafende Mona.

«Warum sollte ich einem in sein Verderben Laufenden helfen?»

«Zum Beispiel, weil Sie es sich nicht mit Kemal und dem Geheimdienst verderben wollen. Wenn wir nicht an einem Strang ziehen, Bokar, Kabul und ihrer Bande nicht das Handwerk legen, werden sie Ägypten zugrunde richten, und die Kopten werden als erste dran glauben müssen.»

Jussuf schien beunruhigt.

«Wir haben unsere eigene Obrigkeit, den Orden der Priester. Ohne dessen Einwilligung ...»

«Die fehlende Weitsicht dieses Ordens haben Sie doch neulich kritisiert und sich für den bewaffneten Kampf ausgesprochen.»

«Gewiß, aber ohne Einverständnis meiner Kirche kann ich den Nichtangriffspakt mit den Moslems nicht brechen.»

«Dann werden die Fundamentalisten Ihretwegen gewinnen.»

Jussuf machte eine wegwerfende Handbewegung.

«Machen Sie mir nichts vor. Sie wollen nur wieder eine Frau rächen. Diesmal ist es nicht Ihre Verlobte, sondern diese Moslime. Etwa Ihre Geliebte?»

«Selbst wenn es so wäre! Es ändert nichts daran, daß die letzte Stunde der Kopten in Ägypten geschlagen hat, wenn die Fundamentalisten an die Macht gelangt sind. Wenn Ihnen die Gurgel durchgeschnitten ist, was haben Sie dann noch von Ihrem wunderbaren Reichtum?»

Jussuf wurde bleich vor Wut, aber auch vor Sorge um seinen Besitz und sein Leben. Er wußte, daß die neuen Machthaber sich die einflußreichen Kopten zuerst vornehmen würden.

«Wenn ich Sie mit den verantwortlichen Ordensleuten in Verbindung bringen würde ... Vielleicht gelingt Ihnen ja, sie zu überzeugen, daß Passivität und Toleranz den Untergang bedeuten könnten.»

«In Ordnung, vorausgesetzt, Sie kümmern sich um die verletzte Frau.»

«Ich kenne einen guten Arzt und eine Apotheke mit Medikamenten, deren Verfallsdatum noch nicht abgelaufen ist. Aber das kostet natürlich eine Menge.»

«Machen Sie sich deswegen keine Gedanken.»

«Eine Moslime hier zu beschützen kostet noch mehr...»

«Sie bekommen, was Sie verlangen. Dafür erwarte ich, daß die Frau erstklassig versorgt wird.»

«Ich mache Ihnen einen Freundschaftspreis.»

«Es würde mir schon genügen, wenn Sie sich in moralischer Hinsicht als Freund verhalten.»

Der Kopte nickte. In Ägypten, wo eine Menge sentimentaler Filme produziert wird, weiß man, in welchem Maß ein verliebter Mann gefährlich werden kann.

39

Die Zeitzünderbombe, verstärkt durch Nägel und Eisenteile, explodierte drei Minuten nach neun Uhr in einer Baubaracke im volkstümlichen Stadtteil Schubra, wo französische Gesellschaften mit dem Bau einer zweiten U-Bahn-Linie beschäftigt waren. Man zählte zehn Tote und etwa fünfzig verletzte Passanten.

Kurz danach wurde ein Bekennerschreiben gefunden, in dem die «Befreier des ägyptischen Volkes» alle Ungläubigen zum letzten Mal aufforderten, das Land zu verlassen, bevor man mit Gewalt gegen sie vorgehen würde.

Eine Stunde später drängten sich Zehntausende von Gläubigen vor den großen Moscheen Kairos, um ihre Prediger zu hören. In der Amr-Ibn-al-Ass-Moschee, benannt nach dem arabischen Feldherrn, der den Islam im Jahre 641 nach Ägypten gebracht hatte, rief man unter allgemeiner Begeisterung zum Heiligen Krieg auf. Das alte Gebäude, an das auf drei Seiten Gräber, auf der vierten Häuserruinen grenzten, sollte Ausgangspunkt für die «zweite Eroberung Ägyptens» sein. Die gleiche Inbrunst beseelte die Gläubigen in der Al-Hakim-Moschee, die von indischen Schiiten restauriert worden war. Selbst die Al-Rifai-Moschee, in der die sterblichen Überreste Faruks, des letzten ägyptischen Königs, und Resa Pahlawis, des letzten iranischen Schahs, ruhten, die Fanatiker immer wieder zu exhumieren drohten, war von andächtig Lauschenden überfüllt.

Kabul, dem Safinas mit ihrem erstaunlichen Organisationstalent zur Seite stand, hatte seine Leute an alle kleinen und großen Kultstätten ausgeschickt, wo trainierte Redner die Menge in Stimmung brachten. Ihre gut zu begreifenden und leicht nachzusprechenden Parolen lösten Begeisterung aus: Der Westen und die Regierung sind schuld an allen Mißständen; der künftige islamische Staat wird allen Gläubigen Glück und Wohlstand bringen.

Das Ergebnis übertraf alle Erwartungen: Das Volk, überdrüssig der Armut und der Korruption, versicherte in Sprechchören seine Bereitschaft, die künftigen Herren zu unterstützen.

Um elf Uhr betrat Mohammed Bokar die Schwelle des islamischen Vatikans, der Al-Aschar-Moschee, wo ihn das Gremium der Scheichs erwartete. Ihr Wortführer, ein hoher Beamter, den die Regierung ernannt hatte und wieder absetzen konnte, war zugleich Vorsitzender der Redaktion der *fatwas*, der «Bescheide», die in der gesamten moslemischen Welt Gesetzeskraft besaßen. Keine Revolution, keine Machtübernahme geschah ohne Zustimmung aus der Al-Aschar-Moschee und der ihr angeschlossenen Universität. Deshalb versprach sich Mohammed Bokar von dem von langer Hand vorbereiteten entscheidenden Treffen sehr viel. Al-Aschar, «die Glanzvolle», sollte in Zukunft die einzige Universität Ägyptens sein, eine Eliteschule des Korans, aus der die von König Faruk I. und später von Nasser eingeführten weltlichen Disziplinen ein für allemal ausgeschlossen würden.

Bokar war, wie die meisten Strenggläubigen, aufgebracht über den Verfall der Moschee und Universität, die 1993 ihr tausendjähriges Bestehen gefeiert hatten. Trotz der finanziellen Unterstützung durch «religiöse Stiftungen» – natürlich nicht ohne politische Absichten – sah die

Hochburg der Koran-Gelehrsamkeit mit ihren ohnehin mittelmäßigen Minaretten eher traurig als eindrucksvoll aus: eingenebelt und zerfressen von Abgasen, umgeben von Obst- und Gemüseverkäufern, deren Abfälle sich an den historischen Mauern häuften. Auch der große Innenhof mit brüchigem Marmorboden, rissigen Wänden und Torbögen mit beschädigten Arabesken bot für den Betrachter kaum noch Anreiz. Die Studenten lernten im Stehen, auf den Fersen sitzend oder ausgestreckt auf Matten Koransuren auswendig. Etliche kamen aus dem Sudan.

Sobald die Islamische Republik ausgerufen wäre, würde das von Al-Aschar aus regierte Land eine strikt orthodoxe Politik verfolgen und seine früheren Stellungnahmen zugunsten von Empfängnisverhütung und Frieden mit Israel sofort widerrufen. Die berühmte Moschee könnte sich auf ihre Gründung durch eine schiitische Dynastie besinnen, bevor sie zum weniger orthodoxen Glauben der Sunniten umschwenkte. Man müßte ja nicht unbedingt daran erinnern, daß die bedeutendste Persönlichkeit dieser Dynastie Jacob ben Killis war, ein Jude, der sich zum Islam bekehrt hatte. Wichtig allein war, daß die Macht des ursprünglichen Glaubens, der die Vernichtung aller Ungläubigen forderte, sich wieder allgemein durchsetzte.

Ein junger Scheich empfing Mohammed Bokar und nahm wohlgefällig dessen «Rosine», das Frömmigkeitszeichen auf der Stirn des Besuchers, und die Gebetskette aus schwarzen Kugeln zur Kenntnis, die er in der rechten Hand bewegte.

In diesem Umfeld fühlte sich der ägyptische Terroristenchef in Sicherheit. Kein Polizist würde es wagen, das

Heiligtum zu schänden. Und vor dem Gebäude wachte Kabul.

Die Versammlung fand in einem der Unterrichtsräume statt. Bokar sah zwanzig Augenpaare von hohen Geistlichen auf sich gerichtet.

«Im Namen Allahs, des Erbarmers, grüße ich Ihre Weisheit. Ihr gütiger Empfang bedeutet die höchste Ehre für mich. Im Wissen um Ihre kostbare Zeit werde ich Sie nicht lange von Ihren Studien abhalten.»

Die Scheichs wußten die formvollendete Würdigung des Gremiums zu schätzen. Und Bokar redete in diesem salbungsvollen Ton noch etliche Minuten weiter.

«Die Stunde ist gekommen, im Namen des Gesetzes zu handeln. Im Koran steht nichts von Demokratie. Doch wenn die moslemischen Völker gemäß dem Heiligen Buch wählen, werden sie sich überall für Allahs Gefolgschaft entscheiden und islamische Republiken gründen. Wir dürfen das ägyptische Volk nicht enttäuschen. Es verlangt die alleinige Anwendung des Korangesetzes, und ich bin hier, um Ihnen bei der Durchführung Ihres großen Vorhabens zu helfen. Ich will nichts als ein Instrument Allahs sein. Heilig ist die Kraft, die Ihm dient. Ohne sie werden wir Unglück und Unglauben nicht besiegen können.»

Während Mohammed Bokar Passagen aus dem Koran zitierte, die zur Ausrottung der Heiden berechtigten, ließen die Scheichs eifrig ihre Gebetsketten durch die Finger gleiten, und als man das Mittagsgebet zelebrierte, bestand Einigkeit: Al-Aschar würde sich der islamischen Revolution selbstverständlich nicht widersetzen und im Sinne der vorgezeichneten Entwicklung handeln.

Im Khan al-Khalili, der größten Touristenfalle Kairos, wartete man vergebens auf die Touristen. In den kleinen Straßen belieferten Lastenträger die zwölftausend Stände mit Waren, ohne daß sich jene westliche Kundschaft einstellte, die so begierig auf Unechtes war. Der alte Basar, in den kein Sonnenstrahl drang, roch nach Bratenfett und Urin. Die letzten Juweliere und Perlmuttintarsien-Händler sahen mit scheelen Blicken, wie die Straßenhändler Billigprodukte aus Hongkong anpriesen.

Mohammed Bokar liebte den Khan al-Khalili, weil er ihn an den Basar von Teheran erinnerte, von dem die erste große islamische Revolution ausgegangen war. Eine seiner Strategien bestand darin, die Kaufleute davon zu überzeugen, daß ein Regimewechsel ihre Einkünfte durch den Besucherstrom aus den arabischen Ländern wieder verbessern würde. Auf diese Weise hatte er, dank der Hilfsgelder aus Saudi-Arabien, ein Händlernetz geknüpft, das für die radikale Islamisierung der Gesellschaft eintrat.

Kein Spitzel der Sicherheitspolizei konnte unbeobachtet durch die Gassen des Khan al-Khalili streifen. Man hätte jedes unbekannte und verdächtige Gesicht sofort bemerkt. Kabul wies Bokar darauf hin, daß der Aktionstag, der mit dem Anschlag auf ein Polizeikommissariat enden sollte, zweifellos ein Erfolg werden würde. Bestimmt zöge die Provinz dank der Tausenden von neuen Moscheen mit ähnlichen Aktionen nach.

Der Sieg nahte, man mußte nur noch eine Hürde überwinden, eine sehr heikle allerdings, denn: War der entscheidende Knopf erst einmal gedrückt, würde weder Bokar noch irgendein anderer Mensch in das Geschehen einzugreifen vermögen.

Bokar und Kabul stiegen, nachdem sie durch ein Juwelieratelier und dessen Hinterraum gegangen waren, eine Treppe hoch, die zu einem riesengroßen, luxuriös ausgestatteten Saal mit rosa gemaserten Marmortischen, alten Perserteppichen, Möbeln aus exotischen Hölzern und Ledersesseln führte, in denen elf betagte Männer in weißen Galabijas saßen. Fasziniert betrachteten sie über einen Laufsteg schreitende wunderschöne und unverschleierte Frauen, die grüne, gelbe und rote längere und kürzere Seidenkleider über changierenden Hosen, dazu Schals und bestickte Mäntel trugen. Sie waren geschminkt, parfümiert und stellten jede Menge Halsketten und anderen Schmuck zur Schau. Hände und Füße zierten mit Henna gezeichnete Blumen.

Eine Modenschau!

Sprachlos fragte sich Mohammed Bokar, ob er in einem Bordell der Ungläubigen gelandet wäre. Aber er kannte die meisten Zuschauer, darunter den Saudi, der hier mit den ägyptischen Terroristen verhandeln wollte. Als dieser den verspäteten Gast bemerkte, machte er ihm Zeichen, sich zu seiner Rechten zu setzen.

Die jungen Frauen zogen sich für Minuten hinter einen Paravent zurück und erschienen wieder – in Badeanzügen! Nicht etwa in solchen, die den ganzen Körper verhüllten und an Privatpools geduldet wurden, nein, in Bikinis, die schamlos die Reize der arabischen Mannequins betonten.

Der Saudi, der Mohammed Bokars Unbehagen spürte, flüsterte ihm eine Passage aus der siebzigsten Koransure ins Ohr: «Den frommen Männern gebührt ein lüsterner Ort, Gärten und Weinfelder, schöne junge Frauen mit

wohlgeformten Brüsten und überquellenden Kelchen.»
Die Worte des heiligen Buches beruhigten den Fundamentalistenführer nicht. Als eine der Schönen ihren Büstenhalter aufnestelte und ihren Slip an den Beinen hinabgleiten ließ, stand er entrüstet auf.

«Was hat das zu bedeuten?»

«Schockiert Sie etwa die Schönheit?» fragte der Saudi süffisant lächelnd.

«Das ist eine Beleidigung des Korangesetzes!»

Der Saudi merkte, daß Bokars Zorn nicht gespielt war und sein Ruf als Griesgram nicht zu Unrecht bestand. Es galt, einen Eklat zu vermeiden. Deshalb setzte der arabische Weltmann plötzlich eine strenge Miene auf.

«Sie haben völlig recht, Mohammed. Solche widerwärtigen Zurschaustellungen wird die strikte Anwendung der Scharia künftig und für alle Zeiten unmöglich machen. Muß man das Übel aber nicht kennen, das es auszurotten gilt?»

Ein Schnipsen mit den Fingern ließ die nackten Mädchen verschwinden. Mohammed Bokar schien sich wieder zu beruhigen.

«Kommen wir zu erfreulicheren Dingen. Es sind weitere Geldbeträge freigegeben worden», erklärte der Saudi. «Die islamischen Anlagegesellschaften sind von jetzt an bestens ausgestattet. Diese Depots werden Ihnen von großem Nutzen sein.»

Mohammed Bokar verbeugte sich, jedoch besänftigte die gute Nachricht seine Besorgnis nicht ganz. Was nutzte die finanzielle Großzügigkeit, wenn der Saudi nicht auch politisch für die richtige Weichenstellung sorgte?

«Ich habe unsere amerikanischen Freunde getroffen»,

fügte der Saudi hinzu, als habe er Bokars Gedanken gelesen.

«Ihre sämtlichen Freunde?»

«Ja, alle. Sogar der Vertreter der CIA war bei den Besprechungen zugegen.»

«Gab es ein Veto?»

«Nein, natürlich nicht», antwortete der Saudi mit triumphalem Lächeln. «Weder die CIA noch die Wirtschaft sehen in der Errichtung einer islamischen Republik in Ägypten Probleme, vorausgesetzt, die Handelsbeziehungen werden nicht gestört. Man hofft sogar auf neue Märkte. Die Bürgschaft meines Landes hat meine Gesprächspartner überzeugt. Hauptsache, das Geschäft floriert weiter. Alles andere ist nebensächlich. Das bedeutet: Wenn Sie Erfolg haben, Mohammed, werden die Vereinigten Staaten Sie gewähren lassen. Also seien Sie in Allahs Namen erfolgreich!»

40

Die Gruppe deutscher Touristen, die am Vorabend nach Kairo gekommen war, machte sich für die Exkursion fertig. In der Halle des Sheraton traf sie auf einige Franzosen, die, mit Kameras und Zubehör behängt, ebenfalls für die Hochebene von Giseh und die Pyramiden gerüstet waren. Der ägyptische Führer, schon drei Monate arbeitslos, war froh, wieder etwas zu tun zu haben. Der blaue Bus der Misr-Travel-Gesellschaft war frisch geputzt und die Klimaanlage funktionierte. Die Besucher würden sich nicht beklagen müssen. Der Fremdenführer tat ein übriges und verkündete zur Beruhigung der ihm anvertrauten Freunde ägyptischer Kultur: «Ihr heutiger Ausflug soll ein Beweis dafür sein, daß die Fremden die Sehenswürdigkeiten unseres Landes gefahrlos bewundern können.»

Aber die Gruppe war noch nicht vollzählig. Zwei Männer und eine Frau fehlten noch. Die üblichen Witze machten die Runde, während man geduldig Tee oder Bier trank. Dem Führer klebte die Zunge am Gaumen. Die Fastenzeit verbot ihm, vor Sonnenuntergang auch nur einen Tropfen zu trinken.

Gerade als eine junge, schlanke, verschleierte Frau in langem schwarzem Gewand mit einer Hebammentasche in der Hand die Halle des Sheraton betrat, kamen vom Lift her die Nachzügler herbeigelaufen. Der Führer rief die Gruppe zusammen und gab ihr das Programm bekannt. Nur einer modebewußten Französin fiel auf, daß die verschleierte Frau, die genau der Gruppe gegenüber stehenblieb und ihre Tasche absetzte, elegante rote Schuhe trug.

Safinas öffnete die Tasche, holte eine Maschinenpistole heraus und schoß mitten in die Gruppe hinein. Als erste stürzten der Fremdenführer und eine junge Deutsche zu Boden. Dann streckte die Terroristin einen Gepäckträger nieder, der sich ihr in den Weg stellte. Unberührt von den gellenden Schreien und die allgemeine Verwirrung nutzend, verließ sie das Hotel und stieg in einen kleinen Fiat, der mit quietschenden Reifen davonbrauste. «Allah ist der Größte!» brüllte der Chauffeur durch das offene Fenster, bog um eine Straßenecke, und der Wagen verschwand im Verkehr.

Mona ging es trotz noch mehrmals wiederkehrender Weinkrämpfe etwas besser. Ein koptischer Arzt hatte ihre Verletzungen behandelt, ihr ein starkes Beruhigungsmittel verordnet und der Patientin versichert, daß die Zeit immer noch alle Wunden heile.

Zunächst war Mona zwar entsetzt über die Umgebung, in die Mark sie gebracht hatte, aber seine Erklärungen beruhigten sie. Bei den Sabbalin würden ihr die Fundamentalisten nichts anhaben können. So scheußlich sie den Ort auch fand, sah sie doch ein, daß er ihre Sicherheit gewährleistete, und nur das zählte in ihrer Situation. Als Kranke brauchte sie die Fastenzeit nicht einzuhalten, deshalb nahm sie Früchtekompott, Tee und später auch die andere leichte Kost zu sich, die ihr zwei immer lachende kleine Mädchen brachten, mit denen sie schnell Freundschaft schloß.

Tagsüber blieb Mark bei ihr. Sie erinnerten sich an ihre erste Begegnung, ihre wortlose Verständigung durch Blicke, eine Liebe, die sie zu unterdrücken versucht hatten und die sich, ohne ihr Wissen, wie eine unbekannte wunderbare Blume in einem verwunschenen Garten entfaltet hatte. Sie versprachen einander, im Frühling wieder aufs Land nach Faijum zu fahren, den Balztänzen der Silberreiher zuzuschauen und den Anblick der sich im Winde wiegenden Palmen zu genießen. Das Glück war nicht so fern, wo es doch schon genügte, zu zweit zu sein und die Angst allmählich zu vergessen.

«Wie geht es ihr?» erkundigte sich Jussuf.
«Sie schläft.»
Mark und der Chef der Müllmafia machten ein paar

Schritte über die riesige Müllhalde. Schwarze Rauchwolken verhüllten die untergehende Sonne. Bald nahte die achte Nacht des Ramadan.

«Sie machen einen besorgten Eindruck, Jussuf.»

«War dieser Nagib Ghali wirklich Ihr Freund?»

«Ich habe ihm vollkommen vertraut und hatte keine Ahnung, daß er der Fundamentalistenbewegung angehört.»

«Sie kannten ihn aber doch schon lange.»

«Er ist eben ein verdammt guter Schauspieler.»

«Könnten Sie ihn dazu bringen, über die Organisation von Mohammed Bokar zu sprechen?»

«Ich bin nicht sicher, aber ich habe etwas für ihn, das ihn zum Reden bringen könnte.»

«Und das wäre?»

Mark zögerte.

«Haben Sie kein Vertrauen zu mir?» fragte Jussuf beleidigt.

«Man hat mich in letzter Zeit allzu oft zum Narren gehalten.»

«An Ihrer Stelle würde ich Ägypten mit der Frau, die ich liebe, verlassen.»

«Weder sie noch ich werden die Flucht ergreifen.»

«Mut ist ein Luxus, den Sie sich eigentlich nicht mehr erlauben können.»

«Jedem seine Verrücktheiten ... Ich muß jetzt in die Stadt. Nehmen Sie mich mit?»

Mona zitterte bei dem Gedanken, die Nacht allein zu bleiben, als Moslime unter Kopten und bei den Schweinezüchtern. Sie ergriff Marks Hand, bat ihn jedoch nicht zu bleiben. Nichts und niemand würde ihn daran hindern können, nach eigener Entscheidung zu handeln; Gejammer und Klagen würden ihm nicht die Kraft geben, die er jetzt brauchte. Weil sie sich mit ihren Pflastern und blauen Flecken wenig verführerisch vorkam, versuchte sie, allein durch ihren Blick seinen Glauben an eine gemeinsame Zukunft zu stärken.

Sie trennten sich wortlos.

Der Amerikaner stieg in Jussufs Wagen, den rosafarbenen Buick.

«Was melden die Nachrichten?» fragte Mark.

«Touristen sind umgekommen. Im Sheraton.»

«Bokars Handschrift?»

«Es soll eine verschleierte Frau mit roten Schuhen gewesen sein.»

Safinas! Wie hatte sich diese brillante Universitätsdozentin, die nicht nur ihr nüchternes Lehrfach, sondern auch das Liebesspiel so vorzüglich beherrschte, in eine mordende Furie verwandeln können?

Jussuf bemerkte, wie betroffen sein Fahrgast war.

«Soll ich Sie nicht zum Flughafen bringen? Die Fundamentalisten wollen Ihren Kopf, haben Sie gesagt. An Ihrer Stelle ...»

«Wiederholen Sie nicht immerfort dasselbe. Fahren Sie zu, Jussuf!»

An diesem neunten Tag des Ramadan hatte sich der Wind gelegt, und die drückende Hitze wurde fast unerträglich. Durch die Straßen bewegte sich eine lange Prozession. Sie zog von Alt-Kairo aus zur Innenstadt, angeführt vom geistlichen Führer der Kopten, Schenuda III., in einer

Goldrobe, die mit Koptenkreuzen geschmückt war, und auf dem Haupt eine mit Rubinen verzierte Goldkrone. Einen Stab in der Linken, ein großes Kreuz in der Rechten, schritt der Patriarch würdig an der Spitze seiner Heiligen Synode, bestehend aus neunundfünfzig Bischöfen, Erzbischöfen und Klosteräbten, alle mit den gleichen gepflegten Vollbärten. Die koptischen Kirchen Kanadas, der Vereinigten Staaten, Frankreichs, Zaires, des Libanon und sogar Jerusalems hatten Vertreter geschickt, die an der größten Koptenversammlung seit Jahren teilnehmen sollten. Zahlreichen Priestern in strahlendweißen Roben folgte ein Zug von Diakonen und Tausenden gläubiger Kopten.

Sie sangen Hymnen zu Ehren der Jungfrau Maria, die kurz zuvor, und wie schon einmal 1969, im Viertel von Zeitun einem jungen Analphabeten erschienen war und ihm versichert hatte, daß «die Jünger des wahren Gottes» nicht aussterben würden, solange ihr Glaube fest sei.

Die Kunde von dem Wunder, mitten im Ramadan, hatte sich schnell verbreitet, und die Kopten hatten keine Zeit verloren, sich am hellichten Tag um ihren Patriarchen zu scharen, um in Kairo wie auch in den Provinzstädten und Dörfern ihre mit Rauten geschmückten Holzkreuze zu schwingen.

Nachdem Jussuf den Wagen abgestellt hatte, reihte er sich mit Mark in die Prozession ein, die von Hundertschaften der Polizei begleitet wurde, um Zusammenstöße mit fundamentalistischen Störenfrieden zu unterbinden, die über die neuerliche Herausforderung der Kopten wütend waren. Viele der gemäßigten Moslems entdeckten nicht ohne Staunen, wie groß jene Minderheit war, mit der ihre Väter noch ganz in Frieden gelebt hatten. Nicht nur die prunkvolle Kleidung des Patriarchen, sondern auch die Inbrunst der Gläubigen beeindruckte sie. Bokars Leute waren angewiesen, sich während der Rede Schenudas, der das ägyptische Volk zu Toleranz und Einigkeit aufrief, zurückzuhalten. Über zwei Stunden lauschten die koptischen Zuhörer ehrfürchtig und begannen wieder an ihren guten Stern zu glauben. Man würde neue Kirchen auf ägyptischem Boden errichten, den Dialog mit den Mohammedanern fortsetzen, den Extremismus durch das Beispiel der Toleranz besiegen.

Mark war beunruhigt. Die Kundgebung war eine schöne Gelegenheit für die Fundamentalisten, ihre Macht zu beweisen. Er war darauf gefaßt, daß jeden Augenblick ein Motorrad oder ein Auto auftauchen und in die Christen hineinrasen würde. Wie sollte Safinas der Versuchung widerstehen können, so viele von ihnen mit einem Schlag umzubringen?

Es geschah jedoch nichts.

Die Kopten gingen friedlich auseinander, viele suchten die Kirchen auf, in denen die Priester Heiligenlegenden vorlasen.

Ein Diakon mit schwarzem Bart, ein kräftiger Mann, legte seine Rechte auf Marks Schulter.

«Sind Sie bereit, mir zu folgen, Mister Walker?»

Mark sah sich nach Jussuf um, konnte ihn jedoch in der Menge nicht entdecken.

Vier Kopten, mit knorrigen Pilgerstäben bewaffnet, nahmen Mark zwischen sich und scherten zusammen mit dem Diakon aus der Prozession aus.

41

Die kleine Gruppe schlug unbehelligt den Weg in die Gassen Alt-Kairos ein. Auch viele Moslems glaubten an die Erscheinung der Jungfrau Maria, die zum Frieden in der Welt aufrief. Mark erkannte, wie strategisch geschickt der koptische Patriarch vorgegangen war, doch warum mußte das Treffen mit den Ordensleuten, das Jussuf vermittelt hatte, unter solchen Sicherheitsvorkehrungen stattfinden? Der Diakon ging schnell, und seine Wächter rahmten den Amerikaner so ein, daß an Flucht nicht zu denken war.

Sie kamen zur Al-Moallaka-Kirche, der «Schwebenden», die zwischen zwei Bastionen einer römischen Festung errichtet worden war, so daß das Kirchenschiff über dem Durchgang zum Innern der heiligen Stätte aufgehängt zu sein schien, die der Heiligen Jungfrau geweiht war. Der Legende nach hatte in diesem Innenhof mit kleinem Gärtchen und ein paar Bäumen einst die Heilige Familie Zuflucht gefunden. Ein Priester mit einem Haarknoten, in schlichter schwarzer Robe, begoß die heilkräftigen Gewächse. Sobald er den Diakon mit seinen Helfershelfern sah, verschwand er.

Der Diakon setzte sich auf eine Holzbank und lud den Amerikaner ein, sich neben ihn zu setzen. Die Wächter drehten ihnen den Rücken zu und bewachten den Eingang zum Innenhof.

«Hier sind wir vollkommen ungestört, Mister Walker. Sind Sie eigentlich Christ?»

«Ich muß wohl verneinen.»

«Welche Religion dann?»

«Die Liebe zu Ägypten.»

«Ich werde beten, damit der Herr Ihre Seele erleuchtet und Sie zur Taufe führt. Ich wäre glücklich, Sie nach dreifachem Untertauchen in unserem schönen antiken Taufbecken als neuen Menschen begrüßen zu können.»

«Darf ich fragen, wer Sie sind?»

«Nur ein einfacher Diakon und bescheidener Ratgeber unseres vielgeliebten Patriarchen.»

«Ich fürchte, Ihnen ist nicht bewußt, in welcher Gefahr sich Ihre Glaubensgemeinschaft in Ägypten befindet.»

«Es gibt keine Gefahr, die der Glaube nicht besiegen könnte.»

«Sobald die Fundamentalisten die Macht ergriffen haben, werden sie die Kopten auszurotten beginnen und ihnen die Ausübung ihrer Religion verbieten. Darf ich Sie daran erinnern, daß die Ärzte und Sanitäter der Alliierten während des Golfkrieges das Rote Kreuz auf ihren Fahrzeugen abdecken mußten?»

«Unser geistiger Führer ist ein Mann des Friedens und der Versöhnung. Haben wir nicht über Jahrhunderte in Eintracht mit unseren moslemischen Brüdern gelebt?»

«In den Augen der Terroristen hat die Vergangenheit nichts zu bedeuten.»

«Sie scheinen sie gut zu kennen.»

«Sie haben meinen Freund Farag Mustakbel ermordet, eine Frau, die ich liebe, gefoltert und betrachten mich als einen Spion im Auftrag Israels.»

«Deshalb führen Sie einen persönlichen Kreuzzug gegen sie?»

«Ich suche zu verhindern, daß ihnen ganz Ägypten in

die Hände fällt. Und wenn ich den Kampf allein führen müßte, ich täte es. Sie aber können mir dabei helfen. Auch der Ihrer Kirche ergebene Jussuf ist bereit zu kämpfen.»

«Jussuf irrt, wenn er glaubt, der Kampf mit der Waffe sei der richtige Weg. Nur Gebet und Liebe werden den Sieg über den Haß davontragen.»

«Sie sehen einfach nicht, wie groß die Gefahr ist. Pater Butros, der koptische Priester, der meine Ehe schließen sollte, ist in Assuan ermordet worden. Sein Leben bestand nur aus aufopfernder Nächstenliebe. Er ist nicht der einzige koptische Geistliche, den die Islamisten auf dem Gewissen haben, und es wird gewiß nicht der letzte sein. Wie viele Morde müssen geschehen, ehe sich der Patriarch entschließt zu handeln?»

«Ob Mohammedaner oder Christen: Wir sind Ägypter und müssen zusammenleben.»

«Mohammed Bokar, Kabul und Safinas werden Ihre Träume mit Geschoßgarben aus ihren automatischen Waffen wegfegen.»

«Kümmerten Sie sich nicht eigentlich um die Erhaltung der Monumente aus der Pharaonenzeit, bevor Sie dem Terrorismus den Kampf ansagten?»

«Der Hochdamm von Assuan und der Fundamentalismus – beide sind drauf und dran, das geistige Erbe, das Kostbarste, was die Menschheit besitzt, zu zerstören. Ich habe meine Zielrichtung nicht geändert.»

Der Diakon packte den Amerikaner am Arm.

«Aber jetzt sprechen wir doch mal über Nagib Ghali.»

«Er war mein Freund und hat mich unter dem Druck, den die Fundamentalisten auf seine Familie ausübten, verraten. Er ist in ein Mahlwerk geraten, aus dem ich ihn herausholen möchte. Helfen Sie mir, ihn zu finden, dann werde ich mit ihm reden.»

«Haben Sie seinen Schlupfwinkel nicht schon entdeckt?»

«Im Zitadellenviertel, im Drogenmilieu. Nach dem Attentat auf das ‹Kleopatra›-Hotel ist er vermutlich geflohen.»

«Was haben Sie ihm denn vorzuschlagen?»

Trotz des salbungsvollen Tons schätzte Mark den Diakon als entscheidungsfreudig ein. Daher ging er aufs Ganze.

«Kennen Sie einen gewissen Kemal?»

Als der Geistliche nicht reagierte, fuhr der Amerikaner fort.

«Er hat mich auf die Spur gebracht und mir geraten, die Kopten um Unterstützung zu bitten. Durch Kemals Unterstützung könnte Nagib Ghali unbeschadet aus Ägypten zu seiner Familie in Spanien gelangen. Dafür soll er mir alles sagen, was er über Mohammed Bokars Organisation weiß.»

«Ein fairer Tausch. Aber warum sprechen Sie plötzlich so erregt?»

«Bokars Frau, Safinas, war lange vor ihrer Verheiratung meine Geliebte. Sie war es, die meinen Freund Farag Mustakbel ermordet und eine Frau, die mir viel bedeutet, gefoltert hat.»

«Könnten Sie eine Frau umbringen?»

«Ich weiß nicht ... Aber ich will, daß Safinas und ihre Komplizen eingesperrt werden.»

«Lobenswerte Absichten, Mister Walker. Was wissen Sie sonst noch über Nagib Ghali?»

Mark wunderte sich über solche Beharrlichkeit. Er berichtete ausführlich von Nagibs Familie, von seinen Fähigkeiten als Arzt und von der Rolle, die Kubi bei seiner Erziehung und Ausbildung zum Mediziner gespielt hatte. Der Diakon hörte aufmerksam zu.

«Mehr als das, was Sie mir gesagt haben, wissen Sie über Nagib Ghali nicht. Ist das so?»

«Wirklich nicht. Was sollte denn noch sein?»

«Wir müssen sehr vorsichtig sein. Ich werde überprüfen, was Sie mir gesagt haben.»

Der Diakon hob den Arm, und die vier Wächter umringten wieder den Amerikaner.

«Was haben Sie vor?» fragte Mark überrascht.

«Wie ich schon sagte: eine Vorsichtsmaßnahme. Wenn Sie die Wahrheit gesagt haben, sind wir Freunde, wenn nicht ...»

Die Kopten packten Mark und zwangen ihn, eine dunkle Steintreppe hinunterzusteigen, die zu einer Krypta führte, in der sich der Duft von Weihrauch mit dem Modergeruch eines feuchten Kellers mischte. Beleuchtet wurde der Raum nur durch eine Fackel.

Mark ging durch zentimetertiefes Wasser. Auch die Grundmauern dieser alten christlichen Kirchen zerstörte der Hochdamm allmählich.

Aus der Finsternis erschien eine korpulente, schwarzgekleidete Frau, die eine Metallkette mit riesigen Kettengliedern hielt.

«Nur der Unsichtbare ist aufrichtig», erklärte der Diakon. «Deshalb werden wir ihn nach der Wahrheit über Sie befragen.»

Die kräftige Frau legte Mark in Ketten. Er hielt es angesichts dieser eisernen Fesseln für sinnlos, um sich zu schlagen.

«Gefaßtheit ist eine achtenswerte Eigenschaft», sagte der Diakon anerkennend. «Wenn Sie gelogen haben, werden diese Ketten Sie erdrücken. Andernfalls werden sie Ihnen ihre Kraft übertragen.»

«Und wer entscheidet darüber?»

«Der Unsichtbare, das Jenseits, Mister Walker.»

Der Geistliche stellte vor dem Amerikaner einen Weidenkorb auf, der mit einem weißen Schleier bedeckt war. Er nahm den Schleier weg, und die Wächter setzten sich zusammen mit der dicken Frau im Kreis um den Korb, in den der Diakon zuvor ein Blatt Papier und einen Stift gelegt hatte.

«Wir stellen dem Jenseitigen eine Frage», erklärte er.

«Es wird seine Antwort schriftlich mitteilen. Sein Urteilsspruch ist unumstößlich.»

Mark kam sich vor wie in einem Wirklichkeit gewordenen Horrortraum. Er wußte, daß kein Protest den magischen Vorgang abbrechen konnte. Sein Leben hing von einer übersinnlichen Macht ab. Die ihn auf die Probe stellten, hatten offenbar nicht den geringsten Zweifel an der Zuverlässigkeit dieser spiritistischen Prozedur.

Die Stimme des Diakons hallte in der Krypta.

«Hat dieser Mann alles gesagt, was er über Nagib Ghali weiß?»

Warum nur legt der Kopte so großen Wert auf mein Wissen über Nagib, fragte sich Mark und wußte keine Antwort.

Lange Minuten vergingen. Die Glieder des Gefesselten begannen unter dem Gewicht der Ketten zu schmerzen.

Seine rechte Hand suchte vergeblich einen Weg, um sich zu befreien.

Im Innern des Korbes wurde jetzt ein Knistern hörbar. Der Diakon wartete das Ende des Geräuschs ab, griff in den Korb und zog das Papierstück heraus, auf dem der Stift, vom Jenseits geführt, ein einziges Wort geschrieben hatte: «*Aywa* – ja.»

Die korpulente Frau nahm Mark die Ketten ab und verließ mit den Wächtern die Krypta.

«Beten wir», verlangte der Diakon. «Danken wir dem Unsichtbaren, daß er uns geantwortet hat.»

Mark hatte Mühe, sich von dem Angstgefühl zu befreien, das ihm im Augenblick der Urteilsverkündung den Atem genommen hatte. Würde er je erfahren, was sich in dem Korb abgespielt hatte?

«Nagib Ghali hat Ihnen etwas sehr Wichtiges verschwiegen», setzte der Diakon das Gespräch fort, als hätte es nur eine kurze, ganz normale Unterbrechung gegeben.

«Und was soll das sein?»

«Das Wichtigste, Mister Walker. Nagib ist Konvertit.»

«Soll das heißen ...»

«Er ist nicht mehr Moslem, sondern Christ. Wir sind stolz, ihn zu den Anhängern unseres Glaubens zu zählen.»

«Aber dieser Übertritt verurteilt ihn in den Augen der Islamisten zum Tode.»

«Daher meine Vorsicht bei der Preisgabe dieses Geheimnisses. Noch gilt er den Fundamentalisten als einer der Ihren, und das soll auch so lange wie möglich so bleiben.»

«Auf die Dauer ist sein Doppelspiel bestimmt nicht haltbar.»

«Nagib ist klug und sehr umsichtig.»

«Trotzdem, irgendwann fliegt er auf. Wenn es nicht schon passiert ist.»

«Deshalb muß Nagib dazu gebracht werden, Ägypten zu verlassen, sobald er uns alles gesagt hat, was er über die Terroristenorganisation weiß. Daß er bisher einiges für sich behalten hat, ist nicht verwerflich. Doch jetzt ist Diskretion nicht mehr angebracht. Nur einer kann sein volles Vertrauen gewinnen und ihn dadurch vielleicht retten: Sie – und kein anderer.»

Mark fragte sich, ob Kemal von Nagibs Konversion zum Christentum Kenntnis hatte ... Bestimmt! Er kannte alle Teile des Puzzles. Ihn nicht empfangen zu wollen, ihn zu zwingen, zum Mokattam zu fahren, Jussuf aufzusuchen, dann hier zu landen, um auf Nagibs Spur zu gelangen, alle diese einzelnen Schritte waren vorgeplant. Kemal hielt sich bedeckt und benutzte ihn wie eine Fernlenkwaffe.

«Sie und kein anderer», wiederholte der Diakon. «Nehmen Sie den Auftrag an, oder haben Sie Bedenken?»

Er deutete Marks Schweigen als Zustimmung und rückte mit weiteren Informationen heraus.

«Nagib Ghali ist in Esna, in Oberägypten. Wir hätten ihm diese Feuerprobe gern erspart, aber die Gelegenheit war zu günstig. Auf Bokars Geheiß soll er von einem Mann aus dem Westen eine Waffenlieferung übernehmen. Die Terroristen tragen sich nämlich mit der Absicht, koptische Dörfer in der Gegend in Schutt und Asche zu legen.

Es ist dafür gesorgt, daß diese Waffen Jussuf in die Hände fallen, der damit die Verteidigung der betroffenen Koptengemeinden sichert.»

«Sagten Sie nicht, Sie seien gegen jede Gewaltanwendung?»

«Ein Fall von Notwehr ... Und Jussuf gehört ja nicht unserem Orden an. Unsere offizielle Haltung ist das eine, die Wirklichkeit vor Ort ein anderes. Ich gebe Ihnen die Informationen, die Sie brauchen, um unseren Freund zu treffen. Suchen Sie sein Vertrauen zu erlangen, und bringen Sie ihn dazu, nach Erfüllung des Auftrags in Esna Ägypten zu verlassen. Er verdient es, mit seiner Familie in Frieden zu leben.»

«Wann soll ich abfahren?»

«Morgen. Wir beherbergen Sie in einer unserer Kirchen.»

«Ich will aber zuvor noch meine Freundin Mona aufsuchen.»

«Das geht leider nicht. Es darf niemand von Ihrem Auftrag erfahren.»

«Ich sage ihr nichts davon.»

«Ein verliebter Mann sagt immer zuviel. Sie sehen sie bei Ihrer Rückkehr aus Oberägypten wieder.»

42

Mark saß auf einer Bank aus Zedernholz. Die kleine koptische Kirche, fünf Meter unterhalb des Sträßchens, lag in tiefer Stille. Dort konnte man unter einem Steingewölbe, das von Marmorsäulen mit korinthischen Kapitellen getragen wurde, gut meditieren. Die Ikonostase, Ebenholzpaneele mit Elfenbeinintarsien, die Vögel und Blumen darstellten, trennte das Kirchenschiff vom Allerheiligsten, das nur den Priestern zugänglich war. Zahlreiche Ikonen schmückten den heiligen Ort, an dem man einen Brunnen gegraben hatte, dessen Wasser als wundertätig galt.

Würde ein Wunder Ägypten erretten? Mark dachte an den alten Text, der den Niedergang des Landes der Pharaonen ankündigte, verlassen von den Göttern, die ihm jahrtausendelang Schutz gewährt hatten. Wie sollte man sie wieder herlocken? Wenn man das Tal der Könige, Karnak, die Pyramiden bewahrte ... Würden sie dort nicht einen letzten Hauch von Größe und Unsterblichkeit spüren, der sie noch anziehen könnte?

Der Amerikaner nutzte die Wartezeit, um in dieser Abgeschiedenheit den Wirrwarr etwas zu ordnen, der seit Hélènes Tod in seinem Kopf herrschte. Als Spielball extremer Gewalten trieb er in einem Strom, dessen Richtung ihm unbekannt war. Keine Wahl zu haben, erschien ihm jedoch auch wie eine Befreiung. Einen anderen Weg konnte er nicht gehen, um sich Farags, Monas und aller derer würdig zu zeigen, denen die Verwirklichung eines Ideals mehr wert war als ihr Leben.

Warum hatte Hélène bis zum Schluß diese Heiratskomödie gespielt? Hätte sie es tatsächlich fertiggebracht, ihm ihr Jawort zu geben und zu versprechen, ihm stets treu zur Seite zu stehen, in guten wie in schlechten Tagen? Hätte ein solches Falschspiel nicht im geringsten ihr Gewissen belastet? Noch wichtiger schien Mark die Frage:

Hatte sie vor, die Zeichnungen, die sie an ihre Brust drückte, als sie den Tod erlitt, ihm zu zeigen – und sie ihm zu erklären? Ob er jemals erfahren würde, was es mit ihnen auf sich hatte?

Ein Mann setzte sich neben ihn. Mark hatte ihn, nach Antworten auf vielleicht unbeantwortbare Fragen suchend, nicht kommen hören.

«Wie geht es Ihnen?» fragte Kemal.

«Ich hatte mir gerade eine kurze Besinnungspause verordnet.»

«Das ist manchmal nötig.»

«Warum haben Sie mich vorgestern nacht nicht zu sich gelassen?»

«Ich war nicht da und möchte von unseren Leuten der einzige sein, der mit Ihnen spricht. Wenn jemand von unserer Zusammenarbeit Wind bekäme, wäre Ihr Leben in Gefahr.»

«Vielen Dank für Ihre Fürsorge, aber mein Leben ist ja längst in höchster Gefahr. Safinas betrachtet mich als einen Agenten der Juden. Wissen Sie Neues über Bokars nächste Unternehmungen?»

«Ein Teil von seinen Leuten ist nach Assiut unterwegs. Ich selbst war in Rosette, um zwei Iraner zu verhören, die mit falschem Paß nach Ägypten eingereist sind. Zum Glück hat man sie gefaßt, doch ist diese Festnahme keine besonders gute Nachricht.»

«Und warum nicht?»

«Es sind zwei von der Revolutionsmiliz, Spezialisten der Stadtguerilla. Während des Verhörs haben sie unaufhörlich Koranverse gemurmelt. Wir haben trotzdem herausgebracht, daß sie mit Bokar über eine Waffenlieferung verhandeln sollten. Der Iran gibt mindestens sieben Milliarden Dollar pro Jahr für Käufe aus Argentinien, Brasilien, Frankreich und den Oststaaten aus … Soweit ich weiß, verkauft nur Island nicht an sie. Und was der Iran nicht für den Eigenbedarf braucht, verhökert er billig an die Organisationen weiter, die die islamische Weltrevolution vorbereiten. Zwei Waffenhändler haben wir aus dem Verkehr gezogen, aber andere werden kommen, die wir nicht schnappen. Die große Offensive hat begonnen … Ob unsere Mittel ausreichen, ihr zu begegnen? Ich habe starke Zweifel.»

«Nanu, hat Sie Ihr Mut verlassen?»

«Das mag so aussehen, und es hängt vielleicht damit zusammen, daß ich wieder einmal in den Schriften von Dhul Nun, dem Sufimeister aus Achmim, gelesen habe. Er preist die Entsagung, den Verzicht, die innere Disziplin und den ständigen Kampf gegen unseren Todfeind, das Ich, das uns blind und taub macht.»

«Ein Weiser aus dem alten Ägypten hätte ihm beigepflichtet.»

«Es gibt wohl in der Tat nur eine einzige Weisheit und so viele Verrücktheiten wie menschliche Lebewesen. Verzeihen Sie, daß ich Ihre Post sowohl in Kairo als auch in Assuan geöffnet habe, aber ich sah in Ihnen einen Räsoneur und Intriganten.»

«Dabei habe ich nichts zu verbergen.»

«Ich hatte den Zensurauftrag noch nicht storniert, deshalb weiß ich, daß Sie eine umfangreiche Sendung aus dem Innenministerium zusammen mit Nachrichten der Altertumsgesellschaft sowie von einem Scheich aus dem Al-Aschar-Gremium erhalten werden.»

«Antworten auf meine Eingaben mit massiven Warnungen?»

«Die Marmoreinlegearbeiten mehrerer Moscheen zerfallen zu Staub. Einige Leute fangen an, dem Hochdamm die Schuld zu geben, der den Wasserspiegel und den Salzgehalt ansteigen läßt. Die Behörden und die zuständigen Instanzen für Architektur und Religion schlagen Ihnen vor, in Kairo ein Kolloquium zu veranstalten, damit Sie Ihre Erkenntnisse erläutern und Lösungsvorschläge vortragen können. Natürlich wissen alle, daß Sie leidenschaftlich für die Erhaltung der Pharaonenstätten eintreten. Würden Sie sich trotzdem auch für die islamischen Kunstdenkmäler einsetzen?»

Mark hätte Kemal umarmen können. Endlich räumten die maßgeblichen Stellen und Entscheidungsträger die schädliche Wirkung des Hochdamms ein und zeigten sich bereit, konkrete Maßnahmen ins Auge zu fassen.

«Wenn man bereit ist, auf mich zu hören, werde ich mich für alles einsetzen, was Schaden begrenzt, und auch auf internationaler Ebene die erforderlichen Gelder aufzutreiben versuchen.»

«Erwarten Sie nicht gleich zuviel Verständnis, Mister Walker. Den Behörden dieses Landes fällt es nicht leicht, einen historischen Fehler einzugestehen. Ich denke, man wird Sie um größte Diskretion bitten, und daher werden Sie nur bescheidenen Ruhm mit diesem Kreuzzug ernten.»

«Das ist bedeutungslos, wenn das Land, seine Monumente und die anderen Kunstschätze gerettet werden.»

«Es tut mir leid, Sie an Ihren Auftrag in Esna erinnern zu müssen, oder machen Sie einen Rückzieher?»

«Wissen Sie auch davon schon? Dumme Frage! Aber das sage ich Ihnen: Wenn Safinas festgenommen ist, werde ich dieses Kolloquium halten, und ich hoffe, es leitet die Wende zur Rettung Ägyptens ein.»

«Hoffnung ist eine Tugend, die mich immer wieder rührt.»

«Sind nicht auch Sie von ihr beseelt?»

«Als ägyptischer Beamter bin ich zufrieden, daß ich gut bezahlt werde. Schon das ist eine Art Wunder.»

«Sie geben sich zynischer, als Sie sind.»

«Versuchen Sie nicht, meine Gefühle zu deuten, Mister Walker. Das würde Sie zu argen Irrtümern verleiten.»

«Ich weiß. Natürlich wußten Sie, daß Nagib konvertiert ist, und mich haben Sie wieder einmal in Unwissenheit schmoren lassen.»

«Nagibs Konversion ist momentan eines der wichtigsten Staatsgeheimnisse. Wegen seines tödlichen Doppelspiels, an dem uns freilich sehr gelegen ist. Daß Nagib seinen Auftrag in Esna im Sinne der Kopten erfüllt, ist für sie lebenswichtig. Wenn alles klappt, werden sie in den Besitz von genügend Waffen kommen, um ihre Dörfer im Süden gegen die Überfälle der Fundamentalisten zu verteidigen.»

«Wer verkauft ihm denn die Waffen?»

«Ein Oberst der ehemaligen Roten Armee. Wie andere russische Offiziere schafft er Absatz für den riesigen Vorrat an längst veralteten Waffen und sichert sich damit eine hübsche Altersversorgung.»

«Sind Sie sicher, daß Mohammed Bokar Nagibs Doppelspiel noch nicht durchschaut hat?»

«Bis jetzt hat er seine Rolle perfekt im Griff.»

«Es ist blödsinnig, aber ich möchte, daß Nagib davonkommt. Ich kann ihn einfach nicht hassen.»

«Das ist einer Ihrer wenigen Charakterfehler, Mister Walker.»

«Bokar wird von der Abreise seiner Familie erfahren haben.»

«Nagib wird ihn sogar um seine Einwilligung gebeten haben.»

«Was wird in Esna geschehen, Kemal? Es muß doch zu einem Gewaltakt kommen, wenn die Waffen, statt in die Hände der Fundamentalisten überzugehen, von Jussuf und seinen Leuten konfisziert werden.»

«Sie haben recht. Das wird nur mit einem gewissen Nachdruck zu erreichen sein.»

«Und trotzdem empfehlen Sie mir, dorthin zu gehen?»

«Was heißt ‹empfehlen›! Sie sind der einzige, der alles, was wir wissen müssen, aus Nagib herausholen kann. Wenn Sie ablehnen würden, müßte ich Ihre sofortige Ausreise aus Ägypten veranlassen – und das gerade jetzt, wo Ihr Traum in Erfüllung zu gehen scheint, daß Ihre Warnungen vor dem Hochdamm von der Regierung ernst genommen werden.»

«Sie sind grausamer als ein Raubtier.»

«Raubtiere sind nicht grausam, Mister Walker. Sie erfüllen nur ihre Lebensaufgabe. Viel Glück, Allah beschütze Sie!»

Kemal stand auf und verließ die Kirche so lautlos, wie er sie betreten hatte.

43

Es war fast dreizehn Uhr an diesem zehnten Tag des Ramadan, als der Nildampfer in Esna, fünfzig Kilometer südlich von Luxor, anlegte. An diesem Ort, einem Landwirtschaftszentrum mit vierzigtausend Einwohnern, würde das Schiff nur zwei Stunden bleiben, gerade so lange, bis die Touristen unter den Passagieren den Tempel des Widdergottes besichtigt und in der Hauptstraße Baumwollsachen eingekauft hätten.

Etwa vierzig Männer waren an der Anlegestelle versammelt und schrien laut herum. Der Kapitän hatte zunächst an einen herzlichen Empfang für die immer seltener werdenden Touristen gedacht, bis er den Schwall von Beleidigungen und Flüchen vernahm, die offenbar einer Frau galten. Bald waren es siebzig, dann hundert Schreihälse, die mit erhobenen Fäusten auf das Oberdeck hinauf drohten.

Der Kapitän stieg hinauf und sah das skandalöse Schauspiel: Eine üppige Italienerin war von ihrem Liegestuhl aufgestanden und beugte sich barbusig über die Reling. Er ergriff eine Decke, warf sie der Exhibitionistin über die Schultern und bat sie, in ihre Kabine zu gehen und sich dezent zu kleiden. Die Frau protestierte mit den Worten, sie habe die Kreuzfahrt bezahlt und denke nicht daran, ihr Sonnenbad abzubrechen.

Als der Kapitän die Uneinsichtige energisch aufforderte, sich unter Deck zu begeben, war es schon zu spät. Vom Kai erscholl der vielstimmige Ruf: «Wir dulden keine Fremden in unserer Stadt! Tod allen Ungläubigen!»

Mark war nachts abgefahren und im Laufe des Vormittags in Esna eingetroffen. Mit einer langärmligen, verschlissenen blauen Galabija, die ihm bis auf die Füße reichte, und einem weißen Turban hatte er sich unter das Volk gemischt und schlenderte durch die berühmte Straße der Baumwollverkäufer, prüfte die Früchte auf dem Markt und trank in einem Café mit schläfrigen, Wasserpfeife rauchenden Männern einen Tee.

Esna erfreute sich dank seines landwirtschaftlich ertragreichen Umlandes eines gewissen Wohlstands. Der Tag war wie jeder andere heiß und laut. Wenn die Touristenmassen auch ausblieben, war die wichtigste Verkaufsstraße doch voller Leute. Mit ihren Tuchbespannungen bot sie Schatten und lud zu endlosen Palavern zwischen Händlern und Käufern ein. Die Kenner hielten sich an die wenigen Baumwollartikel, deren Farbe nicht bereits nach der ersten Wäsche verblaßte.

Aus Transistorradios und Lautsprechern tönte arabische Musik, die immer wieder von Koranlesungen unterbrochen wurde. Nach dem Mittagsgebet ging Mark zum Tempel, dem verabredeten Treffpunkt.

Es war ein merkwürdiges Gebäude, denn es bestand nur aus einem Säulensaal, der trotz der Feuchtigkeit, die an den Fundamenten fraß, in gutem Zustand war. Er erhob sich aus einer zehn Meter tiefen Senke. Seit der Gründung der Stadt vor etwa zwei Jahrtausenden hatte sich der Boden so gehoben, daß die Säulen und das Dach kaum die Höhe der vorbeiführenden Straße erreichten. Um in die Kirche zu gelangen, mußte man eine steile Holztreppe hinabsteigen.

Die unmittelbare Nachbarschaft war ziemlich deprimierend: eine verfallene Moschee, geschlossene Kioske mit verrosteten Rolläden, ehemalige Kolonialbauten mit geschnitzten, aber morschen Holzbalkonen, die schon fast abbrachen, und mit zugemauerten Fenstern, dazwischen eine von stinkenden Pfützen übersäte Fahrbahn. An einem gefährlich windschiefen Lichtmast wies ein fast unleserliches Schild auf das Hotel «Welcome» hin.

Kurz nach dreizehn Uhr sollte Nagib Ghali aus diesem Hotel kommen, um die Modalitäten des Waffengeschäfts zu besprechen. voraussichtlich würden er und der Verkäufer, auf die Brüstung über der Kirche gestützt, so tun, als begutachteten sie die Bausubstanz fachmännisch im Hinblick auf eine Restaurierung.

Mark würde nur wenig Zeit haben, Nagib zur Rede zu stellen. Er würde den Überraschungseffekt nutzen, ihm die unmittelbare Rückfahrt nach Kairo unter dem Schutz der Kopten, anschließend den Flug nach Spanien zu seiner Familie zusichern, unter der Voraussetzung, daß er auf dem Weg in die Hauptstadt auspackte und alle Fragen ehrlich beantwortete.

Angespannt schaute Mark unverwandt auf die Hoteltür. Zum zehnten Mal prüfte er in der Tasche seiner Galabija, ob das von dem Diakon unterzeichnete Schreiben noch da war. Die wenigen Zeilen würden ihm helfen, Nagib davon zu überzeugen, daß er nicht als Feind und Rächer kam, sondern als sein Freund und Helfer in der Not.

Zwei Polizisten schlenderten vorbei und wurden von dem Kirchendiener aufgehalten. Nachdem sie sich seinen Kummer mit halbem Ohr angehört hatten, gingen sie ein kurzes Stück, blieben dann unter einem schattenspendenden Balkon stehen und zündeten sich eine Zigarette an.

Ein Europäer in gelbbraunem Anzug ging langsamen Schritts zum Chnum-Basar, dem vornehmsten der Stoffgeschäfte. Sein quadratischer Schädel, die Bürstenschnittfrisur und die breiten Schultern ließen ihn geradezu als Musterbild eines russischen Militärs erscheinen. Nagib Ghali mußte nun auch gleich kommen. Die Kopten hatten Mark abgeraten, seinen ehemaligen Freund im Hotel aufzusuchen. Die Wände konnten Ohren haben.

Aus der Ferne kamen laute Stimmen.

Zunächst klang es wie eine Warenanpreisung oder ein temperamentvolles Verkaufsgespräch, doch dann hörte sich das Geschrei bedrohlich an. Die Polizisten drückten ihre Zigaretten aus, bewegten sich aber nicht. Da sie die Gegend um die Kirche zu bewachen hatten, wollten sie wohl Befehle abwarten, bevor sie eingriffen.

Von allen Seiten liefen jetzt ganze Menschenknäuel in Richtung des Kais und stießen, von jungen Bärtigen dazu angestachelt, immer wieder Drohungen aus. Aus Wortfetzen entnahm Mark, daß nackte Europäerinnen an Deck eines Schiffes Allah verhöhnten.

Ein etwa zehnjähriger Junge rollte einen Holzreifen vor sich her, der mit Benzin getränkt war, zündete ihn an und schleuderte ihn auf die Polizisten. Kaum fünf Minuten später war die ganze Stadt in Aufruhr.

Der russische Offizier machte den Versuch, sich vor einer Gruppe von Bärtigen in einem verfallenen Gemäuer zu verstecken. Aber er schaffte es nicht mehr. Ungefähr zehn Männer stürzten sich auf ihn, schlugen ihm ins Gesicht, traten ihm in den Bauch und warfen ihn über die Brüstung in die Senke hinab. Der Waffenhändler schlug zehn Meter tiefer am Fuß der Kirche auf.

Der Amerikaner mischte sich unter die aufgebrachte Menge, die zum Kai drängte, während der Kapitän in aller Eile den Anker lichtete. Aus den am Hafen liegenden Häusern bombardierte man das Deck mit Steinen.

Mark war überzeugt, daß Mohammed Bokars Leute den Tumult organisiert hatten, um in dem Durcheinander den mittlerweile als Kopten entlarvten Verräter Nagib Ghali und seinen möglicherweise ebenso falsch spielenden Geschäftspartner umzubringen. Mark schlug die Straße zum Bahnhof ein. Er wollte den erstbesten Zug nehmen, um nicht das dritte Opfer von Bokar, Kabul und Safinas an diesem Ort zu werden.

Wer hatte ihm eigentlich dieses Himmelfahrtskommando erteilt, Kemal oder die Kopten?

Der Bahnhof war ungewöhnlich leer. Kinder spielten auf den Gleisen Ball, eine Mutter gab ihrem Baby die Brust, ein zahnloser Verkäufer bot heiße Bohnen feil. Mark kam nicht mehr dazu, eine Fahrkarte zu kaufen. Zwei Männer packten ihn an den Schultern und stießen ihn in ein Auto, einen Peugeot-Kombi.

Um die Mittagszeit zeigten die Thermometer in Kairo einundvierzig Grad. Auf der Brücke des 6. Oktober 1973, die diesen Namen in Erinnerung an jenen glorreichen Tag erhalten hatte, an dem Sadat die ägyptische Armee den Sueskanal stürmen ließ, schliefen unter durchlöcherten Sonnenschirmen Erdnuß-, Gewürz-, Kuchen- und Fruchtsaftverkäufer. Sie versuchten zu vergessen, daß die Fundamentalisten am Morgen des elften Ramadan-Tages Lebensmittelläden mit Maschinengewehrgarben zerstört hatten, weil sie zur Gebetszeit offengeblieben waren.

Der Peugeot-Kombi fuhr an einem Liebespaar vorbei, das von der allgemeinen Mattigkeit der Leute profitierte und sich zu küssen wagte, passierte dann mehrere Einbahnstraßen in Gegenrichtung, bevor er zum Nilufer einbog. Trotz der achthundert Meter Flußbreite gab es zwischen den Hochhäusern im amerikanischen Stil nur wenig frische Luft. Seit der Hochdamm existierte, schien der Beton den Kampf gegen den Flußgott gewonnen zu haben. Die herrlichen Inseln Gesira und Roda litten wie die anderen Viertel der Hauptstadt unter Überbevölkerung.

Die Kopten baten den Amerikaner auszusteigen, da sie am Ziel seien. Mark sah eine Art schwimmendes Haus vor sich, das an der Spitze der Insel Samalek gegenüber dem Fundamentalisten-Viertel Imbaba verankert war, genau an der Stelle, wo nach Meinung einiger Historiker Napoleon I. die sogenannte Pyramidenschlacht gewonnen hatte.

Der alte Bau, den früher reiche Aristokraten bewohnt hatten, war mit seiner geschnitzten Holzveranda, mit Friesen über seinen kleinen Fenstern, mit seinen dem Anschein nach wenig belastbaren Balkonen immer noch reizvoll. Ägyptologen des Pionierzeitalters hatten solche Hausboote zur Fahrt in den tiefen Süden benutzt.

Etwa einhundert Kilometer nördlich von Esna hatte der Peugeot-Kombi die Hauptstraße verlassen, um ein paar Stunden in einem Koptendorf zu verweilen, bevor er nach Kairo weiterfuhr. Einen zweiten Aufenthalt gab es, weil der Kühler kochte. Diese Zwangspause bot die Gelegenheit, etwas zu essen und zu trinken.

Niemand hatte sich bereitgefunden, auf Marks Fragen zu antworten, so daß er nach der Umfahrung des Unruheherdes Assiut trotz nicht vorhandener Stoßdämpfer eingeschlafen war.

Bevor er jetzt über den Steg zu dem Haus hinüberging, zögerte er und schaute sich nach seinen Bewachern um. Die hatten sich wieder in den Wagen gesetzt und kümmerten sich nicht mehr um ihren Passagier.

«Treten Sie ein», sagte Jussuf, der auf der Schwelle des schwimmenden Hauses erschien. «Ein kühles Bier erwartet Sie.»

Im Eßzimmer mit hundert Jahre alten Möbeln eilte der Diakon auf den Amerikaner zu und schüttelte ihm die Hand.

«Wir haben Angst um Sie gehabt.»

«Was ist denn da schiefgegangen?»

«Ein Zusammentreffen verhängnisvoller Umstände. Eine Touristenschiffspassagierin hat die Bevölkerung dadurch in Rage gebracht, daß sie ihre nackten Brüste zur Schau stellte. Diese teuflische Erscheinung hat in dem für unsere Operation entscheidenden Augenblick einen Aufstand ausgelöst. Es sind zehn Tote zu beklagen, darunter zwei Polizisten und der russische Ingenieuroffizier, von dem wir die Waffen übernehmen wollten. Im ersten Moment haben wir an die Inszenierung eines Großangriffs der Terroristen gedacht. Deshalb haben unsere Leute für Ihre Sicherheit gesorgt.»

«Redselig sind die nicht gerade.»

«Dafür leben sie länger.»

«Was ist mit Nagib Ghali?»

«Haben Sie ihn nicht sprechen können?»

«Nein, ich habe ihn nicht einmal gesehen.»

Der Diakon schien beunruhigt.

«Er ist verschwunden. Auch er hat wohl einen Hinterhalt vermutet. Er geht davon aus, daß Bokar ihn durchschaut hat.»

«Und wenn er nun zum Verräter an den Kopten geworden ist und die Waffen doch für die Fundamentalisten organisiert hat?»

«Nein, Mister Walker, es handelte sich eindeutig um einen unvorhersehbaren Zwischenfall. Sie vergessen Nagibs Familie, die sein ein und alles ist.»

«Nagib hat soviel gelogen, da war seine Konversion vielleicht auch nur ein Bluff. Man muß ungeheuer mutig sein, um dem Islam den Rücken zu kehren ... In Wirklichkeit hat er sich vielleicht bei Ihnen eingeschlichen und besorgt für Bokar Informationen, so wie Sie es von ihm erwarteten.»

«Sie täuschen sich, Nagib glaubt aufrichtig an unseren Herrn und die Jungfrau Maria.»

«Das hoffe ich für Sie und für ihn.»

«Sie malen die Situation aus Verdruß so schwarz. Nagib aber weiß, wer seine wahren Freunde sind.»

Mark trank das kühle Bier in einem Zug aus. Dann sagte er mit einem Blick auf die Vorbereitungen zu einem opulenten Essen:

«Nehmen Sie es mir nicht übel, wenn ich an der Mahlzeit, die hier aufgetragen wird, nicht teilnehme, ich habe etwas anderes vor.»

Der Diakon legte seine Rechte auf Marks Arm.

«Seien Sie nicht ärgerlich, und verlassen Sie uns nicht. Wir brauchen Sie mehr denn je.»

«Bedaure, Esna war für mich die letzte Etappe in diesem Sumpf.»

«Ich kann mir nicht denken, daß Nagibs Schicksal Sie plötzlich nicht mehr interessiert. Gerade jetzt ist er in höchster Gefahr, das liegt doch auf der Hand. Wir haben ihn durch die Ereignisse in Esna aus den Augen verloren. Helfen Sie uns bitte weiterhin, ihn zu finden und sein Leben zu retten. Gott wird es Ihnen lohnen.»

«Bedaure, ich habe Besseres zu tun.»

44

Jussuf erklärte sich bereit, den Amerikaner zum Mokattam zu fahren. Zugeknöpft wie er war, hatte es keinen Sinn, mit ihm zu reden.

Der schwarze Rauch, der aus den Müllhaufen aufstieg, verdunkelte den Mittagshimmel. Der rosafarbene Buick, voller Aufkleber mit Namen großer amerikanischer Städte, jagte eine Schar schwarzer Schweine in die Flucht. Tagsüber schliefen die Lumpensammler im Schatten ihrer Karren. Die Frauen sortierten fleißig die Abfälle.

Der Chef der Müllmafia stieß mit seinem Stock den Müll vor der Tür seiner Befehlszentrale beiseite, betrat den großen fensterlosen Raum und knipste das Licht an.

Auf der Bank, die mit geblümtem Stoff überzogen war, lag ein Mann mit nacktem Oberkörper und weit geöffnetem Mund.

«Wo ist Mona?» fragte Mark erschrocken.

«Ich werde mich erkundigen.»

Der Amerikaner packte Jussuf an der Kehle und drückte ihn gegen die Wand.

«Sie lügen.»

«Ich schwöre Ihnen, nein!»

«Und wer ist der Typ da? Der schläft doch nicht, der ist tot.»

«Keine Ahnung, wer das ist.»

«Wohin hat man Mona gebracht?»

«Sie hätte hier sein müssen ... Lassen Sie mich los. Ich werde mich sofort erkundigen.»

Mehrere Sabbalin kamen plötzlich mit Messern bewaffnet herein. Aber Mark lockerte nicht den Griff.

«Wo ist die Frau?» fragte Jussuf röchelnd.

«Weggegangen», antwortete einer der Männer.

«Wann?» wollte Mark wissen.

«Heute morgen.»

«Wohin?»

«Sie hat nichts gesagt, und wir hatten nicht den Befehl, sie aufzuhalten.»

«Und diese Leiche hier?»

«Wieder so ein moslemischer Spion. Wir wollten ihn ausfragen, da ist er uns unter den Händen zusammengebrochen. Eigentlich hätten Sie ihn hier gar nicht mehr vorfinden sollen. Wir waren drauf und dran, ihn wegzuschaffen.»

Mark ließ Jussuf los.

«Wenn ich Mona nicht wiederfinde, komm ich zurück, und dann findest du dich auf einem deiner Dreckhaufen wieder.»

«Wer ist da?» fragte Mona durch die Sprechanlage.

«Mark.»

«Wie schön, komm rauf!»

Er hatte sich nicht geirrt, Mona war nach Hause zurückgekehrt, weil sie die Atmosphäre auf der Müllhalde nicht mehr ausgehalten hatte. Sicherlich waren die christlichen Lumpensammler ganz zufrieden gewesen, als sie die Mohammedanerin weggehen sahen.

In Jeans, mit nackten Füßen und offenen Haaren wirkte sie verführerischer denn je. Ihre Schönheit begeisterte Mark sofort wieder. Sofort verzieh er ihr die eigenmächtige Entscheidung, und sie fielen einander in die Arme wie zwei Liebende nach endlos langer Trennung.

«Du mußt verstehen, ich konnte einfach nicht mehr. Dieser Gestank, dieser Schmutz! Gott verlangt von uns Sauberkeit. Er erhört die Gebete Unreiner nicht. Ich habe mich stundenlang gewaschen, jeden Zentimeter an meinem Körper gereinigt ... Bist du mir sehr böse?»

«Ich habe Angst um dich gehabt, Mona, große Angst.»

«Ein Auto, das in die Stadt fuhr, hat mich mitgenommen.»

«Du hast dich in große Gefahr begeben.»

«Ich wollte nicht im Dreck enden.»

Eng umschlungen gingen sie auf den Balkon und schauten auf den Nil, dessen einst so majestätischer Anblick jetzt von Betonmassen verschandelt war. Um diese Zeit bedeckte früher segensreiches Hochwasser das Land. Mark kamen die Worte des Generals Amr Ibn al-Ass in den Sinn, der im siebenten Jahrhundert Ägypten in den arabischen Staat integrierte:

Es kommt die Stunde, da alle Quellen der Welt ihren Tribut dem König der Flüsse entrichten, den die Vorsehung über alle anderen erhoben hat. «Da stiegen die

Wasser aus ihrem Bett, überschwemmten die Ebene und belegten sie mit ihrem Schlamm, der sie fruchtbar machte.» Alle Dörfer sind isoliert, und die Menschen verkehren nur mit vielen Booten, gleich Palmwedeln, miteinander. Doch der weise Fluß kehrt alsdann in die Grenzen zurück, die das Schicksal ihm vorgezeichnet hat, damit die Menschen den Schatz empfangen können, den er unserer Mutter, der Erde, anvertraut hat.

Mona erriet seine Gedanken.

«Du träumst von den Tagen, als der Nil uns noch seinen Reichtum bescherte, nicht wahr?»

«Ich habe bei der Aktion in Esna Pech gehabt, aber auf meinem eigentlichen Schlachtfeld einen Sieg errungen. Die Behörden schlagen mir vor, ein Kolloquium über die negativen Auswirkungen des Staudamms zu organisieren und zu leiten.»

«Gratuliere, Mark!» sagte sie, doch ihre zärtlichen grünen Augen verschleierten sich.

«Ich habe auch eine Neuigkeit: Meine Tochter hat angerufen. Ich schäme mich zwar, aber ihre flehentlichen Bitten haben mich fast überzeugt.»

«Daß es besser wäre wegzugehen, solange es noch möglich ist?»

«Mark, wenn ich dich nun bitten würde, mitzukommen?»

Er liebte sie, das wußte sie genau, und diese Sicherheit gab ihr Hoffnung.

«Ich glaube, ich kann nicht mehr weiter, Mark ... Zu viele Erniedrigungen, die ständige Gefahr. Ich will endlich glücklich sein ... Aber natürlich nicht ohne dich.»

Es läutete.

Mona zuckte zusammen.

«Ich erwarte niemanden.»

Mark betätigte die Sprechanlage. Die Stimme, die er hörte, überraschte ihn.

«Es ist Kemal. Wir sollten ihn raufkommen lassen. Es muß um Wichtiges gehen, sonst würde er nicht ...»

«Wie du meinst.»

Der europäische Ägypter wirkte so elegant wie immer: Sein blauer Anzug, die rote Seidenkrawatte und die bestickte Jackettasche gaben ihm etwas von einem souverän über den Dingen stehenden Aristokraten.

«Soll ich hinausgehen?» fragte Mona.

«Im Gegenteil», antwortete Kemal. «Ihre Anwesenheit ist unerläßlich.»

«Ziehen Sie sie nicht in Ihre Machenschaften hinein», verlangte Mark.

«Bedaure, die Situation hat sich entscheidend verändert.»

«Setzen wir uns doch», schlug Mona vor. «Wenn Sie den Ramadan achten, darf ich Ihnen allerdings nichts anbieten.»

«Ich halte mich selbstverständlich daran.»

Als wenn sie ihre Wohnung für längere Zeit verlassen wollte, hatte Mona mehrere Sitzgelegenheiten im Salon mit Schutzhüllen überzogen.

«Verreisen Sie?» fragte Kemal.

«Vielleicht.»

«Meine unsinnige Jagd nach Nagib habe ich beendet», erklärte Mark. «Jetzt will ich das Kolloquium vorbereiten und Ägypten auf meine Art zu retten versuchen.»

«Ich bin gekommen, um Ihnen zu sagen, wo Ihr Freund Nagib steckt.»

«So schnell haben Sie das herausbekommen?»

«Die Kopten haben Ihnen wohl nicht alles gesagt. Es war nämlich für den Fall, daß die Übergabe scheitern sollte, eine Alternativlösung vorgesehen.»

«Das ist mir jetzt egal.»

«Den Luxus können Sie sich nicht erlauben. Zwingen Sie mich bitte nicht, Sie an unsere Übereinkunft zu erinnern.»

«Soll das heißen, daß ich weiterhin Ihr Gefangener bin?»

«Ich betrachte Sie als einen privilegierten Mitarbeiter, dessen Fähigkeiten ich nutze. Wenn ich Sie nicht mehr brauche, werden Sie nichts mehr von mir hören.»

«Halten Sie mich für so naiv?»

«Nein, für so einsichtig. Im übrigen bin ich immer so verfahren. Sie bilden da keine Ausnahme. Bringen Sie Ihre Arbeit zu Ende, dann sind Sie frei, den Kampf gegen den Hochdamm wiederaufzunehmen.»

Mona wandte sich an Kemal.

«In Ihrem Beruf entledigt man sich nutzlos gewordener Helfer für gewöhnlich nach bewährter Methode. Ich vermute daher, daß Mark Opfer eines Unfalls werden wird, sobald er Ihre Aufträge erfüllt hat.»

«Solche Methoden sind mir nicht fremd», gestand der Ägypter, «aber ich bin der Überzeugung, daß Mister Walker unserem Land noch sehr lange nützlich sein kann. Der Hochdamm ist eine echte Gefahr, gegen den man mit Kraft und Scharfsinn vorgehen muß. In diesem Bereich bin ich nicht kompetent, das ist sein Ressort. Ist es nicht tröstlich, daß Intelligenz und Idealismus einem zuweilen auch das Leben retten können?»

«Wo ist Nagib?» fragte Mark.

«In Luxor. Diesmal verbiete ich den Kopten, sich einzumischen. Meine Leute werden für Ihre Sicherheit bei der Begegnung mit Ihrem ehemaligen Freund sorgen.»

«Wann soll sie stattfinden?»

«Ich weiß es noch nicht genau. Bestimmt sehr bald, und ich schlage vor, Sie fliegen alle beide nach Luxor.»

Mark machte eine ablehnende Handbewegung.

«Warum alle beide?»

«Ein ägyptisches Ehepaar unter falschem Namen wird die Aufmerksamkeit der Terroristen kaum auf sich ziehen. Hier sind Ihre Flugtickets. Man holt Sie dort am Flughafen ab.»

«Sie haben kein Recht, so über Mona zu verfügen.»

«Wie könnten Sie besser über Ihre Sicherheit wachen als in ihrer Gegenwart, und wer könnte besser Ihrer Sicherheit, Mister Walker, dienen als eine harmlose, aber unter ihrem dichten Schleier wachsame ägyptische Ehefrau? Safinas und ihre Verbündeten suchen eine einzelne männliche Person westlicher Herkunft, kein biederes Paar auf Urlaubsreise.»

Mona faßte Marks Arm und schaute Kemal in die Augen. «Ich werde Mark begleiten.»

45

Die weiße Villa unter Palmen war von einem ägyptischen Architekten erbaut worden, der sich an den Klöstern aus den ersten Jahrhunderten orientiert hatte, bei denen die Verteilung der Öffnungen im Gemäuer sogar im Sommer eine vorzügliche Luftzirkulation ergab.

Schon am Tag nach ihrer Ankunft in Luxor fühlte Mona sich wie neu geboren. Die Schönheit des Ortes, die Ruhe dieses weitläufigen Gebäudes unter den Palmen und der gepflegte Garten begeisterten sie. Zwei vorbildlich diskrete Bedienstete bemühten sich, den Gästen jeden Wunsch von den Augen abzulesen.

«Nach der Hölle von Mokattam ist dies das Paradies», sagte Mona erleichtert. «Wie kommen wir zu solchem Glück?»

«Das verdanken wir der Tatsache, daß Kemal trotz allem, was sich gegen ihn sagen ließe, ein Grandseigneur ist.»

«Ich muß dir gestehen, ich war noch nie in Luxor. Mein Mann war der Ansicht, es entspreche nicht seinem Status, sich in einer armseligen Provinzstadt aufzuhalten.»

«Luxor, das alte Theben mit seinen hundert Toren, die Hauptstadt Altägyptens, die einst das Zentrum der gesamten zivilisierten Welt war, ist keineswegs eine armselige Provinzstadt.»

«Wie wär's, wenn du sie mir zeigtest?»

«Es ist nicht sicher, daß unser Beschützer uns das erlaubt.»

Mark irrte sich.

Kemals mit der Überwachung der Villa beauftragte Männer mieteten für das Paar unverzüglich eine Feluke, die sogleich ihr hohes weißes Segel setzte. Im warmen Wüstenwind glitt sie über den Nil und spielte tänzelnd mit der Strömung, die manchmal kleine Strudel bildete. Wassernarzissen, die den Sauerstoff nur so einsaugen, schwammen an der Oberfläche, bildeten kleine Inseln. Zwar wurden diese Pflanzen von Zeit zu Zeit durch chemische Gifte reduziert, doch sie vermehrten sich rasch wieder und versperrten sogar Kanäle. In Ufernähe badeten Kinder, die nichts von Umweltverschmutzung wußten.

Der Nilgott zog die Verliebten in seinen Bann. Die Sommersonne ließ ihn in tiefem Königsblau erscheinen. In den Tiefen seines Machtbereichs lebte Hapi, der Flußgeist, ein Zwitter mit hängenden Brüsten, der die Ufer hinaufstürmte, um sie zu befruchten.

An den Kais lagen in mehreren Reihen abgetakelte Flußkreuzfahrtschiffe. Die Feluke kam mäßig schnell voran. Mark dachte an die Zeit, als es noch keine Motoren gab. Da belasteten weder Lärm noch Benzingeruch und Geschwindigkeitswahn die Erde und die Köpfe der Menschen. Im Fluß lebten Nilpferde und Krokodile in ausgewogener Zahl. Fischer holten reichlich Nahrung aus dem Wasser, und täglich wurde getrockneter Fisch gegessen, weil er am billigsten war.

«Der Nil stirbt allmählich, Mona, weil er sich wegen des Hochdamms nicht mehr erholen kann. Wie eine verstopfte Arterie bewirkt er das Siechtum des Körpers, in dem er sich befindet. Die Menschheit hat eines ihrer größten Verbrechen begangen, indem sie die lebenswichtige Flut gehindert hat, ihren ursprünglichen Rhythmus zu bewahren.»

«Wenn das doch wieder rückgängig zu machen wäre!»

Aus Monas zartgrünen Augen strömte eine unbezwingbare Energie, die gleiche, die Mark beseelte, seit er den Kampf gegen den mächtigen Feind begonnen hatte.

«Nimm mich mit in die Vergangenheit, Mark. Laß mich diese Stadt mit dir entdecken.»

Der Kenner Thebens begann mit dem gewaltigen Tempel von Karnak, der sonst täglich Tausenden von Touristen wie ein Weltwunder präsentiert wurde. Nicht ein einziger Bus parkte an der Esplanade vor dem großen Eckturm des Eingangstors zum Palast der Götter. Die Sphinxallee war wie ausgestorben.

Mark und Mona gingen durch den großen sonnendurchglühten Innenhof und durchschritten langsam den mächtigen Säulensaal von Ramses II. Sie setzten sich in den Schatten der großflächigen Kapitelle, betrachteten die eingemeißelten Opferszenen und waren auf einmal in einer friedlichen Welt von ewiger Dauer. Vor dem prächtigen Osttor des Tempels wucherte Unkraut. Karnak, eine Ruine mit schweren, von Menschen verursachten Schäden, bewahrte die Erinnerung an die Weisen und Eingeweihten, die in diesem Heiligtum die Verbindung zwischen Himmel und Erde aufrechterhalten hatten. Mark sprach über die Morgenrituale, die Feier zu Ehren des göttlichen Lichts, die Begegnung des Pharaos mit der Gottheit im geheimen Innenraum des Tempels.

Als der Tag zur Neige ging, kam ein erfrischender Wind auf. Mona betete zu ihrem Gott, und Mark genoß den orangefarbenen Sonnenuntergang. Das Ende des Fastentages wurde ausgerufen, und ein Wärter brachte ihnen Wasser.

Unter dem Schattendach einer Palme und einer Tamariske skizzierte Mark einen ersten Entwurf zum Ablauf des Kolloquiums. Mona spielte den Advocatus Diaboli, die Verteidigerin des Hochdamms, doch der amerikanische Experte neben ihr entkräftete ohne Mühe jedes Argument und kam unbeirrt immer wieder auf die tödliche Gefahr für die Baudenkmäler zurück. Das heiße, trockene Klima, das die Monumente und die Malereien in den Gräbern über Jahrtausende bewahrt hatte, wurde zusehends feuchter. Ägypten mußte mitansehen, wie sein Erbe plötzlich rapide verfiel. Wäre es ohne dieses Erbe nicht nur ein armseliges Wüstenland?

Mona korrigierte einige Fehler im arabischen Wortlaut der Einladung zu dem Meeting und fügte die unverzichtbaren Höflichkeitsfloskeln und Lobeshymnen auf die Verdienste der Adressaten hinzu. Sie las den Text noch mehrmals durch, bis sie schließlich zufrieden war.

«Heute nachmittag fahren wir zum Westufer hinüber», versprach Mark.

«Zu den Toten?»

«Nein, zu den Auferstandenen.»

Ohne Vorschriften und einschränkende Auflagen von seiten Kemals fühlten sie sich frei wie Jungvermählte, die unbekümmert die Freuden ihrer Flitterwochen genossen.

Die Feluke setzte sie gemächlich über. An der Anlegestelle nahmen sie ein Taxi, dessen Fahrer froh war, endlich wieder ein paar Touristen zu befördern, wenn es auch nur Landsleute waren, die mit dem Bakschisch knausrig sein würden.

Als erstes lernte Mona den eleganten Tempel kennen, der unter der Regierung der Pharaonin Hatschepsut erbaut worden war. Terrassenförmig stieg er vor einer Steilwand auf, die vom Westgebirge, dem Reich der Königin der Stille, überragt wurde und die Seele zu den ewigen Felsen hinaufzog. Bei der Betrachtung der Reliefs erlebte das Paar die Reiseabenteuer der Matrosen der Königin auf der Fahrt ins südliche Wunderland Punt, von wo sie Weihrauchbäume mitgebracht hatten, die in dichten Reihen vor dem Tempel angepflanzt wurden.

Die Liebenden beendeten den Tag in den Gräbern der Vornehmen, deren Wandmalereien in leuchtenden Farben vom Sieg über den Tod kündeten. Mark und Mona fühlten sich ihnen so nahe, als ob der weise Rat dieser Würdenträger, in symbolischen Darstellungen und durch Hieroglyphen ausgedrückt, durch all die Jahrhunderte nichts von seiner Bedeutung eingebüßt hätte. Die junge Frau hatte das Gefühl, von liebenswerten Wesen umgeben zu sein, und bedauerte, nicht schon früher mit ihnen Bekanntschaft geschlossen zu haben.

Wie tags zuvor war das Abendessen fürstlich, wie in den besten orientalischen Gourmet-Restaurants. Mark zweifelte nicht mehr daran, daß es sich bei dieser weißen Villa um einen Zweitwohnsitz Kemals handelte, so stilvoll war jeder Raum ausgestattet. Von seinem Kunstverstand und sicheren Geschmack zeugten alte persische Teppiche, Sitzgelegenheiten aus der marokkanischen Feudalzeit und mit unnachahmlicher Präzision ausgeführte Lithographien des Engländers David Roberts, der um

1840 seinen Landsleuten eine erste, sehr romantische Vorstellung von den Baudenkmälern und Landschaften Ägyptens vermittelt hatte. In diesem Haus konnte es nicht schwerfallen, Akten und Sorgen eine Weile zu vergessen, und man vermochte kurze Zeit zu glauben, das Land lebe in Frieden und Wohlstand.

Die beiden Feriengäste aus Kairo genossen die folgenden Tage in vollen Zügen. Sie standen vor Tagesanbruch auf, damit Mona ein kräftigendes Frühstück zu sich nehmen konnte, sie fuhren mit der Feluke noch mehrmals zum Westufer, besuchten die «ewigen Wohnstätten» des Altertums und ruhten sich unter der Akazie des Ramesseums, des Totentempels von Ramses II., aus.

Es kam der Morgen, an dem Mark den Taxichauffeur bat, die Straße zu den Königsgräbern zu fahren, seinem Lieblingsort, der am stärksten bedroht war. Als der Wagen zwischen den überhitzten Steilwänden ohne jegliche Vegetation hindurchfuhr, schauderte es Mona. Diese Steinwelt wirkte bedrohlich, erbarmungslos; sie hatte keinen Raum für Träume. Mark, der bemerkte, wie unruhig seine Geliebte war, drückte sie fest an sich. In seinen Armen sollte sie sich an die überwältigenden Eindrücke dieses Tales gewöhnen. Sobald sie wieder langsamer atmete, führte er sie zur letzten Ruhestätte des Tutench-Amun, des blutjung verstorbenen Königs, der besonders bevorzugt war: Er ruhte noch an Ort und Stelle in seinem Sarkophag. Alle anderen Mumien der Herrscher des Neuen Reichs lebten weiter im Exil, im Ägyptischen Museum in Kairo.

Mark machte Mona auf die Spuren des Verfalls der Grabmauern aufmerksam. Aber sie hatte nur Augen für die Goldmaske, die von der Heiterkeit eines leuchtenden Jenseits kündete. Der glanzvoll auferstandene König zerstreute die Ängste der jungen Frau.

Thutmosis III. ... Amenophis II. ... Haremhab ... Sethos I. ... Ramses VI. ... Mona hatte die Gesichter der Pharaonen, der lächelnden Göttinnen, all der magischen Szenen, die Gewißheit über die Auferstehung der Lichtgestalten ausstrahlten, für immer in sich aufgenommen. Die Pharaonen waren nicht tot. Angesichts dieser gemalten und gemeißelten Bilder vom Ritual der Wiedergeburt begriff Mona Marks Passion für das alte Ägypten. Diese Schätze vor der Zerstörung zu bewahren war so wichtig, wie die Bevölkerung zu ernähren.

Während des Abendessens sprachen die beiden von nichts anderem als dem Plan zur Rettung des Tales, so, als gäbe es keine andere Aufgabe zu lösen.

Mona war nicht müde. Sie duschte und stellte mit Freude fest, daß das heiße Wasser auf ihrer verletzten Haut nicht mehr brannte. Sie streckte die Hand aus und zog Mark zu sich heran, der noch seine Hose anhatte.

«Meine Familie hat mich zur Hochzeit mit Sakaria gezwungen, und ich war mit sechzehn Jahren Mutter. Seit du bei mir bist, ist meine Vergangenheit gestorben. Ich möchte das Leben auskosten – mit dir!»

Er küßte sie, während sie seinen Gürtel löste. Naß wie sie beide waren, liebten sie sich.

Sie saßen genau in der Grabkammer der Auferstehung Ramses' IV., die einst der junge französische Hieroglyphen-Entzifferer Champollion zu seinem Aufenthaltsort gewählt hatte. Die Mauern im Gang mit blauen Schriftzeichen auf weißem Grund stellten eine riesige geschmückte Himmelsgöttin dar, die mit dem Mund die Abendsonne verschlang, um sie in die Morgensonne zu verwandeln. Die Darstellung ließ das Grab hell und heiter erscheinen.

«Ich wußte nicht, Mark, daß dieses Land solche Schönheiten birgt.»

«Aber wie lange noch?»

«Du wirst sie retten, nicht wahr?»

«Erst muß eine große Anzahl von Beamten überzeugt werden.»

«Ich helfe dir. Du schaffst das.»

Solche Worte erinnerten ihn an Versprechungen Hélènes, genau so begeistert, so aufrichtig... Mona merkte, wie es in Mark arbeitete.

«Woran denkst du?»

«An das unbegreifliche Verhalten von Hélène. Ich verstehe immer noch nicht, warum... Habe ich dir eigentlich schon von der Prophezeiung erzählt?»

«Nein, von welcher?»

«Die ich in einem Grab in Assuan gefunden habe. Ein Weiser kündigt ein Reich des Verbrechens und der Gewalt an. Ist es jetzt vielleicht soweit?»

Als sie plötzlich Schritte hörten, standen Mark und Mona irritiert auf. Sie hatten sich an die Einsamkeit so gewöhnt, als gehörte das Tal der Könige ihnen.

Kemal blieb vor dem sehr großen Sarkophag Ramses' IV. stehen.

«Was für ein herrliches Meisterwerk... Man wird nie mehr Gleichwertiges schaffen. Man könnte sein Leben in diesen Gräbern zubringen... Doch nun ist leider Schluß mit dem Bildungsurlaub. Die Begegnung mit Nagib Ghali ist für morgen abend geplant.»

46

Gleich nachdem am achtzehnten Tag des Ramadan das Ende des Fastens ausgerufen worden war, hatten sich die Straßen von Luxor geleert, denn jeder eilte nach Hause, um zu essen und zu trinken. Gegen zehn Uhr abends füllten sie sich wieder. Die einen machten einen Verdauungsspaziergang, andere diskutierten miteinander. Die Geschäfte waren geöffnet, in der Hoffnung, daß jemand, der durch die laue Nacht bummelte, Kauflust bekäme.

Mark hatte sich in seiner blauen Galabija an eine Wand neben dem renommierten Juweliergeschäft Philip in der Nähe des Hotels «Nil» gelehnt. Ein roter Teppich führte zu der Glastür, die sich automatisch öffnete. Im Schaufenster lagen altägyptische Lebenssymbole aus Gold, silberne Halsketten, Amulette aus Elfenbein und ein kleiner Nofretete-Kopf aus Jaspis. Leere Pferdekutschen fuhren vorbei. Auf wackligen Stühlen rauchten alte Männer und redeten miteinander. Mark labte sich an dem nächtlichen Frieden. Einziger Mißton war das Geknatter der Motorräder, mit denen junge Leute, stolz auf ihre frisierte Maschine und ihr Outfit, vorbeirasten. Aus dem Basar «Van Gogh» kamen Familienväter mit Kartons voller Baraka, Ägyptens Mineralwasser, Coca-Cola und Fruchtsäften. Ein fahrender Händler unterbot lautstark die Preise des Supermarkts für gekühlte Getränke.

Nachdem zwei Japanerinnen Straßenszenen fotografiert hatten, interessierten sie sich für einen Laden, der Kupfergefäße in allen verschiedenen Größen und Imitationen ägyptischer Skulpturen aus falschem Alabaster ausgestellt hatte. Auch das Schild «air conditioned» war ein verlockendes Angebot. Die Mädchen betraten den Laden, dessen Tür wegen der Klimaanlage sofort wieder geschlossen wurde. Mark war die Temperatur auf der Straße lieber. Er hielt nichts von diesem amerikanischen Unfug, eisgekühlte Zugluft zu erzeugen und mit dem Gebläse Viren und Bakterien gleichmäßig im Raum zu verteilen.

Kemal hatte von den Kopten erfahren, daß Nagib Ghali gegen elf Uhr hier aufkreuzen würde. Seit zehn Minuten verfolgte Marks Blick einen Europäer, der dem in Esna getöteten russischen Offizier ähnelte: die Figur vierschrötig und steif; die Miene mißtrauisch und abweisend. Obwohl er ein kurzärmliges Hemd und eine Leinenhose trug, wirkte er wie in Uniform.

Ein Akrobat auf dem Fahrrad preschte jetzt auf ihn zu, nahm die Hände von der Lenkstange und wich dem Fußgänger erst im letzten Moment wie ein hakenschlagender Hase aus. Der grimmig dreinblickende Russe wechselte indigniert auf die andere Straßenseite und lief dabei einem Händler in die Arme, der ihn sofort einzuwickeln versuchte. Weil er von der Hitze schlapp und durstig war, ging er auf das Angebot einer Tasse Tee ein, wurde in den Laden mitgenommen und eingeladen, die wundervollen, preiswerten Keramiken anzuschauen. Sobald er drin war, schloß sich die Tür.

Der Russe war nun in den Händen von Kemals Männern, die ihn aufforderten, in der Nähe des Schaufensters stehenzubleiben und auf die Straße hinauszusehen. Nagib Ghali würde ihn entdecken und denken, sein Gesprächspartner habe die Zeit bis zu ihrer Verabredung mit Shopping überbrückt. Mark würde dann auf den draußen Wartenden zugehen und mit ihm sprechen. Erst auf ein Zeichen von ihm sollte der Russe wieder aus dem Laden herausgelassen werden.

Minuten vergingen. Ein Gebäckverkäufer war auf seinem Stuhl eingeschlafen, Transistorradios plärrten.

Nagib Ghali näherte sich vollkommen unauffällig im Strom der Promenierenden. Er trug eine zerknitterte braune Galabija, aber Mark erkannte ihn sofort. Ohne Eile ging er auf Nagib zu. Ihre Blicke begegneten sich, als Mark den Lichtkegel einer Laterne durchquerte. Nagib erschrak sichtlich, lief aber nicht davon. Mark hatte den Eindruck, daß der ehemalige Freund auch von sich aus mit ihm sprechen wollte, und schloß daraus, daß das Gespräch weniger schwierig verlaufen würde als befürchtet.

Plötzlich bremste ein Radfahrer und stellte sich genau zwischen die beiden. Der junge Bärtige holte einen Revolver aus seiner Hosentasche, schoß dreimal auf den kaum drei Meter entfernten Nagib und trat sogleich wieder mit voller Kraft in die Pedale. Mark sprang auf ihn zu, bekam den Gepäckträger zu fassen und riß den Mörder von hinten aus dem Sattel. Der sportliche Bursche erhob sich blitzschnell wieder und zielte auf seinen Gegner. Aber die beiden Polizisten, die für Marks Sicherheit verantwortlich waren, streckten den Terroristen mit mehreren Schüssen nieder. Das Blut spritzte auf die Reifen des Rades, die sich weiter drehten.

Nagibs Mörder, offenbar ein ausgebildeter Scharfschütze, hatte sein Opfer dreimal in den Kopf getroffen. Während Mark sich über den Toten beugte, schnürten ihm unzählige Erinnerungen das Herz zusammen. Es war ihm, als tilge der Tod alle Verfehlungen Nagibs und lasse nur die Freundschaft und die harmonischen Augenblicke der gemeinsam verbrachten Zeit bestehen.

«Konnten Sie noch mit ihm sprechen?» fragte eine wohlvertraute Stimme hinter ihm.

«Nein. Haben Sie das nicht mitbekommen?»

«Ein Jammer! Jetzt bleibt uns nur noch der Mann, mit dem er verabredet war.»

«Ich möchte bei der Befragung dabeisein.»

«Gut, kommen Sie mit.»

Sie betraten den Laden, in dem zwei von Kemals Männern den Russen festhielten, dessen Lippen ein nervöses Lächeln umspielte. Zu seiner Verwunderung bemerkte Mark auf der Stirn des Waffenschiebers eine kleine runde Beule, die «Rosine» der strenggläubigen Mohammedaner.

«Ihr Name?» fragte Kemal.

«Scheich Abass.»

«Das soll Ihr richtiger Name sein?»

«Ich habe keinen anderen.»

«Welche Art Waffen wollten Sie Nagib Ghali verkaufen?»

Der «Scheich» lachte laut los.

«An diesen Verräter hätte ich überhaupt nichts verkauft. Wenn Sie mich nicht abgefangen hätten, hätte ich ihn abgeknallt. Natürlich nicht hier in der Öffentlichkeit wie der Idiot, der die Sache erledigt hat und dann für seine Blödheit büßen mußte. Allah straft erbarmungslos alle Abtrünnigen, aber auch die Dummen. Und was Sie betrifft: Beugen Sie sich seinem Gesetz, sonst sind Sie ebenfalls dran. Wenn Sie mich jetzt gehen lassen, bin ich bereit, in der Zentrale ein gutes Wort für Sie einzulegen.»

«Sie sind Russe, stimmt's?»

«Ich bin Scheich Abass und kämpfe für den wahren Glauben in diesem Land.»

«Ich verlange Ihren richtigen Namen, Informationen über Ihre Kontakte, Ihre Verbindungsleute und Auftraggeber. Wer hat Sie zu dem Verkauf der Waffen bevollmächtigt? Wer wollte sie erwerben?»

«Ich bin Scheich Abass, und Gott hat mich beauftragt, die Wahrheit zu verbreiten – mit allen verfügbaren Mitteln.»

«Zwingen Sie mich nicht, meine Verhörspezialisten einzuschalten. Die können ziemlich grob werden. Sie verstehen, was ich damit sagen will.»

«Schmerz schreckt mich nicht. Allah wird mir in meinem Martyrium beistehen ...»

Kemal fuhr mit Mark zur Villa zurück. Die Nachtluft war leicht und duftgeschwängert.

«Die so geschwollen daherreden wie dieser falsche Scheich, reden erfahrungsgemäß als erste. In wenigen Stunden wissen wir alles», versprach der Geheimdienstmann.

Als Mark aus dem Wagen stieg, eilte Mona auf ihn zu und hängte sich an ihn.

«Ich war so in Angst.»

«Mir ist nichts passiert, aber Nagib ist tot.»

Mark und Kemal saßen in bequemen Sesseln im Garten und tranken den Morgenkaffee.

«Ich liebe Jasminduft», sagte der Ägypter, «er erinnert an ein verlorenes Paradies, in dem die Menschen sich von ätherischen Essenzen ernährten.»

«Haben Sie die Tragödie der vergangenen Nacht etwa wirklich schon geklärt?»

«Leider ja, müßte ich beinahe sagen. Bokar war über Nagibs Verrat nicht nur bestens informiert, auch die Kopten sind von ihm getäuscht worden. Obendrein habe ich erfahren, daß meine eigene Abteilung von Spitzeln durchsetzt ist. Wenn das so weitergeht, haben die Terroristen bald freie Bahn im Land. Momentan habe ich das Gefühl, völlig allein dazustehen – oder zumindest nur noch einer einzigen Person vertrauen zu können. Und das sind Sie! Andererseits sind Sie gewiß nicht mehr bereit, sich von mir mit Beschlag belegen zu lassen. Sie müssen sich ja um Ihr Kolloquium kümmern. Sie sind frei, Mister Walker. Wenden Sie sich wieder Ihrem Hochdamm zu.»

«So mutlos kenne ich Sie gar nicht. Wollen Sie etwa aufgeben?»

«Nein, ein gut bezahlter Beamter muß seine Aufgabe bis zuletzt erfüllen, ob sie nun sinnvoll ist oder nicht. Aber das Schicksal hat womöglich schon entschieden. Die letzte Gelegenheit, dem mörderischen Treiben von Mohammed Bokar und dem ganzen Wahnsinn Einhalt zu gebieten, scheint vertan zu sein.»

«Resignation paßt nicht zu Ihnen.»

«Eine Situation realistisch einzuschätzen bedeutet noch nicht Resignation. Tatsache ist nun mal, daß die Höllenmaschine auf vollen Touren läuft und kaum noch eine Möglichkeit besteht, sie anzuhalten. Das Volk stürzt sich, vom Fundamentalismus geblendet, in sein Unglück.»

«Und Sie meinen, es könne nicht mehr zur Vernunft gebracht werden?»

«Es ist zu spät. Der Staat selbst ist von einer tödlichen Krankheit befallen. Noch vor kurzem arbeitete meine Abteilung verläßlich und erfolgreich. Heute betrachten viele ehemalige Gegner der Islamisten diese als die Befreier. Seit das deutsche Volk Hitlers Machtergreifung bejubelt hat, ist das Gewissen der Menschheit nur noch eine zerrissene Membran, die alles Barbarische durchläßt.»

«Sie glauben nicht, daß die Völkergemeinschaft reagieren wird, daß die Vereinten Nationen Einspruch erheben werden?»

«Wer hat sich denn bisher um Völkermorde gekümmert? Niemand hat die Roten Khmer gehindert, Millionen Menschen umzubringen, niemand die brasilianischen Todesschwadronen zur Rechenschaft gezogen, nachdem sie einige der letzten Naturvölker Amazoniens ausgerottet haben. Ein paar Artikel von mehr oder weniger empörten Journalisten, ein oder zwei erschütternde, aber schnell vergessene Fernsehsendungen, und die Massaker gehen weiter. Niemand, nicht einmal der Präsident der Vereinigten Staaten, hat sich der Gründung einer islamischen Republik im Iran, dieses ersten sichtbaren Anzeichens des Krebsgeschwürs, das die mohammedanische Welt zerfrißt, widersetzt.»

«Die Amerikaner werden Ägypten bestimmt nicht zu einem zweiten Iran werden lassen.»

«Wenn die Fundamentalisten ihnen die Handelsgarantien geben, die sie verlangen, und das Business nicht gestört wird, werden die USA gute Miene zum bösen Spiel machen. Ihr Land kennt nur eine Moral, die des Kapitalmarkts und der Wirtschaftswelt. Und diese Welt duftet nicht nach Jasmin.»

«Was meinen Sie, wann Mohammed Bokar losschlagen wird?»

«Wenn er nach seiner eigenen Logik verfährt, am letzten Tag des Ramadan, der in diesem Jahr auf den Nationalfeiertag fällt. Für Ihr Kolloquium sehe ich dann allerdings schwarz. Sie wissen doch, daß die Fundamentalisten verkündet haben, die Pharaonendenkmäler als Symbole eines verhaßten Heidentums und der Bindung Ägyptens an den Westen zu zerstören.»

«Statt alle Hoffnung aufzugeben, sollten wir über neue Ansatzpunkte nachdenken, Kemal. Wenn Sie meine Meinung dazu hören wollen: Sie sollten Mohammed Bokar einen Augenblick als Hauptfeind vergessen und sich auf die Ergreifung seiner Frau Safinas konzentrieren. Sie exponiert sich, wie wir wissen, viel riskanter als er, und wenn Bokar sich nicht mehr auf seine eifrigste Aktivistin stützen kann und dazu noch seine Frau verloren hat, ist das ein doppelt schwerer Schlag für ihn persönlich und für seine ganze Organisation.»

«Da gebe ich Ihnen recht. Was schlagen Sie konkret vor?»

«Ich frage mich: Wer könnte als nächstes auf Safinas' Abschußliste stehen? Antwort: Natürlich ich. Das bedeutet: Sobald ich ihr wieder in die Quere komme, wird sie der Versuchung nicht widerstehen können, mich endlich ein für allemal aus dem Weg zu räumen. Ich habe bei dieser Frau, wie Sie wissen, noch eine Rechnung offen, und ich habe einen Plan, wie man sie dazu herausfordern könnte, ihre Schuld zu bezahlen.»

«Ich soll einer Taktik zustimmen, bei der Sie selber die Zielscheibe sind? Wie können Sie annehmen, daß Mona ein solches Vorgehen gutheißen wird?»

«Mona ist eine außergewöhnliche Frau.»

«Gerade deswegen sollten Sie an Ihr gemeinsames Glück denken.»

«Denken Sie jemals an Ihr Glück?»

«Ich bin nur ein Rädchen in der Verwaltung, ein ferner Verwandter jenes altägyptischen Schreibers vielleicht, der die Getreidefuhren in den Scheunen überprüfte, der gern die Bäuche gefüllt und die Leute froh sah. Gibt es ein größeres Glück?... Wir sollten uns jetzt erst mal ein bißchen Ruhe gönnen. Der morgige Tag könnte hart werden.»

47

Weder Mark noch Kemal wußten die raffinierten Speisen zu schätzen, die ihnen vor Tagesanbruch vorgesetzt wurden. Aber auch ohne Appetit zwangen sie sich zu essen, um Kraft zu schöpfen. Mona rührte nichts an.

«Mußt du dich wirklich so in Gefahr bringen?»

Mark umarmte sie, ohne sich zu rechtfertigen.

«Warum soll ich hier allein bleiben?»

«Hier bist du am besten aufgehoben», sagte Mark. «Findest du diesen Ort plötzlich nicht mehr schön?»

«Ich möchte lieber nach Kairo zurück.»

Mark schaute Kemal fragend an. Er hatte offenbar nichts dagegen einzuwenden und versicherte:

«Meine Leute werden Ihre Wohnung Tag und Nacht bewachen.»

«Ich weiß, daß es verrückt ist, aber eine Ägypterin kann eben genauso verrückt sein wie ein Amerikaner.»

Ein Bediensteter holte Kemal ans Telefon. Das Paar blieb allein.

Auf dem Westufer hob sich das Gebirge langsam aus dem Morgendunst, der sich auf den Nil herabsenkte, und erhielt eine rosarote Schärpe. Der neunzehnte Tag des Ramadan würde so sonnig werden wie die Tage zuvor.

«Wer ist nun wirklich deine Geliebte, Ägypten oder ich?»

«Ich könnte weder im Exil leben noch ohne dich.»

Die grünen Augen zeigten keine Tränen, kein Aufbegehren. Mark erkannte darin nur Liebe und Vertrauen.

«Du siehst das ganz richtig, Mark. Wir haben beide nicht das Recht, unser Land zu verlassen. Das Glück ist hier, nirgendwo sonst.»

«Ich bin überzeugt, daß wir es schaffen können. Wenn wir die Spitze der Organisation kappen, versetzen wir dem Fundamentalismus einen empfindlichen Schlag.»

«Der Hochdamm, die Fundamentalisten ... Sind das nicht übermächtige Gegner?»

«Entscheide ich darüber oder Allah, was meinst du?»

«Ich denke: Dein Schicksal leitet dich, du darfst ihm nicht entgegenwirken.»

«Mona, ich liebe dich.»

Kemal kam zurück.

Mona teilte beiden gleichzeitig ihren Entschluß mit.

«Ich habe das Wichtigste gepackt. Um neun geht eine Maschine nach Kairo.»

«Mein Wagen und eine Eskorte werden Sie zum Flughafen bringen. In Kairo werden Sie von zwei meiner besten Leute abgeholt, die dann auch bei Ihnen zu Hause umsichtig für Ihre Sicherheit sorgen werden», sagte Kemal und rief dem Chauffeur zu, er solle sich bereithalten. Dann ging er wieder ans Telefon, um alles weitere zu arrangieren.

Eine Viertelstunde später war Mona reisefertig. Sie küßte Mark, als würde sie ihn nie wiedersehen, und stieg hinten in den Wagen.

«Es ist besser so», murmelte Kemal.

«Sie hat mich im Grunde nicht verlassen. Sie ist meine Hoffnung.»

«Allah möge sie in Erfüllung gehen lassen.»

Kemal nahm Rücksicht auf Marks Gefühle, ging in sein Arbeitszimmer und zündete sich eine Mentholzigarette an.

Als Mark zu ihm trat, wollte er nicht getröstet werden, sondern hören, ob der gefangene Pseudo-Scheich inzwischen schon geredet hatte.

«Unser Scheich ist, wie vermutet, ein ehemaliger russischer Rotarmist, genauer gesagt, ein Ingenieuroffizier, der sich zur radikalsten Form des Islam bekennt, ebenso wie sein in Esna ermordeter Kampfgefährte. Beide Männer haben am Krieg in Afghanistan teilgenommen, waren entsetzt über das Vorgehen der Sowjets dort und sind in das Lager der Fundamentalisten übergewechselt.»

«Wissen sie über die terroristischen Ziele der Bokar-Organisation Bescheid?»

«Daß es um Aktionen gegen Ministerien und Politiker geht, die Feinde des wahren Glaubens sind. Mehr nicht.»

«Daten für die nächsten Anschläge?»

«Der Kerl ist hart im Nehmen. Wir lassen ihn erst mal wieder zu sich kommen, bevor das Verhör fortgesetzt wird. Aber etwas verwundert mich: die Weigerung des Scheichs, seinen wirklichen Namen zu nennen. Warum? Ist das denn ein so wesentliches Element? Ich habe meinen amerikanischen, englischen und französischen Kollegen Fotos von dem Mann faxen lassen. Man hat mir versprochen, schnell zu reagieren. Sogar mit Moskau ist Verbindung aufgenommen worden.»

«Wo hat er in Luxor gewohnt?»

«Vornehm. Im ‹New Winter Palace›.»

«Was hat die Zimmerdurchsuchung ergeben?»

«Nichts Besonderes, nur ein seltsames Kleidungsstück: eine Trainingshose mit der Nummer neun auf dem Hinterteil.»

«Wie erklärt der Russe das?»

«Die Hose sei ein Sonderangebot im Supermarkt gewesen.»

«Irgendwelche Angaben über Safinas und ihre Helfershelfer?»

«Er hat nur allgemein von der islamischen Festung Assiut gesprochen. Wenn die Terroristen sich auf diese Stadt beschränken würden, könnten wir in Kairo ja ruhig schlafen.»

«Also noch keine brauchbaren Details.»

«Noch nicht, aber irgendwann wird jeder Mensch weich.»

Mark wechselte das Thema. «Sind Sie schon einmal

weich geworden, Kemal? Ich meine, waren Sie mal verheiratet?»

Die Frage überraschte den Ägypter, aber er ließ es sich nicht anmerken.

«Für mich gibt es nur eine Liebe, Mister Walker, die zu meinem Land. Das hört sich furchtbar altmodisch an, aber es ist nun mal so. Ich bin ein Mann der Vergangenheit, der sich an alte Werte hält, die heute nicht mehr gelten.»

«Warum sind Sie statt zum Geheimdienst nicht in die Politik gegangen? Dort sind Moral und Ethik doch noch eher durchsetzbar.»

«Ich habe lieber hinter den Kulissen gewirkt und ein äußerst verhängnisvolles Übel bekämpft, das politische Verbrechen und vor allem das Verbrechen aus religiösen Motiven. Seelenepidemien sind die allerschlimmsten und Medikamente dagegen wirkungslos. Die Alten sprachen von einem Fenster im Himmel, durch das Gottes Wort kam. Ich fürchte, daß es seit langem geschlossen ist und keine Regierung die Mittel kennt, es wieder zu öffnen... Aber schauen wir doch nach unserem russischen Scheich. Kommen Sie mit, wenn Sie wollen. Der zweite Teil des Verhörs ist meine Sache.»

Der Mann war in der Nähe des Luxor-Tempels in einem ehemaligen Kolonialpalast eingesperrt. Wenn die Fassade auch verfallen und von Taubenmist verschmutzt war, ahnte man doch noch den Charme jener Glanzzeit Ägyptens, in der man sich noch nicht vorzustellen vermochte, daß der Lauf des Nils durch Menschenhand gestört und unterbrochen werden könnte.

Kemal schaute zu den Säulen des weiten Tempelhofes auf, die der Pharao Amenophis III. hatte errichten lassen.

«Seltsam ... Man könnte meinen, daß diese Ruinen nicht von dieser Welt sind. Ich bin an diesem heiligen Ort oft lange mit mir zu Rate gegangen, bevor ich eine wichtige Entscheidung getroffen habe.»

«Sprechen Sie von der Moschee, die im ersten Hof steht?» fragte Mark.

Archäologen hatten die Regierung oft aufgefordert, die Moschee an einen anderen Ort zu versetzen, weil sie die alte Tempelarchitektur verfälschte. Jetzt verlangten die Fundamentalisten, den Pharaonenbau zu schleifen und nur noch die Moschee stehen zu lassen.

«Nein, Mister Walker, ich bezog mich auf die heilige Stätte aus der Pharaonenzeit. Man kann ein überzeugter Mohammedaner sein und trotzdem Verständnis für das Heilige in einem heidnischen Bauwerk haben. Bis jetzt hat Ägypten es verstanden, mit seinen einstigen Göttern in Frieden zu leben. Hat es nicht aber ihren Zorn heraufbeschworen, seit es sie verleugnet?»

Ein Polizist kam aus dem Kolonialpalast gerannt, sah Kemal und stürzte auf ihn zu.

«Chef, es ist etwas Schlimmes passiert ...»

Alle drei eilten in das Gebäude. Vor der Tür des Raumes, in dem der Russe eingesperrt war, lag eine Leiche mit blutendem Schädel.

«Einer der beiden Wachtposten. Hinterrücks erschlagen», erklärte der Polizist.

«Und der Gefangene?»

Der Polizist senkte den Kopf. Kemal stieß die Tür auf und betrat einen Raum, dessen Wände Stuckfriese mit

Weinranken und Trauben zierten, die von den Fresken im «Grab der Weinberge» inspiriert waren.

In einem altmodischen grünen Ohrensessel schien der russische Scheich, zur linken Seite geneigt, zu schlafen – in der Mitte seiner rechten Schläfe ein rotumrandetes Loch, aus dem ein Blutrinnsal floß.

«Wer war das?»

«Wir wissen es nicht, Chef. Wir haben eben erst ...»

«Und der andere Wächter?»

«Liegt im Nebenzimmer.»

Kemal ging hinüber. Sein jüngster neuer Mitarbeiter, ein Student, der vor dem juristischen Examen aufgegeben hatte, lag auf einem Kanapee aus viktorianischer Zeit im Sterben.

«Ich bin nicht schuld», wimmerte er. «Es hat geklopft, viermal, wie verabredet. Einer von uns hat die Tür geöffnet ...»

«Hast du den Mörder gesehen?» fragte Kemal, über den schwer Atmenden gebeugt.

«Eine verschleierte Frau ... Ganz in Schwarz, aber mit roten Schuhen.»

Kemal wandte sich an den Polizisten.

«Wer hat sie hereingelassen?»

«Der einzige, der den Schlüssel zur hinteren Tür hat, ist Omar.»

«Diese Frau ...», flüsterte der Sterbende.

«Wir werden sie kriegen, das schwör ich dir.»

Kemal faßte die Hand des jungen Mannes und ließ sie erst los, als er nicht mehr atmete. Dann befahl er, Omar zu ihm zu bringen.

Diesem Omar, einem der erfahrensten seiner Mannschaft, hätte er am wenigsten mißtraut ... Seit über zehn Jahren arbeiteten sie zusammen.

Kemal steckte sich eine Zigarette an, gab Anweisungen, die Toten ins Leichenhaus zu transportieren, und forderte Omar auf, ihm in ein provisorisches Büro zu folgen, in dem außer einem Eßtisch für zwölf Personen nur noch zwei Regency-Stühle standen. Er drehte seinem Untergebenen den Rücken zu, einem hochgewachsenen Mann von etwa fünfzig Jahren, Witwer, Vater zweier Söhne, die in den Golfemiraten Arbeit gefunden hatten, und dreier Mädchen, die in seinem Heimatdorf im Delta geblieben waren. Bisher hatte Omar keine höhere Religion gekannt als den absoluten Gehorsam gegenüber seinem Chef.

«Warum hast du mich verraten, Omar?»

Eine lange Minute schwieg der Befragte.

«Hier verrät doch auf einmal jeder jeden. Wer hat *mich* denn verraten?»

«Der junge Mann, der deinetwegen sterben mußte.»

«Der Russe durfte nicht überleben, sonst hätte er geredet.»

«Du bist also zu den Fundamentalisten desertiert.»

«Eine andere Lösung gibt es nicht. Begreifen Sie das wirklich als letzter?»

«Wo versteckt sich Safinas, die Mörderin?»

«Ich habe keine Ahnung.»

«Willst du mich zwingen, dich zu foltern? Du weißt doch selbst am besten, wie schnell unsere Methoden wirken.»

«Die Frau hat mir nur gesagt, es sei meine Pflicht als wahrer Gläubiger, die Türen für sie, eine Botin Allahs, zu öffnen.»

«Das ist Beihilfe zu dreifachem Mord. Dafür kannst du lebenslänglich kriegen.»

Omar schüttelte den Kopf.

«Meine Glaubensbrüder werden mich nicht fallenlassen. Der jetzige Staat hat verspielt. Bald werde ich wieder frei sein.»

«Du hast dich all die Jahre im Dienst deines Landes abgestrampelt und nun ...»

«Das waren verlorene Jahre ... Jetzt endlich hat mein Gewissen Ruhe gefunden.»

Kemal nahm erneut Verbindung mit seinen westlichen und russischen Gesprächspartnern auf, um zu hören, ob man den Mann, der sich Scheich Abass nannte, schon identifiziert hatte. Dann setzte er alle verfügbaren Polizeikräfte auf Safinas' Fährte an und versprach für jeden Hinweis, der zu ihrer Verhaftung beitragen würde, als Belohnung ein volles Jahresgehalt extra.

Die Verlockung, leichtes Geld zu verdienen, unterstützt durch die Gewohnheit zu denunzieren, führte schnell zum Ergebnis. Schon am Nachmittag stand fest, daß Safinas sich in ein abgelegenes Dorf am Westufer geflüchtet hatte.

48

Zwei Kilometer vor dem Dorf endete die Straße, so daß Kemal und Mark den Wagen stehenlassen und zu Fuß weitergehen mußten.

Zum ersten Mal, seit er mit Mona als ägyptisches Ehepaar getarnt nach Luxor gekommen war, trug der Amerikaner wieder westliche Kleidung. Wenn er Safinas gegenübertrat, sollte es für sie keine Zweifel geben, wen sie vor sich hatte.

«Ich kenne den Ort vor uns», sagte Mark. «In diesem Nest habe ich mal mehrere Arbeiter für meine Untersuchungen in den Katakomben von Theben angeworben. Gedulden Sie sich ein Weilchen, Kemal.»

Nach zwanzig Minuten kam Mark mit einem Tomatenhändler zurück, einem entschiedenen Gegner des Hochdamms, der ihn freudig begrüßt hatte. Der Mann ließ sie beide auf seinem Karren Platz nehmen. Unterwegs ins Dorf beklagte er sich über die starke chemische Düngung der Felder wegen des fehlenden Hochwassers. Er trauerte der Zeit nach, als noch das rötliche Wasser aus dem innersten Afrika den fruchtbaren Schlick auf die durstigen Felder brachte.

Mark dachte nach, auf welche Weise sie vorgehen sollten. Kemal und er würden ihre Köderrolle so gut wie möglich spielen, in der Hoffnung, daß Safinas sich geschworen hatte, den Amerikaner eigenhändig umzubringen, und diese Aufgabe keinem anonymen Mörder überließ.

«Haben Sie Angst?» fragte Kemal.

«Natürlich. Wichtig ist nur, daß man es mir nicht anmerkt.»

«Ich möchte noch einmal betonen, daß Sie freiwillig hier sind. Alle Achtung! Für einen westlichen Zivilisten sind Sie ganz schön mutig.»

«Leichtsinnig, würde ich sagen. Ob Safinas überhaupt

noch ein Gewissen hat? Ob man sie noch von ihrem Wahn abbringen kann?»

«Darauf zu setzen wäre eine gefährliche Illusion. Wie so manche Terroristen hat sie allem Anschein nach am Morden, das heißt an der radikalsten Form der Machtausübung, Geschmack gefunden.»

«Sie ist gebildet, intelligent und emanzipiert. Wie konnte sie unter diesen Voraussetzungen dem Fundamentalismus verfallen?»

«Weil er wohl doch ihrer wahren Natur entspricht. Die Inkubationszeit dauert bei den Menschen verschieden lange, am Ende aber bricht die Krankheit mit Vehemenz aus. An Ihrer Stelle würde ich nicht zögern, als erster zu schießen. Wollen Sie eine Waffe haben?»

«Ich weiß nicht recht ...»

Eine mannshohe Lehmmauer umgab das Dorf. An seinem Eingang standen Akazien, in deren Schatten Jungen den ganzen Tag lang ein und denselben Koranvers wiederholten, um ihn sich einzuprägen. In nur einem Jahr war das Dorf zu einer Hochburg der Islamisten geworden.

Als der Karren hielt, sprachen die Jungen die Worte des Heiligen Buches weiter vor sich hin, starrten dabei aber die Fremden feindselig an.

«Weiter sollten wir nicht fahren», meinte der Tomatenhändler.

«Ich werde den Bürgermeister aufsuchen», sagte Mark. «Er kennt mich. Mein Freund bleibt bei Ihnen.»

«Kommt nicht in Frage», protestierte Kemal.

«Sie wissen sehr gut, daß es nur so geht.»

«Dann nehmen Sie wenigstens eine Waffe mit. Falls Safinas Sie bedroht ...»

«Ihre Leiche wird Ihnen aber nichts mehr verraten.»

«Wollen Sie Selbstmord begehen?»

«Unsinn! In Kairo wartet Mona auf mich und in Assuan der Hochdamm, von dem Kolloquium ganz zu schweigen. Ich verfolge meinen Plan, und Allah wird mich hoffentlich beschützen ... Ganz abgesehen von Ihnen und Ihren wachsamen Mitarbeitern.»

Der Amerikaner war störrischer als ein Esel. Kemal insistierte nicht weiter und dachte lieber über die optimalen Sicherheitsvorkehrungen nach.

Ein junger Mann, der Mark wiedererkannte, war bereit, ihn zum *omdeh*, dem Bürgermeister, zu führen. Sie kamen an dem lehmgestampften Platz vorbei, auf dem jeder Fellache unter den Augen eines Fiskusbeamten seine Ernte ausbreiten mußte, an dem verdreckten Dorfteich, in dem Kinder und Tiere badeten, und bogen in eine Gasse ein, die so eng war, daß die Last eines Esels an den weißgekalkten Ziegelmauern der Häuser entlangscheuerte. Einige Fassaden schmückten naive Zeichnungen der Schiffe und Flugzeuge, mit denen die Bewohner als Pilger nach Mekka gelangt waren. Auf den Dächern lagerten Maisstengel, Brennholz und getrockneter Mist, das Brennmaterial für die Küchen, die sich zum Teil im Freien befanden.

Der Bürgermeister war ein mächtiger und gefürchteter Mann. Er besaß eine große Scheune, mehrere Büffelrinder, eine Bäckerei und das schönste Haus im Dorf. Feist, faul und verschlagen, wie er war, hatte er ständig devote Diener um sich. Er war der einzige am Ort, der keine Steuern bezahlte. Für jede Amtshandlung, die seine Bürger von ihm wünschten, verlangte er eine saftige Gebühr, die er in die eigene Tasche steckte, und zwar mit stillschweigender Billigung der Behörden, die als Gegenleistung erwarteten, daß Ordnung herrsche und keine Klagen kamen. Wie viele Omdehs hängte er sein Mäntelchen nach dem Wind und hatte sich daher mit den Fundamentalisten, die in Zukunft regieren würden, rechtzeitig arrangiert.

Ein Wächter wollte dem Fremden den Zutritt zum Amtssitz des Bürgermeisters verwehren, aber Marks Begleiter brachte den Mann dazu, die Ankunft des Amerikaners zu melden, der vielen Dorfbewohnern als guter Arbeitgeber in Erinnerung sei. Mark wurde in ein Vorzimmer geführt, das nur durch ein winziges Dachfenster Licht bekam. Er setzte sich gegenüber einem nagelneuen Kühlschrank auf eine Bank und mußte über eine Stunde warten, bis der Bürgermeister sich herabließ, ihn zu empfangen.

Mark erhob sich bei seinem Eintreten, begrüßte ihn mit den üblichen Formeln, die der imposante Mann erwiderte, bevor er Mark aufforderte, sich wieder zu setzen.

«Ich hätte nicht gedacht, Sie noch einmal wiederzusehen, Mister Walker. Ist Ihre Arbeit in Ägypten noch nicht beendet?»

«Wann ist man je mit den Problemen des Hochdamms fertig?»

«Ich habe sehr viel zu tun, muß mich um die Bewässerung der Felder und Gärten, um die Krankheiten der Tiere und all die Klagen der Dorfbewohner, die Reparatur des Brotbackofens kümmern ... Sie können sich nicht vorstellen, wie schwer die Last auf meine Schultern drückt, und wie wenig Zeit mir bleibt, mich mit Gästen zu unterhalten.»

«Um so mehr bin ich Ihnen dankbar, daß Sie mich nicht abgewiesen haben.»

«Wollen Sie eine Cola trinken?»

«Nur wenn auch Sie ...»

Der Bürgermeister öffnete den Kühlschrank, entnahm ihm zwei Flaschen, entfernte die Verschlußkapseln und bot seinem Gast die eine an. Er selbst leerte die andere in einem Zug.

«Unter Ihrer Obhut geht es dem Dorf gewiß gut.»

«Ja, dank meiner unaufhörlichen Schufterei fehlt es an nichts. Aber es gibt viele böse und undankbare Menschen. Nur wenige erkennen meine Verdienste an.»

«Wie heißt es doch so schön: ‹Mit der Erfahrung lernen wir auch, Ungerechtigkeit zu ertragen.›»

Der Bürgermeister stand auf, eilte in einen Nebenraum und urinierte dort stöhnend. Zurück in der Vorhalle, ließ er sich auf die gepolsterte Bank fallen.

«Also, was kann ich für Sie tun? Brauchen Sie wieder Arbeiter?»

«Diesmal nicht.»

«Ein reiner Höflichkeitsbesuch?»

«Nicht ganz. Es geht um eine ziemlich heikle Angelegenheit. Aber es ist ja bekannt, daß Sie Unordnung und Unrecht abscheulich finden.»

«Ich kämpfe unentwegt dagegen an.»

«Das weiß ich. Also werden Sie mit mir einer Meinung sein, daß Verbrechen aufgeklärt und bestraft werden müssen.»

«Verbrechen? In meinem Dorf?»

«Ist es nicht ein Verbrechen, einer vielfachen Mörderin Unterschlupf zu gewähren?»

«Worauf wollen Sie hinaus?»

«Die Person, die ich meine, gehört der skrupellosesten Terroristengruppe an, die in Ägypten ihr Unwesen treibt, der Gruppe um Mohammed Bokar. Und diese Frau hat sich in Ihr Dorf geflüchtet.»

«Da täuschen Sie sich bestimmt.»

«Ich glaube kaum.»

«Was macht Sie da so sicher?»

«Die Ermittlungen der Antiterrorpolizei pflegen sehr exakt zu sein.»

Der Bürgermeister verschwand abermals, um Wasser zu lassen. Als er zurückkam, sah er sehr besorgt aus.

«Ich weiß von nichts.»

«Die Polizei ist anderer Meinung. Sie ist vielmehr überzeugt, daß dem tüchtigen Bürgermeister dieses Dorfes absolut nichts von dem entgeht, was in seinem Verantwortungsbereich geschieht.»

«Aber Sie sind nicht die Polizei. Was geht Sie diese Angelegenheit überhaupt an? Ich muß Sie bitten, meine Zeit nicht länger in Anspruch zu nehmen.»

Mark stand auf und sah dabei den Omdeh betont verständnisvoll an.

«Mehrere Jahre leiden Sie nun schon an Bilharziose, Herr Bürgermeister. Als Sie den verseuchten Kanal durchwatet haben, um Ihren Bürgern vorzuführen, daß das vollkommen ungefährlich ist, sind unzählige winzige Würmer in Ihre Haut eingedrungen, die sich in Ihrer Blutbahn stark vermehrt und in den Nieren wie auch in der Blase ihre Eier abgelegt haben. Daher Ihr schmerzhafter Harndrang und das Blut im Urin, die Gelenkschmerzen, das Fieber und die ständige Müdigkeit ... Wenn Sie je wieder gesund werden wollen, ist ärztliche Behandlung Ihres Leidens in einer Spezialklinik unumgänglich.»

«Ich weiß, ich weiß. Ich müßte nach Kairo, aber man läßt mich nicht weg. Meine Verpflichtungen hier ... Und die Spezialisten sind horrend teuer.»

«Die Polizei ist bereit, die Informationen, die sie von Ihnen erwartet, großzügig zu honorieren – und dafür zu sorgen, daß Sie keine Schwierigkeiten bekommen.»

Die von Kemal empfohlene Methode, den Ortstyrannen in die Enge zu treiben, war nicht gerade brillant, aber sie wirkte.

«Niemand darf davon erfahren», keuchte der Bürgermeister. «Kann ich mich darauf verlassen ... Ich meine, auch auf die polizeiliche Unterstützung und die Übernahme der Kosten für meine Heilung?»

«Selbstverständlich.»

«Die Koranschule bei der Moschee», flüsterte der Omdeh hinter vorgehaltener Hand.

Während er eine weitere Coca-Cola-Flasche öffnete, trat Mark bereits auf die Straße.

Ein Mann in weißer Galabija, in der Rechten einen Revolver, trat ihm in den Weg. Einen Augenblick lang glaubte Mark, in eine Falle getappt zu sein.

«Sie sind der Amerikaner, nicht wahr? Kemal hat uns kommen lassen. Meine Kollegen sind bereits im ganzen Ort verteilt», erklärte der Mann. «Wissen Sie, wo sich die Zielperson befindet?»

«Folgen Sie mir.»

Aus der Koranschule hörte man das übliche Geleier. Kleine Jungen lernten unter der Leitung ihres Lehrers den

Anfang der ersten Koransure mit der richtigen Betonung auswendig. Am Eingang standen in zwei Reihen Sandalen und abgetragene Schnürschuhe, dazwischen ein Paar elegante rote Damenschuhe.

Kemal trat mit hinter dem Rücken verschränkten Armen aus dem Schatten einer Baumgruppe und ging auf Mark zu.

«Gratuliere! Hätte nicht gedacht, daß Sie das Versteck so schnell und ohne Gewaltanwendung oder Beunruhigung der Bevölkerung herauskriegen würden.»

«Der Preis wird allerdings Ihr Budget für Sonderausgaben ziemlich belasten.»

«Hauptsache, Ihnen ist nichts passiert.»

«Das Schwierigste steht uns noch bevor.»

Kemal hätte gern abgewartet, bis die Kinder herauskamen, aber ihr Unterricht würde bis zum Abendgebet dauern. Ein Fundamentalist unter den Dorfbewohnern könnte Safinas warnen und eine unvorhersehbare Reaktion hervorrufen.

Die Polizisten umstellten die Schule. Mark bemerkte, daß Kemal, was den nächsten Schritt betraf, noch unschlüssig war, und sagte:

«Bedenken Sie den Überraschungseffekt, wenn ich als erster hineingehe.»

«Sie ist bestimmt nicht unbewaffnet, Mark, und schießt möglicherweise sofort drauflos.»

«Lassen Sie Ihre Männer an die Hintertür des Klassenzimmers schleichen und sie, wenn ich in die Hände klatsche, mit einem Ruck aufstoßen. Wenn die Kinder zwischen den Männern und ihr sind, wird sie kaum schießen. Sowie es mir gelingt, mit ihr zu sprechen, ist viel gewonnen. Ich werde sie in eine ideologische Diskussion zu verwickeln suchen. Wenn es ihr zuviel wird und sie fliehen will, muß sie an mir vorbei oder auf die Hintertür zulaufen, wo die Polizisten sie in Empfang nehmen.»

«Ein verdammt gewagtes Szenario, Mister Walker. Ich hoffe, Sie wissen, welches Risiko Sie eingehen.»

«Ich kenne Safinas gut genug, um zu wissen, daß sie mich nach kurzem Wortwechsel verfluchen und dann wie eine Furie davonstürmen wird.»

«Seien Sie da nicht so sicher. Ist es nicht schon unter normalen Umständen schwer genug, das Verhalten einer Frau vorherzusehen?»

«Hören Sie, Kemal. Für psychologische Spekulationen ist wirklich keine Zeit mehr.»

«Richtig. In zwei Minuten sind Sie vielleicht schon tot.»

«Inschallah.»

«Sind Sie plötzlich zum Fatalisten geworden?»

«Haben Sie eine bessere Idee?»

«Ich gebe zu, Ihr Draufgängertum kommt mir sehr zustatten.»

«Na dann los. Aber schärfen Sie Ihren Männern ein, daß wir Safinas lebend brauchen.»

«Und Sie vergessen bitte nicht, die Schuhe auszuziehen, bevor Sie das heilige Gebäude betreten.»

In der Dorfstraße begann man zu tuscheln. Kemals Männer wurden unruhig. Wenn nur ein einziger verdächtiger Laut zu Safinas gelangte, könnte das Unternehmen scheitern.

Mark zog die Schuhe aus und betrat die Koranschule.

49

Die Kinder, konzentriert und voller Andacht, hatten Augen und Ohren nur für ihre Lehrerin, die junge Frau, die sie als ihren Imam ansahen, denn sie kannte den heiligen Text, die Riten und konnte das Gebet leiten. Safinas legte die Innenflächen der mit schwarzen Handschuhen bedeckten Hände auf ihre Wangen und verkündete: «Allah ist der Größte.» Die Kinder wiederholten die Worte im Chor. Dann zeigte sie ihnen, wie sie sich nach vorn beugen müßten, damit sie in biegsamer und harmonischer Bewegung mit Nase und Stirn den Boden berühren und zugleich dreimal die Größe Allahs und seine Vollendung preisen könnten.

Als Safinas sich wieder aufrichtete, bemerkte sie den im Vordereingang zum Unterrichtsraum stehenden Mark.

Sie schauten sich sekundenlang an.

Das schwarze Kleid und der Schleier konnten Safinas' Schönheit nicht verbergen. Ihre feingeschwungenen Augenbrauen über den großen schwarzen Augen machten sie zu einer unwiderstehlichen Verführerin. Sie war die Frau für eine Nacht, fähig, die Sinne eines Mannes allein durch ihre Anwesenheit, ein kurzes Lächeln, eine verheißungsvolle Geste zu entfachen, und sie würde selbst in der strengsten, finstersten Kleidung ihre Anziehungskraft behalten.

Mark hatte zunächst befürchtet, sie könnte instinktiv sofort ihre Waffe benutzen, andererseits aber auch ihre Denkweise als Intellektuelle bedacht, die gewohnt war, eine Situation zu prüfen und ein Problem abzuwägen, bevor sie reagierte. Safinas hatte zwar unbarmherzig, aber stets mit wohlüberlegter Methode gemordet und nie impulsiv gehandelt.

In der rechten Hand hielt sie eine wunderschöne Gebetskette mit neunundneunzig Perlen, von denen dreiunddreißig auf Allahs Vollendung, dreiunddreißig zu seinem Lob und weitere dreiunddreißig für die Anerkennung seiner Größe gebetet werden mußten.

Auf arabisch befahl Safinas den Schülern, den Anfang der ersten Koransure aufzusagen. An Mark wandte sie sich auf englisch.

«Was willst du?»

«Ich bin hier, um dich zu bitten, deine Gewalttaten aufzugeben.»

«Du, ein jüdischer Spion, wagst es, mich in meinem Dorf zu behelligen?»

«Rede keinen Unsinn.»

«Streitest du etwa ab, ein Agent der Juden zu sein?»

«Hör auf, solche Hirngespinste zu glauben! Ich liebe Ägypten genauso wie du.»

«Ich habe bei deiner Geliebten Beweise gefunden.»

«Ich hatte einem alten, todkranken Juden versprochen, eine Thora, seinen kostbarsten Besitz, zu verwahren.»

«Ich bin froh, dieses Buch zerstört zu haben.»

«Verlangt der Islam nicht Respekt vor den anderen Religionen?»

«Es gibt nur eine wahre Religion.»

«Vielleicht. Aber verschiedene Ausdrucksformen dieser Religion der Wahrheit.»

«Du bist ein Dummkopf. Warum flüchtest du dich in das Lager der Besiegten?»

«Das bist nicht du, Safinas, die da spricht, sondern ein seelenloser Automat, den dein Mann dir ins Gehirn eingesetzt hat.»

«Du bist nur eifersüchtig... Ich gehöre jetzt dem künftigen Herrscher über Ägypten und werde ihm mutige Söhne schenken, die er an die Spitze der Legionen Allahs stellen wird.»

«Safinas, werde wieder du selbst!»

«Wie viele Polizisten stehen um das Haus? Ich höre sie schon vor der Tür.»

«Du hast recht, das Haus ist umstellt. Du hast keine Chance zu entkommen. Auf ein Zeichen von mir stürmen sie von vorn und durch diese Tür dort hinten in den Raum.»

«Und welche Rolle spielst du bei diesem Überfall vor all den Kindern?»

«Ich sagte schon, daß ich dich bitten möchte, auf weitere Gewalttaten zu verzichten und keine Menschen mehr zu töten.»

«Warum liegt dir so sehr daran? Kümmere dich lieber um das Heil deiner neuen Beischläferin.»

«Ich möchte dich, Safinas, die Frau, die ich einmal geliebt habe, nicht am Galgen enden sehen. Was für ein Dämon ist in dich gefahren?»

«Du lästerst. Allah ist kein Dämon.›

«Wenn Gott Haß und den Willen zu töten auslöst, handelt es sich dann nicht statt um Gott um die furchtbare Verkleidung eines Teufels?»

Einen Augenblick schien es so, als kämpften in der jungen Frau die ihre Freiheit liebende Emanzipierte und die Anhängerin des militanten Fundamentalismus miteinander. Doch der Kampf war schnell beendet, und die Terroristin in Safinas hatte gesiegt.

«Ich müßte dich auf der Stelle töten.»

«Warum zögerst du noch?»

«Ich möchte, daß du unseren Triumph miterlebst. Wenn Ägypten fest in unserer Hand ist, werde ich mit dir abrechnen.»

«Mit dir wird man furchtbar abrechnen, wenn du nicht aufgibst, Safinas.»

«Was sind schon ein paar Polizisten gegen ein ganzes Dorf, ein ganzes Volk? Du und deine Verbündeten, ihr seid die Verlorenen!»

«Ein letztes Mal, Safinas: Gib auf, ehe es zu spät ist.»

Die Augen der Fundamentalistin wurden eiskalt.

«Vielen Dank für den Rat.»

Sie holte einen Revolver aus der Tasche, packte einen ihrer Schüler am Kragen seiner Galabija und drückte ihm die Waffe an die Schläfe.

«Wenn man den Versuch macht, mich festzunehmen, töte ich ihn.»

«Deinen Schüler? So grausam kannst du nicht sein.»

«Er stirbt für Allah und kommt ins Paradies.»

Sie ging rückwärts und hielt dabei die Geisel vor ihren Körper. Der Junge wimmerte.

Während sie auf die Straße trat, versuchte ein Polizist mit seiner Maschinenpistole gegen ihren Unterarm zu stoßen, damit sie die Waffe fallen ließ. Aber Safinas wich dem Schlag aus, schoß drauflos und zielte dann wieder auf den Schüler, der vor Angst schrie.

«Versucht das nicht noch einmal, sonst töte ich den Jungen und mich.»

Die Polizisten gingen in Deckung. Kemal zog Mark mit wütendem Griff hinter einen Mauervorsprung.

«Sie kennen diese Frau eben doch schlecht.»

«Daß sie ein Kind als Schutzschild benutzen wird, das hätte ich ihr wirklich nicht zugetraut.»

«Warum haben Sie nicht rechtzeitig die Männer an der Hintertür hereingerufen?»

«Wie konnte ich denn erwarten ... Aber ich werde Safinas veranlassen, daß sie das Kind laufenläßt, und dafür mich selbst als Geisel anbieten.»

«Sie werden gar nichts veranlassen, Mister Walker. Die Frau weiß genau, daß wir sie lebend haben wollen, und wird sich eher das Leben nehmen als sich ergeben und sich verhören lassen. Wir bleiben ihr dicht auf den Fersen. Irgendwann wird sie einen Fehler machen.»

Safinas versetzte einem angepflockten Esel, der ihr im Wege war, einen Tritt, hielt den Jungen, der sich losreißen wollte, im Würgegriff und stieß ihm die Revolvermündung so heftig gegen die Stirn, daß eine Schürfwunde entstand, aus der sofort Blut floß. Sie befahl dem Heulenden als gehorsamer Diener seines Imam tapfer zu sein, wenn er der Verdammnis entgehen wolle.

Die Nachricht von der Geiselnahme verbreitete sich in Windeseile. Trotz inständiger Bitten weigerte sich der Bürgermeister einzugreifen. Da seine Blase ihn vor lauter Aufregung noch mehr schmerzte als sonst, war es ihm nicht möglich, einen klaren Gedanken zu fassen. Die Mutter des blutenden Jungen kam herbeigelaufen, rief gellend alle Nachbarn zusammen, und in der nächsten Minute versperrte eine Mauer aus jammernden und wütenden Frauen Safinas den Weg.

Sie blieb stehen und befahl:

«Laßt mich durch!»

«Nein! Wir sind Gläubige wie du», schrie die Mutter sie an. «Niemand hat das Recht, ein Kind zu mißhandeln.»

«Nur eine Schramme. Es geschah ohne Absicht.»

«Halt den Mund und laß meinen Sohn frei!»

«Ich brauche ihn, und er will mir helfen.»

«Gib ihn auf der Stelle her!»

«Allah hat ihn auserwählt. Widersetze dich nicht seinem Willen.»

«Ich sehe nur, daß du ihn töten willst. Das wird Allah nicht zulassen.»

Die Mutter und die anderen Frauen hatten Safinas dicht umzingelt. Von der Hauptstraße her kamen Männer mit Gewehren, Äxten und Stöcken gelaufen, an ihrer Spitze ein kräftiger Fünfzigjähriger mit grauem Haar. Er drängte sich zu der Geiselnehmerin durch.

«Ich bin der Vater des Kleinen. Laß ihn los oder ...»

«Gehorcht mir, Leute, oder Mohammed Bokar wird euch alle bestrafen!»

Der Gemeinderat hatte mit dem Terroristenchef zwar ein Abkommen getroffen, Leute von ihm zu verstecken, die von der Polizei gesucht wurden, aber für diesen Gewaltakt hatten die Dorfbewohner kein Verständnis.

«Niemand darf einem Kind etwas zuleide tun», erklärte der Vater der Menge. «So steht es im Koran.»

«Schreit nicht herum, Leute. Helft mir lieber, von hier wegzukommen.»

«Nein, ich will meinen Sohn.»

Die Mutter begann mit ihren Fäusten auf die Terroristin einzuschlagen. Safinas schoß ihr ins rechte Bein. Die Mutter fiel hin, hielt sich aber am Kleid der Terroristin fest. Als der Vater mit seinem Knüppel zum Schlag ausholte, schoß Safinas zum zweiten Mal. Der Mann stürzte neben seiner Frau zu Boden. Die Dorfleute rissen den Jungen Safinas aus der Hand, bevor sie wild auf die Verbrecherin eindroschen.

Man hatte Safinas blutüberströmt ins Haus des Bürgermeisters gebracht, der nicht aufhörte, die schreckliche Tragödie zu bedauern, die er nicht hätte verhindern können. Kemal war da ganz anderer Meinung.

«Ich bin ein kranker Mann, Herr Kommandeur», flennte der Omdeh. «Mister Walker kann es bezeugen.»

Ein Arzt aus Luxor untersuchte die Verletzte und erklärte sie für nicht transportfähig. Die aufgebrachte Menge hatte ihr mehrere Knochen gebrochen, ins Gesicht und in den Bauch getreten. Sie atmete schwer, bekam kaum noch Luft.

Mark bat den Arzt:

«Lindern Sie wenigstens ihre Schmerzen.»

«Allah wird ihre Seele gleich zu sich nehmen.»

Die Spritze schien ihr etwas Erleichterung zu verschaffen.

«Mein Schleier», flüsterte sie. «Legt mir den Schleier um.»

Da der Schleier voller Blut war, legte ihr Mark ein Leinentuch, das man ihm reichte, um Kopf und Schultern.

«Safinas, wenn du mich noch hören kannst, so hilf mir, das Leben Unschuldiger zu retten. Wen will Mohammed Bokar als nächsten töten?»

«Allah wird bald in Ägypten herrschen ...»

«Herrscht er nicht schon in den Herzen seiner Gläubigen? Er will aber weder Tod noch Zerstörung. Ich bitte dich, beantworte meine Frage nach Bokars Plänen. Geh nicht mit haßerfülltem Herzen ins Jenseits.»

Ein Zucken fuhr durch ihren Körper, und sie verdrehte die Augen. Nur mühsame Atemzüge zeigten an, daß sie noch lebte.

«Ich werde ... Ich werde tun, was Mohammed will ... Die ungläubigen Minister beseitigen ... den Präsidenten ... die U-Bahn. Und dann ...»

Die Stimme erlosch. Mark beugte sich über Safinas.

«Sprich weiter.»

«Und dann ... dann werden sie dich töten ... mit eigener Hand ... Kabul ... Mohammed ...»

Ein letztes Zucken, dann gab der Körper den Kampf auf.

Kemal und Mark aßen nach Abbruch des Fastens im ehemaligen Kolonialpalast zu Abend.

«Die Presse ist angewiesen zu schweigen», sagte der Ägypter. «Trotzdem wird Bokar bald vom Tod seiner Frau erfahren. Ich habe ein Sicherheitskommando in dem Dorf stationiert. Der Bürgermeister will schon morgen nach Kairo fahren, meiner Meinung nach ein Fehler. Bokar könnte ihn als den Hauptverantwortlichen betrachten, und in der Stadt hat dieser Dorf-Omdeh keine Chance, den Fundamentalisten zu entkommen. Safinas' wichtigste Information betraf die U-Bahn. Ich habe bereits entsprechende Anweisungen zu ihrer verstärkten Sicherung gegeben. Für eine gut trainierte Terrorgruppe ist die U-Bahn ein ideales Objekt. Es gibt bei einem Anschlag auf ihre Einrichtungen eine große Zahl von Opfern, die Bevölkerung gerät in Panik, und die Regierung bekommt die Verantwortung in die Schuhe geschoben. Diese Katastrophe muß unbedingt verhindert werden. Aber dabei können Sie mir nicht mehr helfen, Mister Walker. Kehren Sie jetzt zu Ihrem Hochdamm zurück oder – noch besser – zu Mona. Ich muß Bokar und Kabul unschädlich machen, ehe es zu spät ist.»

Mark stocherte in seinem Essen herum.

«Bevor ich mich wieder dem Damm widme, muß ich mich noch mit einigen bisher ungelösten Rätseln beschäftigen, sonst würde ich in Assuan keine Ruhe finden. Zum Beispiel ist die Frage, was für Zeichnungen das waren, die man bei Hélène gefunden hat, noch immer ungeklärt. Ferner: Welchen Auftrag hatte der russische Scheich, den Safinas beseitigt hat, bevor er auspacken konnte? Ich kann mir nicht denken, daß er einfach nur Waffen verscherbeln wollte.»

«Mag sein, aber das betrifft Sie doch nun wirklich nicht mehr.»

«Ich wollte, es wäre so.»

Mark verbrachte einen Teil der Nacht auf dem Dach des ehemaligen Kolonialpalastes. Er brauchte die Ruhe der Sommernacht, um nachzudenken. Der Mond tauchte die Säulen des Tempels von Luxor in silbernes Licht. Wie lange würde der Sitz der alten Götter am Nilufer dem Ansturm der Fanatiker noch standhalten?

50

Mark stand spät auf, zu spät, um noch zu frühstücken. Da er Kemals Leute nicht schockieren wollte, die alle die Fastenzeit einhielten, aß er nichts und nutzte nur die letzte Dusche, die in dem Haus noch funktionierte. Dann rief er Mona an. Beim fünften Läuten war sie am Apparat.

«Endlich, Mark! Wie ist es gelaufen?»

«Safinas ist tot.»

«Durch die Polizei?»

«Nein, sie wurde gelyncht. Sie hatte ein Kind als Geisel genommen. Eine grausige Geschichte. Ich berichte sie dir, wenn wir wieder zusammen sind. Und du? Bist du in Sicherheit?»

«Man wacht ständig über mich. Ich warte auf dich, Mark.»

«Wie ist die Stimmung in Kairo?»

«Die Leute sind in Aufregung. Neue Flugblätter bedrohen die Ungläubigen. In allen Moscheen ringsum wird gegen die Ausländer gehetzt.»

«Geh nicht aus dem Haus.»

«Wann kommst du?»

«Sobald Kemal mir grünes Licht gegeben hat.»

«Wird er den Terrorismus noch bremsen können?»

«Mal ist er optimistisch, mal pessimistisch.»

«Ich liebe dich, Mark.»

«Ich liebe dich auch, und ich bitte dich, tu nichts Unvernünftiges.»

«Das verspreche ich dir.»

Der Nasser-Stausee sorgte für eine in früheren Zeiten unbekannte Feuchtigkeit und verursachte dadurch auch den schleichenden Tod der für die Ewigkeit bestimmten Denkmäler. Mark brachte mehrere Seiten über Sofortmaßnahmen zur Rettung und Restaurierung der Wandmalereien im Tal der Könige und in den Gräbern der Vornehmen zu Papier und erweiterte wieder einmal die Liste seiner Vorschläge für eine minuziöse fotografische Archivierung aller Monumente und die ständige Überwachung der klimatischen Veränderungen, wie sie seit der Füllung des Stausees am Hochdamm festzustellen waren. Es fehlten ihm jedoch Datentabellen, die sich im Tresor in seinem Büro in Assuan befanden.

Die Erinnerung an seine beiden Weggefährten Farag und Nagib machte ihm das Herz schwer. In welchem Universum mochten ihre Seelen schweben? Reichte Safinas' Tod aus, sie zu rächen? Mark hatte das Gefühl, in den letzten Tagen um Jahre gealtert zu sein. Ihm waren Prüfungen auferlegt worden, auf die er nicht vorbereitet war. Im Grunde gab es für ihn nur eines: den Kampf gegen Mohammed Bokar fortzusetzen. Er durfte die Fackel, die Farag Mustakbel ihm übergeben hatte, nicht ausgehen lassen. Aber hatte er noch die Kraft dazu und konnte er Kemal wirklich noch nützlich sein?

Nein, es sprach viel mehr dafür, sich wieder seiner eigentlichen Domäne zuzuwenden, sich auf den Hochdamm und seine Problematik zu konzentrieren.

Unvermutet trat Kemal zu ihm und unterbrach seine Überlegungen. Der Ägypter schien besorgt, aber Mark hatte nicht vor, ihn zu fragen, warum.

«Ich denke, es ist Zeit, daß ich nach Kairo zurückkehre», sagte er in einem Ton, der fest entschlossen klingen sollte.

«Leider muß ich Sie enttäuschen, Mister Walker. Sie müssen Ihre Abreise noch ein wenig verschieben.»

«Aber Sie hatten doch gemeint, daß ...»

«Neue Erkenntnisse zwingen mich, meine Meinung zu ändern.»

«Und welche?»

«Meine amerikanischen und russischen Kollegen haben mir endlich die erbetenen Auskünfte erteilt.»

«Und inwiefern betreffen diese neuen Informationen mich?»

«Ich weiß jetzt, was es mit den beiden Russen auf sich hatte. Sie galten als hochqualifizierte Allround-Experten für modernste Technologie. Sie waren in der Roten Armee mit den brisantesten Aufgaben betraut und im Ausland bei internationalen Großprojekten eingesetzt worden. Unter anderem war der in Esna Ermordete leitender Ingenieur des sowjetischen Teams beim Bau des Hochdamms von Assuan und dort speziell für die insgesamt vierzigtausend Tonnen des Technologie-Parks verantwortlich. Er kannte sich also mit den zwanzig vollautomatischen Riesenbaggern genauso aus wie mit den unheimlichen Preßluftbohrern, die im Nu die härtesten Felsen sprengen.»

«Und er war Fundamentalist ... War sein Kollege, der Scheich, etwa auch am Assuan-Projekt beteiligt?»

«Erraten! Er hatte das Konstruktionsbüro unter sich.»

«Donnerwetter! Und daran besteht kein Zweifel?»

«Kein Zweifel ... Nun, ich wußte, daß diese Nachricht Sie interessieren würde. Und nun halten Sie sich fest: In

Afghanistan sind die beiden Mohammed Bokar begegnet, und durch ihn wurden sie zum Islam bekehrt. Vor drei Monaten haben sich alle drei in Teheran aufgehalten, wo sie eine Unterredung mit Resa Amrollahi hatten, der von der Regierung insgeheim mit der Entwicklung der Atomindustrie im Lande beauftragt ist. Nach Aussagen von Fachleuten steht der Iran sogar kurz vor der Fertigstellung seiner ersten Atombombe. Um Täbris, also im Nordwesten des Landes, wird Uran gefördert. Das getarnte Atomkraftwerk bei Tabas arbeitet auf vollen Touren. Es beschäftigt zahlreiche Techniker aus der ehemaligen Sowjetunion, die durch stattliche Gehälter angelockt wurden.»

«Sie wollen doch nicht etwa sagen, daß die Burschen nicht nur Handfeuerwaffen oder bestenfalls Granaten anzubieten hatten, sondern auch ...»

«Das ist noch nicht alles, Mister Walker. Noch jemand anders war in Teheran mit den beiden zusammen, und Sie werden kaum darauf kommen, wer.»

«Wer denn?»

«Ihre Verlobte, Hélène Doltin.»

«Was? In welcher Angelegenheit?»

«Ihr wahres Spezialgebiet war der Handel mit allem, was man für die Zündung von Atombomben braucht, also für deren praktischen Einsatz. Von amerikanischen und englischen Stützpunkten aus hat sie das Material in Kisten, die als Büromaterial deklariert waren, in den Nahen und Mittleren Osten verschickt. Vor allem in den Iran, aber auch nach Pakistan – und vielleicht sogar nach Ägypten.»

«Hélène, die sich mir gegenüber immer als entschiedene Gegnerin der Atomenergie geäußert hat? Und sie soll einer internationalen Waffenhändlerbande und obendrein noch einer Terroristenorganisation angehört haben, die beabsichtigt ...»

«... den Hochdamm von Assuan zu sprengen. Ja, davon bin ich jetzt überzeugt.»

«Unmöglich, Kemal. Das ist zuviel auf einmal. Abgesehen davon ist der Damm so gut wie unzerstörbar.»

«Im Zweiten Weltkrieg hielten die Deutschen ihre Staudämme am Rhein für unzerstörbar, und doch haben die Alliierten sie kaputtgekriegt, und zwar mit konventionellen Bomben.»

«Der Vergleich hinkt. Wir befinden uns ja hier nicht im Krieg. Glauben Sie wirklich, die Fundamentalisten hätten Lust, ganz Ägypten unter Wasser zu setzen? Sie wollen das Land regieren, aber nicht absaufen lassen. Was hätten sie davon?»

«Das ist in der Tat eine Frage, die dringend der Beantwortung bedarf.»

«Also was befürchten Sie konkret, Kemal?»

«Mit Hilfe hervorragender und gleichgesinnter oder zu Irrsinnspreisen gekaufter Fachleute sind Terroristen fähig, jedes Ziel zu erreichen, vor allem aber selbst die beste Objektsicherung auszuschalten. Wenn der Hochdamm auch nur an einer Stelle bricht, tritt eine verheerende Kettenreaktion ein, und gigantische Wassermassen stürzen über Ägypten herein. Den Menschen wird keine Zeit zur Flucht bleiben, denn die Sturzflut treibt komprimierte Luft vor sich her, die eine plötzliche Stickstoffanreicherung im Blut hervorruft, woraus sich eine Art Trunkenheit und völlige Bewegungsunfähigkeit ergibt. Ein ganzes Volk wird ausgelöscht.»

«Woher haben Sie das? Das Ganze wäre unmöglich. Und noch einmal: Was hätten die Fundamentalisten davon, eine Sintflut auszulösen und dabei selber ...?»

Mark brach mitten im Satz ab, sprang auf und griff sich an den Kopf. Nein, Kemal phantasierte nicht.

«Mein Gott, wenn es einer Bande Verrückter gelänge, den Hochdamm zu sprengen, wäre das die so oft prophezeite zweite Sintflut. Wieder einmal ginge eine jahrtausendealte Kultur für immer unter – die altägyptische, aber nicht die des gesamten Islam.»

Kemal nickte und führte Marks Gedankengang weiter.

«Es wäre gewiß ein welterschütternder Schlag, aber den Fanatikern der islamischen Erneuerung und obendrein den Regierungen einiger Nachbarstaaten – denken Sie nur an den Sudan – käme eine solche Jahrtausendkatastrophe durchaus gelegen.»

«Welche Vorkehrungen ließen sich gegen einen solchen Wahnsinn treffen?»

«Ich habe bereits erste Anweisungen gegeben, aber Sie wissen ja, wie das ist. Erstens dürfen meine Befürchtungen nicht publik werden, wegen der allgemeinen Panik, die sofort ausbrechen würde, und zweitens würde mir höheren Orts niemand glauben. Ich wäre meinen Posten los, noch bevor das Unheil abgewendet ist. Mohammed Bokar weiß das sehr genau. Nicht er gerät in die Bredouille, sondern ich.»

«Das mag sein, aber Sie könnten, ohne die Öffentlichkeit aufzuschrecken, die Sicherheitsmaßnahmen am Damm drastisch verschärfen.»

«Genau darum geht es mir, Mister Walker, und dafür brauche ich Sie so dringend wie nie zuvor. Ich will alles über dieses Betonmonster wissen, und Sie werden mir dabei helfen. Wie sieht es denn bis jetzt mit der technischen Überwachung des Damms aus?»

«Sie funktionierte ganz normal. Es gab keine besonderen Vorkommnisse, aber man hat natürlich auch nicht mit solchen gerechnet.»

«Angenommen, im Büro der technischen Überwachung sitzen Fundamentalisten oder von ihnen bezahlte Leute. Was dann? Mich als Laien kann man durch falsche Informationen täuschen, Sie hingegen nicht. Was folgt daraus? Ich werde von jetzt an nur noch Ihren Kenntnissen vor Ort und Ihrem Urteil vertrauen. Verstehen Sie nun, warum ich Sie nicht nach Kairo zurückkehren lassen kann?»

«In Anbetracht dieser Entwicklung ... Verfügen Sie über mich, Kemal.»

In den Augen des Ägypters war ein Anflug von Gefühlsregung zu entdecken, zumindest aber fiel ihm ein Stein vom Herzen.

«Ich danke Ihnen», sagte er mit sanfterer Stimme als gewöhnlich.

«Ich muß in diesem Zusammenhang wieder an die Zeichnungen denken, die für Hélène offenbar so wertvoll waren ...»

«Eventuell Pläne vom Hochdamm?»

«Nein.»

«Wovon dann?»

«Das muß ich schleunigst herausfinden.»

«Wenn wir wissen, was sie bedeuten, können wir den Terroristen möglicherweise einen Strich durch die Rechnung machen.»

Mark versuchte vergeblich, sich zu konzentrieren. Immer wieder tauchte Hélènes Gesicht vor ihm auf, doch jetzt nicht mehr mit liebevollem oder traurigem Ausdruck, sondern nur noch ironisch grinsend. Es gab keinen Zweifel mehr, daß sie ihn nur hatte heiraten wollen, um seine Kenntnisse auszunutzen, und wahrscheinlich nicht nur die über den Hochdamm, sondern sein Wissen über alle möglichen Gebiete und Objekte. Indem sie die verliebte Frau spielte, hätte sie vermutlich alle Auskünfte von ihm erhalten, die ihre Komplizen brauchten.

«Und wenn ihr Tod das geplante Unternehmen bereits zum Scheitern gebracht hat?» fragte Mark und empfand diese Überlegung einen Augenblick als einen Hoffnungsschimmer.

«Das wäre zu schön, um wahr zu sein. Es ist realistischer, davon auszugehen, daß die Terroristen inzwischen andere Wege zum gleichen Ziel eingeschlagen haben. Wenn man all die Beamten, die sich vielleicht haben kaufen lassen, ausfindig machen und sie dann zwingen wollte zu gestehen, daß sie mit Mohammed Bokar zusammenarbeiten, würde das zuviel Zeit in Anspruch nehmen. Ich schlage vor, wir fahren nach Assuan und schauen uns an Ort und Stelle um.»

«Kemal ...»

«Ja, Mister Walker?»

«In den vergangenen Tagen habe ich oft daran gezweifelt, daß Sie ...»

Kemal ließ Mark nicht ausreden.

«Was bedeutet schon Vergangenes, Mister Walker, wenn die Zukunft Ägyptens auf dem Spiel steht?»

51

In Der Dronka, einem Dorf nahe Assiut, versprach der einundzwanzigste Tag des Ramadan ein besonderer zu werden. Die koptischen Einwohner hielten sich nicht an die Fastenzeit der Mohammedaner, sondern bereiteten die Wallfahrt der Heiligen Jungfrau vor, bei der eine Million Gläubige sich zum großen Kloster begeben würden, das am Hügelabhang um eine Grotte der Wunder erbaut war, in der Maria, Joseph und das Jesuskind sich aufgehalten hatten.

In diesem Ort, in dem jeder Mann mit einem Gewehr aus der britischen Besatzungszeit bewaffnet war, wollte Jussuf Kampftruppen zum Schutz der Christen im Süden des Landes aufstellen. Der Chef der Müllmafia, der am Abend zuvor eingetroffen war, konnte seine Nervosität nicht verbergen.

In Kairo war die Lage alarmierend. Ein «Amokläufer», so hieß es, hatte in der Bar des Luxushotels «Semiramis» drei ausländische Juristen getötet, die zu einem Kongreß in die ägyptische Hauptstadt gekommen waren. Die Islamisten hielten Wort. Bald würden sie sich an die Kopten heranmachen, die ebenfalls als Ausländer angesehen wurden.

Vor der Kirche des Ortes, deren beide Türme koptische Kreuze schmückten, überprüfte der örtliche Ordnungsdienst die Ausweispapiere der Pilger, die bei aller Frömmigkeit wild entschlossen waren, sich gegen die Fanatiker zur Wehr zu setzen, die ihnen den Tod angedroht hatten. Obwohl die Priester unentwegt mahnten, Ruhe zu bewahren, erhitzten sich die Gemüter immer mehr, und kaum jemand war noch bereit, das koptische Gebot der Toleranz zu befolgen. Entweder würde man den christlichen Glauben verteidigen oder mit der Waffe in der Hand sterben.

Jussuf zur Seite stand der Chef der Ortsmiliz, ein Koloß von einem Meter neunzig in blaßblauer Galabija, mit weißem Tuch um den Hals und brauner Mütze. In seiner Rechten hielt er ein Gewehr mit aufgepflanztem Bajonett. Buschige Augenbrauen, ein schwarzer Schnurrbart und vorstehende Backenknochen verliehen seinem Gesicht ein archaisch wildes Aussehen. Der Mann, den man fürchtete und dem man ohne Widerrede gehorchte, überprüfte jeden Pilger, bevor er ihn auf sein Territorium ließ.

Alle Einwohner von Der Dronka waren zum Kreuzzug bereit. Zunächst mußte man die Christendörfer, die, wie zum Beispiel Burtubate, bei den Gemeindewahlen für einen islamistischen Kandidaten gestimmt hatten, wieder zur Vernunft bringen. Deren feige Flucht nach vorn würde nur zur Ausrottung der Kopten beitragen. Sein Gesicht zu verhüllen bedeutete ja noch lange nicht, dem Feind zu entkommen. Als nächstes galt es, den Patriarchen davon zu überzeugen, daß die Regierung gezwungen werden müsse, Mohammedanern und Kopten die gleichen Rechte zu garantieren.

Ein Jugendlicher erschien vor dem Chef der Miliz, der dessen Handrücken auf das tätowierte blaue Kreuz überprüfte. Er ließ ihn durch, bekam aber Zweifel und packte ihn wieder an der Schulter.

«Seltsam, deine Tätowierung ... Laß noch mal sehen.»
«Warum?»

«Sie sieht so neu aus.»

«Kein bißchen!»

«Nun zeig schon her.»

Er ergriff die Hand des Jungen und drehte sie um.

«Das Zeichen ist neu und unecht. Du bist kein Christ.»

«Du irrst dich!»

«Wer bist du?»

Kopflos riß der Jugendliche ein Messer heraus und hätte es dem Kopten beinahe in den Leib gestoßen. Der aber war schneller, brach ihm den Arm und packte ihn an der Gurgel.

«Du redest jetzt, du Ratte!»

Der Chef der Miliz zuckte zusammen, sein Mund öffnete sich, und er stürzte vornüber, ohne seine Beute loszulassen, die er mit seinem Gewicht erdrückte. Ein Dolch steckte bis zum Griff in seinem Rücken. Der Mörder, ein Kopte aus dem Dorf Burtubate, das sich an die Islamisten verkauft hatte, flüchtete Hals über Kopf. Mindestens zehn Kugeln streckten ihn nieder.

Der Zwischenfall kam für Kabul nicht unerwartet. Der Anführer einer Gruppe als Marienpilger verkleideter Terroristen, die soeben mit einem Bus eingetroffen war, gab das Zeichen zum Angriff. Die falschen Christen schleuderten Molotow-Cocktails in die Menge der Wallfahrer und feuerten aus ihren Kalaschnikows Dauersalven ab, womit sie an die fünfzig Kopten töteten, deren Gegenwehr geradezu lächerlich war. In kaum zehn Minuten hatten die in Afghanistan und im Iran trainierten Terroristen ein Massaker angerichtet wie nie zuvor, während sie in ihren Reihen nur zwei Verwundete zählten.

Als der Bus und ein paar Pkws sie im Eiltempo von Der

Dronka wegbrachten, sank der aufgewirbelte Staub auf die Leichen nieder – auch auf die von Jussuf, dem König der Müllhalden von Mokattam.

Im St.-Paul-Kloster in Theben lebten die koptischen Mönche nach dem Rhythmus ihrer Gottesdienst- und Gebetszeiten. Den frommen Brüdern, die ihr Leben Gott, dem Wohle Ägyptens und aller Menschen in Not gewidmet hatten, war die Gefahr, die ihnen von seiten des islamischen Fundamentalismus drohte, durchaus bewußt, doch sie zweifelten nicht daran, daß die beste Waffe gegen Gewalt ihr Glaube sei. Mit derselben unerschütterlichen Überzeugung führten mehr als tausend solcher Mönche, auf zwanzig Klöster in der Arabischen und Libyschen Wüste verteilt, ihren friedlichen Kampf der Barmherzigkeit schon, seit die «Ära der Märtyrer» am 29. August des Jahres 284 nach Christus begonnen hatte – eine Ära, mit deren Ende in naher Zukunft niemand rechnete.

Seit jenen fernen Zeiten hatte sich die Lebensweise der Ordensbruderschaften in der Wüste mit ihrem eigenen Gesetz und ihren harten Anforderungen nur wenig verändert. Wollte man unter diesen unwirtlichen Bedingungen überleben, brauchte man eine innere Kraft, die nicht zuletzt dadurch aufrechterhalten wurde, daß jeder eine genau festgelegte Aufgabe zu erfüllen hatte.

Der jüngste Mönch im St.-Paul-Kloster züchtete Hühner, wie er es bereits vor seiner Entscheidung für den Dienst am Herrn in seinem Heimatdorf getan hatte. Mit rührendem Eifer versorgte er seine älteren Ordensbrüder täglich mit frischen Eiern. Er, der in der Welt draußen so große Angst vor dem Terrorismus gehabt hatte, fühlte sich hier geborgen. Auch der schlimmste Fanatiker unter den Islamisten würde wehrlose Männer, die sich einem heiligen Amt geweiht hatten, nicht angreifen.

Im nächsten Winter wollte er versuchen, ein Stück Wüste urbar zu machen, das in einem sehr alten Buch aus der Klosterbibliothek als fruchtbar beschrieben war. Mit Gottes Hilfe würde dann Gemüse dort gedeihen. Gewiß ein schöner Plan, doch durfte er darüber die täglichen sieben Gebetsstunden nicht vergessen, die der Gemeinschaft die Verbindung mit dem Himmel sicherten. Das Kloster, das nahezu zweitausend Jahre alte Reliquien des Apostels Paulus aufbewahrte und heilig hielt, hütete eine Tradition, die unbestreitbar viel älter war als die Lehre Mohammeds. Die Kopten hatten auf diesem Boden schon lange vor den Mohammedanern gelebt, und sie dachten nicht daran, ihn zu verlassen. Wenn sie sich selbst treu blieben und den überlieferten Werten ihres Glaubens, würde die Gewalt der Islamisten daran zerbrechen.

Aufgrund ihres engen Zusammenlebens verstand jeder Bruder die geringste Geste des andern zu deuten und wohl auch seine Gedanken zu erraten.

Der Alte, der mit gesenktem Kopf herankam, hatte eine seltsame Haltung. Der junge Mönch war verwundert, er vermochte seinen Bruder nicht wiederzuerkennen. War er womöglich krank? Nein, es handelte sich um einen Fremden, vermutlich um einen Mönch aus einem der anderen Klöster des Ordens. Doch warum kam er ausgerechnet zum Hühnerstall?

«Willkommen! Gelobt sei Jesus Christus und die Jungfrau Maria», begrüßte der junge Mönch den Gast.

Kabul zog die Kapuze zurück und ließ sein Mondgesicht sehen.

«Du beleidigst Allah, Mönchlein! Ich bin der Teufel in Person und gekommen, um dich in die Hölle zu holen.»

Entsetzt wich der Mönch zurück bis an die Mauer. Einen Fluchtweg gab es für ihn nicht. Von hysterischem Lachen geschüttelt, erdolchte Kabul ihn, rief dann die Leute seines Kommandos herbei, die durch den Hintereingang von den Stallungen her in das Kloster eindrangen, um es systematisch zu durchkämmen.

Die Vernichtung einer ganzen Bruderschaft koptischer Mönche mußte gewaltiges Aufsehen erregen. Diesmal würde die christliche Minderheit endlich begreifen, daß sie auf ägyptischem Boden unerwünscht war.

Vor den Krawallen hatten Tag für Tag Tausende von Touristen aller Welt das berühmte Ägyptische Museum in Kairo besucht, um seine unvergleichlichen Schätze aus der Pharaonenzeit zu bewundern.

Jetzt paßte die Polizei zumindest auf, daß die wenigen ausländischen Besucher von den fliegenden Händlern nicht allzusehr belästigt wurden. Wie auch die anderen Händler, die vom Tourismus lebten, verfluchten sie manchmal die Fundamentalisten, freilich ohne an der mißlichen Situation etwas ändern zu können. Wie so oft würde dem Volk bei einem Machtwechsel wieder einmal nichts anderes übrigbleiben, als klein beizugeben.

Am Eingang des Museums wurde eine peinlich genaue Kontrolle vorgenommen. Selbst die Handtaschen uralter Damen aus Europa und Amerika wurden durchsucht. Der Fundamentalismus kannte viele Masken, und die

Terroristen hatten schließlich angedroht, die ägyptischen Altertümer als schändliche Relikte des Heidentums allesamt zu zerstören.

Gegenüber dem Museum parkten mehrere Dutzend Touristenbusse, von denen die meisten jedoch nicht gebraucht wurden. Diejenigen, die das Glück hatten, Fahrgäste transportieren zu dürfen, ließen ihre Motoren laufen, um die Klimaanlage in Gang zu halten.

Der Chauffeur eines ultramodernen Fahrzeugs, das für Japaner reserviert war, döste über seinem Steuerrad. Seine Gäste würden erst in einer Stunde aus dem Museum zurückkehren, was ihm trotz des Verkehrslärms von allen Seiten Zeit für eine Siesta gab.

Deshalb überraschte ihn, als die Bombe hochging, die den Bus in Stücke riß und durch die herumfliegenden Metallteile mehrere Passanten tötete, der Tod im Schlaf.

Eine Stunde nach dem Attentat erklärte eine von der Dschamaa Islamija unterzeichnete Verlautbarung, daß die Bewegung mit diesem Vergeltungsschlag «die Gläubigen gerächt habe, die in der Al-Rahma-Moschee in Assuan umgebracht worden sind». Künftig werde man jeden Akt der Barbarei gegen gläubige Moslems mit der gleichen Gewalt beantworten. Weder Luxushotels noch der Sitz der Arabischen Liga oder das Kairoer Polizeipräsidium seien fortan vor Terroranschlägen sicher, hieß es in den Pressekommentaren, von denen nicht wenige die Haltung der Fundamentalisten verteidigten. Kämpften sie nicht für eine gerechtere Gesellschaft, in der Allahs Gesetze besser geachtet werden sollten und mehr Ordnung herrschen würde?

Entsetzt schaltete Mona das Radio aus. Die moderaten Mohammedaner kamen nicht mehr zu Wort, sie waren zum Schweigen gebracht. Der Mord an Farag Mustakbel war ein großer Sieg der Fundamentalisten gewesen. Sein Tod entmutigte die Intellektuellen, die unter Hinweis auf die eine oder andere Sure des Korans und die islamische Tradition der Friedfertigkeit den Thesen der Extremisten bis vor kurzem noch energisch widersprochen hatten. Nacheinander schlugen sich die Medien auf Mohammed Bokars Seite, wenn auch ohne Nennung seines Namens.

Mona zerriß die Seiten ihres Manuskripts, in dem sie sich mit den Forderungen der ägyptischen Frauen und ihrem Anspruch auf Freiheit befaßte. Niemand mehr würde es wagen, sie zu veröffentlichen. Ägypten war auf dem Weg in eine Diktatur des Schreckens. Das sah sie jetzt so klar wie nie zuvor.

Sie betete zu ihrem Gott.

Er sollte es nicht zulassen, daß auch in diesem Land machtgierige religiöse Fanatiker regierten. Er sollte diesen Alptraum beenden und dem friedlichen Islam wieder zum Sieg verhelfen.

Eine Stunde nach Fastenende unterbrachen die Fernseh- und Radiosender ihre Programme, um ein weiteres Kommuniqué der Dschamaa Islamija zu verlesen. Die Islamisten verlangten die Freilassung aller Personen, «die wegen ihres Glaubens in Gefängnissen schmachten». Wenn sie innerhalb einer Woche nicht frei seien, würden in der Hauptstadt und in anderen Städten Ägyptens Bomben explodieren.

Die Regierung der Ungläubigen hätte dann den Tod Tausender Unschuldiger auf dem Gewissen.

52

Auf der Straße von Luxor nach Assuan waren mehrere Sperren von Armee und Polizei Ursache großer Staus. Die Sicherheitskräfte durchsuchten jedes Fahrzeug und alle Insassen. Kemals Befehle wurden mit mustergültigem, geradezu lästigem Eifer ausgeführt. Zwischen Polizei und Armee begann ein Wettkampf, wer die meisten Festnahmen – und die höchsten Prämien! – nachweisen konnte.

In Kolonnen von Lkws und Pkws, Bussen, Lieferwagen und Motorrädern verbrachten Kemal, seine Männer und Mark die Nacht, kämpften sich von Sperre zu Sperre durch. Der Ägypter hatte dringend einen Hubschrauber angefordert, aber man sagte ihm, alle verfügbaren Maschinen seien von der Armee mit Beschlag belegt.

Bei allen Inlandflügen wurden die Passagiere sehr genau kontrolliert, waren Polizisten in Zivil an Bord, um jeden Versuch einer Entführung zu vereiteln. All diese Maßnahmen garantierten freilich nicht vollkommene Sicherheit. Ein einziger Pilot und ein paar Militärs, die zu den Fundamentalisten umschwenkten, würden ausreichen, um aus einer Boeing einen Bomber oder ein Kamikaze-Flugzeug zu machen. Gewiß konnten Düsenjäger jede Linienmaschine eskortieren. Würden sie aber stets rechtzeitig den Befehl zum Starten erhalten? Auf welche Kommandozentrale war noch Verlaß? War nicht ganz Ägypten seit langem schon in der Gewalt inkompetenter und korrupter Beamter und nicht mehr fähig, für seine innere Sicherheit zu sorgen? Die Islamisten wußten das marode System so geschickt zu nutzen, daß es schließlich von selbst zusammenbrechen würde.

Frühmorgens am zweiundzwanzigsten Tag des Ramadan gelangte die Mercedes-Staffel endlich nach Assuan. Mark war bedrückt. Trotz der unkontrollierten Bebauung liebte er diesen Landstrich, in dem der Nil und seine Inseln Hochzeit mit dem tiefen Süden feierten. Die Erinnerung an eine unwiederbringlich vergangene Kultur drängte sich mit der Kraft der tropischen Sonne noch stärker auf.

Man brauchte nur dem Ostufer den Rücken zu kehren und am Westufer die Gräber der Gouverneure von Elephantine zu betrachten, um die häßliche Gegenwart zu vergessen. Auf dem Dom der Winde, wie es in alten Schriften hieß, weht der Geist der vormals Noblen, die Abenteuer und Größe liebten. Im Gold der Sandkörner haftete die Erinnerung an diese rauhen, strengen, wenig gesprächigen und mächtigen Wesen, die an einem erhabenen Ort, der die moderne Stadt überragte, ihr ewiges Leben lebten.

Der Nil, so gepeinigt er war, bezauberte noch immer. Er bahnte sich auch weiterhin einen Weg durch die Granitfelsen, als erwarte er hinter dem Hochdamm eine Freiheit, die es längst nicht mehr gab. Die Menschen hatten ihm für immer den Schwung des Wasserfalls, seinen rasanten Lauf und seine schroffen Felsen genommen. Aber die Landschaft, rosa am Morgen, weiß am Mittag und violett am Abend, erstrahlte noch in dem gleichen Licht, das die Pharaonen angebetet hatten.

Wie in eine andere Welt versetzt, glaubte Mark einige Augenblicke lang, der Friede sei zurückgekehrt und das ruhige Leben in Assuan hätte das Phantom des Fanatismus verjagt. Da brachte ihn die nächste Straßenkontrolle in die Wirklichkeit zurück. Erneut mußten sie sich ausweisen und Kemal als Gruppenleiter einen Fragenkanon beantworten, den er selbst ausgearbeitet hatte. Dann war der übermüdete Offizier an der Reihe, dem als hohes Tier aus Kairo Identifizierten Auskunft zu geben.

«Unruhen in der Stadt?»

«Wir haben die Situation unter Kontrolle.»

«Verdächtige festgenommen?»

«Drei, aber wohl nur zur Fahndung ausgeschriebene Gauner.»

Vor der Stadtverwaltung ließ Kemal halten und ging hinein. Mark wartete im Wagen, bewacht von zwei Leibwächtern des Ägypters. Sie beobachteten jeden Vorübergehenden genau und ließen niemand an den Mercedes herankommen.

Eine halbe Stunde später kam der Ägypter aus dem Verwaltungsgebäude und gab Order, zum Gefängnis zu fahren. Das Verhör der Festgenommenen erwies sich schnell als ein Fiasko.

«Kein Terrorist dabei», bedauerte Kemal. «Aber Bokars Mordkommando muß in der Nähe sein. Es ist soviel Schreckliches geschehen, daß man den Verstand verlieren könnte. Aber den Gefallen dürfen wir den Terroristen nicht tun. In dem Dorf Der Dronka sind bei einem Überfall auf Kopten, die sich zu einer Wallfahrt versammelt hatten, fünfzig Männer, Frauen und Kinder umgebracht worden. Unter den Opfern befindet sich auch unser Jussuf. Nun haben wir noch einen Verbündeten weniger. Die Fundamentalisten haben sich außerdem nicht gescheut, ein Kloster in Brand zu stecken und die Mönche niederzumetzeln. In Kairo hat ein Bombenattentat vor dem Museum einen Touristenbus zerstört, den Chauffeur und Passanten getötet. Hinzu kommt der Versuch, die Regierung zu erpressen: Es wird verlangt, alle eingesperrten Islamisten freizulassen. Wenn der Präsident nachgibt, verliert die Armee das Vertrauen in die Staatsgewalt, und die letzten Bollwerke gegen den Fundamentalismus brechen ein.»

«Apropos Bollwerk: Ich meine, es ist höchste Zeit, sich Gamal Schafir vorzunehmen.»

«Der Oberaufseher empfängt heute nicht», erklärte sein Sekretär.

«Es ist aber sehr dringend», beharrte Kemal.

«Bedaure, Gamal Schafir wünscht niemand zu sehen. Sie können es morgen wieder versuchen.»

«Haben Sie die Instruktionen aus Kairo nicht erhalten?» fragte Kemal.

«Ich habe nur vom Oberaufseher Instruktionen.»

Tausende von kleinen beschränkten Beamten wie dieser legten den gesamten Verwaltungsapparat des Landes lahm. Wichtigste Anordnungen verschwanden in Schubladen, Reformpläne vergilbten in Aktenordnern.

«Wenn wir Ihren Vorgesetzten nicht augenblicklich zu sehen bekommen, werde ich Sie wegen Befehlsverweigerung anklagen lassen», drohte Kemal.

Obwohl der Sekretär die genaue Funktion des Herrn in dem teuren beigefarbenen Anzug nicht kannte, begriff er, daß der Besucher nicht spaßte, und er gab seinen schroffen Ton auf.

«Der Oberaufseher ist krank. Er liegt zu Hause.»

Gamal Schafir bewohnte eine Villa mit sechs Zimmern in einem Palmenhain zwischen dem alten und dem neuen Damm. Zwei baumlange Nubier wachten über sein Wohlergehen. Sie behinderten die Polizisten jedoch nicht und führten Kemal und Mark in den Salon, wo der wohlbeleibte Hausherr in einer weiten Galabija auf einem Diwan lag und seine Wasserpfeife rauchte.

Indigniert erhob er sich.

«Ich kann mich nicht erinnern, daß wir verabredet waren, Mister Walker ... Was machen Sie hier? Ich dachte, Sie seien in Kairo.»

«Wie Sie sehen, bin ich zurück.»

«Und wer ist Ihr Begleiter?»

Kemal zündete eine Dunhill mit Menthol an, steckte sie in seine goldene Zigarettenspitze und zeigte dann kurz seine Polizeimarke.

«Antworten Sie nur auf meine Fragen und machen Sie keine Schwierigkeiten.»

«Wie reden Sie mit mir?»

«Ich bin beauftragt, für die Sicherheit in dieser Region zu sorgen und gefährliche Elemente zu eliminieren. Reicht Ihnen diese Erklärung, oder möchten Sie, daß meine in der Vorhalle wartende Ordonnanz Sie von meiner Kompetenz überzeugt?»

«Nicht nötig. Ich stehe Ihnen zu Diensten.»

«Sind Sie über die neuen Sicherheitsbestimmungen am Damm informiert?»

«Ich bin krank.»

«Sie sind bisher also nicht befolgt worden.»

«Wenn es um die Sicherheit des Damms geht, dann können Sie ganz beruhigt sein.»

«Bin ich aber nicht, denn er ist in akuter Gefahr.»

Gamal Schafir schreckte auf.

«Sie machen Scherze!»

«Dazu bin ich nicht aufgelegt. Stellen Sie sich vor, die Terroristen würden den Versuch machen, den Damm zu zerstören ...»

«Unmöglich! Fragen Sie Mister Walker, er kennt den Hochdamm so gut wie ich. Der Damm ist unzerstörbar.»

«Davon möchte ich mich vergewissern.»

«Aber wie denn?»

«Ich werde zusammen mit Mister Walker als Fachmann die Anlage inspizieren. Wir werden jeden Schwachpunkt prüfen.»

«Ich finde, Sie sollten damit lieber ein Expertenteam beauftragen und sich auf dessen Ergebnisse verlassen.»

Kemals Blick verfinsterte sich.

«Verweigern Sie etwa die Kooperation?»

«Nein, gewiß nicht ... Ich meine nur, so etwas nimmt viel Zeit in Anspruch, und es ist sehr heiß.»

«Sind Sie etwa mit den Islamisten im Bunde?»

«Ich bin Beamter und mische mich nicht in die Politik ein. Der Damm ist in ausgezeichnetem Zustand, man hat bei der letzten Kontrolle nicht den geringsten Mangel festgestellt, und meine Amtsführung ist bei dieser Gelegenheit sehr gelobt worden. Außerdem ...»

«Außerdem?»

«Das sind geheime Anlagen, ich habe kein Recht ...»

Kemal griff nach seinem Handy und wählte eine Nummer. Er hatte Glück, kam sofort nach Kairo durch und bekam im Sekretariat des Präsidenten einen hohen Beamten an den Apparat. Er wechselte ein paar Worte mit ihm und reichte das Gerät dann dem Oberaufseher.

Es wurde ein kurzes Gespräch. Gamal Schafir legte kopfschüttelnd auf.

«Also was verlangen Sie?» fragte er eingeschüchtert.

«Führen Sie uns.»

«Jetzt gleich?»

«Ja.»

«Bei dieser Hitze könnte mir übel werden.»

«Das muß ich in Kauf nehmen.»

«Ihre Sorge und solche Eile scheint mir übertrieben. Ich versichere Ihnen, daß der Damm nicht gefährdet ist.»

«Ist Ihnen auch klar, wie verhängnisvoll sich ein Unglück auswirken würde?»

«Man hat darüber schon viel spekuliert», sagte Gamal Schafir mit bedeutungsvollem Blick auf den Amerikaner.

«Meine Berechnungen sind keine Spekulationen», widersprach Mark.

«Gehen wir in mein Arbeitszimmer.»

Gamal Schafir zeigte ihnen die Protokolle der letzten Inspektion, laut denen keinerlei beunruhigende Auffälligkeiten festgestellt wurden. Es wurde nur empfohlen, weiterhin auf die sorgfältige Durchführung der turnusmäßigen Wartung zu achten. Kemal und Mark zeigten sich keineswegs beeindruckt. Sie kannten nur zu gut die feststehenden Formulierungen, die dazu dienten, den Arbeitsaufwand zu verringern und Verwaltungsärger zu vermeiden.

Schweißgebadet und schnaufend fand sich der Oberaufseher widerwillig bereit, die Anlagen zu zeigen.

Einerseits haßte Mark das Betonmonster, das dem Nil den Atem nahm und das Pharaonenerbe bedrohte, andererseits konnte er sich der irritierenden Anziehungskraft dieser gewaltigen Masse nicht entziehen, die es darauf anzulegen schien, jeden Einwand zunichte zu machen. Allein durch sein Gewicht betäubte der Damm das Bewußtsein, drängte sich dem Blick auf, fing ihn ein und hinderte ihn daran, die Konsequenzen zu erkennen. Den Hochdamm, der die Landschaft verschandelte, hatten Irrsinn und Eitelkeit der Menschen erschaffen, und niemand hatte bedacht, daß er imstande war, seine Bewunderer zu vernichten.

Mark wußte auch, daß niemand die Kraft des Damms zu zähmen vermochte. Er war zu mächtig, zu sicher seiner Stärke, zu satt gespeist von dem gigantischen Wasserfall, dessen Energie er in sich aufgenommen hatte.

Eine schizophrene Situation, dachte Mark. Ich, der entschiedenste Feind des Hochdamms, stehe hier, um ihn unter allen Umständen zu schützen. Ich soll helfen zu retten, was ich besiegen will.

53

Kurz vor Anbruch des dreiundzwanzigsten Ramadan-Tages machte eine schwer beladene Feluke unterhalb der

Fürstengräber des Alten Reichs am Westufer von Assuan fest.

Sie sah nicht wie die eleganten Nachen aus, die Touristen zu Spazierfahrten auf dem Nil mitnahmen. Als Transportboot war es mit einem Motor versehen, den der Kapitän allerdings nicht benutzt hatte, da er lieber leise, vor Tagesanbruch und bei günstigem Wind gefahren war.

Die Matrosen hatten es nicht eilig, die Zementsäcke aus der Fabrik in Heluan und die Kisten mit Fensterglas auszuladen, die zum Schutz der Flachreliefs bestimmt waren. Die verstärkte Sicherung der berühmten Grabstätten, die den ganzen Sommer über geschlossen sein würden, war von der Verwaltung der Altertümer befohlen worden, der die Pflege der viereinhalbtausend Jahre alten Monumente oblag.

Versehen mit einem Packen offizieller Genehmigungen hatten Mohammed Bokar und seine Leute die Kontrolle der Wasserpolizei unbeanstandet passiert. Die Wächter bei den Fürstengräbern hatte der Fundamentalistenchef kurzerhand durch neu gewonnene Kämpfer für Allah ersetzt, die sich geehrt fühlten, dem einzigen Mann, der in der Lage war, das einfache Volk vom Elend zu erlösen, dienstbar sein zu dürfen.

Die Träger stiegen langsam den Pfad hoch, der zu den durch schwere Metalltüren verschlossenen Grabräumen führte. Gab es ein besseres Versteck für die Waffen und den Sprengstoff zum Angriff auf die Stadt?

Von der Anhöhe aus überblickte Bokar ganz Assuan. Nach seinem Sieg würde er die heidnische Kultstätte ausradieren und an ihre Stelle eine riesige Moschee setzen.

Mark hatte Kemal als Gast in seiner weißen Villa am Rande der Wüste aufgenommen, die auf einem Felsvorsprung lag, von dem aus man den ersten Wasserfall des Nils und den Hochdamm sehen konnte. Kaum jemand verirrte sich in dieses unfruchtbare Gebiet, außer einigen heimatlos gewordenen Nubiern, denen der Amerikaner seine Schlüssel anvertraut hatte, damit sie in seiner Abwesenheit auf das Haus aufpaßten.

Er hatte sich mehrere Räume als Arbeitszimmer eingerichtet, in denen er eine riesige Aktensammlung aufbewahrte, besonders alle Pläne und Dokumente über den Hochdamm. An den Wänden hingen Fotos von ägyptischen Landschaften in dem blühenden Zustand, bevor das Monster sie veröden ließ.

Am Morgen telefonierte Mark lange mit Mona, um sie zu beruhigen und ihr von den letzten Ereignissen zu berichten. Bei ihr hatte sich zum Glück nichts Ungewöhnliches ereignet. Ihr fiel nur die Trennung immer schwerer, und sie wartete ungeduldig auf ihren Geliebten.

Kemal fragte Mark, was seine neuerliche Beschäftigung mit Hélènes geheimnisvollen Zeichnungen erbracht habe.

«Nichts. Ich habe die halbe Nacht lang die Konstruktionspläne des Damms mit ihren Skizzen verglichen. Sie haben nichts miteinander zu tun, da bin ich ganz sicher.»

«Seltsam. Manchmal denke ich, Sie möchten diese Frau, trotz allem, was sie Ihnen angetan hat, im Grunde lieber reinwaschen, als endgültig den Stab über sie brechen zu müssen, weil Sie etwas Schlimmes entdeckt haben. Daß sie nämlich ohne jeden Zweifel eine zu jeder Schandtat bereite Terroristin war.»

«Glauben Sie mir noch immer nicht?»

«Es kommt gar nicht darauf an, was ich glaube.»

«Für mich schon. Ich fände unsere Zusammenarbeit produktiver, wenn Sie mir nicht mißtrauen würden.»

«Mister Walker, es ist illusorisch zu hoffen, wir könnten Freunde werden.»

«Warum?»

«Sie sind ein Idealist, ich bin ein Beamter mit einem Auftrag, der morgen bereits anders lauten kann.»

«Wir wollen doch beide das Unheil verhindern, das Ägypten bedroht. Wir lieben dasselbe Land, wir setzen unser Leben ein, damit es nicht unter Wasserfluten und nicht in Finsternis versinkt. Verlangt solche Übereinstimmung in den Zielen nicht Vertrauen und Freundschaft?»

«Diese beiden Begriffe sind in meinem Beruf verpönt. Ich wäre längst tot, wenn ich je einer solchen Versuchung nachgegeben hätte ... Aber weil wir gerade von Vertrauen sprechen: Gamal Schafir kommt mir absolut nicht vertrauenswürdig vor.»

Der Oberaufseher erwartete Kemal und den Amerikaner bei dem Denkmal in Form einer Lotosblüte, das an die Einweihung des Hochdamms und die damalige Freundschaft zwischen Ägypten und Sowjetrußland erinnerte.

«Haben Sie trotz der Hitze gut geschlafen?» fragte Gamal Schafir betont höflich.

«Haben Sie inzwischen alle Ihre Unterlagen beisammen?» fragte Kemal.

«Meine Untergebenen haben alles zur Einsichtnahme vorbereitet. Zweifellos werden Sie zu einer positiven Beurteilung meiner Arbeit kommen.»

«Unsere Inspektion ist lange nicht abgeschlossen.»

«Ägypten hat nichts zu befürchten», versicherte der Oberaufseher. «Im Falle eines Konflikts wird die Wasserhöhe auf die Hundertfünfzigermarke gesenkt.»

Kemal rang die Hände.

«Begreifen Sie doch: Es geht nicht um einen herkömmlichen Krieg, sondern um einen möglichen Anschlag von Terroristen. Wenn der Hochdamm beschädigt wird, steht das ganze Land nördlich von Assuan unter Wasser.»

«Ganz und gar unmöglich. Meine Techniker haben es mir gestern abend nochmals einhellig bestätigt. Ein Staudamm von solcher Masse ist unzerstörbar. Seine Fundamente halten jeder Bombardierung stand. Keine der uns bekannten Kräfte kann seine Stabilität gefährden. Das Flußbett, auf dem er ruht, ist so fest wie ein Gebirge.»

Mark glaubte, einer Rede Nassers zuzuhören. Der Oberaufseher verteidigte das Monstrum, als ginge es um seinen Sohn.

Die drei gingen die Straße entlang, die über den Grat des Damms führte. Gamal Schafir wischte sich fortwährend die Stirn; bei Kemal perlte kein Schweißtropfen, und sein tadelloser weißer Anzug zeigte keine einzige Druckfalte.

«Nach Mister Walkers Dokumentation gibt es mindestens zwei Schwachstellen.»

«Glaub ich nicht.»

«Den Zufuhrkanal und das Wasserkraftwerk.»

Der Oberaufseher lächelte mitleidig.

«Das Geschwätz der Verleumder des Hochdamms ist mir bekannt. Der Kanal ist achtzig Meter tief in den Granit gebaggert. Durch ihn bekommt das Kraftwerk exakt so viel Nilwasser, daß es genau zwei Millionen einhunderttausend Kilowatt produziert. Weder der Kanal noch das Kraftwerk stellen ein Sicherheitsrisiko dar. Sie werden im übrigen ständig überwacht. Abgesehen davon würde ihre Zerstörung, die, wie gesagt, undenkbar ist, noch immer nicht den gesamten Hochdamm in Gefahr bringen.»

«Und die Turbinen?»

«Von insgesamt zwölf Turbinen arbeiten jeweils nur drei bis vier. Warum? Erstens, um beim Ausfall von ein oder gar zwei Turbinen sofort funktionierenden Ersatz parat zu haben; zweitens, um eine vorzeitige Abnutzung der Motoren zu vermeiden; drittens, um die Unterhaltskosten möglichst gering zu halten. Im Unterschied zum alten Staudamm gibt es keine Flutungstüren am Sockel des Werks, die wirklich ein echter Schwachpunkt gewesen wären. Machen Sie sich also keine Sorgen, meine Herren. Der Hochdamm wird die Pyramiden überleben.»

Der Oberaufseher betete eine gut gelernte Lektion herunter. Triumphierend führte Gamal Schafir seine Gäste an die neuralgischen Punkte, an denen Spezialisten sich ablösten, um jede eventuelle Unregelmäßigkeit sofort zu erkennen und zu beheben. Mark kritisierte aggressiv allzu schnelle Antworten, mit denen Probleme bagatellisiert werden sollten, und empfand jede einzelne Erklärung des Oberaufsehers als unbefriedigend.

Schafir legte eine scheinbar unerschütterliche Geduld an den Tag. Es war ihm sichtlich daran gelegen, seine Kooperationsbereitschaft und seine Kompetenz unter Beweis zu stellen, damit der Revisor aus Kairo ihn in seinem Bericht an das Ministerium uneingeschränkt lobte – was hoffentlich zu einer Gehaltsaufbesserung führen würde.

Ein beeindruckender Ordnungsdienst verwehrte jedem Besucher ohne Sondergenehmigung den Zugang zu der Zone mit der höchsten Sicherheitsstufe. Auch alle an dem Damm Beschäftigten, egal, ob Arbeiter, Techniker oder Ingenieure, wurden mindestens zweimal täglich kontrolliert. Das mußte Kemal denn doch mit einiger Erleichterung zur Kenntnis nehmen.

Der Hochdamm schien nicht in unmittelbarer Gefahr zu sein.

«Sind Sie beruhigt, Mister Walker?»

Mark wiegte unschlüssig den Kopf.

«Und Sie?»

«Ich sollte es sein.»

«Und warum zweifeln Sie noch?»

«Mein Jagdinstinkt. Vielleicht können wir nur nicht richtig gucken.»

Mark sah sich unwillkürlich um. Es blieb nur noch ein Gebäude, ein ziemlich unbedeutendes, das sie nicht inspiziert hatten: der Wasserturm am Anfang der Straße, die über den Damm führte. Im Augenblick wurde er von einem einzigen Mann bewacht, der, unter einer grünen Zeltplane sitzend, eingeschlafen zu sein schien. Hinter ihm lagen Stapel von verrosteten Kanistern.

Der Amerikaner begann mit großen Schritten auf ihn zuzugehen, doch Kemal hielt ihn zurück.

«Moment! Sicher ist sicher.»

Der Ägypter gab seinen Leuten Zeichen, den Wasserturm zu umstellen. Aus dem Schlaf aufgeschreckt, bedrohte sie der Wächter mit seinem Gewehr, ließ sich dann aber widerstandslos entwaffnen. In Panik redete er drauflos und antwortete auf Fragen, die man ihm gar nicht gestellt hatte.

Die Ernte lohnte sich. Im Innern des Turms entdeckten die Polizisten zehn Kisten mit kleinen, aber hochkarätigen Складgranaten tschechischer Herkunft. Der Soldat war verblüfft. Er kannte die Männer nicht, die in der vergangenen Nacht dort angeblich Zementsäcke und anderes Material für Ausbesserungsarbeiten abgestellt hatten, die der Wasserturm zweifellos dringend nötig hatte.

Der Sprengstoffexperte aus Kemals Team war perplex.

«Neues Material guter Qualität.»

«Ausreichend, den Staudamm in die Luft zu jagen?» fragte sein Chef.

«Sicher nicht. Meiner Ansicht nach sind diese Sprengkörper nicht für den Staudamm selbst bestimmt, es sei denn...»

«Nun sag schon.»

«Man bräuchte, um die ganze Ladung zu kombinieren, einen ziemlich komplizierten Spezialzünder, wie ihn die Nordkoreaner und die Chinesen benutzen, wenn sie Berge sprengen. Das ist zwar ein bißchen altertümlich, funktioniert aber.»

Der Hochdamm von Assuan wurde so oft mit einem Berg verglichen. Und es gab Leute, die behaupteten, daß die Terroristen sich einen Teil ihrer Ausrüstung in Nordkorea besorgten. Mark schauderte es. Der so harmlos wirkende Wasserturm erschien ihm plötzlich als das bedrohliche göttliche Warnzeichen vor einer riesigen Katastrophe.

Vor sich die weite Wüste, beendete Kemal nach Mekka hin das rituelle Abendgebet. Mark betrachtete den Sonnenuntergang, ein farbenprächtiges Schauspiel, das für ihn jenseits aller Glaubensrichtungen etwas Heiliges hatte.

Der Amerikaner reichte dem Ägypter die symbolische Schale Wasser.

«Warum befolgen Sie unsere Riten, wo Sie doch kein Mohammedaner sind?»

«Weil sie achtbar sind.»

«Wie kann man die Islamisten nur davon überzeugen, daß sie den Islam pervertieren? Meine Vorfahren haben eine wunderbare, feinsinnige Kultur geschaffen, in der die Poesie das höchste Gut darstellte. Wir könnten in einem Paradies, im Schatten von Palmen in duftenden Gärten leben, den Märchenerzählern lauschen und auf den Nil schauen. Aber wir zerfleischen uns untereinander.»

«Sie vergessen den Hochdamm. Selbst wenn im Land wieder Frieden herrschte, selbst wenn sich wieder eine Spur von Wohlstand einstellte, würde er doch das Land immer weiter zerstören.»

«Wir sind aber hier, um beide zu schützen, das Land und den Damm. Beider Schicksal ist nicht voneinander zu trennen.»

Die beiden Männer blickten von der Terrasse in die Richtung, wo in nur etwa hundert Metern Entfernung eine Moschee gebaut wurde.

«Sie wird vielleicht schon zum Ende des Ramadan fertig sein», meinte Kemal. «Dann wird man auch in dieser Einsamkeit hier oben die Gläubigen zur Vernichtung der altägyptischen Denkmäler aufrufen.»

«Seit gestern geht mir wieder eine Weissagung durch den Kopf», sagte Mark.

«Eine Weissagung von wem?»

«Es ist ein von dem Weisen Ipu-Ur verfaßter Hieroglyphentext, den ich in einem Grab hier in der Nähe entdeckt habe, bevor ich in diesen Wirbel geriet. Er verkündet, der Nil werde voller Blut sein und Grabstätte zahlreicher Opfer.»

«Durch die Zerstörung des Hochdamms?»

«Das liegt nahe. Aber wie hätte der prophetische Schreiber vor mehreren tausend Jahren an so etwas denken können?»

«Hoffen wir, daß die Weisen des Altertums sich auch mal geirrt haben. Sich auf diese Terrasse setzen, einen erbaulichen Text lesen, den Frieden der Wüste genießen ... Gibt es ein vollkommeneres Glück? In Alexandria klammert man sich an die moderne Welt, in Kairo erstickt sie einen. Aber hier im Süden befreit einen das alte Ägypten von der Gegenwart, ihren Täuschungen und Schablonen. Die rote Erde reinigt die Seele.»

«So poetisch kenne ich Sie gar nicht, Kemal.»

«Wäre ich durch und durch von Vernunft bestimmt, Mister Walker, dann überreichte ich dem Präsidenten mein Rücktrittsgesuch und riete ihm, sich so schnell wie möglich ins Ausland abzusetzen. Aber ich habe in den Adern arabisches Reiterblut, das einen Mann ganz allein mit gezogenem Säbel auf eine ganze Armee losgehen läßt. Es zu verleugnen wäre so etwas wie ein Stilfehler, den ich mir nicht verzeihen würde. Sie wissen bestimmt unsere Kalligraphie zu schätzen. Wunderschöne Buchstaben bringt sie hervor, aber es bedarf großer künstlerischer Begabung und jahrelanger Übung, um solche harmonischen Kurven und phantastischen Girlanden malen zu können. Wenn das Schicksal es mir zugedacht hätte, wäre ich Kalligraph geworden und hätte mein Atelier nicht verlassen, bis ich das vollkommenste Schriftzeichen entworfen und Gottes Auge damit erfreut hätte. Aber das Schicksal hat anders entschieden, und man hat es zu respektieren.»

54

Kemal verbrachte die Nacht im Zwiegespräch mit der Wüste. Seit mehreren Jahren hatte er keine Zeit gefunden, sich von einer Landschaft fesseln zu lassen, die nur aus Fels und Sand bestand und in der der Mensch keinen Platz hatte.

Im Zimmer des Amerikaners ging das Licht nicht aus. Er wälzte seine Akten, immer noch besessen von dem Gedanken, Hélènes Zeichnungen enträtseln zu müssen.

Als Mark mit Mona telefonierte, hatte er den Eindruck, sie sei nervös und besorgt. Vor ihrem Haus hatte der Sicherheitsdienst einen Vagabunden festgenommen, aber sein Verhör hatte nichts Besonderes ergeben. Dann hatte sie, entgegen ihrem Versprechen, die Wohnung verlassen und war mit Begleitschutz zum Einkaufen gegangen. Sie fragte Mark, wann er nach Kairo zurückkäme, aber er hatte ihr kein Datum nennen können.

Vor Anbruch des vierundzwanzigsten Ramadan-Tages brachte ein Nubier warmes Fladenbrot, Käse, Früchte und frische Eier. Als die Sonne aufging, hatten die beiden

Männer bereits gut gefrühstückt. Sie beschlossen, sich drei Stunden Schlaf zu gönnen, bevor sie wieder zum Hochdamm zurückkehrten.

Den ganzen Tag über prüften sie die Punkte, die sie für potentiell gefährdet hielten, sprachen mit den für die Überwachung der Anlage und die Wartung der Maschinen zuständigen Technikern, lasen die Tagesrapporte, konnten aber nichts Auffälliges entdecken. Von innen her gab es für den Hochdamm keine Gefährdung und auch von oben her nicht: Radargeräte suchten unaufhörlich den Himmel nach verdächtigen Flugkörpern ab, die den Luftabwehrbatterien und den Jagdfliegern in ihren unterirdischen Stellungen nahe dem Flughafen von Assuan automatisch gemeldet worden wären.

Um sechzehn Uhr verlangte ein hoher Offizier Kemal zu sprechen. «Eine besorgniserregende Nachricht: Kairo hat soeben erfahren, daß in Khartum zwei russische MiG 29 gelandet sind.»

«Kann sich die Islamische Republik des Sudan derart teure Flugzeuge überhaupt leisten?» fragte Kemal.

Der Offizier schien davon überzeugt.

«Einige unserer arabischen Freunde sind ungeheuer spendabel und finanzieren mit Vorliebe die Aufrüstung der Islamisten. Die MiG 29 sind ausgezeichnete Flugzeuge, schnell und gut gerüstet, auch wenn die Amerikaner sie für etwas plump halten. Sie sind mit einer Dreißig-Millimeter-Kanone ausgestattet, können einhundertundfünfzig Granaten abwerfen und sechs Raketen abfeuern. Die russischen Piloten, die die Maschinen überstellt haben, sind gewiß bereit, für bessere Besoldung als in der russischen Luftwaffe im Sudan zu bleiben.»

«Ein Luftangriff von Terroristen, vom Sudan aus?»

«Wäre denkbar. Ist der Staudamm nach Meinung Ihrer Experten durch einen Bombentreffer verwundbar?»

Kemal überlegte sich die Antwort genau und entschied sich für: «Man ist geteilter Meinung» und schloß daran die Frage:

«Kann man so eine Maschine nicht abknallen, sobald sie unseren Luftraum verletzt?»

«Theoretisch, ja.»

«Warum nicht auch praktisch?»

«Die Kampfpiloteneinheiten im Süden erwartete heute die Ausgabe neuer Startcodes. Durch einen noch ungeklärten Fehler der Geheimlogistik kam nichts an.»

«Schlamperei oder böse Absicht?»

«Das hängt davon ab, wo die Daten abgeblieben sind.»

«Heißt das, sie könnten in die Hände von Terroristen gelangt sein und Terroristen oder die Sudanesen könnten sie benutzen?»

«Wer weiß? Ich könnte Ihnen ähnlich alarmierende Fälle nennen. Die Situation in allen Waffengattungen ist besorgniserregend. Einige Generäle, darunter leider solche in Schlüsselpositionen, sind der Meinung, man müßte sich mit den Islamisten arrangieren, da sie allein in der Lage sind, tiefgreifende Reformen einzuleiten. Wie Sie wissen, haben die Fundamentalisten es geschafft, eine unbekannte Zahl von Offizieren zu überzeugen, daß es besser ist, sich ihnen anzuschließen. Mehrere Armeekorps unterstehen bereits islamistischen Kommandeuren. Die Ermordung von Oberst Sakaria hat der Abwehr einen schweren Schlag versetzt. Niemand war im Kampf gegen die Fanatiker so erfolgreich wie er.»

«Kommen wir auf die potentielle Gefahr für den Damm zurück», drängte Kemal den gesprächigen Sicherheitsexperten der Armee.

«Nun, man kann die Sache auch so sehen: Die Terroristen brauchten den Damm gar nicht anzugreifen, um ihr Ziel zu erreichen, wenn sich an den Schaltstellen der Macht genügend verantwortungsbewußte Leute fänden, die einsehen, daß es vernünftiger wäre, den Islamisten gegenüber eine konziliantere Haltung einzunehmen. An die Regierung gekommen, werden sie fähige Männer, auf die sie sich verlassen können, optimal einzusetzen wissen. Es kann alles sehr schnell gehen. Dann heißt es: Jeder für sich, Gott für uns alle ... Aber wem sag ich das! Sie sind zweifellos umsichtig genug, die Lage richtig einzuschätzen.»

In der Straße der Basare, die parallel zur Corniche verlief, gingen die Einwohner Assuans bei Einbruch der Nacht gern spazieren. Die Händler hatten nichts Besseres zu tun als, wie überall im Land, das Ausbleiben der Touristen zu beklagen.

Mark bummelte durch die Straßen, blieb hier und dort stehen, wechselte ein paar Worte mit den Wasserpfeifenrauchern, die auf Stühlen aus den herrschaftlichen Privathäusern saßen, die einst Engländer bewohnt hatten. Kemals Männer folgten unauffällig dem Amerikaner, der hoffte, von Leuten, die er seit Jahren kannte, irgend etwas Aufschlußreiches zu erfahren.

Jeder hatte den Aufmarsch der Sicherheitskräfte um den Hochdamm bemerkt oder zumindest davon gehört. Die Armee mußte eben von Zeit zu Zeit ihre Stärke zeigen. Seit den blutigen Ereignissen, die Pater Butros und zahlreichen anderen Kopten das Leben gekostet hatten, waren Versammlungen aller Art und Demonstrationen verboten. Viele der schlechtbezahlten Soldaten und Polizisten, die zerlumpt herumliefen und in primitiven Baracken hausten, verhehlten nicht ihre Sympathie für die Islamisten, die früher oder später ohnehin die Macht übernehmen würden. Da sie versprachen, gegen die Korruption vorzugehen und Arbeitsplätze zu schaffen, fanden sie unter den jungen Leuten mühelos Anhänger.

Kemal hatte Marks «Ausflug» nicht gutgeheißen; er hielt ihn nicht nur für gefährlich, sondern auch für unnütz. Aber der Amerikaner schlug alle Bedenken in den Wind.

Trotz Staub und Armut hatte das Viertel der kleinen Handwerker seinen Charme nicht verloren. Man spürte in ihrer Arbeit noch immer den Abglanz jener Kunstfertigkeit, mit der ihre Vorväter einst das Holz und den Stein zugeschnitten, Tempel und Paläste gebaut hatten.

Schwer legte sich eine Hand auf Marks Schulter. Er wandte den Kopf und sah in das edle Gesicht eines betagten Nubiers.

«Ein Freund möchte dich sehen.»

«Ich habe sehr viele Freunde in dieser Stadt.»

«Er hat dir das Leben gerettet.»

«Soleb!»

«Nenne den Namen nicht laut.»

«Was ist los mit ihm?»

«Die Polizei sucht ihn. Er soll ein Aufrührer sein.»

«Das ist doch unsinnig.»

«Ja, aber Soleb sagt gern laut, was er denkt.»

«Ich möchte ihm helfen. Wo ist er denn?»

«Geh zur Post und verlange am ersten Schalter einen Satz nubischer Briefmarken.»

Mark schüttelte Kemals Leute ab, indem er einen Gewürzladen durch den Hinterausgang verließ. Er durfte Solebs Sicherheit in keiner Weise gefährden.

Im Sommer blieb die Post in Assuan bis spät abends geöffnet. Am Eingang döste ein Soldat mit dem Käppi über den Augen. Sein Gewehr lehnte an der Hauswand. Im Innern des schäbigen Gebäudes roch es nach Karbol und Urin. Ventilatoren aus den dreißiger Jahren drehten sich im Zeitlupentempo. Ebenso langsam bewegten sich lange Schlangen auf die Schalter zu. Mark reihte sich ein.

Nach einer halben Stunde stand Mark vor dem Schalterbeamten, einem Nubier, hinter einem verbeulten Gitterfenster.

«Ich möchte einen Satz nubischer Briefmarken.»

«So etwas gibt es nicht.»

«Für mich doch.»

«Sind Sie fest entschlossen zu kaufen, egal wie hoch der Preis ist?»

«Ja.»

«Der Verkäufer ist morgen eine Stunde nach Sonnenaufgang im Mausoleum von Aga Khan.»

Das Mausoleum von Aga Khan III., die aus rosarotem Assuan-Granit erbaute letzte Ruhestätte des 1957 in der Schweiz verstorbenen achtundvierzigsten Oberhaupts der Ismailiten-Sekte mit vier Millionen Mitgliedern in aller Welt, befand sich auf dem Westufer, südlich der alten Fürstengräber und gegenüber der Insel Elephantine. Dem letzten Wunsch des unermeßlich reichen Imams entsprechend hatte man für seine sterbliche Hülle auf einem der schönsten Hügel Ägyptens einen der prächtigsten Totentempel der Neuzeit errichtet.

Am frühen Morgen des fünfundzwanzigsten Ramadan-Tages lag der Ort verlassen da. Weil der Eselvermieter schlief, stieg Mark zu Fuß zu dem Bauwerk hoch, das eine Kuppel krönte. Er ging an der Villa der Begum vorbei, deren Fensterläden geschlossen waren. Lange Zeit hatte die Witwe des Aga Khan in dem eleganten Gebäude gewohnt. Jeden Tag ließ sie eine rote Rose auf den Sarkophag aus weißem Marmor niederlegen.

Auf den halbkreisförmig angeordneten Stufen, die zum Eingang des Mausoleums führten, zog Mark die Schuhe aus, bevor er in den Kuppelsaal mit seinen glänzend rosafarbenen Wänden trat und gemessenen Schritts auf den weißen Sarkophag zuging, hinter dem man eine Nische in Richtung Mekka ausgespart hatte.

Das Geräusch eines Staubsaugers oder einer Poliermaschine störte die Ruhe Aga Khans. Offenbar war ein Bediensteter dabei, dem ohnehin blitzsauber wirkenden Raum noch mehr Glanz zu verleihen.

Mark entdeckte den Mann, einen stämmigen Nubier, hinter einer Säule.

«Da bin ich, Soleb.»

«Ich freue mich, daß Sie gekommen sind, Mister Walker.»

Die tiefe, sanfte Stimme hatte sich nicht verändert. In seiner langen blauen Galabija wirkte Solebs stattliche Erscheinung mehr denn je wie die eines Stammesfürsten.

«Was ist passiert?»

«Man verweigert meinem Volk weiterhin seine Rechte. Weil ich verlangt habe, daß man uns unser Land zurückgibt, wirft man mir Auflehnung gegen den Staat vor. Sie wollen mich ins Gefängnis stecken.»

«Nubien ist nun mal im Wasser des Nasser-Stausees versunken.»

«Was der Mensch angerichtet hat, kann er wiedergutmachen.»

«Was willst du damit sagen?»

«Wir wollen nicht länger im Exil leben, sondern wieder auf eigenem Boden. Sie sind doch der heftigste Gegner des Hochdamms, Mister Walker?»

«Gewiß, aber ...»

«Haben Sie das Lager gewechselt?»

«Nein, Soleb, aber die Situation ...

«Nehmen jetzt etwa auch Sie das Monster in Schutz?»

«Nein, nein. Ich habe den Damm gerade wieder gründlich untersucht, um Schwachstellen aufzudecken.»

«Haben Sie welche gefunden?»

«Nicht direkt.»

«Aber ich.»

Mark war verblüfft.

«Bist du bereit, sie mir zu verraten?»

«Seit fünf Jahren sprechen die nubischen Zauberer immer wieder den Bann über den verfluchten Hochdamm. Das hat uns nach und nach die Kraft wiedergegeben, die er uns gestohlen hat. In unserer Heimat hatten wir nie gegen ein lebloses Tier kämpfen müssen. Seine Seele verbirgt sich im Herzen des Steins, aber es ist uns gelungen, sie aufzustöbern. Nun muß ihr nur noch der letzte Schlag versetzt werden.»

«Der tödliche Schlag?»

«Die nubischen Zauberer werden den Damm zerstören, Mister Walker, und Sie wollen doch auch seinen Tod, nicht wahr?»

«Den Hochdamm töten? Wie stellt ihr euch das vor? Der Sicherheitsdienst ist durch militärische Einheiten verstärkt worden. Die verwehren jedem Unbefugten den Zutritt und haben Befehl, ohne Vorwarnung zu schießen.»

«Das macht uns nicht angst. Gewehre können Magie nicht aufhalten.»

«Du bist ein kluger und tapferer Mann, Soleb. Führe deine Freunde nicht in ein Massaker.»

«Unser Schicksal kümmert uns wenig. Allein die Vernichtung unseres Feindes zählt.»

«Aber ihr habt es mit einem unbezwingbaren Bollwerk zu tun.»

«Trotzdem werden wir das Tier erlegen, das unsere Äkker ertränkt hat und uns daran hindert, in unserem Land zu leben.»

Das hoffnungslose Exil schien den Nubier um den Verstand gebracht zu haben. Mark legte seinen Arm um die Schulter des siegessicher strahlenden, verwirrten Mannes und sah ihm wie beschwörend in die Augen.

«Komm zu dir, Soleb, hör auf mich. Ihr müßt euch wohl damit abfinden, daß euer Land auf immer verloren ist. Ich verfluche den Damm wie ihr, das mußt du mir glauben. Ich kämpfe dafür, daß die Regierung die schlimmen Auswirkungen des Damms erkennt und Maßnahmen ergreift, um den Schaden, den er anrichtet, in Grenzen zu halten, aber man kann den Damm nicht wieder wegzaubern. Was immer ihr euch ausdenken mögt, es wird nicht funktionieren. Tut um Gottes willen nichts Sinnloses, stürzt euch nicht in noch größeres Unglück. Hör auf mich und laß mich dein Leben retten, wie du das meine gerettet hast.»

«Sie sind ein großmütiger Mensch, Mister Walker, aber niemand wird auf Sie hören. Ich weiß doch, daß man Sie erledigen will. Ich und mein Volk dagegen, wir existieren für die in Kairo überhaupt nicht. Warum sollte man sich vor einem Nichts in acht nehmen? Das ist unsere Chance. Wir haben durch magische Kraft das Fundament des Damms unterhöhlt, und wir werden ihn zum Einsturz bringen.»

Ein Mann in weißer Galabija mit einer roten Rose betrat das Mausoleum und ging zu dem weißen Marmorsarg. Soleb trat hinter die Säule zurück und betätigte wieder den Staubsauger.

55

Kemal rauchte eine Mentholzigarette und schaute auf den Hochdamm. Er hatte seine Krawatte noch nicht umgebunden, der Kragen stand offen. Mark Walker saß in einem Rohrsessel und betrachtete ebenfalls das Ungetüm.

«Warum haben Sie meine Leute abgehängt?» wollte der Ägypter wissen.

«Ich wollte mal allein sein.»

«Sie waren aber nicht allein. Wen haben Sie im Aga-Khan-Mausoleum getroffen?»

«Einen alten Freund.»

«Wie heißt er?»

«Wissen Sie das nicht?»

«Ich möchte es aus Ihrem Mund erfahren.»

«Wenn Sie bereits über alles informiert sind, wissen Sie auch, daß dieser Mann völlig harmlos ist.»

«Hat er Ihnen etwas Wichtiges über die Terroristen mitgeteilt?»

Mark lächelte.

«Nein, wirklich nichts. Zu den Fundamentalisten hat er keine Verbindung. Sie sind seine Feinde.»

«Ich bin jetzt sicher, daß die Leute von Mohammed Bokar hier einen Anschlag vorbereiten. Ich habe keinen festen Beweis, aber ich bin davon überzeugt. Der Damm ist möglicherweise nur ein Köder. Das heißt, sie rechnen damit, daß wir uns auf ihn konzentrieren. Wenn wir uns aber allein auf ihn einstellen, gerät uns die übrige Region aus dem Blick.»

Trotz der Mittagshitze bauten Arbeiter hoch oben auf den Gerüsten weiter an der neuen Moschee.

«Die Polizei hat neulich mehrere Fundamentalisten in der Al-Rahma-Moschee unten in der Stadt getötet», sagte Kemal. «Also werden sie sich auch in der Stadt selbst rächen. Vergessen wir die fixe Idee von einer zweiten Sintflut und arbeiten wir weiter wie sonst.»

Der Ägypter wirkte äußerlich ruhig, doch Mark spürte, daß Kemal von neuem kurz davor war aufzugeben, weil es ihm nicht gelingen wollte, die Fangarme des Polypen, der das Land zu ersticken drohte, rechtzeitig abzuschneiden.

«Lassen Sie uns die ehemaligen Granitsteinbrüche unter die Lupe nehmen, sie wären ein ideales Versteck», schlug der Amerikaner vor, und sie brachen ihre Siesta sofort ab.

Den außergewöhnlich harten Assuaner Granit hatten die ägyptischen Baumeister gewählt, um Tempel für die Ewigkeit zu errichten und Obelisken aus einem einzigen Block zu hauen.

An den schwer zugänglichen Steilhängen und in dem unüberschaubaren Durcheinander riesiger glutheißer Steinbrocken würde man ohne weiteres Kisten mit Waffen oder Sprengstoff deponieren können. Allerdings waren auch hier Aufpasser postiert: ein Wächter von der Archäologischen Verwaltung und zwei Polizisten. Sie hatten keine besonderen Vorkommnisse zu melden.

Der Ägypter betrachtete einen riesigen liegenden Obelisken, der teilweise aus dem Fels herausgelöst war.

«Aufgerichtet wäre er über vierzig Meter hoch. Warum mögen die Baumeister ihn liegengelassen haben?»

«Ein Riß hat den riesigen Block unbrauchbar gemacht.»

«Ein Fehler der Steinmetze?»

«Ich vermute eher, daß ein Erdbeben ...»

Kemal schaute den Amerikaner scharf an.

«Beim letzten Erdbeben sind in Kairo massive Gebäude eingestürzt. Wenn es hier ein Beben geben würde, käme dann auch der Hochdamm zu Schaden?»

«Das hängt von der Stärke des Bebens ab. Obwohl man es offiziell leugnet, bin ich doch der Ansicht, daß der Damm erheblich beschädigt werden könnte.»

«Kann man ein Erdbeben sicher vorhersagen?»

«Die meisten Experten verneinen das. Das nächstgelegene seismologische Institut, das sich der exakten Vorausberechnung von Erdstößen widmet und ganz neue Methoden entwickelt haben soll, befindet sich in Athen, und es verständigt von seinen Prognosen auch unsere Institute.»

«Man sollte die Athener kontaktieren.»

«Woran denken Sie?»

«Nehmen Sie einmal an, die Terroristen würden Voraussagen dieses Instituts ernst nehmen, die ein bevorstehendes starkes Beben in dieser Region betreffen. Warum sollten sie die Gelegenheit nicht nutzen und das Beben mit Allahs Zorn auf die Regierung in Verbindung bringen? Das Naturereignis wäre ihr bester Verbündeter. Mohammed Bokars Ziel ist es nicht, den Hochdamm zu zerstören, selbst wenn Millionen Tote ihm wenig ausmachen würden. Um sich selbst zu beweisen, daß er jedes lebenswichtige Zentrum des Landes angreifen kann, würde es ihm schon genügen, den Damm zu beschädigen. Auch wenn der Sprengstoff nicht ausreicht, die ganze Beton- und Steinmasse aus den Angeln zu heben, der Schrecken eines scheinbaren katastrophalen Naturereignisses würde die Bevölkerung dazu veranlassen, sich von dem gottlosen Staat ab- und den Fundamentalisten zuzuwenden, weil nur sie, die Allah Wohlgefälligen, seinen Zorn besänftigen und das Land retten können.»

«Wenn für die nächste Zeit ein Beben prognostiziert wäre, müßte der Oberaufseher davon wissen, und er hätte uns darüber informieren müssen», erklärte Mark.

«Er hält den Damm ja für unzerstörbar ... Es sei denn, er sagt das uns nur so und hat sich in Wirklichkeit von den Fundamentalisten kaufen lassen. Wenn sie die Kraftwerke, das Fernsehen und die Flughäfen unter Kontrolle haben, wer kann sie dann noch hindern, das Land in Besitz zu nehmen? Der Plan, den Präsidentenpalast und die Ministerien zu besetzen oder in die Luft zu jagen, ist nichts als Sand, den man uns in die Augen streut. Die Regierung zu beseitigen, das könnten später die aufgebrachten Massen für sie besorgen.»

«Malen Sie den Teufel nicht an die Wand, Kemal.»

«Wem soll man heute noch vertrauen? Jeder ist käuflich, wenn er nur entsprechend bezahlt wird.»

«Sie auch?»

Das Gesicht des Ägypters bekam einen harten Ausdruck.

«Für diese Frage hätten meine Vorfahren Sie von oben bis unten mit dem Säbel aufgeschlitzt, Mister Walker.»

«Entschuldigen Sie bitte. Ich verneige mich vor Menschen, die über jeden Verdacht – und jeden Preis – erhaben sind.»

Kemal fuhr selbst den Mercedes, der wegen eines umgekippten Lastwagens auf der Höhe des Fußballstadions halten mußte. Im Mittelfeld schlief in der prallen Sonne ein Hund. Am weit offenstehenden Eingangstor zum Stadion stand ein Militärzelt, das einem schlafenden Soldaten Schatten bot. Von der Straße aus sah man, daß der Rasen nur noch aus verdorrtem Gras bestand.

Plötzlich sprang der Hund auf und lief davon, um einem Spieler auszuweichen, der einen Fußball vor sich her kickte.

«Bei der Hitze spielt einer Fußball?» wunderte sich Mark.

«Das gibt's», antwortete Kemal. «Seit die Nationalmannschaft bei der WM neunzehnhundertneunzig glänzend abgeschnitten hat, sind die Ägypter Fußballfanatiker. Das Team von Assuan gehört zwar nicht zu den besten, aber die Jungen wollen alle Fußballstars werden.»

«Der Mann dort ist aber nicht mehr ganz jung.»

«Vielleicht der Trainer.»

Kemal hackte nervös auf seinem Handy herum. Erst war die Auslandsauskunft ständig besetzt, dann, als er die Nummer des griechischen Erdbeben-Instituts endlich hatte, meldete sich dort niemand.

Endlich war die Straße freigeräumt, und sie konnten weiterfahren. Mark war in Gedanken noch immer mit dem einsamen Fußballer beschäftigt.

«Wer spielt hier heute gegen wen?» wollte er von Kemal wissen.

«Da fragen Sie mich zuviel.»

«Eines hat mich stutzig gemacht. Sagen Sie mal, was tragen eigentlich ägyptische Fußballer?»

«Dasselbe wie überall: Trikot und Shorts.»

«Shorts? Sind Sie da ganz sicher?» – «Natürlich.»

«Warum hat dann der Mann im Stadion eine lange Hose angehabt, als wenn ihm kalt wäre?»

Kemal verlangsamte das Tempo.

«Ein auch nur teilweise entblößter Körper beleidigt das Auge eines Fundamentalisten. Die Scheichs haben gefordert, daß Fußballer ihre Oberschenkel bedecken und keine Shorts tragen dürfen.»

«Erinnern Sie sich an die Trainingshose mit der Zahl Neun, die im Koffer des in Luxor ermordeten russischen Offiziers lag? Sie sollte vielleicht als Erkennungszeichen dienen.›

Kemal schlug mit der Hand auf das Lenkrad.

«Ja, so könnte der Kontakt zu der Terroristengruppe hergestellt worden sein.»

Das Seismologische Institut in Athen war offenbar nicht rund um die Uhr besetzt. Kemal mußte bis zum nächsten Tag warten, um etwas über Erdbebenprognosen im Bereich von Assuan zu erfahren. Marks Frage nach dem Fußballspiel war schneller zu beantworten. Am Abend sollte die Lokalmannschaft gegen die von Abu Simbel spielen, die mit dem Omnibus aus dem Süden gekommen war. Ein Sicherheitspolizist begleitete sie, so daß von einer Personenkontrolle der Spieler bei ihrer Ankunft in Assuan abgesehen worden war.

Kemal mußte einen Schwächemoment überwinden.

«Genau das ist es, warum man so schwer gegen diese verdammte Unzuverlässigkeit ankommt. Es gibt keine einzige Stufe in der Beamtenhierarchie, wo nicht ein Element, ob unbedeutend oder wichtig, korrumpiert ist.»

«Abu Simbel ... Ganz nah an der Grenze!»

«Natürlich! Der Bus könnte aus dem Sudan gekommen sein, durch die Wüste oder sogar über die Hauptstraße, nachdem man die Grenzwachen bestochen hatte. Mit einem Polizisten an Bord ist das ein Kinderspiel. Dann haben die Terroristen sich in den Baracken einquartiert, die den Spielern und ihren Betreuern zur Verfügung stehen.»

«Warum aber sollten die Terroristen als Fußballteam auftreten? Fällt es nicht auf, wenn sie gar nicht richtig spielen können?»

«Immerhin haben sich auf diese Weise elf bis zwanzig

gut trainierte Burschen Einlaß nach Ägypten verschafft, ohne Verdacht zu erregen.»

«Was werden Sie tun?»

«Obwohl das nicht meinem Stil entspricht, werden wir brutal vorgehen müssen.»

«Vielleicht doch nicht.»

«Nämlich wie?»

«Lassen Sie die Terroristenmannschaft ruhig noch in ihrer Garderobe. Mir fällt etwas ein, wodurch ein Blutbad womöglich verhindert werden könnte.»

Kabul hatte seinen Untergebenen mit einem Stock geschlagen. Er kannte kein besseres Mittel, einem Schuldigen die Leviten zu lesen. Sich in langen Hosen auf dem Fußballfeld beim Training zu zeigen, war ein blödsinniger Fehler, zum Glück ohne ärgerliche Folgen. Es war den Männern äußerst unangenehm, ihre Schenkel entblößen zu müssen, doch solange noch nicht ausschließlich das Gesetz des Korans galt, mußte man sich den internationalen Regeln fügen.

Der Schuldige versprach, sich bei dem bevorstehenden Einsatz als der größte Draufgänger zu zeigen, um den Schnitzer wieder wettzumachen. Er war, wie seine Kameraden, stolz darauf, an einem entscheidenden Gefecht des Heiligen Krieges teilzunehmen und einen Sieg Allahs miterleben zu dürfen, den man in der ganzen Welt niemals vergessen würde.

Bald sollte das Spiel beginnen, das die Terroristen austragen mußten, um ihre Anwesenheit in Assuan zu rechtfertigen. Daß die eigene Mannschaft sehr viel besser spielte und haushoch gewann, würde die lokalpatriotischen Zuschauer begeistern und keinesfalls irgendeinen Verdacht aufkommen lassen.

In Kabuls Augen besaß das Assuaner Team nur einen einzigen wichtigen Spieler, einen Ingenieur, der am Hochdamm arbeitete. Der eifrige Fundamentalist war ursprünglich für die Aufgabe vorgesehen, den Kontakt zu jenem Funktionär des anderen Vereins aufzunehmen, der eine lange Trainingshose mit der Zahl Neun trug. Der Ausfall dieses Mannes, des russischen Ingenieuroffiziers, durch seinen unvorhergesehenen Tod würde den Ablauf von Mohammed Bokars Plan indessen nicht beeinträchtigen, da Kabul den Zünder für den Sprengstoff, der im Unterbau des Wasserkraftwerks verteilt war, selbst überbringen würde. Die Entdeckung des Verstecks im Wasserturm hatte dem Kommando zwar einen Teil seiner Schlagkraft genommen, aber weil die Polizei davon überzeugt war, den gesamten Sprengstoff gefunden und beschlagnahmt zu haben, suchte sie nicht weiter. Deshalb kam der Zwischenfall den Islamisten eher zugute, als daß er ihnen schadete.

Man klopfte an das Trainerzimmer. Kabul trat heraus. Vor ihm stand ein Mann in Schwarz, der sich als der Schiedsrichter des Matchs vorstellte, jung, athletisch und typisch stur wirkte.

«Sind Sie der Trainer von Abu Simbel?»

«Ja.»

«Ich erwarte ein faires Spiel.»

«Das werden wir Ihnen liefern.»

«Ich werde aber auch dann hart durchgreifen, wenn ich merke, daß einer so tut, als wäre er Opfer eines Fouls, obwohl es sich um eine Situation handelt, bei der ich nichts zu beanstanden fand. Machen Sie das Ihren Spielern klar.»

«Das werde ich.»

«Zeigen Sie mir die Schuhe und die Stollen der Mannschaft.»

«Üblicherweise macht man das auf dem Feld.»

«Ich mache es eben anders. Außerdem werden Sie so freundlich sein, uns nach dem Spiel Ihre Übungsbälle zu überlassen.»

«Was? Wozu denn das?»

«Eine Stiftung für unsere Jugendmannschaften und den Schulsport. Ist zwischen Ihrem Vereinspräsidenten und unserem so abgesprochen. Sollten Sie eigentlich wissen. Mit dieser Schenkung tragen Sie dazu bei ...»

«Ja, ja, schon gut», knurrte Kabul.

Die Schuhe und Stollen fand der Schiedsrichter in Ordnung.

«In zehn Minuten beginnt das Spiel.»

Der Mann in Schwarz, einer von Kemals Leuten, ging erleichtert weg. Er hatte Kabul eindeutig identifiziert, und der glaubte ebenfalls, Bescheid zu wissen. Er fühlte sich reingelegt und geriet in Panik.

Normalerweise gab ihm sein Chef präzise Anweisungen und lieferte für alle Eventualitäten Ersatzpläne und Verhaltensmaßregeln mit. Das war diesmal offenkundig nicht der Fall, und nun mußte er improvisieren, was er gar nicht mochte. Er raste in die Umkleidekabine.

«Die Übungsbälle her!» befahl er.

«Wieso? Was ist denn los?»

Der für die Sprengstoffzünder Verantwortliche war konsterniert.

«Frag nicht lange› gib mir die Dinger.»
«Wohin willst du damit?»
«Jedenfalls weg ... Sie in Sicherheit bringen.»
«Und wir?»
«Ihr spielt.»
«Und danach? Die Aktion?»

Kabul packte das Netz mit den drei Bällen, knallte die Tür zu und rannte zum Ausgang des Stadions. Vertraut mit Gefahrensituationen bemerkte er sofort mehrere Individuen, die sich für ihn interessierten. Polizisten in Zivil?

Er machte kehrt, überquerte das Spielfeld und rannte zum anderen Ende hinüber, zu dem angrenzenden Friedhof. Die schweren Bälle, die den Zünder, in Einzelteile zerlegt, sowie das notwendige Zubehör und das Werkzeug zum Einbau der Vorrichtung enthielten, waren beim Übersteigen der Mauer sehr hinderlich.

Kemals Leute hatten sich in zwei Gruppen aufgeteilt. Die erste nahm in der Umkleidekabine die Terroristenmannschaft fest, ohne einen Schuß abgeben zu müssen. Zu sehr genierten sich die als Fußballer kostümierten Fundamentalisten ihrer nackten Beine und wegen der verfluchten Shorts, in denen kein Platz für eine Waffe war. Die zweite Gruppe schwärmte aus, um Kabul abzufangen. Ihr Auftrag lautete, die Bälle unbeschädigt in ihre Hände zu bekommen. Vorsorglich hatte Kemal die Männer vor den bekanntermaßen hektischen und unkalkulierbaren Reaktionen der Zielperson gewarnt.

Der ehemalige Afghanistan-Kämpfer, als einziger des Kommandos nicht sportlich trainiert und schon nach dreihundert Metern außer Atem, sprach mit sich selbst, um sich Mut zu machen. Wörter wie Haß und Rache, Triumph und Sieg sprudelten aus seinem Mund. Während er sich zwischen den namenlosen, zerfallenden Grabsteinen hindurchwand, ruckte sein schweißtriefender runder Schädel abwechselnd nach links und nach rechts und über die Schulter. Er versuchte, schneller zu laufen und dabei weniger zu schnaufen.

Plötzlich prasselten mehrere Geschoßgarben aus automatischen Waffen nur wenige Schritte vor ihm auf die Steine. Er suchte hinter dem nächsten Grabmal Deckung.

«Ergib dich, Kabul!» forderte eine kräftige Stimme ihn auf. «Deine Leute sind überwältigt. Du hast keine Chance zu entkommen.»

Jetzt sah er seine Verfolger auch. Mindestens zehn waren im Halbkreis um ihn verteilt: Sicherheitspolizisten, keine unerfahrenen Ortsgendarmen. Wegen des Gewichts der Bälle und weil er nicht mehr der Jüngste war, gab es für ihn tatsächlich kein Entkommen mehr. Diese Erkenntnis lähmte ihm fast die Beine. Zum ersten Mal war er das Wild und nicht der Jäger.

Mit flinken Griffen entsicherte Kabul, wie er es vor Zeiten so oft in Afghanistan getan hatte, die sechs Handgranaten, die er am Gürtel trug, schleuderte drei auf die am nächsten stehenden Polizisten und zwei auf das Netz mit den Bällen.

Mit der letzten sprengte er sich selbst in die Luft.

56

Als am sechsundzwanzigsten Tag des Ramadan über dem Hochdamm von Assuan die Sonne aufging, die das riesige graue, an den Fels gekettete Tier nicht zu verschönern vermochte, beendete Kemal das Verhör der Terroristen aus dem Sudan. Sie hatten ausführlich über ihr Training, über ihr religiöses Engagement und über ihre Siegesgewißheit gesprochen, aber kein Wort über ihren Auftrag verloren. Möglicherweise kannte nur Kabul Ziel und Zeitpunkt des geplanten Anschlags. Deshalb hatte er sich, wohlwissend, daß er der Folter nicht standhalten würde, das Leben genommen. Selbst der Hochdamm-Techniker in der Mannschaft von Assuan, der sich dadurch verraten hatte, daß er mit fundamentalistischen Parolen gegen die Verhaftung der Fußballer aus Abu Simbel protestierte, behauptete, nicht zu wissen, wo, wann und wie welcher Sprengstoff zum Einsatz gebracht werden sollte.

Kemal stieg auf das Dach des Gebäudes, in dem die Terroristen eingesperrt waren, zündete sich eine Zigarette an und schaute zum Damm hinüber. Widersprüchliche Gedanken gingen ihm durch den Kopf. Was er als Erfolg verbuchen konnte, war Mark Walker zu verdanken, der ihn auf die Spur der falschen Fußballer gebracht hatte. Gleichzeitig war er von ihm enttäuscht. Warum nur kam der Hochdamm-Experte bei der Enträtselung der Zeichnungen von Hélène Doltin nicht vom Fleck? Er gestand sich ein, daß er im Grunde gern mit diesem fähigen und aufrichtigen Amerikaner so befreundet wäre, wie dieser es selbst auch wünschte. Andererseits ...

«Athen am Telefon», rief einer seiner Männer.

Der Ägypter unterhielt sich lange mit einem passionierten griechischen Seismologen, der seine Vorhersagen für sicher hielt. Nachdem er den Hörer aufgelegt hatte, hielt der Ägypter den Moment für gekommen, einen der undurchsichtigsten Männer vor Ort in die Zange zu nehmen. Mark Walker sollte an diesem Verhör teilnehmen. Darum fuhr Kemal zunächst zu der weißen Villa hinauf. Er konnte sich vorstellen, daß der Amerikaner wieder über den geheimnisvollen Skizzen brütete. Vielleicht war er ja ein Stück weitergekommen.

Kemal hatte sich an die Landschaft rings um Assuan gewöhnt, er mochte sie inzwischen sogar, wenn ihr auch die spezifische Ausstrahlung der Umgebung von Kairo fehlte, denn die Entwöhnung von den Giften der Metropole war gar nicht so einfach. Trotz aller Turbulenzen hatte er so weit weg von dort manchmal den Eindruck, hier am oberen Nil im Urlaub zu sein, und wenigstens für Minuten genoß er zwischendurch immer wieder den Charme des Südens. Ägypten war kein Land, es war ein Universum, das sich je nach der Epoche, nach der Jahreszeit, nach dem Tageslauf anders darstellte. Und der Nil gehörte nicht der Industrie, nicht der Regierung, nicht der Landbevölkerung und nicht den Fundamentalisten – er gehörte der ganzen Welt.

Gab es nicht die Sage, daß er im Himmel entspringe? Was Nasser und die Sowjetrussen dem Nil angetan hatten, war ein Verbrechen an der Vergangenheit wie an der Zukunft.

Kemal überraschte sich dabei, daß er die Thesen Mark Walkers übernahm, während er sich vor der Begegnung mit dem Amerikaner um den Hochdamm kaum jemals Gedanken gemacht hatte. Es mißfiel ihm, daß er derart beeinflußbar war.

Der nubische Wächter auf der Terrasse der Villa kämpfte mit dem Schlaf.

«Sag Mister Walker, daß ich da bin.»

«Er ist nicht da.»

«Nanu. Weißt du, wo er ist?»

«Ein Polizeiwagen hat ihn abgeholt.»

Kemal griff zum Handy und wußte nach einer Minute, daß das Kommissariat von Assuan keinen Wagen zum Haus des Amerikaners geschickt hatte.

Der Mann, der sich als ein vor kurzem von Alexandria nach Assuan versetzter Inspektor ausgewiesen hatte, war kein unangenehmer Typ, sondern von der umständlichen und gutmütigen Art wie viele Ägypter. Die Hände über seinem Schmerbauch gefaltet, beklagte er sich über die Askese, zu der ihn der Ramadan zwang, und wünschte dann Mark Walker weiterhin viel Glück bei seinem schwierigen Kampf gegen die schlimmen Folgen des Hochdamms, unter denen vor allem die armen Fellachen so sehr zu leiden hatten.

Der Chauffeur fuhr vorsichtig, weil in den Straßen so viele Kinder unterwegs waren, die schwere Lasten trugen.

«Schneller geht's nicht», sagte der Kommissar mit Bedauern. «Denken Sie nur, wie peinlich es wäre, wenn die Polizei ein Kind anfahren würde.»

«Und Sie wissen bestimmt nicht, warum Sie mich ins Kommissariat bringen sollen? Hat ein gewisser Kemal es angeordnet?»

«Tut mir leid, ich habe nicht die geringste Idee, Mister Walker. So vieles ist jetzt geheim. Sicherlich gibt es etwas Neues, für Sie Interessantes. Aber man hat mich nicht eingeweiht, und ich bin nicht beleidigt. Je weniger man weiß, desto besser geht's einem in diesen Zeiten.»

Der Wagen hielt in einer belebten, recht sauberen Straße mit vielen munteren Fußgängern. Der Chauffeur bat um Erlaubnis, ein Paket bei seiner Mutter abgeben zu dürfen. Der Inspektor schien zunächst ungehalten, meinte dann aber verständnisvoll:

«Sie kennen ja Ägypten, Mister Walker, und unsere Mentalität. Man muß nachsichtig sein. Dieser arme Teufel fährt Tag und Nacht und hat kaum Zeit für seine Familie.»

Der Inspektor wischte sich den Schweiß von der Stirn.

«Ist das schwül heute ... Entschuldigen Sie, wenn ich die Gelegenheit nutze, um mir ein Erfrischungsparfum zu kaufen.»

Mark blieb allein im Fond des Wagens.

Der Chauffeur war in einer Gasse verschwunden, der Inspektor in einem Geschäft.

Nach fünf Minuten überkam Mark plötzlich ein unangenehmes Gefühl. Für einen so vorbildlichen Polizeibeamten, der eben noch davon gesprochen hatte, daß er ihn aufgrund des starken Verkehrs nicht schneller zum Kommissariat bringen konnte, schien es der Mann auf einmal gar nicht mehr eilig zu haben. Ein merkwürdiges, ein verdächtiges Verhalten ...

Mark stieß die Wagentür mit dem Rücken auf, sprang auf die Fahrbahn und lief los. Er war noch keine dreißig Meter weg, als der Wagen explodierte. Metallstücke schlugen wie katapultiert gegen seinen Kopf, den Oberkörper und den linken Arm.

«Der Sprengkörper war im Kofferraum», resümierte Kemal das Ergebnis der Ermittlungen. «Zwei Tote, drei Schwer- und fünf Leichtverletzte, Sie mitgezählt. Sie haben riesiges Glück gehabt, Mister Walker.»

Mark hatte Schmerzen in der Schulter, der Ellbogen war aufgerissen. Der Arzt desinfizierte eine Wunde an der Stirn mit Wasserstoffsuperoxyd, verband den Arm und untersuchte die geprellte Schulter. Eine weitere Behandlung im Krankenhaus hielt er nicht für notwendig.

«Das war Mohammed Bokar», meinte Kemal. «Er wollte den Tod seiner Frau rächen.»

«Der schlaue Fuchs hätte meinen Tod der Polizei in die Schuhe geschoben.»

«Die Autobombe ist eine der effektivsten Waffen des Terrorismus. Durch die verheerende Explosion am Straßenrand, mitten im Stadtverkehr, schockiert sie die Gemüter mehr als jedes andere Attentat. Nach Bokar läuft eine Großfahndung. Ich wollte Sie gerade zu einem weiteren Besuch bei Gamal Schafir abholen. Jetzt scheint es mir noch dringender, sich den Mann noch einmal vorzuknöpfen.»

Der Oberaufseher des Hochdamms wand sich auf seinem Sessel. Kemals Blick war ihm unbehaglich. Er reichte dem Amerikaner lasch die Hand.

«Hatten Sie einen Unfall, Mister Walker?»

«Die Terroristen haben versucht, mich aus dem Weg zu räumen.»

«Das tut mir leid. Aber wir alle sind in Gefahr.»

Gamal Schafir wischte sich die Stirn.

«Um gleich zur Sache zu kommen», übernahm Kemal die Gesprächsführung. «Ein griechischer Seismologe schätzt, daß Ägypten eine Periode dicht aufeinanderfolgender Erdstöße bevorsteht, der Höhepunkt wird gegen Ende des Ramadan erwartet.»

«Technisch völlig wertlos, so eine Voraussage. Genausogut könnten Sie einen Hellseher befragen.»

«Aber Sie sind doch gewarnt worden – oder?»

«Ich habe irgend so einen Schrieb erhalten.»

«Und? Haben Sie Verbindung mit Ihrer vorgesetzten Dienststelle aufgenommen?»

«Ich möchte doch nicht meinen Posten verlieren.»

«Aber irgend jemand haben Sie doch benachrichtigt, nicht wahr?»

«Der Wisch ist im Papierkorb gelandet.»

«Doch zuvor haben Sie Mohammed Bokar informiert.» Der Oberaufseher sprang entrüstet auf.

«Das ist ungeheuerlich! Sie unterstellen mir ...»

«Setzen Sie sich und antworten Sie nur auf meine Fragen.»

Bebend gehorchte Gamal Schafir.

«Sie halten den Damm zwar für unzerstörbar, aber ein starkes Erdbeben kann ihm zum Verhängnis werden.»

«Na ja, gewiß ...»

«Ist Ihnen auch klar, daß die Zerstörung des Damms die Zerstörung Äyptens nach sich zieht?»

«Unsinn. Luxor wäre vielleicht davon betroffen, mehr nicht.»

«Offensichtlich sind Sie sich der Gefahr für das ganze

Land nicht bewußt», stellte Mark fest, «das ist schlimmer, als ich angenommen hatte.»

Kemal wurde deutlicher.

«Seit wann hat Mohammed Bokar Sie im Griff?»

«Ich versichere Ihnen, daß ...»

«Schluß jetzt! Sagen Sie die Wahrheit, oder ich befrage Sie auf andere Weise.»

Der Oberaufseher schien mit einem Ruck in sich zusammenzufallen und rang nach Atem, bevor er gestand: «Vor drei Monaten hat man mich angesprochen ... Verstehen Sie, meine Familie lebt in Kairo. Ich darf sie nicht in Gefahr bringen.»

«Schon gut. Welche Informationen haben Sie den Islamisten gegeben?» Gamal Schafir senkte den Kopf.

«Keine Details, ganz bestimmt nicht.»

«Heraus mit der Sprache, keine Ausflüchte.»

«Sie haben mich danach gefragt, ob der Damm stärkstem Sprengstoff standhalten würde.»

«Ihre Antwort?»

«Es würde nur leichte Schäden geben.»

«Was wissen Sie über die Pläne der Terroristen?»

«Nichts ... Ich nahm an, sie hätten aufgrund meiner Auskunft ihre Pläne aufgegeben. Hören Sie, ich bin ein kranker Mann. Sie werden mich doch nicht verhaften?»

Statt einer Antwort erhielt der Verzweifelte nur einen verächtlichen Blick.

Der Damm widersetzte sich scheinbar allem, er war sogar unempfindlich gegenüber der Mittagssonne. Vielleicht hatte Gamal Schafir recht, vielleicht war das Monster unbezwingbar.

«Der Kerl ist zwar ein Schwächling», konstatierte Mark, «aber vielleicht hat er die Terroristen tatsächlich entmutigt.»

«Im Gegenteil!» wandte Kemal ein. «Er hat Bokar davon überzeugt, daß ein paar Sprengstoffladungen den Damm nur ankratzen würden. Aber in Verbindung mit einem Erdbeben ... Was für ein großartiger Einfall, den Staudamm für den Erfolg der islamischen Revolution zu nutzen. Ermöglicht durch Angst und Bestechlichkeit eines einzigen unzuverlässigen Beamten, wegen eines blöden Sandkorns im Getriebe.»

«Wir wissen doch, daß es längst viele Tausende Sandkörner sind, Kemal.»

«Sie haben recht. Aber werfen wir deswegen die Flinte noch nicht ins Korn, sondern konzentrieren wir uns auf das größte Sandkorn, auf Mohammed Bokar. Wenn wir ihn haben, sind die Terroristen in doppeltem Sinne kopflos. Bokar befindet sich wahrscheinlich noch in Assuan. Dieser Mordversuch mit einer Autobombe in einer belebten Straße ist seine Handschrift: Wie ein Feigling im Hinterhalt bleiben, so viele Menschen wie möglich in Panik versetzen und auf seine Seite zwingen ... Kabul gierte nach Mord, Mohammed Bokar giert nach Macht.»

«Warum aber sollte er nach Kabuls Tod, nach der Inhaftierung des Fußballteams, nach dem erfolglosen Anschlag auf mich noch hier bleiben, während er in Assiut oder in Kairo in Sicherheit wäre?»

«Ihre Überlegungen sind logisch, Mister Walker. Wie Sie wissen, folge ich jedoch lieber dem Instinkt des Jägers.»

Einige Minuten später wurde Kemal von seinem Büro

in Kairo gemeldet, daß der Premierminister nur knapp einem Attentat entgangen sei. Einige Sekunden, bevor der Dienstwagen des Präsidenten eine Baustelle am Platz der Freiheit passierte, war dort eine Autobombe explodiert.

Kemal ließ sich in den nächstbesten Sessel fallen.

«Auch das sieht nach Bokars Handschrift aus, und Sie haben schon wieder recht, Mister Walker. Angesichts des Fiaskos in Assuan scheint er sofort nach Kairo zurückgekehrt zu sein, um dort die Atmosphäre des Schreckens zu verdichten. Ich muß Bokar auf den Fersen bleiben und werde Ihre Gastfreundschaft leider nicht länger in Anspruch nehmen können. Zwei meiner Leute werden hier weiterhin über Ihre Sicherheit wachen.»

«Und die Gefahr für den Damm?»

«Sie steigt erst wieder, wenn Mohammed Bokar nach Assuan zurückkommt, und ich werde alles dransetzen, um zu verhindern, daß er diesen gastlichen Ort je wiedersieht. Nutzen Sie inzwischen die Zeit zur Vorbereitung Ihres Kolloquiums, Mister Walker. Das ist wirklich ein lohnender Auftrag.»

57

Gerade erst hatte Mark Kemal auf dem Flughafen verabschiedet, und schon fehlte er ihm. Wenn der Ägypter sich auch geweigert hatte, sein Freund zu werden, so faszinierte er ihn deshalb nicht weniger. Kemal besaß einen inneren Antrieb, den Mark gut kannte, nämlich ein Ziel weit über den eigenen Möglichkeiten anzustreben, selbst dann, wenn es ringsherum nur Deprimierendes gab. Leute solchen Kalibers waren nicht mehr zeitgemäß und störten die derzeitigen Machthaber schon deshalb, weil Personen von solcher Geradheit nicht käuflich waren. Man mußte wahrlich den Sarkasmus eines Kemal besitzen, um in solchem Klima zu überleben und jeden Morgen ohne Angst und Überdruß zu neuem Kampf aufzubrechen. Der Ägypter hatte ihm in diesen Tagen, in denen der Tod so oft zuschlug, etwas von dieser Kraft vermittelt, die die alten Gottheiten auserwählten Menschen einhauchten, damit sie die ihnen bestimmte, schier unlösbare Aufgabe gewissenhaft und selbstbewußt zu erfüllen vermochten.

Als er seinen Mercedes vor der weißen Villa anhielt, glaubte Mark an eine Vision. Eine junge Frau nahm auf der Terrasse im Liegestuhl ein Abendsonnenbad. Die ausgeschnittene Bluse und der kurze Rock ließen ihren schönen Körper ahnen; ihre schwarzen Haare glänzten im goldenen Licht des zur Neige gehenden Tages.

Mark lief zu ihr hin.

«Mona ... Was für eine wunderbare Überraschung!»

Sie sah ihn mit ihren hellgrünen Augen an und schlang ihre Arme um ihn, so sanft wie der Abendwind.

«Ich hab's nicht mehr ausgehalten, so abgeschlossen zu leben. In Kairo ist das Leben ja noch gefährlicher als in Assuan. Warum also nicht dort hinfahren, sagte ich mir.»

«Und Kemals Leute haben dich weggelassen?»

«Sie haben jede Verantwortung abgelehnt. Ich bin sozusagen auf eigene Gefahr zu dir gekommen.»

«Ich hab mich genauso sehr nach dir gesehnt, Mona. Laß uns hineingehen.»

Lächelnd trat sie einen Schritt zurück.

«Bis der Fastentag zu Ende ist, müssen wir uns noch voneinander fernhalten.»

Wie lange dauerte es bloß bis zum Sonnenuntergang! Noch nie hatte er eine Frau so sehr begehrt wie jetzt, aber er respektierte die strikte Einhaltung des Ramadan, auf der Mona bestand, auch wenn das Dämmerlicht sie noch verführerischer erscheinen ließ.

Endlich durften sie ein Glas Wasser miteinander trinken und sich küssen.

«Ich habe fürchterlichen Hunger», sagte Mona heiter.

Ohne auf sie zu hören, begann Mark sie zu entkleiden.

«Kannst du nicht bis nach dem Essen warten? Ich habe etwas Besonderes für uns zubereitet.»

«Die Grenzen meiner Geduld sind schon lange überschritten.»

«Du erschreckst mich ja fast, du ...»

Er löste ihren Büstenhalter und küßte behutsam die Spitzen ihrer Brüste. Dann öffnete er den Reißverschluß ihres Rockes und entblößte sie ganz, wobei sie im Vorgefühl der Lust, der sie sich gleich hingeben würde, die Augen schloß.

Vor Sonnenaufgang des siebenundzwanzigsten Tags des Ramadan frühstückten sie auf der Terrasse und genossen die laue Morgendämmerung. Mark hatte von den Ergebnissen der Dammuntersuchung berichtet und, als Mona nach der Herkunft seiner Wunden fragte, kurz und den dramatischen Ablauf verharmlosend, von dem für ihn glücklichen Ausgang des Attentats erzählt.

Mona war dennoch erschüttert.

«Ich hoffe, du hast recht und wir können wieder neuen Mut fassen, nachdem Mohammed Bokar hier wie in Kairo durch die mißglückten Anschläge eine empfindliche Schlappe erlitten hat. Vielleicht wendet sich das Schicksal jetzt gegen ihn», sagte sie mit zaghafter Zuversicht.

«Ich wünschte, es wäre so. Dann wäre es beinahe auch bedeutungslos, ob ich herausfinde, was es mit Hélènes Zeichnungen auf sich hat. Trotzdem beschäftigt mich diese Frage Tag und Nacht. Ich weiß zwar, daß die Skizzen nichts mit dem Hochdamm zu tun haben, aber womit dann?»

Mona lehnte ihren Kopf an seine Schulter.

«Ich kenne Assuan fast gar nicht. Wärst du so lieb, es mir zu zeigen? Das würde dich auch auf andere Gedanken bringen.»

«Da verlangst du ziemlich viel von mir.»

«Vor der Gegenleistung meinerseits ist mir nicht bange.»

«Das höre ich natürlich gern. Wie wäre es mit einem Vorschuß?»

«Es ist schon hell. Wir sollten keine Zeit verlieren.»

«Das meine ich auch. Gott liebt die Liebe, sonst hätte er sie nicht erdacht.»

Mona wies ihren Geliebten nicht ab.

Das Aga-Khan-Mausoleum, die Kitchener-Insel, die Fürstengräber auf dem Westufer, Elephantine und Philae ... Mark hatte einen ausführlichen Besuchsplan aufgestellt, um Mona die Sehenswürdigkeiten von Assuan zu zeigen. Am frühen Vormittag besuchten sie das Mausoleum und blieben andächtig vor dem weißen Marmorsarkophag stehen. Wieder war ein Bediensteter beim Putzen, aber ein anderer als Soleb. Bewegt schaute Mona auf die rote Rose, das Symbol einer Liebe über den Tod hinaus.

In einer Feluke fuhren sie zu der Insel hinüber, die einst Privatbesitz des berühmten Generals Kitchener war. Der britische Oberbefehlshaber des ägyptischen Heeres, der 1898 den sudanesischen Fundamentalistenführer Mahdi besiegt hatte, war nicht nur das Musterbild eines pflichtbewußten Soldaten, sondern auch ein großer Natur- und Kunstfreund. Auf der Insel, die ihm während seines mehrjährigen Aufenthalts in Oberägypten als Wohnsitz diente, ließ er tropische Gewächse aus Asien und Afrika anpflanzen. Mark und Mona wanderten durch die Alleen eines üppigen botanischen Gartens mit Sykomoren, Palmen, vielfarbigen Bougainvillea-Hecken, Clematis-Ranken, Hibiskus-Büschen und Bäumen voller exotischer Früchte. Sie setzten sich unter einen indischen Ashoka-Baum mit orangefarbenen Blättern, der erfüllt war vom Gezwitscher und Geflatter weißer und bunter Vögel. Dieser Friede erschien ihnen wie ein Wunder, das es nur für sie allein gab, das sie von der Erinnerung an das turbulente, schreckliche Gestern befreite und sie von einer glücklicheren, gemeinsamen Zukunft träumen ließ.

Als die Mittagshitze etwas nachließ, stiegen sie in eine Feluke, die sie zum Westufer übersetzte. Die Gräber der einstigen Herren der Provinz lagen auf einem Hügelplateau. Die Rampen, mit denen man vor Jahrtausenden die Sarkophage nach oben befördert hatte, waren noch sichtbar, aber die Besucher benutzten eine Treppe mit achtzig Stufen, um zu den Ruhestätten der Fürsten von Elephantine zu gelangen, die von Assuan aus den sogenannten tiefen Süden erkundet hatten.

«Da oben bin ich am liebsten», sagte Mark. «Der Ausblick ist so beruhigend, man vergißt den Hochdamm, und der Nil scheint völlig unverändert, als ob er nicht mit dem Tode kämpft.»

Die beiden Verliebten waren kaum die ersten Stufen hochgestiegen, als ein Wächter sie im Laufschritt überholte und ihnen den Weg versperrte.

«Keinen Schritt weiter!»

«Warum nicht?» fragte Mark verwundert.

«Die Gräber sind geschlossen.»

«Ich habe von der Altertumsverwaltung in Kairo eine Dauergenehmigung zu ihrem Besuch. Wollen Sie sie sehen?»

«Sie dürfen trotzdem nicht hinein. Arbeiter sind drin.»

«Wir wollen dort oben nur ein bißchen herumgehen.»

«Unmöglich ... Die Arbeiter haben überall ihr Material ausgebreitet. Sie setzen Glasscheiben vor die Malereien. Das Glas wird erst noch zurechtgeschnitten. Sie könnten sich an den Splittern verletzen.»

«Seit wann sind sie bei der Arbeit?»

«Seit ein paar Tagen.»

Mark holte ein Bündel Pfundnoten aus der Tasche.

«Ich möchte meiner Begleiterin den Ausblick von oben zeigen. Wir geben auch gut acht und kehren gleich wieder um.»

«Bedaure, die Anweisungen sind streng. Niemand darf hinauf. Machen Sie mir keine Schwierigkeiten.»

«Wann werden die Arbeiten beendet sein?»

«Weiß ich nicht.»

«Schade.»

Begleitet von dem offenbar unbestechlichen Wächter, kehrte das Paar um.

«Geh wieder zum Schiff», flüsterte Mark Mona zu.

«Und was hast du vor?»

«Die Altertumsverwaltung läßt solche Arbeiten nicht im Sommer durchführen. Also lügt der Wächter.»

«Ach, er will vielleicht nur nicht gestört werden. Gegen Ende des Ramadan sind alle müde.»

«Nicht alle. Möglicherweise schneiden seine Komplizen gerade ein Flachrelief heraus, um es an einen vermögenden Sammler zu verkaufen. Über eine der Rampen könnte ich sie auf frischer Tat erwischen.»

«Das ist gefährlich.»

«Kaum. Wie die Hasen werden sie davonlaufen.»

Verborgen hinter einem Felsblock, bekam Mohammed Bokar die Situation mit: Ein Mann und eine Frau, der Kleidung nach Ägypter, waren einige Stufen hochgestiegen, aber der Wächter hatte ihnen verboten weiterzugehen.

Auf dem Nil nutzten drei Feluken den aufkommenden Abendwind, um die Insel Elephantine zu umrunden. An Bord waren Touristen, die die Drohungen der Dschamaa Islamija ignorierten. Sehr bald würden Ungläubige nicht mehr über die Grenzen gelassen werden und auch gar keinen Grund mehr haben, die Islamische Republik Ägypten zu besuchen, denn die Denkmäler aus heidnischer Zeit, diese unerträglichen Schandflecken, die Allah beleidigten, würden nicht mehr existieren. Dank der Informationen, die Bokar vom Oberaufseher am Hochdamm erhalten hatte, würden seine Getreuen das Land einer reinigenden Flut aussetzen, ihre Wellen die Tempel von Luxor und Karnak unterspülen, die alten Grabanlagen mit Wasser füllen und das Theben der Pharaonen auf diese Weise total zerstören. Später würde man dort eine riesige Moschee bauen, um den jungen Menschen den rechten ägyptischen Fortschrittsgeist einzuimpfen.

Mohammed Bokar beobachtete zufrieden, wie das Paar wieder zum Ufer hinunterging. Nachdem der Alarm vorbei war, erlaubte er seinen Leuten, sich auszuruhen. Obwohl sehr durstig, genossen sie die angenehme Temperatur, die in den Gräbern des Alten Reiches, geschützt vor der brennenden Sonne, herrschte. Nur noch zwei Tage mußten sie Geduld haben, dann sollte die Offensive beginnen. Mehrere höhere Offiziere hatten dafür, daß sie künftig in Sicherheit leben und ihre materiellen Privilegien behalten durften, ihre Seele dem wahren Glauben verschrieben. Sie würden dem Kommandierenden in dieser Schlacht des Heiligen Krieges den Sturmangriff dadurch erleichtern, daß sie ihren Truppen widersprüchliche Befehle gäben, die das Eingreifen der Eliteeinheiten verzögerten und die Möglichkeit einer Gegenoffensive zunichte machten. Wie man es von vielen demoralisierten Armeen kennt, würde sich auch die ägyptische dem Sieger anschließen, sich ihm sogar sklavisch unterwerfen.

Plötzlich ertönten vom Abhang her heisere Schreie. Der Wächter brüllte, gestikulierte und deutete mit ausgestrecktem Arm auf eine der Aufzugsrampen, die zu den Gräbern führte. Bokar beugte sich hinab und sah einen Mann, der genau auf ihn zukam.

Mona war über das Verhalten des Wächters verwundert und wollte von ihm wissen, was los sei. Statt zu antworten, hob er einen Stein auf, warf ihn in ihre Richtung, verfehlte sie aber. Aus Furcht, der am Ufer wartende Bootsmann könnte eingreifen, und weil er seine Aufgabe erfüllt und den Chef gewarnt hatte, lief er querfeldein davon.

Konnte das Mark Walker sein? Ja, er war es wirklich, dieser elende Ungläubige, der für den Tod von Safinas verantwortlich und der Rache dafür bisher entgangen war. Aber jetzt war er verloren. Wie eine Ratte würde er ihn an diesem heidnischen Ort abknallen lassen.

Hochaufgerichtet befahl Mohammed Bokar einem seiner im Hinterhalt lauernden Männer, den Kletterer umzulegen.

Im selben Augenblick erkannte Mark seinen Feind und war sich zugleich bewußt, daß er auf der freien Fläche der Rampe weder Deckung finden konnte noch eine Chance zur Flucht hatte. Also schaute er nur zurück, um sich zu vergewissern, daß Mona in Sicherheit war. Starr vor Schreck hatte sie gerade bemerkt, wie ein Bärtiger, auf einem Felsblock kniend, sein Gewehr anlegte und auf Mark Walker zielte.

Zwei Schüsse zerrissen die Stille. Die Waffe noch umklammernd, stürzte der Terrorist kopfüber in die Tiefe. Einer von Kemals Scharfschützen hatte, von einer Feluke aus, wieder einmal die Allgegenwart, Wachsamkeit, Treffsicherheit dieser Elitetruppe bewiesen.

Ununterbrochene Geschoßsalven vom Nil her hinderten die Fundamentalisten in den nächsten Minuten immer wieder daran, ihre Waffen in Anschlag zu bringen. Mark lief den Hang hinunter, eilte zu Mona und warf sie in den

Sand. Sie umschlang ihn vor Schreck so fest, als wollte sie ihn erdrücken.

Eine halbe Stunde brauchten Kemals Männer, um den Widerstand der Terroristen zu brechen. Um die alten Denkmäler zu schonen, hatten sie Gasgranaten eingesetzt, die achtundzwanzig Sekunden nach Abzug ihre Wirkung zeigten und die ganze Bande ausräucherten.

Als der Spuk vorbei war und sich das Paar von seinen Befreiern zu der Feluke zurückbringen ließ, stand plötzlich Kemal persönlich vor ihnen, im gleichen makellos weißen Anzug, in dem er sich am Tag zuvor von Mark verabschiedet hatte, um nach Kairo zu fliegen.

«Meinen Glückwunsch, Mister Walker. Dank Ihnen haben wir Bokars Assuaner Pläne durchkreuzt. Seine Männer sind tot oder verhaftet.»

«Und Bokar selbst?»

«Der ist uns leider über die Bergkuppe entwischt.»

«Ich dachte, Sie wären in Kairo.»

«Es sollte auch so aussehen. Als ich hörte, daß der fundamentalistische Hochdamm-Ingenieur doch noch gesungen hat, entschloß ich mich zu bleiben. Die Terroristen waren dabei, in den Gräbern da oben Sturmgewehre, Munition, vor allem aber Zünder und Fernsteuerungen zur Auslösung massiver Explosionen zu lagern. Mohammed Bokar hatte allem Anschein nach vor, einen Teil des Hochdamms zu zerstören, um Theben unter Wasser zu setzen.»

«Sie sind mir also heute morgen unbemerkt gefolgt. Aber wie konnten Sie wissen ...»

«Sie und Mohammed Bokar – Sie ziehen einander geradezu magisch an. Deshalb war ich sicher, daß Ihr Schicksal Sie zu ihm führen würde.»

«Das ist ungeheuerlich! Sie hätten wenigstens auf Mona Rücksicht nehmen können.»

«Wir haben sie beschützt, so gut es uns möglich war, und es ist ihr ja auch nichts passiert. Im übrigen habe ich in erster Linie an das Interesse der Allgemeinheit denken müssen. Sollten wir Theben wegen einem von uns untergehen lassen, Mister Walker? Ich würde verstehen, wenn Sie mich jetzt hassen oder verachten. Aber an erster Stelle steht für mich Ägypten. Daran ist nichts zu ändern. Hatte ich Ihnen nicht gesagt, daß meine Funktion mir verbietet, Ihr Freund zu werden?»

58

Von den altägyptischen Baudenkmälern auf der Insel Elephantine standen nur noch die Ruinen. Der große Chnum-Tempel, dem Widdergott geweiht, der das Hochwasser auslöste, wenn er seinen Fuß vom Wasser hob, bestand nur noch aus einem Haufen verstreuter Steinblöcke. Während Soleb im Morgenlicht des achtundzwanzigsten Ramadan-Tages durch dieses zerstörte Reich ging, dachte er an sein gleichfalls zerstörtes Nubien.

Endlich kam die Stunde der Rache und der Gerechtigkeit.

Nachdem der Nubier die Nacht in den Trümmern verbracht und die Kraft des Mondes, des himmlischen Messers mit zerschmetternder Wirkung, in sich aufgenommen hatte, ging er ruhigen Schritts zu dem Dorf, in dem seine Landsleute lebten. Die Häuser der verbannten Nubier sahen ansprechender aus als die der Fellachen. Es wurde großer Wert auf Farben gelegt: ocker- und rosafarbene Fassaden, blau oder grün gestrichene Türen und Fensterläden, verziert durch geometrische Zeichnungen. Die gastfreundlichen Bewohner boten Besuchern Pfefferminztee an und erzählten ihnen immer wieder von ihren untergegangenen Ländereien jenseits des Hochdamms.

Soleb ging zum ältesten Magier der kleinen Gemeinschaft. Er wohnte in einem hübschen Haus mit einer Kuppel aus Rohziegeln. Innen war es angenehm kühl. Die Muscheln im Gemäuer sollten die Bewohner vor Unheil bewahren.

Auf dem gestampften Lehmboden saßen etwa zwanzig Männer mit blaugefärbten Händen, der Farbe, die den bösen Blick abwendete. Alle waren sie erfahrene Zauberer, die siegreich mit furchtbaren Dämonen gerungen hatten. Alle hatten sie geschworen, mit vereinten Kräften das Herz des Hochdamms zu durchbohren und ihm sein Gift zu nehmen.

Der alte Geisterbeschwörer sprach in archaischem Nubisch, einer aussterbenden Sprache, seit vielen Generationen mündlich überlieferte Formeln, und die anderen sangen im Chor Gebete zu unvergessenen Gottheiten. Im Bunde mit ihnen fühlten sie sich nicht mehr als armselige Heimatlose, sondern als ein Kriegerstamm, der zum Kampf bereit ist.

Der alte Zauberer verstummte, und die Magier erhoben sich gemeinsam. Der Greis zeigte in die Vorratsecke, aus der sie verrostete Gewehre, Knüppel, Hacken und

Gartenmesser holen sollten. Damit würden sie die Polizeisperre durchbrechen und das Monster attackieren.

Soleb tröstete den Alten, der wegen seiner gelähmten Beine unglücklich war, seine Armee nicht selbst anführen zu können. Er hatte Soleb als seinen Stellvertreter vorgeschlagen, und alle hatten zugestimmt.

Nachdem die Männer mit ihrem eigenen Fährboot zum Ostufer übergesetzt waren, stiegen sie in zwei Lieferwagen, die sonst die Arbeiter am Damm benutzten, und fuhren ihrem Angriffsziel entgegen. Einer der Magier kannte den Soldaten, der den am wenigsten frequentierten Zugang bewachte. Da er gerade abgelöst werden sollte, bot der Nubier ihm an, ihn bis zu seiner Unterkunft mitzunehmen. Der Soldat war froh, sich den Fußmarsch sparen zu können, und kletterte hinten auf den ersten Wagen. Nach kurzer Strecke hielt die Kolonne vor der nächsten Kontrollstelle, an der zwei Soldaten die Ausweise der Arbeiter sehen wollten. Daß alle Nubier waren, wunderte die Wachen. Die Magier nutzten diese Verunsicherung und schlugen die beiden Posten nieder.

Der Weg war frei.

Gegenüber dem Ostende des Hochdamms setzten sich die Magier im Halbkreis nieder und sprachen die Zauberformeln, die Zement und Steine zum Bersten bringen und den Wassern des Nils freien Lauf lassen sollten. Die Gedankenkraft der Nubier, auf dasselbe Ziel konzentriert, brachte eine Energie hervor, die, der Überlieferung nach, stark genug sein sollte, ein Gebirge zum Einsturz zu bringen. Weil sie auf die gleiche Weise bereits seit Monaten die Widerstandskraft des Monsters geschwächt hatten, würde es gewiß nicht lange standhalten können.

Eine Stunde nur, und die ersten, wenn vielleicht auch noch unsichtbaren Risse würden die Masse durchziehen.

Den Magiern blieben aber nur zwanzig Minuten, bis die Kameraden der überfallenen Wachtposten die Verfolgung der Nubier aufgenommen und sie entdeckt hatten. Auf einen Warnschuß antworteten drei Nubier mit ihren alten Knarren und verletzten einen Soldaten. Daraufhin eröffneten die anderen das Feuer aus ihren Maschinenpistolen und töteten die Schützen.

Die Magier verteidigten sich mit Hacken, Messern und Knüppeln, bis keiner von ihnen mehr übrig war. Soleb starb als letzter und mit der Gewißheit, daß der Damm der nubischen Magie nicht würde standhalten können.

Kemal drückte eine kaum angerauchte Mentholzigarette aus. Er fand nicht einmal mehr an diesem bescheidenen Vergnügen Gefallen. Der Oberste Gerichtshof in Kairo hatte soeben fünfunddreißig Terroristen freigesprochen.

Unter dem Druck der Fundamentalisten in einflußreichen Positionen und im Einvernehmen mit der Regierung gab die Justiz den Kampf auf. Der Außenminister hatte eine Ansprache an das Land und die internationale Öffentlichkeit gerichtet. Sie endete mit einer Art Kapitulation: «Der Islamismus muß als eine religiöse Erneuerung betrachtet werden, die ihre Berechtigung hat.»

Die Rechtsgelehrten der Al-Aschar-Moschee weigerten sich, Fundamentalisten, die von der Polizei wegen eines Verbrechens festgenommen worden waren, schuldig zu sprechen. Die Bevölkerung hatte kein Mitgefühl für die ermordeten Offiziere und Politiker. Sie wartete nur noch auf den politischen Machtwechsel.

Sobald alle Urteile zum Tod durch den Strang aufgehoben und Verhandlungen mit den Islamisten verkündet worden waren, hatten Dschihad und Dschamaa Islamija hurra geschrien und gefordert, daß alle Minister sofort abdankten und die Armee sich den Kräften der neuen Islamischen Republik unterstellte. Am folgenden Tag sollte es in allen Städten Massendemonstrationen geben.

Ein schwacher Trost: Weil Mohammed Bokar in Assuan, Luxor und Kairo total versagt hatte, entzogen ihm die beiden wichtigsten international aktiven Untergrundorganisationen der Islamisten ihre Unterstützung und favorisierten dafür seine ägyptischen Konkurrenten.

Aber auch über Kemal hatte man den Stab gebrochen. Sein Kopf sollte einer der ersten sein, die unter dem neuen Regime rollten. Die Leitung des Staatsschutzes sollte ein Geistlicher übernehmen, der nach den Methoden der iranischen Geheimpolizei vorzugehen verstand.

Die demokratischen Staaten würden, wie gewöhnlich, das Geschehen beobachten und die weitere Entwicklung gelassen abwarten. Die Säuberungsmaßnahmen des neuen Regimes, das heißt, die Hinrichtung Tausender von Kopten und gemäßigten Mohammedanern sowie die systematische Zerstörung der Pharaonendenkmäler würde man zwar mit Empörung zur Kenntnis nehmen, aber, politisch gesehen, als innere Angelegenheit Ägyptens betrachten, in die man sich nicht einmischen dürfe – schon deswegen nicht, um die normalen Handelsbeziehungen mit dem Land aufrechtzuerhalten.

Ein glückliches Lächeln umspielte Monas Lippen, die nackt eingeschlafen war. Mark schlüpfte leise aus dem

Bett, ging in sein Büro und durchsuchte einen seiner Schreibtische nach Plänen über den alten, den ersten Assuan-Damm. Dabei fand er in einem Aktenbündel versteckt das Etui, in dem das Kollier mit Diamanten und Smaragden lag, das seiner Mutter gehört hatte. Es war ihr Wunsch gewesen, daß Mark diesen Schmuck einmal der Frau, die er heiratete, zur Hochzeit schenkte. Jetzt wollte er seiner Geliebten diese Freude machen. Obwohl er als Ungläubiger Mona nicht heiraten konnte, würde sie seine Frau fürs Leben sein.

Vom offenen Fenster her hörte er den Lärm von der Baustelle der neuen Moschee. Erstaunlich, mit welchem Eifer man da selbst während der Nacht zu Werke ging.

Aus einem Ordner rutschten mehrere Seiten heraus und verteilten sich auf dem Fußboden. Sofort fiel sein Blick auf ein Blatt, dessen Zeichnung deutliche Übereinstimmungen mit einer von Hélènes Skizzen aufwies.

Auf ihn also hatte man es abgesehen – auf den alten Staudamm!

Während Kemal sich Marks Erklärungen anhörte, zupfte er das rotseidene Ziertuch an seinem dunkelblauen Anzug zurecht.

«Heute fahre ich wirklich nach Kairo, Mister Walker. Ich bin praktisch schon unterwegs. Die Revolution steht kurz bevor. Ihre Vermutung hinsichtlich des alten Damms ist möglicherweise richtig, aber die Sache ist wohl nicht mehr von Belang.»

«Aber bedenken Sie doch: Die ungewöhnlichen Punkte in Hélènes Plan bezeichnen Stellen, an denen Sprengladungen angebracht werden sollten. Wenn Mohammed

Bokar auch entmachtet sein mag, könnte einer seiner Getreuen dennoch die Katastrophe auslösen.»

Kemal schien zu zögern.

«Bitte lassen Sie uns der Sache nachgehen», bat Mark.

«Die kleine Mühe schulde ich Ihnen wirklich, Mister Walker.»

Der alte Staudamm sah verlassen aus. Er war zwischen 1899 und 1902 nach den Plänen von Sir William Willcocks erbaut und von 1929 bis 1934 aufgestockt worden, so daß er mit seinen einhundertachtzig Schleusenöffnungen in zwei Reihen wie eine durchlöcherte Mauer aussah. Wenn er seine höchste Staustufe erreichte, bildete das gestaute Wasser einen See, der zweihundertfünfundzwanzig Kilometer flußaufwärts reichte und theoretisch fünf Milliarden sechshundert Millionen Kubikmeter faßte, aber auf etwas weniger als fünf Milliarden wegen der Verdunstung sank.

Der Bau des Hochdamms hatte die Existenz des ersten Monstrums, das dem Hochwasser noch den Weg freigab, fast vergessen lassen. Wegen der starken Verschlammung waren die Schleusenöffnungen schnell verschmutzt, die nur bei abnehmendem Wasser um die Oktobermitte geschlossen wurden. Das Reservewasser wurde im Frühjahr und im Sommer während der heißen, trockenen Periode vor dem neuen Hochwasser verteilt. Die Schleusentore waren zwei Meter breit, gingen dreiunddreißig Meter in die Tiefe und spuckten pro Sekunde in schaumigem Strahl hundert Tonnen aus.

Der Bau des ersten Staudamms hatte den intensiven Baumwollanbau ermöglicht, zahllosen ungelernten Arbeitern Arbeit verschafft und nebenbei einen drastischen Bevölkerungszuwachs bewirkt. Dieser führte auf die Dauer zu Armut und Unzufriedenheit, die wiederum den Nährboden für den Fanatismus der mohammedanischen Fundamentalisten schufen.

Kemals Leute gingen ans Werk. Mehrere Taucher sollten die Schleusenöffnungen des alten Damms überprüfen. In die Vorbereitungen hinein platzte die Nachricht, daß am Morgen ein bewaffneter Angriff auf den Hochdamm stattgefunden hatte.

«Ein Terroristenkommando?» fragte Mark.

«Nein, denken Sie nur: nubische Magier mit den lächerlichsten Waffen.»

Mark schnürte sich das Herz zusammen.

«Und das Resultat?»

«Die Sicherheitskräfte haben sich an die Vorschriften gehalten. Bei Widerstand kein Pardon.»

«Ist Soleb unter den Opfern?»

«Die Leichen sind im Leichenhaus.»

«Ich bitte Sie um einen Gefallen: Erlauben Sie den Nubiern, ihre Magier schon heute zu beerdigen.»

Kemal machte eine großzügige Geste.

«Wahre Freundschaft ist kostbarer als eine seltene Perle.»

Am frühen Nachmittag stand fest: Der alte Staudamm war vollgestopft mit Sprengmaterial. Nach dem Urteil von Kemals Experten und zweier eilig herbeigerufener Ingenieure hätte die Explosion am alten Staudamm eine enorme Druckwelle auslösen und den Hochdamm gefährlich erschüttern können.

«Wäre er Ihrer Meinung nach zusammengestürzt?» fragte Mark die Sprengstoff-Spezialisten.

«Nur dann, wenn eine andere, noch stärkere Druckwelle aus dem Süden dazugekommen wäre.»

Hastig breitete Mark Hélènes Zeichnungen auf einem Felsblock aus.

«Was halten Sie von den Gewichtsstaumauern?»

«Die sind die anfälligsten. An ihnen hat es im Laufe der Zeit die meisten Schäden gegeben. Aber der Hochdamm bricht dadurch noch lange nicht.»

«Schauen Sie sich diese Zeichnungen an. Handelt es sich dabei nicht um ein Modell für eine Zerstörung von riesigem Ausmaß durch aufeinanderfolgende Druckwellen?»

Die Prüfung dauerte nur kurze Zeit.

«Das sind tatsächlich Faustskizzen, die den Ablauf und die Auswirkungen einer Explosion an den Fundamenten einer Gewichtsstaumauer darstellen. Ich habe eine solche Simulation im Modell miterlebt: Man vermint die unteren Teile flußabwärts, verursacht eine Unterhöhlung und einen vertikalen Bruch des Massivbaus. Es entstehen innere Risse, die flußaufwärts bis in den Mantel hineinreichen.»

Mark Walker dachte laut nach.

«Wenn man am Nil keine gewölbten Staudämme gebaut hat, so deshalb, weil die Masse der Sinkstoffe, die sich jedes Jahr im Süden des Hochdamms anhäufen, die Turbinen zu schnell verstopfen würde ... Schnell, Kemal. Wir haben keine Sekunde zu verlieren!»

59

Gamal Schafir hielt den Kopf über Hélène Doltins Zeichnungen gebeugt.

«Sie wissen, was sie bedeuten, nicht wahr?»

«Ja, Mister Walker, aber es ist nur die grafische Umsetzung einer theoretischen Überlegung.»

«Nein, einer Überlegung, die zu Taten führte. Und das ist Ihnen ebenfalls bekannt.»

«Sie sehen das zu pessimistisch. Der Hochdamm ist keine Gewichtsstaumauer wie andere.»

Kemal beobachtete den Oberaufseher, dessen Glaube an die Unzerstörbarkeit des Damms allmählich abzubröckeln schien.

«Und was sagen Sie zu unserer Feststellung, daß der Nasser-Stausee sehr viel schneller verschlammt als vorhergesehen? Sie hatten von einem Spezialistenteam aus Kairo gesprochen, das die Dicke der Schlammablagerungen überprüft hat.»

«Reine Routine, Mister Walker.»

«Und wann wurde diese Prüfung durchgeführt?»

«Vor etwa einem Monat.»

«Was haben die Experten vor Ort gemacht?»

«Stichproben genommen ... Was weiß ich? Man hatte mich gebeten, eine möglichst preiswerte Firma damit zu beauftragen, den Grund an der Dammsohle auszubaggern.»

Kemals Blick wurde eiskalt.

«Sind Sie ein Verräter, Gamal Schafir, oder nur ein Dummkopf?»

Der Beleidigte brauste auf und griff sich gleichzeitig ans Herz.

«Was soll das heißen?»

«Ich fürchte, Sie sind ein Verräter *und* ein Dummkopf. Man sollte Sie vor Gericht stellen. Wann sind die Turbinen das letzte Mal überprüft worden?»

«Im April vorigen Jahres zeigten zwei von ihnen leichte Risse, die in absehbarer Zeit ihre Auswechslung erforderlich machen. Ich habe einen Kostenvoranschlag von einem amerikanischen Unternehmen und von einem französischen angefordert. Die schickten dann ihre Repräsentanten her.»

«War die Vertreterin der französischen Gesellschaft eine junge Frau?»

«Ja. Das wunderte mich, aber sie verfügte wirklich über fabelhafte Fachkenntnisse.»

Mark beschrieb Hélène.

«Genauso sah sie aus», bestätigte der Oberaufseher.

Die angeblichen Spezialisten für Entschlammungsarbeiten hatten in die Schlickmasse jede Menge Sprengstoff eingelagert. Die für die Kontrolle der Turbinen zuständigen Techniker hatten in deren Bereich das gleiche getan. Außer der Zerstörungskraft des Dynamits hätten Detonationswellen von außergewöhnlicher Intensität, präzise vorausberechnet, erhebliche Breschen in beide Staudämme gerissen.

Nach Einbruch der Nacht schenkte Kemal auf der Terrasse der weißen Villa Mark und Mona Champagner ein.

«Wir brauchen einen Trupp Minenräumer und qualifizierte Arbeiter, um die Sprengstoffladungen herauszuholen. Die Kommandos der Terroristen haben technisch eine unglaubliche Leistung vollbracht. Ohne die Hilfe der Ingenieure aus der ehemaligen Sowjetunion hätten sie das nicht geschafft. Am Nationalfeiertag, also übermorgen, hätte Mohammed Bokar Befehl gegeben, auf den Zündungsknopf zu drücken.»

«Wollte der Wahnsinnige ganz Ägypten ertränken?» fragte Mona entgeistert.

Kemal schüttelte den Kopf.

«Nein, nur Luxor, die den Fundamentalisten verhaßte Touristenstadt, sollte unter Wasser gesetzt werden. Höchstens bis dorthin, hatte Schafir ja behauptet, würde sich ein partieller Dammbruch auswirken.»

Mark trommelte nervös mit den Fingern auf die Tischplatte.

«Ich bin mit unseren bisherigen Entdeckungen noch nicht zufrieden. Wir haben einen Haufen Sprengmaterial und Zünderbauteile gefunden ... Wenn es nun aber irgendwo noch mehr davon gibt?»

Auf die Frage des Amerikaners folgte lange Stille. Mona stand auf, um kalte Vorspeisen und Lammspießchen zu holen. Im Vorbeigehen warf sie einen Blick auf die beinahe fertige Moschee.

«Vielleicht haben wir noch nicht alles geortet», versuchte Kemal Marks Frage zu beantworten, «aber wenn wir etwas übersehen hätten, wäre ja noch immer jemand nötig, der die Katastrophe auslöst. Die Sicherheitspolizei und die Armee haben das gesamte Gebiet um beide Dämme und alle exponierten Punkte abgeriegelt ...»

«Allerdings ohne Mohammed Bokar zu fassen zu bekommen», wandte Mark ein.

«Ganz auf sich gestellt, ohne erfahrene Techniker, ohne Pläne und ohne die Rückendeckung der Fundamentalistenzentrale ist der Mann doch machtlos, zur Untätigkeit verdammt. Er kann sein Heil nur noch in der Flucht suchen. Im übrigen bleiben alle Sicherheitsmaßnahmen in Kraft, bis der Sprengstoff entschärft und beseitigt ist.»

Kemal tat so, als sei er wieder völlig Herr der Lage, was Mark eher beunruhigte.

Mona tischte köstliche Gerichte auf.

«Merkwürdig», sagte sie, «die neue Moschee liegt ganz im Finstern, obwohl man hören kann, daß dort noch gearbeitet wird.»

«Das ist in der Tat seltsam», sagte Kemal, griff zum Telefon und gab seiner Assuaner Leitstelle einige kurze Befehle.

Eine Viertelstunde später, als Mark und Mona sich auf der Terrasse vom sanften Wüstenwind abkühlen ließen, sahen sie, wie im Licht von Autoscheinwerfern Sicherheitskräfte die Moschee umstellten.

Sie stießen auf keinerlei Widerstand, und dreißig Minuten später wurde Kemal das Ergebnis der Aktion gemeldet.

«Ihrer Aufmerksamkeit, liebe Mona, verdanken wir, daß wir nun auch die Zentrale des Sabotagekommandos entdeckt haben. Im Untergeschoß der Moschee fanden meine Leute modernste Fernsteuerungssysteme installiert, bewacht von zwei total verunsicherten Wächtern, die seit Bokars Flucht nicht mehr abgelöst worden waren und nur den Auftrag hatten, durch Hämmern und Klopfen irgendwelchen normalen Baulärm zu erzeugen. Im Ernstfall wären von dort die Explosionen am Damm gleich reihenweise ausgelöst worden. Doch diese Gefahr ist ausgeschaltet. Wir können Ihr vorzügliches Abendessen in vollkommener Ruhe genießen. Auf Ihr Wohl, schöne Frau!»

Jasminduft erfüllte die Luft.

Bis zum Ende des Abendessens waren alle drei bemüht, sich ganz der heiteren Atmosphäre einer normalen Ramadan-Nacht hinzugeben, nicht an das Vergangene und nicht an das Morgen zu denken. Aber das Abschalten gelang natürlich nicht wie sonst, wenn man einfach nur gefastet hatte und nun wieder essen durfte. Sie schwiegen – und dabei bedeutete «Ramadan» ursprünglich «Aussprache».

«Ich bin untröstlich, den Zauber dieser Sommernacht unterbrechen zu müssen», sagte Kemal schließlich, «aber ich muß Sie in die Realität zurückholen. Wenn auch Ihr persönlicher Einsatz und die Arbeit meines Teams hier zu einem großen Erfolg geführt haben, ist doch Ägypten dadurch leider nicht gerettet. In Kairo hat sich die Lage weiterhin verschlechtert. Indem die Regierung die Forderungen der Fundamentalisten akzeptiert hat, hat sie sich selbst ihr Grab geschaufelt.»

Mona wollte das nicht wahrhaben.

«Die da oben sind doch nicht von Sinnen. Ich kenne mehrere Minister, die absolut integer sind.»

«Bis vor wenigen Tagen integer *waren*, meine Liebe. Aber Sie wissen: Halbwegs kluge Ratten verlassen das sinkende Schiff, solange es noch möglich ist. Ich muß sofort abreisen. Nicht in der Schar der Ratten, sondern zurück auf das sinkende Schiff.»

«Sehen Sie nicht allzu schwarz, Kemal?» fragte Mona.

«Oder anders ausgedrückt: Sind Sie nicht allzu heldenmütig?» fragte Mark.

Kemal brauchte nicht erst zu überlegen.

«Scheinheiligkeit, Selbstbetrug, Gleichgültigkeit ... Das ist es, womit man die Not des Volkes in den Griff zu kriegen gedachte. Ist es da verwunderlich, wenn die maroden Mauern einstürzen? Ich werde bis zum letzten Augenblick für ein besseres Ägypten eintreten, wie auch immer dieses Ziel zu erreichen ist.»

«Und was raten Sie uns?» wollte Mona wissen.

«Kommen Sie mit mir, wenn Sie wollen. Ich hoffe, daß ich Sie bis Kairo beschützen und Ihnen dort ermöglichen kann, das Land per Flugzeug zu verlassen.»

Mark war niedergeschlagen, wußte aber den klaren Blick Kemals zu schätzen und zweifelte nicht mehr daran, daß er die Lage richtig beurteilte. Warum sollte er ihnen etwas vormachen?

«Sie empfehlen also, alles aufzugeben? Dieses Haus, den Kampf gegen den Hochdamm, auch meine Liebe zu Ägypten?»

«Der Freitod als Flucht wäre doch wohl unter Ihrer Würde. Und wenn das Schicksal es will, kehren Sie zurück. Wir fliegen morgen früh um acht Uhr. Abgemacht?»

Weder Mona noch Mark schliefen in dieser Nacht. Bis zum Sonnenaufgang des neunundzwanzigsten Ramadan-Tages gingen sie im Mondlicht auf Wüstenpfaden, die sie von dem wie geduckt auf der Lauer liegenden Hochdamm entfernten. Mit seinem Stock, einem abgebrochenen Akazienzweig, klopfte der Amerikaner in regelmäßigen Abständen auf den Boden, um Schlangen zu verscheuchen.

Das Paar erklomm eine pyramidenförmige Anhöhe und ruhte sich dort aus. Mit leisem Flügelschlag umkreiste sie eine Eule.

Mona legte Mark den Arm um die Schultern und preßte ihre Stirn an seine.

«Müssen wir wirklich von hier Abschied nehmen?» fragte sie den Geliebten. «Kemal benahm sich seltsam. Erst tat er so aufgeräumt, dann sprach er plötzlich so pathetisch, als verlese er seinen letzten Willen. Sollen wir wirklich mit ihm nach Kairo fliegen? Durch dich habe ich Assuan so lieb gewonnen.»

«Aber noch viel lieber hast du deine Tochter. Ich finde, du solltest sie wiedersehen... Und ich möchte sie kennenlernen. Aber zuvor möchte ich noch einen Abschiedsbesuch machen.»

Der Vorhang der Nacht riß auf, und Mona sprach ihre Gebete. Marks Blick verlor sich im rosafarbenen Saum des Ostens. Das Wasser in der Feldflasche war noch kühl. Hand in Hand gingen sie in Richtung des Friedhofs.

Die Gräber lagen dicht beieinander. Auf den Grabhügeln mit bescheidenen Stelen ohne Inschrift lagen nur ein paar weiße Kiesel. Jeder wußte, wo seine Toten lagen.

Zu Ehren seiner Magierwürde war Soleb, wie ein Scheich, in einem Kuppelgrab bestattet worden. Kemal hatte Wort gehalten, den Nubiern erlaubt, ihre toten Magier aus dem Leichenhaus zu holen und die traditionellen Riten ihres Stamms ohne die Anwesenheit von Aufpassern zu vollziehen.

Mark wollte Assuan nicht verlassen, ohne den Mann zu ehren, den er rückhaltlos bewunderte. Vor der Grabstätte war ein Seil gespannt, an dem Gebetsblätter in Altnubisch und silberne Armringe hingen. Am Boden kauerte der lahme Altmeister der Magier, der an der Expedition nicht hatte teilnehmen können.

Mark drückte ihm die Hand.

«Soleb ist auf die andere Seite der Welt gegangen», murmelte der Greis, «dorthin, wo der Nil entspringt und wo es Nubien noch gibt. Er hat mir von Ihnen als von einem treuen Freund gesprochen.»

«Ich bedaure sein Opfer wie das seiner Brüder.»

«Unsere Magier haben ihre Pflicht getan und sind dem Besten von ihnen gefolgt. Von nun an wird Soleb von allen Nubiern als Heiliger betrachtet. Sie werden ihn um seinen Schutz bitten. Soleb hat sich nicht geopfert, er hat als Krieger gehandelt und gesiegt.»

«Aber er ist tot und der Staudamm lebt immer noch.»

«Nicht mehr lange. Wir haben sein Herz zernagt. Er ist nur noch ein lebloses Wrack, das weder dem Feuer noch dem Wind, weder der Flut noch dem Zorn der Erde standhalten wird.»

60

Um neun Uhr dreißig landete die Maschine in Kairo. Überall patrouillierten Schwarzuniformierte, standen Einsatzwagen der Sicherheitspolizei und der Armee. Ein sichtlich nervöser Offizier informierte Kemal, daß der

Luftverkehr mit dem Ausland unbehindert sei, nur die üblichen Verspätungen aufwies.

«Warten Sie hier bei meinen Leuten», bat der Ägypter Mona und Mark. «Ich besorge Ihnen Tickets für irgendeinen Flug nach England.»

«Ich muß zuerst noch zu mir nach Hause», sagte Mona.

«Ja, wir müssen Sachen holen, und wir wollen alles in Ordnung hinterlassen», fügte Mark hinzu.

«Verstehe, aber es ist gefährlich.»

«Der Ramadan geht zu Ende», meinte Mona, «da denken die Leute an nichts weiter als an morgen.»

«Möge Allah Ihnen recht geben. Zwei meiner Leute haben den Befehl, bis zu Ihrem Abflug nicht von Ihrer Seite zu weichen.»

Mark sah Kemal prüfend an.

«Wir sehen uns doch zuvor noch einmal, nicht wahr?»

«Ich fürchte, nein.»

Die beiden Männer umarmten einander, und in ihren Gesichtern stand zu lesen, daß beide bedauerten, den andern nur so kurz gekannt zu haben.

Auf dem Vorplatz des Flughafens bestieg der Ägypter einen weißen Mercedes, während das Paar in einem Peugeot-Kombi der Sicherheitspolizei in Richtung Innenstadt fuhr.

Noch gebeugter als sonst, mit tiefen Stirnfalten und mit Händen, die unaufhörlich die Perlen einer Gebetskette bewegten, saß Mohammed Bokar auf Mark Walkers Schreibtischstuhl. Nachdem er den Diener beseitigt hatte, wartete er in dem verdunkelten Arbeitszimmer auf den

Eigentümer des Palastes. Wegen diesem Mann hatte er alles verloren, seine Führungsrolle in der islamistischen Befreiungsorganisation, seine Ehre und seine Frau. Er konnte sich vor den Anführern der Dschamaa Islamija und des Dschihad nicht mehr sehen lassen. Seine Kampftruppe war vernichtet, seine Pläne waren null und nichtig. Der schwerste Fehler, den er sich eingestehen mußte, war, daß er die Fähigkeit dieses Amerikaners, ihm zu schaden, unterschätzt hatte.

Bokar war sicher, daß Walker hierherkommen würde. Der brauchte seine Akten, all den Papierkram, den er für wichtig hielt, um seinen Kampf gegen den Hochdamm weiterführen zu können.

Lebend aber würde er sein Haus nicht mehr verlassen. Sonst war niedrige Arbeit Kabuls Sache gewesen. Diesmal würde er, Mohammed Bokar, sie selbst erledigen.

Mark und Mona hatten ein Flugticket nach London in der Tasche. Sie würde ein paar Tage bei ihrer Tochter wohnen und Mark bei Freunden. Dann würden sie ein Appartement mieten und dort zusammenleben – in der Hoffnung, bald nach Ägypten zurückkehren zu können.

Der Peugeot-Kombi mußte wegen der von den Fundamentalisten organisierten Demonstrationen viele Umwege fahren. Nach zwei Stunden hielt der Wagen endlich vor Monas Haus.

«Ich packe nur das Wichtigste ein», versprach sie Mark.

«Um Zeit zu gewinnen, geh ich zu Fuß zu mir und hole dich nachher ab.»

«Beeil dich, Mark, und schau immer auf die Uhr. Die

Maschine geht um achtzehn Uhr, und die Straßen werden den ganzen Tag verstopft sein.»

«Ich werde pünktlich sein. Und hab keine Angst. Kemals Männer passen auf dich auf.»

«Einer reicht mir. Nimm du den andern mit.»

«Wenn du unbedingt willst.»

Mark besprach sich mit den Leibwächtern, zwei etwa dreißigjährigen Polizisten aus einer Eliteeinheit. Den stärksten von ihnen bat er, bei Mona zu bleiben.

«Wenn ich wider Erwarten um halb zwei nicht zurück bin, fahren Sie ohne mich ab. Mona darf das Flugzeug nicht verpassen, und die Abfertigungsschalter werden jetzt bereits zwei Stunden vor Abflug geschlossen. Irgend etwas könnte mich aufhalten. Wenn das der Fall sein sollte, beschlagnahmt Ihr Kollege, der bei mir bleibt, ein Auto, und wir treffen uns am Flughafen.»

Die Polizisten waren einverstanden.

«Und wenn du dich sehr verspätest?» fragte Mona besorgt.

«Dann ... Dann erwische ich bestimmt den nächsten Flug.»

«Heute nacht sind wir in London.»

Mark nahm Mona auf offener Straße in die Arme.

«Ich werde das Ende des Ramadan fern von zu Hause feiern.»

«Und ich werde alles tun, um dich darüber hinwegzutrösten.»

«Paß auf, die Leute schauen sich nach uns um. Vielleicht glauben sie, daß wir nicht verheiratet sind», sagte Mark mit einem Lächeln. «Hier ist mein Hochzeitsgeschenk.»

Mona öffnete das Etui sofort und betrachtete ungläubig das Kollier. Mark legte ihr den Schmuck um den Hals.

«Nach unserem Familienbrauch sind wir nun Mann und Frau.»

Mona vergaß alle Vorsicht und küßte Mark vor allen Leuten. Die beiden Leibwächter wandten sich verlegen ab. Passanten fanden das Benehmen des Paares offenbar obszön. Sie warfen den Schamlosen strafende Blicke zu.

«O Mark, ich kann es auf einmal kaum erwarten, im Flugzeug zu sitzen.»

«Mit einem solchen Talisman lebst du lange und glücklich.»

Im Eiltempo entfernte er sich mit seinem Bewacher. Er hatte recht gehabt, daß es besser sei, das Auto stehenzulassen. Sicherheitskräfte riegelten gerade das ganze Viertel ab, nachdem junge, mit Eisenstangen bewaffnete Fundamentalisten Luxusläden und ausländische Im- und Exportbüros geplündert hatten. Obwohl er den Polizisten bei sich hatte, der Marks Identität bestätigen konnte, verlor er durch die mehrmalige Ausweisüberprüfung eine halbe Stunde. Schwitzend und mit trockener Zunge liefen die beiden Männer bis zu dem alten zweistöckigen Palast, mit dem Mark so viele Erinnerungen verbanden.

Er wunderte sich, daß das Gittertor zum Garten offenstand und die Bank des Wächters vor dem Hauseingang leer war. Um diese Zeit hielt er sonst, den Turban tief im Gesicht, seine Siesta.

Er rief ihn mehrmals. Vergeblich.

«Da stimmt was nicht», sagte er zu seinem Leibwächter. «Wäre er krank geworden, hätte er einen Vetter geschickt, um das Haus zu hüten.»

Der Polizist holte seine Armeepistole israelischer Herkunft hervor und stieg, auf jedes Geräusch achtend, die Marmortreppe hoch.

Aus dem Schlafzimmer hörte man ein Knacken. Mark wollte als erster hineingehen, aber der Polizist hinderte ihn daran. Die Waffe im ausgestreckten Arm, untersuchte er den Raum.

Niemand ... Nur das lebensgroße Foto von Hélène an der Wand. Mark zerriß es mit einer wütenden Bewegung.

Auf seiner Uhr war es zwölf Uhr fünfzig. Er mußte sich beeilen.

«Kommen Sie in mein Büro.»

Wieder ging der Polizist als erster und stieß die Tür des Raumes auf, dessen Fensterläden geschlossen waren. Er machte zwei unsichere Schritte in das Halbdunkel hinein und sah vor sich den Umriß einer Person in weißer Kleidung.

Der Leibwächter drückte ohne Vorwarnung ab, traf jedoch nur die weite Galabija von Mohammed Bokar, der ihn im nächsten Moment ansprang und ihm seinen Dolch in den Bauch stieß. Der Mann sackte vornüber und ließ seine Waffe fallen. Bokar hob sie auf und schoß dem Röchelnden in den Kopf.

Gleich darauf richtete er die Waffe auf den in der Tür stehenden Mark, zielte auf ihn, schoß aber absichtlich zu hoch.

Die Kugel streifte Mark Walkers Haare und blieb im Türrahmen stecken. Bokar wollte seinen Feind vor Todesangst schlottern und weinen sehen, dann erst töten und in den Leib des Ungläubigen heilige Zeichen des Korans einritzen.

Mark lief durch den dunklen Flur zu einem Zimmer, das er seit Jahren nicht mehr betreten hatte.

Bokar folgte ihm. Seine Sandalen machten auf dem Teppich kein Geräusch. Mark drehte den Türknauf. In diesem Raum stand immer noch der Katafalk, auf dem, umgeben von großen Kerzenleuchtern, die sterblichen Überreste seiner Eltern aufgebahrt worden waren.

Mohammed Bokar beeilte sich nicht. Der Amerikaner hatte sich jede Rückzugsmöglichkeit abgeschnitten. Sollte er um Hilfe rufen, würde ihn niemand hören. Das Haus war leer, der Straßenlärm viel zu laut. Falls Walker aus dem Fenster springen wollte, würde er ihn durch Schüsse in die Beine daran hindern und anschließend den Dolch benutzen.

Trotz aller Gefahr blieb Mark einen Augenblick vor den Fotografien seiner Eltern und aus seiner glücklichen Kindheit stehen. Es war ja nicht nur ein Totenzimmer, es war auch der Ort, an dem sein Vater und seine Mutter sich geliebt und ihn gezeugt hatten.

Bokar beobachtete den Amerikaner, der ihn gleich anflehen würde, ihn am Leben zu lassen, und er würde diesen Mann auslachen, sich an seinem Gejammer weiden und von der Schande seines Versagens in Assuan befreien, indem er seinen Widersacher qualvoll langsam in die Hölle beförderte.

Als Bokars geduckte Silhouette in das Familienheiligtum eindrang, erinnerte sich Mark blitzartig an die heftige Diskussion, in der er einst seinem Vater dessen Jagdleidenschaft vorgeworfen hatte. Sein Lieblingsgewehr hing an einem Haken über der Kommode ... Ob es noch geladen war?

Mark ergriff die Waffe, zog zweimal den Abzug und schloß die Augen.

Seine vom peitschenden Knall der alten Winchesterbüchse taub gewordenen Ohren vernahmen weder einen Schmerzensschrei noch das Fallen eines Körpers. Wenn er Bokar verfehlt haben sollte, so hatte sein Feind gesiegt.

Mohammed Bokar, genau ins Herz getroffen, war noch einige Sekunden mit offenem Mund und erstauntem Blick stehengeblieben, bevor er vor dem Sofa zusammenbrach.

Eines der beiden Geschosse aus dem Repetiergewehr hatte die Gebetskette des Fundamentalisten zerrissen. Die Kügelchen rollten über den ausgeblichenen Afghanteppich, den sein Blut nun mit frischem Rot färbte.

Mark hoffte, rechtzeitig bei Mona sein zu können, aber ein Zug tief verschleierter, den Koran schwenkender Frauen versperrte den Weg. Ein Ordnungstrupp bewaffneter Bärtiger schützte sie. Sie schrien Parolen gegen die Regierung und für die sofortige Inkraftsetzung des Scharia-Rechts. Mark wäre gelyncht worden, wenn er versucht hätte, sie beiseite zu stoßen und sich durch die Menge zu drängen. Er zog einen Umweg vor, auch wenn er zeitraubend war. Alle Straßen, alle Gehwege waren von Autos und Menschenmassen verstopft.

Um vierzehn Uhr fünf kam er unten an Monas Hochhaus an und sah, daß der Peugeot-Kombi, der davor geparkt hatte, nicht mehr dastand. Nun mußte er ein Taxi finden, das ihn zum Flughafen fuhr.

Bis dreizehn Uhr fünfundvierzig hatte Mona auf den Polizisten eingeredet, aber er hatte schließlich einfach ihr Gepäck gegriffen und zum Wagen getragen, mit der Begründung, er habe den Auftrag, seine Schutzbefohlene pünktlich zum Flughafen zu bringen. Dank seiner rasanten Fahrweise über Bürgersteige, durch Absperrungszonen und durch Drohungen mit dem Revolver in der Hand gelang es ihm, sein Ziel um sechzehn Uhr fünfzehn zu erreichen.

Männer mit schwarzen Helmen durchsuchten jeden, der in die Abflughalle wollte. Monas Leibwächter sorgte für Beschleunigung der Formalitäten, brachte die junge Frau bis zum Abfertigungsschalter und bestand trotz der Verspätung darauf, daß man die Erste-Klasse-Passagierin noch einchecken ließ.

Auf der Suche nach Mark schaute sich Mona immer wieder nach allen Seiten um. Die Schalter der ausländischen Fluggesellschaften waren umlagert von Menschen, die ein Ticket haben wollten, egal, wohin und zu welchem Preis.

«Ohne ihn fliege ich nicht», entschied sie sich.

«Ich werde mich darum kümmern, daß Mister Walker einen Platz in der nächsten Maschine bekommt», sicherte der Polizist ihr mitleidig zu.

Mona versuchte, zum Ausgang zurückzugelangen, aber die Schwarzuniformierten zwangen sie, sich mit den anderen Reisenden zu den Flugsteigen hin zu bewegen. Inmitten einer Gruppe verängstigter Engländer wurde sie durch die Paßkontrolle geschoben und in den Gang, der zu ihrer Maschine führte.

Erschöpft, unter Tränen darum betend, Mark in London wiederzusehen, flog Mona aus Kairo ab.

Marks Taxichauffeur gelang es, aus kilometerlangem Stau auszubrechen. Im Zickzack raste er durch Heliopolis. Einen Kilometer vor dem Flugplatz eine Polizeisperre. Mark mußte seinen Paß und das Flugticket zeigen.

«Ihre Papiere sind in Ordnung, aber das nutzt Ihnen nichts.»

«Wieso nicht? Ich muß nach Europa!»

«Der Internationale Flughafen ist bis auf weiteres geschlossen.»

61

In der Hoffnung, daß die Sperre bald wiederaufgehoben werden würde, blieb Mark bis zum Abend in der Nähe des Flughafens. Doch der Himmel über dem Kontrollturm blieb leer; es gab weder Starts noch Landungen. Ägypten war von der Welt abgeschnitten.

Kemal hatte es richtig erkannt: Die Regierung war nicht mehr Herr der Lage. Große Spruchbänder verkündeten vor jeder Moschee, an jeder Straßenkreuzung das Ende der Korruption und die Geburt der Islamischen Republik. Radio- und Fernsehstationen sendeten unablässig flammende Reden der extremistischsten Scheichs.

Am Platz der Freiheit die übliche Unruhe: Verkehrschaos, überfüllte Busse, Hunderte von hungrigen und durstigen Fußgängern. Etwas Ungewöhnliches war die Abwesenheit von Polizei und Armee. Hatten sie Befehl, in ihren Unterkünften zu bleiben, um jede Provokation zu vermeiden, oder hatten sie schon das Lager gewechselt?

Mark stieg aus dem Taxi, ging in ein Bekleidungsgeschäft, überließ dem Kaufmann Jacke, Hose, Schuhe und kleidete sich so unauffällig wie möglich. Wenn der Sturm losginge, würden die Ausländer, als Sündenböcke, zuerst drankommen. In der hellblauen Galabija, mit weißem Turban und Sandalen würde ihn niemand für einen Europäer halten.

Als die Lautsprecher aller Moscheen zum Abendgebet riefen, kam der Verkehr vollends zum Erliegen. Tausende liefen auf die Fahrbahn, um sich dort im Gebet zu Boden zu werfen. In wenigen Sekunden hatte sich Kairo in eine überdimensionale Moschee verwandelt.

Zwischen jungen und alten Fundamentalisten verhielt sich Mark wie ein guter Mohammedaner. Aber er dachte nicht an Allah, sondern an Mona. Um diese Stunde, in der die Sommernacht sich sanft über Ägypten breitete, war sie über dem Mittelmeer auf dem Flug nach England. Und er, er würde schon irgendwie überleben und zu ihr nach London kommen. Wenn der erste Trubel vorüber wäre, würde der gesunde Menschenverstand im Volk siegen und dem Fanatismus eine Abfuhr erteilen. Solange die Pharaonendenkmäler noch stünden, würden sie das Land mit ihren magischen Kräften schützen.

Der Amerikaner aß in einem volkstümlichen Café zu Abend, hielt ein Schwätzchen mit ein paar Greisen, die alle Gewaltanwendung verurteilten, schlief dann auf seinem Stuhl ein und wurde vor Anbruch des Tages von der mechanischen Stimme des Muezzin geweckt.

Wie in jedem Jahr versprach das Ende des Ramadan ein großes Fest zu werden. Aber es würde auch genügend Prediger geben, die die Menschen daran erinnerten, daß sie durch das rituelle Fasten gelernt hatten, ihre Instinkte und Leidenschaften zu beherrschen, um sich Allah noch mehr hingeben zu können. Besonders die Kinder warteten ungeduldig auf die Zeit des Aid al-Seghir, die drei Freudentage, an denen man die harten Fastentage vergißt. Sie würden Geschenke bekommen, vor allem neue Kleider, und sie selbst würden den Ärmsten von ihrem Essen abgeben.

An diesem Morgen des dreißigsten und letzten Ramadan-Tages, der auf den Nationalfeiertag fiel, an dem man Nassers Machtergreifung am 23. Juli 1952 feierte, übertrugen die Lautsprecher flammende Reden über den Sieg des Islam in der ganzen Welt. Der Sudan, Afghanistan, der Iran, Algerien, Jordanien, Bosnien und Indien hatten bereits den Weg der einzigen Wahrheit beschritten, auf dem die anderen arabischen Länder, Indonesien, Asien und schließlich sogar Europa bald folgen würden. Der Traum des Propheten wurde endlich wahr. Der Rektor der Al-Aschar-Universität hatte erklärt, einen Feind des Islam zu töten sei kein Verbrechen, und damit Massendemonstrationen ausgelöst, die von den Terrororganisationen sorgfältig vorbereitet worden waren.

In den vornehmen Vierteln, in denen hauptsächlich ungläubige Ausländer lebten, zündeten die Fundamentalisten Benzinkanister an und legten Brände. Feuerwehrleute, die eingreifen wollten, wurden verprügelt und davongejagt, Geschäfte und Büros geplündert, die Polizeikommissariate besetzt und die wenigen Polizisten, die auf die Menge zu schießen wagten, überwältigt und erschlagen.

Um die Mitte des Vormittags machte sich ein Zug befreiter Gefangener grölend an die Erstürmung der Sphinx von Giseh. Menschentrauben kletterten auf ihren Rükken, ihren Kopf und setzten ihr mit Eisenstangen und Steinbohrern zu. Kurz vor Mittag brach ein Kommando in das Ägyptische Museum ein, zerschlug die Vitrinenscheiben, hinter denen die Grabschätze Tut-ench-Amuns lagen, und zerstörte sie allesamt. Auf dem Platz der Freiheit wurde die Statue von Ramses dem Großen niedergerissen – ein Akt, der das Ende des «Pharaonenregimes» symbolisieren sollte, und die Zuschauer quittierten die wandalische Handlung mit Siegesgebrüll. Überlebensgroße Porträts des sudanesischen Islam-Ideologen Hassan al-Turabi und des Ayatollah Khomeini wurden hochgehalten.

Mark hörte all das im hinteren Teil des Cafés in den Nachrichten, die durch Koranlesungen unterbrochen wurden.

Zum Glück war Mona in Sicherheit. Wenigstens hatte er in diesem Chaos *ein* Menschenleben retten können – ein Leben, das für ihn das wertvollste auf der ganzen Welt war und das allein auch sein eigenes Weiterleben sinnvoll erscheinen ließ. Mona würde nie aufhören, sich für einen toleranten Islam einzusetzen. War es nicht, wie schon früher in gewissen Epochen des ägyptischen Altertums, die Aufgabe einer Frau, ihr Land vor der Barbarei zu bewahren?

Mark verließ seinen Schlupfwinkel und ging nach Alt-Kairo: bald im Zug von Demonstranten, bald im Gedränge von verängstigten Passanten. Er wollte sehen, ob sich die verrückte Idee verwirklichen ließe, die ihm frühmorgens durch den Kopf geschossen war: Kemal noch einmal wiederzusehen.

In seinem Viertel feierte man, wie überall, das neue Regime, versprach es doch Reichtum, Glück und Gerechtigkeit für alle wahren Gläubigen. Bevor er in die ihm nun schon vertraute Sackgasse einbog, schaute Mark sich nach einem Botenjungen um, doch es war keiner da. Er ging bis zu der Mauer und dem Abfallberg am Ende der Gasse. Kein Wächter weit und breit. Mark hob die fettigen Plastikfolien hoch, entdeckte das Einstiegsloch und zwängte sich hinein. Gebückt ging er durch den Schlauchgang, stieg über die Steinschwelle und drückte die gepanzerte Tür auf.

Da lag in roter Galabija, mit Dreiecken aus Goldfäden bestickt, Kemal ausgestreckt auf einem Sofa und hörte das dreiundzwanzigste Konzert von Mozart, gespielt von Clara Haskil. Jasminduft erfüllte den Kuppelsaal mit den farbigen Scheiben. Wie bei seinen früheren Besuchen hatte Mark den Eindruck, eine andere Welt, einen untergegangenen Kontinent zu betreten. Der Mosaikfußboden mit blauen und weißen Blüten, die Paneele mit den Arabesken, die Möbel mit Einlegearbeiten und die ägyptischen Statuen schufen ein harmonisches und friedliches Reich, dessen Herz der innere Garten war, in dem der Brunnen aus rosa Granit plätscherte.

«Es tut mir leid, Sie wiederzusehen, Mister Walker. Ich hatte Ihnen doch ein Flugticket besorgt.»

«Leider konnte ich nicht abfliegen. Mohammed Bokar erwartete mich in meinem Haus. Jetzt ist er tot, ich habe meine Maschine verpaßt, und man hat den Flughafen geschlossen.»

«Wenn Sie meine Neuigkeiten hören wollen: Der Präsident ist geflohen, die meisten Generäle unterstehen der

Befehlsgewalt der Islamisten, die sich der wichtigsten Einrichtungen der Stadt bemächtigt haben. Bedauerlicherweise hat Ägypten die Warnung des Algeriers Said Saadi vergessen: ‹Der Fundamentalismus ist wie der Tod, man erlebt ihn nur einmal.› Trinken Sie mit mir ein Glas Champagner?»

«Der Fastentag ist noch nicht zu Ende.»

«Sie sind kein Mohammedaner, und mir erteile ich die Erlaubnis, ihn unter diesen Umständen abzubrechen. Ich möchte in der Zeit, die mir verbleibt, genießen, was auf dieser Welt noch zu genießen ist.»

Mark nahm den Champagner, den der Ägypter ihm reichte.

«Ich sehe Ihnen an, daß Sie mir wichtige Informationen mal wieder vorenthalten.»

«Stimmt, Mister Walker. Deshalb tut es mir leid, daß Sie hier sind.»

«Sagen Sie bloß, es steht ein Erdbeben bevor?»

«Der griechische Seismologe hat eine Menge Vorzeichen für ein sehr starkes Beben in diesen Tagen beobachtet. Das Epizentrum soll in der Umgebung von Assuan liegen. Man muß damit rechnen, daß der Hochdamm schwer beschädigt wird. Der Oberaufseher hätte seine Vorgesetzten alarmieren müssen, weil er aber unter Hausarrest steht, habe ich die Meldung aus Athen zurückgehalten. Wer hätte ihn schon ernst genommen?»

«Die nubischen Magier hatten das Nahen eines Erdbebens vielleicht schon gespürt ... Es ist doch aber nicht sicher, daß es wirklich stattfindet. Und Sie sind nicht jemand, der sich von Spekulationen verrückt machen läßt.»

«Ja, das wäre ein berufliches Manko. Doch es handelt

sich nicht mehr um reine Spekulationen. In der Tat haben heute morgen mehrere Erdstöße die Einwohner von Assuan in Panik versetzt. Der griechische Experte ist also keineswegs ein Spinner.»

«Mein Gott! Mir kommt eine Wahnsinnsidee.»

«Und die wäre?»

«Sie könnten, aus welchem Grund auch immer, nicht den Auftrag erteilt haben, die Sprengsysteme zu entschärfen.»

«Wie lautete doch die alte Weissagung, die Sie entdeckt haben, Mister Walker?»

«‹*Das Verbrechen wird überall sein, Gewalt hält Einzug in das Land. Der Nil wird wie Blut sein, Hunger die Brüderlichkeit zerstören. Mit Füßen wird man die Gesetze treten. Viele Tote werden im Fluß begraben, Wasser wird zu ihrem Grab, denn ein böses Feuer wird in den Herzen der Menschen sein.*›»

«Der Text ist nicht ganz vollständig. Es folgt noch der Satz: ‹*Der Krieg ist da, er wird die Fehler beseitigen, die die Menschen gemacht haben.*›»

Kemal erhob sich, machte ein paar Schritte über den Mosaikboden, schaute bewundernd auf die ägyptischen Statuen und dann auf seine Uhr.

«Mister Walker, ich habe Ihnen folgendes mitzuteilen: Die Serienexplosionen haben stattgefunden, beide Staudämme sind zerstört. In wenigen Minuten wird eine zwölf Meter hohe Welle über Kairo hereinstürzen. Ich habe keine Möglichkeit, Sie zu retten.»

«Nein, das haben Sie nicht ...»

«Aber hatte ich die Wahl? Wenn ich mich recht erinnere, hat Hegel den wundervollen Satz geschrieben: ‹In

Ägypten wird es sein, wo sich zum ersten Mal ein Reich des Unsichtbaren etabliert.› Unser Gott und all die anderen Götter waren jahrtausendelang auf dieser Erde anwesend, sie wären hier geblieben, wenn wir nicht so viel falsch gemacht hätten. Um den Auftrag zu erfüllen, mit dem ich betraut worden bin, nämlich die Islamisten zu hindern, an die Macht zu kommen, hatte ich nur einen Verbündeten – den Hochdamm.»

«Ich glaube Ihnen nicht. Sie können doch nicht entschieden haben, Ägypten zu zerstören.»

«Ehe es Fanatikern in die Hände fällt, die aus meinem Land einen zweiten Iran machen wollen, sehe ich es lieber sterben. Das entspricht auch der Prophezeiung der Alten. Ich werde mich mit einer aus dem hundertfünfundsiebzigsten Kapitel des Ägyptischen Totenbuchs revanchieren. Dort heißt es: ‹Ich, der Schöpfer, werde alles zerstören, was ich geschaffen habe. Ägypten wird wieder, wie ursprünglich, Wasser bedecken.› Es wird das Wasser aus dem Nasser-Stausee sein, von dem Sie selbst gesagt haben, es würde ausreichen, das Land untergehen zu lassen. Gerade noch rechtzeitig habe ich die mir von Gott zugedachte Rolle erkannt: Sie bestand darin, den unvermeidlichen Lauf des Schicksals zu beschleunigen. Ich bin es, der den von Ihnen zu Recht als Monster bezeichneten Hochdamm besiegt hat.»

«Was reden Sie da, Kemal! Der Damm ist unzerstörbar!»

«Wiederholen Sie doch nicht die falschen Argumente Ihrer Gegner. Hélène Doltin war so genial, die technischen Hindernisse zu beseitigen. Ich habe nur letzte Hand angelegt.»

«Falls Sie diesen Wahnsinn tatsächlich begangen haben, werden Millionen Menschen Ihretwegen sterben.»

«Wenn die Fundamentalisten an die Macht gekommen wären, was wäre dann von dem Ägypten übriggeblieben, das Sie so liebten? Indem ich handelte, wie ich handeln mußte, ließ ich dem Land wenigstens die Chance, aus dem Ozean, der es vom Fanatismus und allem Elend befreit hat, einst wieder aufzutauchen. Vergessen Sie nicht das eine, das Wesentliche: Wenn die reinigende Flut das ganze Land bedeckt hat, werden nur die Pyramiden bleiben, die wunderbare geometrische Landschaft, die meine Vorväter geschaffen haben. Wie Gebirge werden diese Zeichen aus der gigantischen Überschwemmung herausragen. Das galt es zu begreifen: Die Menschen unserer Tage müssen vergehen, damit die ewigen Monumente bestehen können. Mit ihnen als Orientierung wird sich eine neue Kultur entfalten.»

«Sie sind verrückt geworden.»

«Nein, Mister Walker. Ich bin nur ein verantwortungsbewußter Beamter, der seine Arbeit korrekt ausgeführt hat. Wo Sie nun hier sind und mein Auftrag erfüllt ist, erlauben Sie mir, Ihnen meine Freundschaft auf Leben und Tod anzubieten.»

Gerade als Kemal sein Glas hob, ließ ein entsetzliches Tosen Mark Walker und den ganzen Bau erzittern.

Es war ein Tosen, wie es nur eine Riesenwoge zu erzeugen vermochte, die mit ungeheurer Kraft von weither kam und alles Licht in Finsternis verwandelte.